元代的族群文化與科舉

蕭啓慶◎著

序　論

　　自大學時代學習遼金元史以來，從事元史研習已四十餘年。在這漫長的過程中，始終被蒙元的時代特色所吸引，因而對這一冷門的學問，鍥而不捨，遂也累積了不少成果。《元代的族群文化與科舉》是我的第四本論文集。書中各文是過去七年來研究成果中的一部分。

　　元朝是中國史上一個特殊的時代，元史也是一個特殊的研究範疇。元朝是中國近世幾個由北方遊牧民族或半遊牧民族所肇建的征服王朝之一，而且是第一個統治全中國的征服王朝。元朝又是一個包擁亞歐的世界帝國，當時中外關係之密切、活躍族群之繁多、語言文化之複雜，以及少數民族語文史料及域外記載之豐富，在中國史上都是絕無僅有的現象。元代因而可說是中國史上最具世界性及族群文化多元性的時代。本書所收各文應能反映元代的時代特色。

　　征服王朝的統治對中國近世歷史發展的影響一直是史學界關心而有爭議的問題。本書中〈中國近世前期南北發展的歧異與統合：以南宋金元時期的經濟社會文化為中心〉及〈蒙元統治與中國文化發展〉都是探討這一問題的論文。〈歧異與統合〉係以唐宋變革為背景，探討金元等征服王朝是否延宕了中國近世化的進程。此文顯示：「唐宋變革」與「明清變革」之間缺乏連續性及南方與北方發展的巨大差距的產生確與征服王朝有關。雖然征服王朝統治在文化方面長遠影響較小，但對經濟、社會產生甚大負面後果。金、元統治導致北方經濟、人口的逆退及南北不平衡。在社會方面，金、元統治不僅造成北方中古質素與近世質素並陳的現象，也擴大了南、北區域社會的差異。

　　中國文化在蒙元統治下確實經歷空前嚴峻的挑戰，卻能克服這些挑戰，浴火重生。〈蒙元統治與中國文化發展〉自兩方面探討蒙元統治對中國文化的衝擊與影響：一為外來文化對中國文化的衝擊，另一為中原本土文化在蒙元時代的發展，希望這兩種不同方向的探討能夠顯示元朝在中國文化發展上的地位。本文指出：一方面，外來文化對中國文化僅有短程的衝擊，而無長遠的影響。草原文化與西方文化(主要是伊斯蘭文化)皆是如此。外來文化不能產生更廣泛影響的主要原因有二：第一、征服情勢妨礙漢族人士與外來文化的接觸。第二、宋代以來中原文化本身的「內向」造成士大夫對外來文化的抗拒。本土文化在蒙元統治下的新發展，如道學確立為官學、文人畫的成立與俗文學之提昇，皆與外來文化及蒙元朝廷政策沒有直接關聯，而是宋金時代早已存在的一些趨勢在蒙元特殊政治社會環境中發酵的結果。總之，蒙元統治並未影響中國文化發展的主要方向，元朝滅亡後中國文化大體仍按照原有的軌轍向前發展。

　　蒙元時代大量的蒙古、色目人徙入中原，與漢人、南人共存共榮，相互涵化。族群間——尤其是征服族群蒙古、準征服族群色目與被征服的漢族(包括漢人與南人)間——的社會文化互動因而構成中國史上有趣的一章，也是元史研究的重要焦點。〈論元代蒙古色目人的漢化與士人化〉、〈元季色目士人的社會網絡：以偰百遼遜青年時代為中心〉皆是探討與族群文化相關的課題。

　　過去學者往往以「漢化」(sinicization)一辭描述當時蒙古、色目人的大量接受漢文化。〈論元代蒙古色目人的漢化與士人化〉提議以新概念「士人化」(literatization)來探討這一現象。「士人化」與「漢化」的主要差異在於：「漢化」者必須放棄原有族群認同，而與漢族融為一體，而「士人化」的蒙古、色目人雖接受士人文化，卻未必放棄原有的族群認同，甚至選擇性保留其固有文化。元代中後期不少蒙古、色目人皆是如此。本文選用木華黎、高昌偰氏及唐兀崇喜等三個家族的歷史具體說明當時蒙古、色目人雖已士人化，但未真正漢化。這些家族的成員熟諳士人文化，接受儒家禮教與行為規範，並且與漢族士人在文化與社會兩方面密切互動，但是這些家族既未改採漢姓，而其婚姻亦是以族群差異與政治社會地位為主要考量。上述三家

族放棄固有認同而與漢族融爲一體是在元亡明興之後。本文「士人化」的概念或亦可應用於中國史上其他征服王朝時代的類似問題之研究。

士人化的概念在〈元季色目士人的社會網絡：以偰百遼遜青年時代爲中心〉一文中得到更具體的證實。本文主要根據在韓國新發現的一本詩集——《近思齋逸稿》，對元季色目士人——偰百遼遜(1319-1360) ——青年時代的社會網絡作一較爲詳盡的考索。百遼遜出身高昌偰氏。本文顯示：百遼遜所承繼與營造的是一個青年科第士人的社會網絡，與漢族士人差別不大。但是，由於偰氏家族持續與本族聯姻，而且仍然保持畏兀兒式的名字，反映偰氏仍未完全放棄原有之族群認同，若說此一家族在當時已經完全「漢化」，或不盡適合，但稱之爲「士人化」，應屬允當。因其交往皆以士人爲對象，並且以士人文化爲互動基礎。這一篇文章應與我的另一篇論文〈蒙元時代高昌偰氏之仕宦與漢化〉(收入《元朝史新論》〔台北：允晨文化事業公司，1999〕，頁243-298)合觀，〈仕宦與漢化〉對偰氏家族的歷史有廣泛的探討。

科舉制度是近世中國最重要的一個政治、社會與文化機制，影響極大。元代科舉實行時間短、規模小，但對當時各方面仍然不無影響。我研究元代科舉已逾二十年，一方面重構元代科舉進士錄，另一方面則根據重構的進士錄撰寫論文。進士錄的重構已經完成，各科〈進士輯錄〉已陸續在各學報發表，希望年內結集成書。而本書所收〈元朝蒙古色目進士背景的分析〉等四篇論文便是進士錄重構的副產品。但是這些論文不是研究科舉制度的本身，而是從進士的家族背景、地域分布及在鼎革之際生死與出處的重大抉擇去探討元代的社會、文化與政治問題。

元朝的科舉制度是當時特殊政治社會結構的忠實反映。在中國科舉史上，元朝是第一個兼採族群與區域兩種配額以選取進士的朝代。一方面。元朝由於族群等級的考量而制定科舉中的族群配額。蒙古、色目雖然人口甚少，在科舉中卻享有與漢人、南人相等的配額，反映蒙古、色目爲備受優遇的兩個族群。另一方面，科舉中的地域配額制度原是爲維持考試之公平競爭而又兼顧偏遠落後地區考生而設計，眞正開始實行的是元朝。元朝區域配額

制厚待北方漢人而壓抑人口眾多、文化發達的南人。因而科舉對各族群之影響大小不一，本組的前三篇論文皆與蒙古、色目、南人進士相關。

〈元代蒙古色目進士背景的分析〉係探討蒙古、色目進士的社會流動及其與漢族間的社會、文化互動。本文顯示：多達八成的蒙古、色目進士出身於官宦家族，而來自布衣之家者不過二成。可見科舉制度的主要作用在於為官宦子弟增加一條入仕的途徑，但亦為原來甚為閉鎖的蒙古、色目統治菁英階層注入數量不大，卻甚重要的新血。自族群分布言之，蒙古各族原有文化水平頗為近似，科舉所產進士的數目亦甚平均。而色目各族所產生進士人數的多寡則與其本族原有文化水平的高低具有密切的關聯。自婚姻關係言之，甚多蒙古、色目進士的家族早已與漢族通婚，而嫁入蒙古、色目家庭的漢族婦女對其子孫的文化取向及登科應舉的動向具有重要影響。總之，從社會觀點來說，大多數進士是蒙古、色目族群中傳統菁英家族的延伸。從文化觀點來說，蒙古、色目進士則是其族群中漢化最深的一群。

〈元朝科舉與江南士大夫之延續〉是以南人（「南人」，乃指南宋舊境居民，包括江浙、江西、湖廣三行省及河南行省南部）進士家族為基點，探討元朝在近世士大夫家族發展史上的地位。過去由於對元代士大夫的情況所知不多，論者往往認為元朝是士大夫階層發展史中的斷層，也是此一階層研究史上的「失落聯鎖」。本文以統計及實例證明元朝南人進士出身仕宦家庭者多於布衣家庭，而其祖先具有宋朝仕歷者遠多於曾經出仕元朝者。顯然，元代科舉之採行使甚多南宋士大夫家族得以在政治上復甦。本文又由元亡後改仕明朝的進士及元進士後裔在明朝登第、仕宦兩方面來展示明朝科第仕宦階層與元朝乃至宋朝士大夫階層之連續性。因而元朝的科第之家實為宋、明二代士大夫階層的橋樑。江南士大夫階層顯然具有頗大的穩定性，未因征服王朝的介入而中斷。

〈元朝南人進士分布與近世區域人才升沉〉係自空間與時間兩個角度考述元朝進士的區域分布及其歷史意義。本文首先自行政區劃中的省、道、路三級研析元代進士的分布。自省的層次言之，江浙成績最優，江西次之，湖廣又次之，河南殿後。自道的層次言之，江浙四道表現普遍優異，江西、湖

廣各道表現頗有軒輊。自路的層次的分析，更證明江浙各路之優越，江西、湖廣各路之不均衡及河南各路之落後。其次，本文借用施堅雅(G. William Skinner)「區域經濟社會體系」並兼顧文化、教育因素，希望能為各區域之進士分布尋求合理的解釋。最後則討論了宋、元與元、明之間的進士分布的延續與變化，藉以顯示在近世中國人才分布的趨勢及元朝在其中之地位。從宋、元進士分布看來，兩代之間領先地區與落後地區大體相同。但在元朝領先地區中，卻呈現出贛升閩降、浙東穩定發展及吉安、紹興等路在科舉中領先全國的局面。明朝的進士分布一方面延續元朝的趨勢，另一方面則有浙西、廣東之興起的新發展。總之，在中國科舉人才分布史上，元朝具有承先啓後的地位。宋、元與元、明之間，皆有延續，亦有變化。延續固然是由於各該地區經濟、社會、文化等因素所決定，而變化則是由於這些因素的改變所形成，與蒙元統治並無密切的關聯。僅就南方人才分布言之，蒙元統治的影響顯然不大。

推翻元朝的明朝為一漢族王朝，元明易代因而具有華夏光復的重大意義。〈元明之際士人的多元政治抉擇〉即是以各族進士為中心，探討士人對元明鼎革的各種反應。本文共臚列易代之際的進士共一四四人次，據其抉擇差異分為三型：一、「忠元」型：包括殉國忠義、北歸外奔及守節遺民，比率高達60.44％。二、「背元」型：出仕群雄與明朝，比率為31.3％。三、「隱遁」型：乃指前述在元亡之前即已退為「逸民」者，占8.3％。可見多數進士選擇忠於元朝。這一結果與宋元之際南宋進士對易代的反應相差不大。

自族群差異言之，「忠元」型進士中，四大族群皆各占一定比率。可見殉國或守節是一超越族群藩籬的現象。一方面，不僅不少蒙古、色目進士作出「忠元」的抉擇，甚多漢人，尤其是最受歧視的南人，也為元朝殺身或守節。而在「背元」及「隱遁」型的進士中極少蒙古、色目人，反映這兩族群對元廷具有強烈同舟一命的認同感。以上論述足以顯示：元明易代雖然是中國史上第一次全面的「由夷入夏」，但真正影響士人對生死與仕隱抉擇的因素是「君臣大義」，而不是「夷夏之辨」。

〈元朝的區域軍事分權與政軍合一：以行院與行省為中心〉的性質與上

述各文不同，是一篇探討中央與地方權力分配的文章。元朝首創行省制度。過去學者對元朝行省之性質及其與中央之權力關係看法頗多歧異。或認為行省是元朝推行中央集權的工具，或主張行省享有甚大權力並且具有甚高自主性，是一種地方分權的政治體制。本文自軍權的角度檢視元朝行省的權力問題，指出：元朝的征服情勢及廣大幅員對軍力與軍權的分配有甚大影響。在軍力分布上，元廷巧妙利用各軍的族群差異來達致內外制衡的效果而未完全襲用漢族王朝時代「內重外輕」的政策。而在軍權分配方面，各行省兼擁政軍二權，表面上看來，元朝政體屬於區域(地方)分權體制，但是行省的軍隊提調權只能在中央的監督下執行中央委付之任務，並不擁有甚大裁量權與自主性。而且由於掌握兵權的行省長官多由出身皇室家臣的蒙古人充任，區域分權所可能造成的威脅更加減少。與宋、明等朝相較，元朝行省享有較大權力，可說是區域分權，亦可說是政軍合一。從軍權分配看來，元朝政府實際是透過區域分權來達到控制地方之目的，亦即是看似分權，實則集權。這篇論文固然是我研究元代軍事制度的延伸，但也受了李治安教授《行省制度研究》(天津：南開大學出版社，2000)不少啟發。

元史研究有兩條主軸，一為探討元朝在中國史上的獨特性，一為考察其在中國史上的延續性。前者著重橫向的探討草原傳統及外來文化衝擊所造成的元朝制度與文化上的特色。後者則著重縱向的研析元朝與前後各代之異同及其在中國歷史發展中的地位。過去蒙元史專家往往偏重前者而忽視後者，而一般歷史學者則多跳越元朝，對此一朝代在中國史上的地位未能深入探討。早年我較為著重上述的第一條主軸，如探討北亞遊牧民族南侵原因，蒙元軍事制度，西域人的政治角色之類，都是想探究草原傳統對中原歷史的衝擊。近年來我較為重視第二條主軸，本書中多數論文都是如此，而以〈元朝科舉與江南士大夫之延續〉一文最為典型。當然我也體認到這兩條主軸不可偏廢，因而也想結合兩條主軸而勾勒出蒙元時代在中國歷史及北亞歷史長河中的地位。〈蒙元統治與中國文化發展〉可說屬於此類。

附錄中兩篇論文雖不屬於蒙元史範疇，卻與蒙元史研究具有關聯。遼朝(907-1125)是中國近世的第一個征服王朝，元朝的先驅。遼、金、元在政

治、社會、文化等方面皆有甚大連續性。〈漢人世家與邊族政權——以遼朝燕京五大家族爲中心〉以遼朝燕京地區五大漢人家族——玉田韓氏（韓知古家族）、安次韓氏（韓延徽家族）、昌平劉氏、醫閭馬氏及盧龍趙氏——之仕宦與婚姻爲研究對象，並兼及此五家族在金朝（1115-1234）之延續，藉以顯示征服王朝與漢人世家間之共生關係。本文指出：這些漢人世家原爲唐季、五代官宦家族，對遼之建國及統治皆有卓著功勳而備受遼廷倚重，得以維持累世官宦之地位於不墮。其子孫仕宦之延續性及普遍性皆甚強。漢人世家與契丹統治家族及其他重要漢人官僚家庭密切聯姻，形成一個包擁胡漢的內婚集團。故自仕宦及婚姻二點言之，若干漢人世家已深入遼朝統治階層之核心。遼朝滅亡後，五大家族中之四家在金朝仍維持仕宦地位。其中玉田韓氏及昌平劉氏更是金朝最顯赫之漢人家族。可見統治民族之改變對漢人世家地位之影響不大。這一情形與南方宋朝社會形成強烈的對照。宋朝社會中之統治菁英階層係以多元性及流動性高著稱。但在征服王朝統治地區，少數漢人世家仍享有崇高之政治社會地位，累世不變。

　　陳垣（1880-1971）是民國前期的史學大師，也是元史研究的先驅。我對其史學成就甚爲欽慕，因而撰寫了〈推陳出新的史學家陳垣〉。這篇文章的主旨在於探討陳氏史學的前後變化及其對現代中國史學的影響。從兩方面言之，陳垣可稱之爲「推陳出新」的史學家。一方面，在20世紀上半葉的重要史學家中，他繼承傳統史學最爲直接，卻對乾嘉考證史學方法的現代化作出重要貢獻。另一方面，陳垣的史學並非一成不變，而是與時俱進，與政治環境變化之間的關聯尤爲密切。陳垣史學的發展經歷三個主要階段：第一，考證史學：抗戰以前陳垣致力於中國傳統史學的現代化，並運用現代化的考證史學方法開闢宗教史、中外交通史及元史等研究範疇。貢獻甚大。第二，抗戰史學：在對日抗戰期間，身處日軍侵占之下北平的陳垣由考證史學轉治經世史學，寫出幾部發揚愛國精神，伸張民族氣節的專著。此一階段之著作雖仍以堅實的考證爲基礎，但過分強調民族大義，不免在擇題與論斷上有所偏失。第三，馬克思主義史學：一九四九年中共進入北京後，陳垣公開揚棄考證史學，擁抱馬克思主義史學，並且欲以史學研究作爲「改造社會」、服務

人民的工具。但是陳垣史學之馬列化僅止於公開表態之層次，並未付諸實踐。總之，陳垣對中國史學發展的主要貢獻在於促進傳統考證史學的現代化。近年來，由於意識型態的淡化，考證史學重新成為大陸史學研究的主流，陳垣等早期考證史學大師將繼續具有影響。

七年前我在一篇學術自傳中寫下這麼一段話：

> 回顧我的學術生涯，研究數量不算龐大，內容也未必精彩。畢竟人文與自然科學性質不同，很難說什麼才是突破性的研究。重要的是，每項研究都必須具有意義，一點一滴的累積，聚沙成塔。我的研究也是如此，談不上什麼驚人發現，不過是在元代政治、軍事、社會、族群、人物等方面，將研究前沿略微向前推進。如果有任何成就可言，主要由於我對一門冷門學問的執著與堅持，抱著「千山我獨行，何必相送」的襟懷，多幾分傻勁，少幾分功利(〈千山獨行：我的習史歷程〉，原刊於國科會《人文與社會科學簡訊》3:3(2000.10)，頁 4-15)。

時至今日，這段話仍然代表我對自己學術歷程的看法，也適用於本書各篇文章。

回首前塵，四十餘年來，我先後受到不少師友的啟迪與砥礪。姚從吾、札奇斯欽、柯立夫(F. W. Cleaves)等先生都是引我入門的導師，師恩浩蕩，對他們無限感念。很多前輩先進及同輩友人的愛護與啟發，也使我感激不已。因為人數眾多，在此不擬一一提及。

歲暮途遠，仍有不少工作尚待完成，今後將繼續努力，但會放慢腳步，從容前進。

蕭啟慶

2007年4月22日

謹識於清華大學歷史所

目　次

第一章

中國近世前期南北發展的歧異與統合：

以南宋金元時期的經濟社會文化爲中心

一、引言：兩大變革與征服王朝

　　中國近世史上有兩大變革期，一次是「唐宋變革」，另一次是「明清變革」。這兩大變革又與漢族王朝、征服王朝的更替相互重疊，關係錯綜複雜。

　　「唐宋變革論」是由日本京都大學史學前輩內藤虎次郎於八、九十年前提出，主張唐宋之際，政治、經濟、社會與文化皆發生巨大的變革，遂將「中古社會」轉化爲以宋爲首的「近世社會」。這一理論後經內藤氏的弟子宮崎市定等人的補充，更臻完備，成爲中國近世史研究的重要典範，影響很大。近年來海峽兩岸更掀起一波探討唐宋變革的新熱潮。相關會議不斷召開，論著頻頻湧現。最近柳立言撰有〈何謂「唐宋變革」？〉一文，強調：唐宋變革所指不是一般的改變，而是根本或革命性的轉變。同時指出：「唐宋變革期」是專指上述重大變革發生和漸趨固定的時期，即中唐(8世紀)至北宋初年(10世紀)。雖然「變革期」的終點仍不乏爭議，有的學者主張北宋中葉(11世紀)，有的則主張南宋初年(12世紀)，但「唐宋變革期」不應與「唐宋時期」一詞相混淆。

　　「明清變革」開始於1500年左右。在第二變革期中，中國的經濟、社會、文化經歷了與「唐宋變革期」相類似的重大變化。包括白銀的貨幣化、農業商品化、鄉村及都市生產的擴張、農村社會身分的變化、區域都會體系的成熟、政府對經濟控制的放鬆、學校的擴張及社會風氣的競尚奢靡等。

　　這兩次變革間的關係如何？大陸學者曾以「資本主義萌芽」一辭來概括這兩次變革，顯示兩者的同質性。美國學者施堅雅(G.William Skinner)從「大區域」(macroregion)的觀點討論商業都會發展，認為第二次變革是第一次變革的量變與質變。明清變革時代的都會發展不再局限於長江三角洲及國都附近，而是擴及全國多數區域，而且都會體系更臻成熟。最近大陸學者葛兆光從思想文化史的觀點解析兩次變革間的關係，他認為第一次變革期間發展的是菁英的「創造性思想」，第二次變革期間的主要發展則是這些思想的制度化、世俗化、常識化。可見第二次變革是第一次變革的廣化與深化。

　　但在兩個變革期中間的四百年的情形究竟如何，學界爭議頗多。過去大陸學者蔡美彪說過：中國近世歷史發展的圖像呈馬蹄形，首尾是兩個高峰，中間是一個低谷。施堅雅認為唐宋變革與帝國晚期之間隔有一個逆退與蕭條的黑暗時期，而伊懋可(Mark Elvin)則主張13、14世紀為中國經濟由盛而衰的轉捩點。對這一階段發展趨勢的評估都是負面的。

　　近年出版的論文集《中國史上的宋元明過渡》對這一時期的歷史重加探討。此書將南宋初至明代中葉四百年(1127-1500)稱之為「宋元明過渡」。書中各位作者達致的共識顯然不多。編者之一的Richard von Glahn僅能指出下列幾點：蒙元統治對中國歷史發展所造成的災害不大，明初種種造成更大斷裂；江南興起而成為中國的經濟文化重心；道學政治社會觀的制度化。就整體發展而言，編者只能說：這一時期不是唐宋變革與晚期帝國之間的一道裂縫，而是一個過渡以及具有長程連接性動力的顯著階段。這本論文集雖然勝義頗多，但對這四百年在中國歷史發展上的地位仍未明言，而且對征服王朝及北方社會注意不足，可以探討的空間仍多。

　　中國近世前期史研究有一個嚴重的缺憾，即是南北兩方現存史料與相關研究之多寡非常不平衡。有關遼、金兩代及元代北方的史籍、文集、方志遠少於南方，以致研究北方區域歷史者往往因資料欠缺而裹足不前。梁庚堯曾指出：「學界對於宋代南方經濟的研究要多於北方，對南方經濟的了解也超過北方。」經濟研究如此，政治、社會、文化研究莫不如此。

　　南、北兩方研究的不平衡導致學者認為南方的發展是中國近世歷史發展

的代表。劉子健先生說：「中國近八百年來的文化，是以南宋為領導的模式，以江浙一帶為重心。」近八百年的文化甚至可以用南宋東南型作代表。

日本竺沙雅章教授談到宋金元歷史研究的一個基本缺失：即是學者說到宋代，往往僅論述北宋與南宋，對於金朝統治下的華北則不包括在內。他又說：

> 一般也有用宋元時代這種區分，但嚴密的說，這也有北宋——金——元與北宋——南宋——元的兩個潮流，也就是說有北流與南流，對於各演變的不同，以及王朝交替導致的流向之變化，也因金元治下的社會不明之故，而不能貫通。

由於學界偏重南流，忽略北流，而對近世前期的歷史得不到全面而正確的認識。

近世中國是胡、漢民族輪流做莊的時代。征服王朝的地位很重要。這些征服王朝皆是由北亞遊牧與半遊牧民族所創建。其原有的文化背景與中原漢族相差甚大，在其征服中原後，所採用的種種制度與政策，與漢族王朝時代也大有出入，對中原的政治、經濟、社會、文化應該產生不小的影響。內藤教授在京都大學的後輩田村實造〈遊牧民族と農耕民族との歷史的關係〉一文中便認為：宋明之間經濟社會發展缺乏連續性是由於金元等征服王朝的介入。可惜田村教授未加申論。而德國傅海波(Herbert Franke)則提出這樣的問題：

> 各征服王朝是否真的代表中國經濟、社會、政治與文化「自然發展」的主要挫敗？如果沒有征服王朝，宋朝在十一世紀的那種迅速成長與理性模式能否繼續？征服王朝是否促使學者所謂在宋朝已經出現的「近世」(modern age)半途夭折？或是由於各種局限，如國家的效率、疆土的遼闊與複雜以及菁英未能注重實際和實用，宋朝的種種發展原本便是一條死巷？

傅教授所謂征服王朝乃指遼金元三代，他的問題事關征服王朝與中國近世發展，意義頗為重大，值得我們不斷努力尋求解答。這篇講演便是這項努力的一部分。

這篇講演擬以唐宋變革為背景，探討金元等征服王朝對中國近世化歷程所造成的影響。首先以12、13世紀宋金對峙時代為範圍，比較金代統治下的北方與宋朝統治下的南方的經濟、社會、文化發展的異同。其次，再探討蒙元混一南北後，那些方面統合成功？那些方面失敗？而統合的結果，在那些方面比北宋進步？那些方面則是退步？希望這一努力能部分解答傅教授提出的問題。

二、宋金經濟

唐宋變革的基礎在於經濟的突飛猛進。伊懋可稱這種經濟的突飛猛進為「中古經濟革命」（medieval economic revolution）。他所謂「中古」即是我們所說的「近世」。他的「中古經濟革命」是由一連串革命所組成，包括「農業革命」、「水運革命」、「貨幣信用革命」、「市場結構革命與都會化」及「科技革命」，可見「革命」方面之廣。大陸學者葛金芳則引用美國學者門德爾斯（Franklin F. Mendels）的原型工業化（proto-industrialization）理論，認為原型工業化進程的諸要素及其對於社會經濟生活的種種影響在宋代業已出現。宋代經濟變革是否可稱「革命」？或是僅如柯睿哲（Edward Kracke）所說的「傳統內的變遷」（change within tradition）？原型工業化這一名詞能否適用於宋代？學界自然不乏爭議。但宋代中國經濟領先當時的世界卻是中外大多數學者所公認。

金與南宋都繼承了北宋經濟變革的成果。在比較金宋經濟之前，有兩項前提必須提出：

(一)經濟重心的南移：中國經濟重心由黃河流域中下游向兩浙及東南沿海移動，由來已久。自中唐加快速度，至北宋愈為明顯，與唐宋變革相平行。南方最先是戶數超過北方，其次是墾田數超過北方，又其次是賦稅總量

趕上。北宋末年，以河北、京東為代表的北方社會經濟在國防和賦稅的重壓下而趨於衰落，經濟重心的南移在北宋末已接近完成，至南宋則完全實現。總之，金代繼承的北方經濟已露疲態，南宋立國時的南方經濟仍呈上升之勢。

　　(二)戰爭衝擊大小的不同：金朝攻滅北宋雖然迅如疾雷，但是殺戮極廣，無論城市及農村皆受到甚大破壞。生產力大為減少。同時，據吳松弟估計，約有為數高達五百萬人遷入並定居南方。其中甚多是「汴、洛力能遠遷的巨家仕族」。這些移民促成資金、技術及人力的大量由北南輸。對北消南長之勢助長極大。金亡之後，北方又經歷23年的血腥戰爭，對華北經濟破壞極大，幾乎摧毀了金朝經濟發展的成果。反觀江南在兩宋之際及宋元之際所受戰爭的影響皆不大，南方經濟因而有累積性的成長。

　　金代雖然繼承了北宋的北方經濟，卻經歷了殘破－恢復－發展－殘破的過程，波折甚大。

　　經濟的部門很多，本文因限於時間，僅討論農業、礦冶與人口。

(一)農業

　　農業是所有經濟部門的基礎，而農業的重大進展亦是唐宋變革的重要一環，有的學者稱之為「農業革命」。這些進展包括：農業機具的改進、農田水利建設的高潮、耕田面積的擴大與耕作制度的革命等。據葛金芳估計，宋代的農業人均生產率比漢唐分別提高了2/3和1/2以上，土地生產率則提高70%和65%。

　　南宋農業在北宋的基礎上繼續發展。李伯重〈有無13、14世紀的轉折？：宋至明江南農業的變化〉(收入李氏《多視角看江南經濟史(1250-1850)》)一文欲求了解是否有如伊懋可所說：13、14世紀是中國經濟由盛而衰的轉折，乃從人口、耕地、技術及農民經營方式(經營規模與畝產量)等方面考察宋末至明初江南(狹義，大體相當於唐宋的浙西路地區)農業的變化。他認為自唐至清江南農業一直在持續發展，緩慢增強，宋季、元、明不過是這一長期趨勢中的一個階段。

在北方，金軍入侵後，農業破壞很大。直至金世宗即位後，與宋議和，結束三十年的戰亂，中原農業才開始恢復與發展。人口的增多，固然增加了生產力，金廷亦採取不少有利於農業生產的措施，如弛放禁地、鼓勵耕墾荒地、推廣經濟作物(桑棗)、推行以勸課農桑爲標準的官吏考核制度、恢復北宋的水利措施、推廣水稻種植(南陽、南京路、河東南路、山東西路)等。

金朝政府雖然積極恢復農業生產，卻爲農業發展製造一大障礙，即是猛安謀克的授田與括地，這將在下文討論。

《金史》缺少全國墾田數，有關於猛安謀克戶的田畝數字，大定23年的墾田數169萬頃。據畢仲衍《中書備對》，北宋神宗時全國墾田爲460萬頃，減去東南九路田數則北方墾田爲166萬頃。金朝猛安謀克戶田畝數就多於北宋墾田喪數。金季趙秉文說：「中都、河北、河東、山東，久被撫寧，人稠地窄，寸土悉耕。」可見金代盛時墾田不少於北宋。

金代糧食單位面積產量，旱田以河南爲例，「上田可收一石二斗，中田一石，下田八斗」，平均畝產爲一石。水田據宣宗四年李復亨奏：「南陽……土性宜稻，今因久雨，田凡五百餘頃，畝可收五石，都得二十五萬餘石。」水稻畝產五石當爲豐年產量。據方回《續古今考》，南宋時期水田畝產爲2-3石，據此可推知金代水稻畝產當在2-5石之間，一般年景當在3石左右。金代後期，南部地區出現一年兩熟的夏稻冬麥輪作之法，大量提高單位面積產量。若以平均產量計，麥爲一石，稻爲三石，兩熟田畝產可達4-5石之多。可知中原基本上保持北宋時期的水平，南部地區則與南宋相伯仲。

全國糧食(粟和稻)總產量現無明確記載，傅海波估計，每年9000萬石左右。其中1/10爲稅糧。當時每人每年消耗6石，每年所產糧食僅夠養活其百姓，無儲糧以待荒年，故需向南宋進口稻米。

金朝農業表現可稱不惡，但農業之興盛僅限於金代中期三十餘年。自明昌河患後，已由盛轉衰。這次河患發生於明昌四年(1194)，此年黃河改由淮河入海，氾濫波及河北、山東、河南及安徽、江蘇北部，造成極大損失，這是金朝國運一個大的轉捩點。此後不久，自大安三年(1211)蒙古南侵後，烽火遍野，加以金廷搜括河南民田授予隨其由河北、山東遷入之百萬猛安謀克

戶，不僅造成族群對立，而且嚴重影響農業生產。

(二)礦冶

　　唐宋之際，在農業進步的基礎上，礦冶及手工業亦突飛猛進。礦冶包括金、銀、銅、鉛、錫、煤、鐵。其中又以煤、鐵最為重要，因為礦冶及手工業必須以煤、鐵的大量供應為基礎。

　　據郝若貝（Robert Hartwell）之研究，北宋中葉曾有「煤鐵革命」的發生。到北宋時，北方由於森林資源耗用殆盡，燃料缺乏，大量開採煤礦。山西、河北、河南北部、陝西、淮北都是重要產煤區。煤的廣泛使用不僅解決柴炭日缺的問題，而且提高了爐溫和冶煉效率，因而促進冶鐵、鑄錢、陶瓷、兵器製造的發展。北宋冶鑄技術大為提高，特別是灌鋼法的採用，導致農具及各類工具的熟鐵鋼刃化，有利於生產。

　　北宋鋼鐵生產中心皆在北方──袞州、磁州、邢州與徐州，與煤產區一致，而且皆能以水路與開封的中心市場相聯貫。

　　據郝若貝的估計，在806年至1078年之間，人均生鐵年產量增加達六倍之多。1078年全國鐵產125,000噸，是當時世界最高產量，與十八世紀全歐洲年產量的145,000-180,000噸相較，遜色亦不多。大陸學者漆俠、葛金芳對北宋鐵產量估計與郝若貝相去不遠。故稱此一發展為「煤鐵革命」不可謂不宜。

　　但以華北為中心的「煤鐵革命」不僅未能繼續，而且急速逆退。如磁州、邢州在1078年產鐵27,000噸，在元世祖初年僅產8,048噸。大陸經濟史學者多認為由於缺乏相關史料，金代冶鐵業的實況已不易究明，漆俠、喬幼梅則稱「遠未恢復到北宋的水平則是肯定的」，但是否可斷言落入谷底則仍有爭議的餘地。郝若貝認為「煤鐵革命」未能繼續的主因有二：(1)金、元時代開封的衰落導致需求的萎縮。(2)黃河在金元時代多次改道，切斷礦場與開封間的運輸。(3)政治環境不良，女真貴族干預經營。

　　南宋亦未能繼續北宋「煤鐵革命」的盛業，一方面由於煤炭產地集中於北方，南方礦冶無法受惠於這種新興能源。另一方面由於南宋朝廷將開發礦

產視爲聚斂手段，礦稅甚重，礦場難以持久。

總之，北宋的「煤鐵革命」有如曇花一現，南宋、金、元皆未能重振其光輝。

(三)人口

在農業社會中，人口是社會的基本生產力，也是主要消費力。人口增多會刺激經濟的發展，人口減少則導致蕭條。經濟消長與人口增減息息相關。

唐宋變革期中的人口增長是一明顯的事實。中國在籍人口自西漢末達到6,000萬後，一直未能超越。但到北宋崇寧元年(1102)，達到近億人口，才有重大突破。13世紀初宋金人口合計爲1億2千萬，南方占64.8%，北方爲35.2%，情況與北宋末大體相同。總人口超過漢唐一倍，可說中國人口史上的第二高峰。

遼金及宋金之際，北方人口大減。據吳松弟估計，大定初(1161)金朝全國戶口數約爲300餘萬戶，與遼、宋後期同一地域總戶數732萬戶相較，僅占41%，可見人口損失之大及恢復的緩慢。經歷世宗、章宗兩朝的盛世後，人口迅速增加，四十餘年間，戶年平均增長率高達7.3%-12%。在泰和七年(1207)達到高峰，計有戶841萬，口5353萬。但自大安三年(1211)蒙古入侵，經過二十餘年的慘烈戰禍，人口又再度大減，據窩闊台汗八年(1236)完成的乙未年籍，得戶110餘萬，僅爲泰和盛時的13%。

反觀南方，北宋晚期崇寧元年南方人口多達1220萬戶。兩宋之際的戰亂造成南方人口頗有損減，但幅度較北方小。此後人口不斷增長，卻是步履緩慢，嘉定十六年(1223)達到約1450萬戶，較北宋增加230萬戶，年平均增長率約爲2%。人口發展減慢的原因，除去兵禍的因素外，兩浙、江西、江東、福建及四川成都、潼川至南宋中期由於地狹人稠的現象日益嚴重，增長率減緩。

南方未受異族統治，而且受戰爭影響較小，人口一直在緩慢增長中，具有累積性，北方人口則陷於銳減─恢復─銳減的惡性循環中，缺乏累積性，遼宋金元時代人口的增長實際上是南方的增長。

　　漆俠對金代經濟的評估，極為負面，他說：「在僅僅一百年的統治中，北方人口銳減，田地荒蕪了二分之一以上，手工業生產衰落，城市蕭條，多年來蓄積起來的那點商品生產和發展起來的那點城市經濟，為之蕩然，自然經濟又居於絕對的支配地位。」漆俠顯然過分誇大了金代統治的負面作用。事實上，金代經濟經歷的波折甚大，但由金末看來，是一逆轉。

三、宋金社會

　　唐宋之際，社會結構發生重大的變化，由一個階層森嚴，具閉鎖性的社會轉化為一個身分較為開放而平等的社會。主要變化見於下列各方面：(一)士人階層之興起：自中唐至北宋，以出身平民家庭為主的新士人取代南北朝以來門閥士族的地位。這些新士人經由科舉而取得其政治社會菁英身分。兩宋之際，由於士人人數迅速增多，入仕不易，士人階層採取不同於北宋時代的策略以求延續家族之地位。北宋士人多謀崢嶸於全國政壇，南宋士人則多汲汲於鞏固其家族在本鄉的基礎。士人的「地方化」策略使不少家族奠定雄厚的地方基礎，得以長保尊榮及勢力。因而可能是中央菁英，也可能是地方菁英。(二)農民身分的轉化：均田制廢除後，土地可以自由買賣，成為私有財產。租佃制亦取代均田制下計口授田及近似農奴的部曲佃客制。佃戶與地主基本上是契約關係，佃戶在契約年限結束後，享有換主及徙居之自由。(三)商人的興起：宋代由於城市之繁榮，區域、全國乃至國際貿易的發達，商人階層的擴大、財富的增多以及地位之提昇都是明顯趨勢。(四)賤民身分的改變：中國古代奴隸長期存在，身分卑下，到唐朝仍是如此。但隨著商品經濟的發展，奴婢制中的雇傭制的成分不斷增加。宋代的奴婢都是長期雇傭的家僕，享有脫離主人的自由。

　　總之，唐宋變革後，世襲的身分制度大體消失，社會等級的界限大為削弱。階層間的流動較前大為增加。有如袁采《世範》所說：「富貴盛衰，更迭不常」。

　　相對於宋朝社會的開放與平等，金朝統治下的華北則又恢復若干中古時

代的社會現象。

金朝是一個族群等級社會，也是一個階級社會。戶籍上稱女眞爲本戶，契丹與漢人稱雜戶。《三朝北盟會編》引《燕雲錄》說：「有兵權、錢、穀，先用女眞，次渤海，次契丹，次漢人。」而漢人中的北人與南人的地位又有所不同。女眞人口不多，任官者卻近全體官員的50%，在金初更高達64%。

各民族之中亦有身分高低之分。女眞人中貴族高高在上。陶晉生教授認爲：「這些外來征服者在舊有的社會結構之上，增加了壟斷軍事權力而類似歐洲中古封建時期中的貴族階級。」這個貴族階級可說是通過「覆蓋層化」（superstratifacation）而強加於中原社會之上，包括宗室、外戚、世襲猛安謀克。這些家族主要靠世襲、世選及蔭補入官，控制了政府中大多數的重要位置。他們往往恃勢兼併官田，豪奪民田。他們是大地主、大奴隸主。金世宗時（1183），170戶宗室，平均每家擁有田地2167畝，奴隸163名。

女眞平民以猛安謀克戶（軍戶）爲主，主要入仕途徑爲軍功及入充近侍及衛軍，也可有不錯的前程。在計口分田制度之下，他們由國家取得土地：「每耒牛三頭爲一具，限民口二十五受田四頃四畝有奇。」實際上，在1183年每個猛安謀克戶擁有田地275畝，奴隸2.2名。他們雖有服兵役的義務，但稅賦負擔僅爲漢人農民的四十四分之一，十分優待。猛安謀克戶是小地主、小奴隸主，他們「不親稼穡，不令家人農作」，多將田土佃租於漢族農民，坐收地租，本身則過著懶散與酗酒的生活。中期之後，多數猛安謀克戶業已貧困化。

女眞社會中，最低層的是奴隸。女眞人的奴隸主要來源是戰俘，即驅口，主要是漢人。奴隸主遍及女眞各階層。女眞蓄奴之風也爲漢族大戶所仿效。奴隸不僅用於家內勞動，亦用於農牧業生產。金朝奴婢的社會地位不僅比宋，甚至比唐代更爲低下，被視爲主人之財產，是估計各戶「物力」的重要項目，而且主人可用之於賭博、婚嫁之資，甚至有生焚奴婢殉葬的陋習。金朝帶回奴隸制是一種社會逆退現象。

漢人社會中，仍以士人爲統治菁英。金朝承繼了遼、宋的科舉制度，作

為甄募漢族菁英的一個重要機制。據陳昭揚統計：自1139年至1234年共有31榜，錄取進士總數4160名（天會年間除外），平均每榜134.2名。遠低於北宋每榜277.5名與南宋395.4名。金代科舉規模遠小於兩宋，士人與非士人階層間的社會流動可能減低，而士人階層中的流動則加大，但這僅是一個推測，有待實證。

由於女眞人占去甚多官職，而且金代漢人入仕是以門蔭為主要途徑，漢族進士僅占全部文職官員的12％，遠低於北宋的30.1％，也略低於南宋的15.7％。就數量言，科舉並非士人入仕主要途徑，但世宗以後漢人宰執不少出身進士。

由於女眞人重視世家大族的蔭襲權利，崛興於遼初的燕京五大家族中的玉田及安次韓氏、昌平劉氏及盧龍趙氏在金朝仍然仕宦不絕，有的成員甚至位居要津，這種在不同朝代中都能延續其崇高政治地位的世家大族在近世漢族王朝時代甚為罕見。

金朝繼承了北宋的土地私有制及租佃制。但是金朝土地關係的特色是國家及女眞人成為主要的地主。金朝的官田遠多於北宋。自均田制廢，唐朝官田已不多。北宋元豐間，官田占全國墾田的1.37％。金朝官田有的是繼承遼宋的荒閑地，有的是經宋金戰亂後出現的大量無主荒地，也有的是用括地方式掠奪自民田，於是金代官田大增，約占全部墾田數之半。官田一部分用作職田、學田、牧地，另一部分則分與猛安謀克戶。兩者皆將土地租於農民，收取地租。

金代地主包括女眞及漢族。有的漢族地主在北宋或遼代即具有此身分，有的在金朝才成為地主，其中也有擁田千頃的大地主。但由於國家及女眞貴族的掠奪與兼併，漢族地主的所有權缺乏保障。女眞貴族通過朝廷賜田、掠奪與兼併而成為新興大地主。按規定，女眞人受田時「官民占田無過四十具」，即相當於16160畝，已是一個很大數目，但有的貴族占田數遠過於此，像參知政事納合椿年占田八百頃。由於官田的增加及女眞貴族占田數目的龐大，漢族地主及自耕農的數目顯然較北宋減少，雖然現已無確實數字可以證明。

　　對於金代的社會，有甚多重要問題如：科舉所產生的實際社會流動有多大？金朝漢族菁英士人有無像南宋菁英那樣的「地方化」？商人的地位如何？現仍無法解答。但可以肯定的是：金代統治下的華北社會兼具中古與近世性。唐宋以來出現的科舉、士人、土地私有制及租佃制度皆是承襲自北宋，顯示其近世性。但是政府用人重視族群與家世的區別、身分制的重現（貴族、奴隸）、國家又成為大地主，這些現象都近於中古，不似近世，好像又回到均田制與府兵制時代。

四、宋金文教

　　金朝教育不及兩宋發達，而文化則趨於保守。

(一)教育

　　由於經濟繁榮、印刷術普及與科舉擴張等原因，宋代是教育突飛猛進的時代，官學及私學都得到空前的發展。中央官學以國子學及太學為主，神宗時實行三舍法，學生多達3800人。南宋學生人數減少，多在500至1500人之間變動。由唐至宋，國子學與太學招生資格逐步放寬，趨於平民化。考試成績優秀的學生或直接任命為官，或可免除參加解試或省試而參加殿試，學校教育遂與科舉及任官相連接。至於地方官學，慶曆新政後，已普遍設置府州學，而縣學則在北宋末期得到較大發展。北宋末期是地方官學最盛時期，學生總數多達200,000左右，南宋官學未能恢復北宋之規模，但教育之重任已由私學所接替。

　　私學的主要機構是書院。北宋書院一度興盛，為著名學者講學之處。中期以後，由於官學的興盛，書院一度衰落，但在南宋得到空前的發展。書院在南宋的發展又與道學的興起互為因果。道學屢次被禁為「偽學」，朱熹及其弟子，廣設書院，開門授徒，普及道學。書院教育反對官學的機械式教育及以登科做官為讀書之目的，而提倡以完善個人品格和增進學識為讀書之目的。據統計，南宋先後興建書院達三百所以上。其中甚多皆由道學者所設

置。

金朝雖繼承北宋教育的基礎，但無論學校數目及學生人數皆較北宋萎縮。北宋的官學大多燬於戰火，而金廷注重興學甚晚，出力亦不足，章宗時代才是官學的盛世。中央官學有國子學與太學，收錄學生家世背景限制較北宋嚴格。學生仍以貴族及大臣子弟為主。帶有幾分貴族氣息。地方官學中之府、州學學生亦限六品以上官員子弟及經府荐而落第之舉子。縣學不受朝廷補助，入學資格應較寬鬆。各級官學教授的重點在舉業－策、論、詩、賦及相關典籍，而不在研習學問。各級官學規模都不大。太學生400名、各地府州學生共1745名。據陳昭揚估計，各級官學學生總人數約近萬人；與北宋相比，相去甚遠。

起源於北宋時的書院在金代卻幾近消聲匿跡，見於記載不過一二所。可見金朝私人興學的風氣遠不及南北二宋。

金朝教育不及南方發達亦可由科舉鄉試人數看出：章宗時代參加府州試的考生每科20000至25000人，而南宋一科參加考生最多達到560000人，可見南北士人群體的大小相去甚遠。

(二)文化

與當時的社會、經濟、政治相呼應，自唐至宋，文化亦有重大發展：除了科學技術上的進步外，主要的發展是新興士人階層在哲學、文學、藝術等領域中創造的新文化以及通俗文化的興起。

1.士人學術

由於士人身分的重新界定，士人學問的重點發生不少變化，中古士人著重經學注疏與文學創作。北宋初士人著重唐代經學的恢復，學術思想比較沉寂。中期以後，諸家紛起，爭取對士人學術以及國家政治的主導權，包括王安石的王氏新學、二程的程學、張載的關學、三蘇的蘇學，主張各有不同。北宋晚期，新學當道，其他各派都受到罷黜。新學成為占有統治地位的學派。

南宋初年，新學聲勢仍大，二程之學仍受壓抑，以後並遭禁為「偽

學」。道學之上昇，一方面由於朱熹在學術上扮演的角色。另一方面由於朱熹及其弟子在策略上運用之成功。朱熹集周、二程、張、邵的大成，以儒學為主幹，融合了釋道哲學的某些成分而形成一種新儒學思想體系，比傳統的儒學具有更強大的生命力。他及他的門人努力地方扎根，藉由教育及慈善事業宣揚其理念，擴張其聲勢，蔚然成為一個凝聚力強大、迅速擴張的運動。及理宗(1225)即位，朝廷為政治需要，不得不公開表彰《四書》，將朱熹及北宋理學諸子同祀於學宮。雖然此時宋廷未曾正式規定以程朱著作為科舉程式，但已承認其官學地位。

金朝教育不發達、士人群體小。在宋金之際及對峙時代遷徙南方的五百萬人很多都是河南、山東的名門望族，如在北宋出了三個宰相的呂氏家族便攜帶家藏書籍逃至江南。中原地區文化水平受到相當大的影響。

金朝的學風與南宋不同。北宋末年盛行的新學受到嚴重打擊。金人認為：北宋覆亡乃由新學造成，下令：「凡王安石說者悉棄之。」流傳北方的理學也僅剩二程學說的殘枝餘脈。金初道學不盛，一方面由於道學在北宋兩度受到禁錮，勢力不大。一方面由於主要人物大多南遷，滯留北方者寥寥無幾。另一方面，早期協助金廷吸收漢文化的儒士多半出身遼境，熟諳漢唐經學，而對理學十分生疏。直至金季明昌(1190-1195)前後，朱學始傳入北方，金儒對其既有接受，亦有抵制(李純甫曾公開著書駁斥，趙秉文、王若虛亦有質疑)。並未建立師承傳授體系。理學之真正被北方學者所接受是在金亡之後。

金代學術的主流是漢唐經學與詩賦，這與科舉密切相關。金朝科舉繼承唐宋舊制，主要以詩賦及明經科士。科舉出題所用諸經全採漢唐注疏，因此士風崇尚的是漢唐以來傳統經學的注疏記誦，「唯知蹈襲前人，不敢誰何」。極為保守。

詩賦是金朝士人研習的另一個重點。在文學方面，金人受蘇軾影響極大。清翁方綱說：宋室南遷之後，「程學行於南，蘇學盛於北」，道破了金朝與南宋的主要文化差異。蘇學尚「文」，程學重「道」，極為不同。吉川幸次郎則稱東坡乃金人「文明之神」。蘇軾之受金人崇敬，不是由於他的儒

學主張，而是由於他學術的全面性，尤其是他的崇高文學藝術成就。趙秉文推崇蘇軾是為文、談道、作詩及書法之四門皆備，乃是得「古人之大全」。

　　傅海波認為：傳統主義是金代文化的主要特色，這種傳統主義助長金代士人滋生「北方認同」，與南宋不同。金代士人自命為唐代及北宋文化的維護者，他們的貢獻在於延續中原文化的薪火。

2.通俗文化

　　金代士人文化雖然保守，通俗文化卻在北宋留下的基礎上大有創新，而為元雜劇奠立基礎。

　　北宋通俗文化的興起原是商品經濟發達與都會繁榮的結果。城市中出現專以休閒與娛樂為功能的瓦舍勾欄，這些場所遂成為通俗文化繁榮的溫床。講唱文學之興盛與詞曲的發展皆與此有關。

　　元雜劇的前身是宋金雜劇、金朝院本及諸宮調，都是民間藝人在瓦舍勾欄之中為娛樂市井小民所作表演的腳本。宋金雜劇係繼承唐代參軍戲的傳統，又吸收許多歌舞表演與民間說唱技藝，進一步綜合起來，形成一種新的通俗戲曲形式。表演內容不僅有滑稽調弄，而且是以複雜的故事為主體。北宋淪亡之後，朝廷教坊中的雜劇藝人，一部分隨王室南遷，也有一部分留在北方。北方的宋雜劇逐漸形成「院本」。所謂「院本」，即「行院之本」，亦即坊間行院職業藝人據以演出的底本。金院本與宋雜劇名目雖異，實際上許多劇目相同，演出的形式與角色也基本類似。

　　「諸宮調」，發軔於北宋中期，盛行於金朝，對元雜劇的音樂體制，影響頗大。所謂「諸宮調」，表示是一種用多種宮調組成的長篇說唱(或稱講唱)文體。其中唱的部分，主要是融合唐宋以來流行朝野的雅詞和俚曲，而構成的多種宮調的套曲，其間插入一定的說白，與唱詞配合，並且敘述有人物與情節的長篇故事。因而諸宮調是一種既說且唱的敘事文學，一般是說的部分用散文，唱的部分用韻文，乃至形成散韻交相使用的語言結構。大概問世於金章宗時期的董解元〈西廂記諸宮調〉的體制已臻完善，唱詞也富文采。

　　元雜劇係以金院本為主體，結合諸宮調，在金朝季年業已初步形成，而

不是在蒙元時代突然出現。

　　總之，金朝統治下的北方，教育較南方落後，而文化則較為保守。士人以唐及北宋文明守護者自居，其學術與文化一方面雖帶有北宋時期士人文化向近世轉化的面貌，另一方面卻又保留幾分中古貴族士人文化的遺痕。但是通俗文化卻在北宋的基礎上繼續邁進，預期中國戲曲文學高峰的來臨，這是金朝文化最具近世意義的。

五、元朝的統合

　　蒙古於1234 年滅金，1279年滅宋，分隔已久的南北二方歸於單一全國政權之下，南北對峙時代發展出的南北巨大差異遂得到統合的機會。

(一)經濟

　　宋、金時期南北經濟發展的水平原不相同，金元之際及宋元之際遭受破壞程度又相差極大。因而嚴重影響兩個地區經濟恢復與發展速度的快慢。元代平宋，南方所受破壞不大，因而可在南宋基礎上穩定發展。農業部門便是如此。前引李伯重的論文已證明此點。北方的情形便大不相同。北方農業在蒙金戰爭及「中原失治」的五十年(1211-1259)中飽受摧殘。直至忽必烈立國中原後，厲行勸農政策，才逐漸恢復。但自元代中期起，由於政治不良、天然災害的影響，農業發展又趨於停滯與衰敗。因而，元代北方農業經歷的破壞與衰敗的時期長，恢復與發展的時期短，遂落後於南方。

　　元代經濟恢復的緩慢及南北差距的拉大反映於人口統計。元至元28年(1291)全國總人口6700萬，比13世紀初宋金總人口減少不少，13世紀初金宋人口1億2千萬，減損幾達一半。損失的主要是北方的人口。13世紀初，南方人口8000萬(64.8％)，北方人口為4300萬(35.2％)，至元28年南方人口為5700萬(85.1％)，北方則為1000萬(14.9％)。由宋、金至元初，南方減少二千餘萬人，北方則減少達3300萬之鉅。南方減少的主要是在四川與江淮、荊襄等受戰禍最嚴重的地區，經濟發達地區如江浙、江西受到波及不大。而北

方各地人口在蒙金戰爭受到極大的損耗。元初的比率是中國歷史上南北人口所占差距最大的時期，自此南方人口的絕對優勢一直延續到明清。

有利於元朝經濟發展的因素則是全國市場的形成。南北的統一及其後全國交通網(驛站、運河、海運)的建設、統一貨幣與度量衡的建立，爲全國市場的形成創造有利條件。南北混一後，市場擴大，南北人士紛紛下海，從事區域間的貿易。貿易的發達導致南北經濟的互補。最大項目的商品如糧食、絲綢、茶葉等均以江南爲主要產地，這些商品均滾滾北輸。除去供求關係外，南北二方又有分工關係，黃河南北盛產棉花，而長江三角洲紡織技術高；後者需要前者之原料，而前者仰賴後者之加工產品。全國市場之形成，導致景德鎮之瓷器、杭州之絲織品、松江之棉布，乃至雲南之普洱茶皆得行銷南北。市場之擴大促使生產規模、生產關係隨之改變。部分產品已由家庭副業改爲商品生產，鄭天挺認爲：具體而微的資本主義已在杭州相安里的絲織坊中出現。

關於元代在近世經濟史發展中的地位，大陸學者的看法，前後頗不一致。五、六十年代的學者多認爲蒙元統治破壞甚大，李劍農便主張遼金元三代爲一經濟發展的「逆轉時代」。近年來學者多反對「逆轉」說，李幹《元代社會經濟史》便認爲「元朝取代宋朝，不是什麼歷史的倒退」，「元代整個社會生產力不是停滯不前，而是向前發展的」，而「邊疆地區的社會經濟發展，尤爲顯著」。這個問題仍有甚大爭議空間，但是金、元統治助長南昇北降則是不爭的事實。

(二)社會

元代的社會結構與金代相似，與宋朝截然不同。元代社會也是兼具族群等級與社會等級。元代大體承襲金代的族群等級制度，賦予蒙古、色目、漢人、南人不同的身分、權利與義務，以凸顯征服族群與被征服族群的差異。這是眾所習知，不需贅述。

元代亦有金代一樣的身分制度。身分最高的是貴族，包括宗室、姻戚、勳臣，合稱諸「投下」。在經濟方面，他們世襲草原兀魯思(ulus)領地、漢

地食邑及位下私屬，成為大地主、大奴隸主。在政治方面，根據張帆所謂「宗室分封，家臣治國」的原則，宗室、姻戚雖不能出任朝廷官職，卻有權推舉大汗，也可以參議軍國大事。至於勳臣子孫，則以家臣的身分，世襲高官，成為官僚組織中的最高層。元代任官用人，最重「根腳」（家世），這些勳臣家族便是時人眼中的「大根腳」。這一制度影響及於後代，李治安便認為：明初皇子分封制的採行，可能受了元朝投下分封的影響。

元代社會最低層有為數龐大的奴隸。蒙古社會中原來便有奴隸，又受金朝影響，奴隸之存在並不意外。元代奴隸亦以「驅口」為主。由於蒙古貴族、將吏多在北方，故北方驅口獨多。日本學者有高巖估計，全國驅口約一千萬人，在總人口中所占比率甚大。元代驅口的性質及功能與金朝相似；但南北兩地區奴婢地位不同，元鄭介夫說：「南北之風俗不同，北方以買來者謂之驅口，南方以受役者即為奴婢。」可見南方仍繼續使用宋代具有雇傭性質的奴婢，而北方仍使用奴隸。

至於經濟階級，有如蒙思明所說：「元入中土時，金宋社會階級大部皆未被破壞。」因而南、北兩方仍維持原有的階級制度。在北方蒙古貴族取代了女真貴族成為大地主，而南方地主則以南宋以來的平民地主最為重要。

元代漢族菁英——士人的地位又低於金代。漢族士人是元代根腳制度與族群等級制度之下的最大受害者。加以科舉長期未舉行，士人出仕不易。科舉恢復之後，進士錄取名額甚少，平均每科僅錄取71.2名進士，與宋、金相較，多寡相去極遠，其中又含有蒙古、色目名額，因而對漢族士人出仕機會的解決，可說杯水車薪。但是元代的儒戶制度對士人階層的延續卻有不少助力。元代江南士人大多列為儒戶。儒戶享有不少優待，儒戶制度遂成為宋朝科第官宦世家的家學家風延續之保障。科舉恢復後，南人進士多數來自南宋世家。而元代進士子孫在明朝仍多為官宦，可見近世士人階層的穩定性。至少就江南而言，不僅士人階層之菁英地位未因蒙元統治而大受打擊，甚多士人家族的歷史亦未因此而中斷，這與南宋以來士人努力植根於地方亦有關聯。

儒戶是戶計的一種。元代的戶計制度不是繼承自金朝，而是元朝為動員

人力、物力而制定的世襲戶役制度。秦漢以來，歷朝並未推行世襲職業身分制。元代首創此制。戶計類別有軍、民、匠、站、鹽等數十種，各色戶計皆需世守其業，不能更改；諸色戶計的遷徙、析居、婚姻等行為都受到嚴格限制。這種世襲身分制度無疑增強國家對人口的控制，扭曲社會的實際狀況，妨礙各階層的自然流動與發展，與宋代社會的開放精神大相逕庭。元代戶計制度後來為明朝所承襲。有如何茲全教授所說：「編戶變了差戶，這是中國歷史上一大變局，這變局是由元開始，明繼承的。全國人戶都是皇帝當差的，這是明清專制主義的基礎。」可見元朝的戶計制度對以後的社會乃至政治發展都有深遠的影響。

元朝顯然未能有效統合南北社會。蒙元承襲了金朝的族群、身分等級制度及經濟階級。貴族及奴隸制皆與金朝相似，士人地位更不如金朝。南方地主階級及士人階層仍然能夠延續，而奴隸制亦未影響南方。南方仍然保存了甚多「近世」風味，北方則近似中古。元代設置的戶計制度更在當時及後代皆產生甚大影響，也是在近世社會中的一股逆流。

(三)文教

金朝與南宋教育發達程度不同，教育內容也相異。元朝則建立一個全國統一的制度。

元朝用宋、金制度，中央設有國子學，地方則普設有路、府、州、縣官學及書院。國子學執教者多為漢族名師碩儒，弟子則為各族的官宦子弟。地方官學兼收當地各族官民子弟。元朝書院大體已官學化，僅有少數書院保持獨立講學精神。講授內容與官學並無不同，而教師與地方官學同為官僚系統的一部分。金代原無書院，元代則在北方設置不少書院，其中不少創建者為熱心教化之蒙古、色目達官貴人。國子學、地方官學及書院皆以道學為講授內容，因而各類學校不僅是「用夏變夷」的場域，也是傳播道學於全國的有力載體。

宋金對峙時代，「南北道絕，載籍不相通」，兩方文化雖然偶有交流，實際上隔閡頗深，各自呈現明顯的地域特色。南北混一後，書籍、文物的流

通與人物的往還皆大為順暢，南北文化乃趨於統合。

　　道學北傳與劇曲南流是元朝混一南北後文化上最大的收穫。蒙古伐宋開始之後，宋儒德安趙復(?-1286前)於太宗七年(1235)被俘北上，講學於燕京太極書院，北方士人對道學始有較為全面的了解，遂出現許衡(1209-1281)、姚樞(1201-1280)等一批以道自任的「使徒」型學者，對道學在北方傳播發揮甚大作用。元朝平宋，南、北學者交流更為廣泛，道學遂融為一體。忽必烈立國中原後，任命許衡為國子祭酒，許衡在國子學以朱熹編纂的《小學》及《四書章句集註》作為主要教材，傳授程朱理學。此制為各地學校所採用，程朱道學因而迅速在全國流布，為道學成為官學奠定基礎。延祐元年(1314)恢復的科舉即大體依據朱熹的構想而設定考試內容。道學自此遂成為官學。元朝在宋朝之後承認道學為官學，對中國政治、文化的發展頗有負面影響。劉子健教授曾指出：第一，道學確立為官學，等於被政權所收編，儒教國家雙重性格中道統抗衡君權的力量因而削弱，君權上升，士人地位降低。第二，道統之建立，思想受到束縛，遂進入一個「新傳統」(Neo-traditional)時代。因此，明、清時代君主專制的絕對化及政府對思想文化控制的加強與道統的建立大有關係。在這方面，元朝至少起了推波助瀾的作用。

　　雜劇的創作與演出在南北統一前是以大都為中心，重要劇作家皆為北人。平宋以後，北方著名劇作家紛紛南下，演員也相繼赴江南作「秀」。作家及伶人之南遊配合當地繁榮的城市經濟遂使雜劇風靡於江南。自元朝中期，江浙已取代大都成為雜劇的新中心。新起的江南作家與徙居江南的北方作家相互爭輝。南方原有的南戲自雜劇吸收不少滋養，進一步提昇了水平。到明代，由南戲發展而成的傳奇戲曲取代了雜劇統御劇壇的地位，可說是元代南北戲劇傳統合流的後果。

　　道學北傳與劇曲南流固然是元朝混一南北後的結果，但是道學的興起與雜劇的隆盛皆與外來文化及蒙元朝廷政策沒有直接關聯。而是宋金時代早已存在的一些趨勢在蒙元特殊政治社會環境中發酵的結果。道學在宋末已獲得儒學正統的地位，元廷確立道學為官學不過起了推波助瀾的作用。雜劇在金

朝季年業已初步形成，元代士人由於仕進機會較前大為減少，迫於生計，飄浮於下層社會，成為書會才人，參與雜劇創作，以雅就俗，雜劇水準大為提昇，因而盛行南北。

在詩、詞、書、畫等方面，南北兩方在宋金對峙期間亦各自發展出不同的地域特色。統一後亦趨於合流。

總之，政治統一導致南北文化的統合，此後各區域的文化雖仍不乏特色，但是一個全國性的文化又告復生。

六、結語：在中古與近世之間

以上的研析顯示：金元等征服王朝的介入確實對中國近世經濟社會發展造成負面的影響。經濟、人口的逆退及南北不平衡的擴大都是金、元統治的後果。在社會方面，金、元統治不僅造成中古、近世質素並陳的現象，也擴大了南、北區域社會的差異。在文化方面，雖然金朝的士人文化比較近於中古學風，但是元朝的統一導致南北文化的統合，士人文化與民間文化皆在「唐宋變革」的基礎上繼續發展。中原文化自有其堅韌生命力，其發展主線未因征服王朝的介入而改變。

南北不平衡的擴大及經濟社會若干「逆退」現象的出現或可由下列二個因素解釋：(一)征服戰爭的慘烈：宋金之際及金元之際的征服戰爭都是殺戮極多，破壞甚巨，北方的經濟社會文化都須一再經歷殘破—恢復—發展—殘破的惡性循環，造成發展停滯甚至逆退。(二)征服民族帶來若干落後的文化質素：征服王朝時代原是異質文化空前激盪的時代。女真、蒙古雖為有效統治中原計，不得不採行漢法，但不甘也不能「下從臣僕之謀，改就亡國之俗」，完全採行漢法。金朝有女真本土化運動，元朝漢法派與反漢法派的抗爭更是連續不斷。因而，征服民族引入的若干妨礙中原社會正常發展的制度(如計口授田、宗王分封、奴隸制)始終維持，未能消除。

近世史上的第二次變革沒有及早來臨，也許我們也應該注意元明之間戰爭的巨大破壞及明太祖的經濟社會政策—有如黃仁宇所說：他企圖將全國改

造成一個「巨大農村社區」——的負面影響。但是，第一次變革之未能全面延續——尤其在北方——應與征服王朝的衝擊有直接的關聯。

最後將鏡頭拉回到本文開始時所引用的幾種觀點。我們的論述基本上肯定了田村實造未加論證的說法：宋明之間經濟社會發展缺乏連續性是由於金元等征服王朝的介入。李伯重所說：13、14世紀不是中國經濟由盛而衰的轉折，只能適用於他所研究的江南，而北方的情形並非如此。至於傅海波提出的問題：「征服王朝是否促使學者所謂在宋朝已經出現的『近世』半途夭折」？我們暫時的答案是近世社會並未完全夭折，但征服王朝的統治卻為全國社會，尤其是北方帶回了幾許中古風貌，中國近世社會的進展因而受到甚大的延宕。

——台灣師範大學歷史系主辦「近世中國的社會與文化國際學術研討會」主題演講，2005年12月16日

第二章
蒙元統治與中國文化發展

一、引言

　　蒙元是中國歷史上的一個特殊時代。中國文化在蒙元時代也經歷特殊的考驗，當時在外來文化衝擊下呈現出與其他各朝不同的風貌，而在元朝滅亡後，更能浴火重生，大體上沿著原有的軌道前進，展現出無比堅韌的生命力。

　　蒙元時代實際上涵蓋「大蒙古國」（1206-1259）及「元朝」（1260-1368）兩個階段。成吉思汗（1206-1227）於金泰和6年（1206）統一蒙古，建立「大蒙古國」，其國家乃是以草原為重心。忽必烈汗（1260-1294）於中統元年（1260）建國中原，並於至元8年（1271）採用「大元」國號，以草原為重心的大蒙古國遂轉化為以中原為重心的一個王朝。至元16年（1279）更滅亡南宋，統一中國。元朝於至正28年（1368）為明朝所取代。若自忽必烈汗立國中原算起，前後經歷108年，上距成吉思汗建國則已有162年。

　　元朝在中國史上的特殊性可由以下兩點看出：第一，元朝是第一個遊牧民族所肇建而統治全中國的「征服王朝」。過去遊牧民族或則以「草原國家」及「邊境國家」的身分與中原王朝爭勝於邊陲，或則建立征服王朝，統治華北的半壁山河而與漢族王朝形成南北對峙，對中原制度文物僅有局部的影響。蒙古人則建立第一個兼統漠北、漢地與江南的統一王朝。中國的文化與社會遂失去六朝及南宋時代在南方所享有的避風港，自然受到空前巨大的衝擊。第二，元朝是蒙古世界帝國的一部分。北朝各代及遼、金、清等朝雖

然皆爲遊牧民族所肇建，中原卻是其統治的主要對象，創制立法也是以中原之需求爲主要考量。蒙古帝國則是雄跨亞歐兩洲，雖然忽必烈汗立國中原後，其對西方各汗國宗主權的象徵意義大於實質意義，但元朝諸帝爲保持在蒙古世界中領導的合法性，不能僅以中原「皇帝」自居，立法施政亦須自蒙古「大汗」的觀點著眼。美國學者Morris Rossabi認爲：忽必烈以「普世帝王」控制地區的各種文化，而不能獨重漢文化[1]。因而，中國文化必須面對外來文化的競爭。

蒙古征服中國原是其世界征服的一部分。蒙古統治中國、中亞及波斯約達百年之久，而俄國更處於所謂「韃靼枷鎖」之下近二百年。蒙古的征服與統治有如一場狂風暴雨，對各國無疑造成不少影響，有如歐洲中古史學家J.J. Saunders所說：「此一野蠻遊牧民族的風暴造成整個亞洲及半個歐洲政治景觀的改變，世界主要宗教的分布與勢力亦起了變化。同時，整個民族往往連根拔起並遭分散，很多地域的族群性格亦因而永遠轉化。」[2]中國歷史文化的發展自然不免亦受到影響。

唐宋以來，中國文化已有很大的變化。不少學者同意日本東洋史前輩內藤虎次郎(1866-1934)對中國歷史的分期[3]，認爲宋朝是中國「近世」時代的開始。自唐至宋，社會、經濟、政治皆有重要變化，包括出身平民的士人家族取代門閥貴族而成爲政治社會菁英、貨幣與商品經濟的發達、城市的繁榮以及君主獨裁的加強。文化方面也有相應的發展，主要是新興士人階層在哲學、文學、藝術等領域中創造的新文化以及市民文化的興起。

本文擬自兩方面探討蒙元的征服與統治對中國文化所產生的衝擊與影響：一爲外來文化對中國文化的衝擊，另一爲中原本土文化在蒙元時代的發

1　Morris Rossabi, *Khubilai Khan. His Life and Times* (Berkeley: University of California Press, 1988), p. 172.

2　J.J. Saunders, *History of the Mongol Conquest* (London: Routledge and Kegan Paul, 1971), p. 1.

3　內藤虎次郎的理論主要見於所著《支那近世史》(東京：弘文堂，1940)。最近美國學者包弼德(Peter K. Bol)對於唐宋變革論作一檢討，見包弼德，〈唐宋轉型的反思：以思想的變化爲主〉，《中國學術》第3輯(2000)，頁63-87。

展。前者是對當時中外文化互動的一種橫向研討，後者則是在中國近世文化發展脈絡中所作的縱向考述。希望經由這兩種不同方向的探討顯示元朝在中國文化發展上的真正地位。此外，族群文化互動原是元史研究的一個中心範疇，蒙古、色目人的漢化及多族士人圈的形成本亦可列入本文，但史界前輩陳垣(1880-1971)及筆者已有多種論著出版[4]，在此從略。

二、危機與轉機

對中國文化的發展而言，蒙元雖是一個狂風暴雨的時代，但風雨之中也透露出幾許曙光。在當時的環境中，既有不利的因素，也有有利的因素。不利的因素為：

第一，戰爭的破壞：蒙古征服戰爭在東西各國皆造成嚴重的破壞，在中原也是如此，尤其是漢地(指前金朝統治的華北)。蒙古初入中原，凡抗拒者，即加屠殺，所屠名城，不可勝計，以致人口大減，生產逆退，廟學大多毀於戰火，甚多儒士淪為奴隸，以至當時人以「天綱絕，地軸折，人理滅」來形容中原文化所面臨的危機[5]。

第二，蒙古人的漠視：古來征服中原的遊牧與半遊牧民族中，蒙古人與中原農耕社會的文化差距最大，對後者的了解與關心則最少。蒙古崛興之

4　關於色目人的漢化，參看陳垣，《元西域人華化考》，收入劉夢溪編《中國現代學術經典‧陳垣卷》(石家莊：河北教育出版社，1996)，頁47-188。關於蒙古人的漢化，參看蕭啟慶，〈元代蒙古人的漢學〉，收入蕭氏《蒙元史新研》(台北：允晨文化公司，1994)，頁95-216；〈論元代蒙古人的漢化〉，收入同上，頁217-263。關於多族士人圈，參看蕭啟慶以下各文：〈元朝多族文士圈的形成初探〉，收入蕭氏《元朝史新論》(台北：允晨文化公司，1999)，頁203-242；〈元代蒙古色目士人層的形成與發展〉，北京大學傳統文化研究中心編《文化的饋贈—漢學研究國際會議論文集‧史學卷》(北京：北京大學出版社，2000)，頁168-183；〈元朝多族士人的雅集〉，(香港中文大學)《中國文化研究所學報》新第6期(1997)，頁179-203；〈元代各族士人間的文化互動：書緣〉，《勞貞一先生九秩榮慶論文集》(台北：蘭臺出版社，1997)，頁349-379。

5　蘇天爵，《國朝文類》(四部叢刊)，卷57，頁22下，宋子貞〈中書令耶律公神道碑〉。

時，仍為一近乎純遊牧的社會，欠缺農耕經驗，對中原的社會、經濟與文化全無了解，乃至有「漢人無補於國，可悉空其人，以為牧地」的荒謬建議[6]。加以蒙古征服原以掠奪為目的，占領中原不過是為搜括兵財二源。對中原文化絕續可說漠不關心。即在忽必烈立國中原之後，表面上採行「漢法」，但其政權的性質始終不變，即是永續保持蒙古在中原的少數統治。與施行漢法相表裡則是以「蒙古主義」(亦稱「蒙古至上主義」)為基本國策[7]，力求保障蒙古人的傳統與特權，漢人及中原文化皆不受重視。迄至元亡，政治上的草原派與漢法派相互抗衡不斷，漢法的推進有限，中原文化始終得不到應受的尊崇。

第三，士人地位的下降：士人是中原文化的主要傳承者，也是備受歷代尊崇的政治、社會菁英。中原的政治、社會結構卻在蒙元時代受到甚大的扭曲，而士人所受影響為最大。

長期以來，一般學者對元代士人處境的了解多受到宋朝遺民謝枋得(1226-1289)、鄭思肖(1241-1318)等人所說「九儒十丐」的影響，認為元朝士人之地位極為低下。實際上，士人之地位並未淪落到「介乎娼之下，丐之上者」。大多數士人列為儒戶，享受優免賦役，義務少而優免多，不能說受到歧視[8]。但是，由於蒙古朝廷對儒家學說認識的不足，儒學遂失去「獨尊」的地位，而是與各種宗教並列，而儒士所受待遇則是與各教教士相等，所享的社會榮譽較前大為減少。加以元廷在用人行政方面推行族群等級制與根腳制度。族群等級制係根據族群的差異，賦予蒙古、色目、漢人、南人不同的權利與義務。根腳制則是根據個人家世而晉用官員，皇室的若干家臣家族被定為「大根腳」，世享蔭襲特權。族群等級制固然不利於漢族士人，根腳制亦是如此，因為享有「大根腳」身分者皆為蒙古、色目人以及少數漢軍世家。加以元朝前期未曾施行科舉制度，士人遂失去傳統的仕進之路。而在元

6　宋濂等，《元史》(北京：中華書局，1976)，卷146，頁3458，〈耶律楚材傳〉。
7　羽田亨，〈元朝の漢文明に對する態度〉，收入羽田氏《羽田博士史學論文集》，上卷(京都：東洋史研究會，1957)，頁670-696。
8　蕭啓慶，〈元代的儒戶〉，收入蕭氏《元代史新探》(台北：新文豐出版公司，1983)，頁1-58。

朝中期恢復科舉制度之後，由於規模狹小，並未解決漢族士人的仕進問題；以致終元一代，漢族士人，尤其是江南士人始終面臨「淡文章不到紫薇郎，小根腳難登白玉堂」的困境。由於失去固有的社會榮譽，又面臨嚴重的出路問題，甚多士人不得不在傳統的活動範圍──仕進、經術、正統文學──之外，尋求安身立命之道，或則屈身胥吏，或則從事醫、卜，或則專事書畫，或則沈湎詩酒，牟復禮（Frederick Mote）教授所謂「菁英角色的擴散」（diffusion of elite role）實際是士人對當時惡劣環境所作出的不得已的反應[9]。

第四，外來文化的挑戰：由於中外交通的發達及朝廷所採取的多元文化政策，元朝是中國史上前所未見的多元族群、多元文化競存的時代。與中原文化爭勝的有北方草原文化、回教文化、基督教文化與藏傳佛教文化。其中，草原文化為征服民族所固有，藏傳佛教為皇室皈信之宗教，基督教早已滲透於各蒙古、突厥遊牧部族之中，而回教文化在當時與中原文化東西對峙，並列為當時世界上最高的文化，回教在西方各蒙古汗國中最為盛行，而回回在元朝政治上亦頗有勢力。上述諸文化可說各有背景，對中原文化構成空前的挑戰。

對中國文化發展的有利因素則為：

第一，「漢法」的採用有利中原文化的存續：蒙古征服中原，原無採行漢法──中原傳統的禮樂典章、文物制度──的打算，但因實際需要及漢儒勸說，不得不逐步採行。早在大蒙古國時期，漢化契丹族士人耶律楚材（1190-1244）等人抱著「衣冠異域真余志，禮樂中原乃我榮」的使命感[10]，自實際利害的觀點勸說窩闊台汗（r. 1229-1241）在中原局部恢復漢法。及至忽必烈汗立國中原，為增強其統治的合法性，更不得不大規模的恢復漢法。其潛邸中的儒士如許衡（1209-1281）、劉秉忠（1216-1274）、郝經（1223-1275）等

9　Frederick Mote , "Social Structure under Mongol Rule," in Denis Twitchett and Herbert Franke(eds.), *Cambridge History of China* , vol. 6(New York: Cambridge University Press, 1994), pp. 616-664.

10　耶律楚材，《湛然居士文集》（北京：中華書局，1986），卷4，頁86，〈和武川嚴亞之見寄〉。

人的勸說發揮了不少作用。其中許衡便曾徵引歷史的前例，對忽必烈陳述採
行漢法的必然性：「考之前代，北方奄有中夏，必行漢法，可以長久。故
魏、遼、金能用漢法，歷年最多。其他不能實行漢法，皆亂亡相繼，史冊俱
載，昭昭可見也。」「國朝仍處遠漠，無事論此。必若今日形勢，非用漢法
不可也。」[11]雖然忽必烈從未完全採行漢法，但是在「漢法」的保護傘之
下，中原文化得以存續，儒士之地位也有所改善，而且不少蒙古色目人士也
不得不研習漢學以增加施行漢法的能力[12]。

　　第二，全國統一創造文化統合的條件：蒙古統一中國，雖使中華文化失
去南方的避風港，卻創造有利於區域文化統合的大環境。忽必烈征服南宋後
採取甚多鞏固統一的措施，如中央集權官僚制與全國交通網(包括驛站、海
運、大運河)的建立與全國市場的形成。這些措施有利於文化統合[13]。

　　第三，交通大開促進中外文化交流：蒙元時代對外接觸的廣闊與濃密皆
超過前後各代。過去歷史家常以「蒙古和平」(Pax Mongolica)一辭來形容蒙
古征服對促進東西文化的貢獻。近年來，美國學者Janet L. Abu-Lughod自經
濟的觀點指出，由於蒙古人為商旅提供了保護與安全，一個「世界體制」
(world system)在蒙古帝國時代已經成形，這一體制涵蓋歐洲、回教世界與
遠東，而以中國為樞紐，早於Immanuel Wallerstein所說的以歐洲為中心的世
界體制二、三百年[14]。不論「蒙古和平」是否為一持續的現象，亦不論Abu-
Lughod所言是否成理，蒙元時代中外文化之交流的發達確實超過前代。域外
文化的大量輸入為日益內斂、狹化的中原文化提供可資吸取的養分。

　　第四，寬鬆的政治文化環境有助藝文創造：蒙元的征服雖然酷烈，其統
治卻較為寬鬆，對江南的統治尤欠深入。與漢族王朝相較，元朝的意識型態
框架少了許多。對各種宗教並予尊崇，對各族群的殊風異俗採取「各從本

11　許衡，《魯齋遺書》(北京圖書館珍本叢刊)，卷7，頁2上-2下，〈時務五事〉。
12　蕭啓慶，〈元代蒙古人的漢學〉，頁106-109。
13　蕭啓慶，〈元朝的統一與統合〉，收入蕭氏《元朝史新論》，頁13-42。
14　Janet L. Abu-Lughod, *Before European Hegemony: The World System, A.D. 1250-1350.*
　　Oxford: Oxford University Press, 1989.

俗」的原則，亦少規範。對於文化活動，既少強力主導，亦鮮無理干預。元朝既無類似宋朝的禁止「偽學」，榜禁戲劇，更無明、清時代的文字獄[15]，亦未設置畫院主導藝術發展。對於不願出仕的士人，更未像明太祖強迫規定「寰中士夫，不爲君用，其罪至抄箚」，因而元朝士人享有不仕的自由，也有結社的自由，即使宋元之際具有強烈政治色彩的詩社──月泉吟社、夕社──亦未受到禁抑[16]。至於詩人、畫家的雅集更是全無干預。因此元朝士人大體上可根據自由意志，或仕或隱，追求一己之社會文化生活。

　　總之，蒙元時代的大環境，對中國文化的發展而言，既有不利因素，亦有有利因素。在不利因素中，蒙古人對中國文化的漠視與士人地位的下降是兩個最爲持久、影響最大的因素，不利於正統文化的發展。在有利因素中，全國的統一最爲重要，促進南北文化的統合。外來文化的大量輸入則兼具正負兩面的作用，一方面對中國文化的存續構成威脅，另一方面則可爲其發展提供新的滋養。而士人地位下降所起的作用亦非盡屬負面，因爲在當時相對寬鬆的政治環境中，士人地位的下降反而促成了文人畫及俗文學的發展。

三、外來文化的衝擊

　　由於元朝是一個「征服王朝」，也是蒙古「世界帝國」的一部分，就中原而言，外來文化衝擊之來源有二：一爲草原遊牧文化，另一爲西方文化。草原文化是征服族群的文化。西方文化主要包括回教文化與基督教文化，皆是蒙古西方各汗國及交往國家的文化，隨著色目人的大量東徙及使節與商人的往來而盛行於中原。

(一)草原文化與中原文化的並存

　　蒙古草原文化與中原農耕文化原來成長於不同的生態環境，草原文化無

15　黃卉，《元代戲曲史稿》（天津：天津古籍出版社，1995），頁57-67。

16　歐陽光，〈元初遺民詩社〉，收入歐陽氏《宋元詩社研究叢稿》（廣州：廣東高等教育出版社，1996），頁44-55。

法大量移植於中原。而且蒙古民族初興之時，文化不高，值得漢族仿效之處
不多。當時蒙古朝廷無法推行「強制同化」，如歐洲人在亞、非、拉殖民地
推行的西化政策以及日帝在台灣、朝鮮實施的「皇民化」，強迫被征服民族
接受其文化。但是，由於蒙古民族是元代的政治主宰群體，威勢顯赫，草原
文化遂得傳入中原，與中原文化共生共榮。

1.宮廷

宮廷是蒙古統治階層的權力核心，也是蒙古文化的堅強堡壘。雖然自忽
必烈時代起，元朝在政治制度方面已採行「漢法」，但宮中的制度與文化仍
保留甚多蒙古固有的面貌。

宮廷中的主要人員：皇帝、后妃及執事人員主要依據蒙古舊制而產生。
在君位繼承方面，元朝從未確立嫡長制，皇帝繼位仍須經過忽里台
(quriltai，大朝會)上宗王的推戴，始稱合法。后妃的選配限於少數與皇室具
有世婚關係的蒙古、突厥家族，主要后妃各擁斡耳朵(ordo)，分享大量財富
和私屬人口。宮中執事人員的組織則沿襲舊有的怯薛(keshig)制度，以高官
子弟入為質子的方式充任，怯薛兼具宿衛、家務機構及政治幹部學校的多元
功能，可說是蒙元統治體制的核心組織[17]。

宮廷中的語言係以蒙古語為主。官員所上奏章及廷中君臣應對皆用蒙古
文。怯薛之中設置有怯里馬赤(kelemechi，通事)與必闍赤(bichechi，譯史)
分司口譯與筆譯的工作[18]。皇子的教育則係兼習蒙、漢、藏三種語文。

宮廷的儀制與祭祀多具二元性，往往是蒙漢習俗的混合[19]。在儀制方
面，至元六年(1269)，元廷制定朝儀服色。自此以後，有關國家體制的場合
(如皇帝即位、冊立皇后、太子及外國來朝)皆用漢儀，而有關蒙古統治階層
的聚會(如宴饗宗親、大臣)皆用蒙古儀。皇帝死後之廟號亦為二元，如忽必
烈汗之漢文廟號為「世祖」，蒙文為薛禪(Sechen)；其孫鐵穆耳汗(1295-

17　蕭啓慶，〈元代的宿衛制度〉，收入蕭氏《元代史新探》，頁59-112。
18　蕭啓慶，〈元朝的通事與譯史〉，收入蕭氏《元朝史新論》，頁323-384。
19　黃時鑑，〈元代的禮俗〉，《元史及北方民族史研究集刊》第11輯(1987)，頁19-
　　28。

1307)之漢文廟號爲成宗，而蒙文則爲完者都(Öljeitü)。廟號的二元反映了元朝皇帝的雙重性格。

宮廷祭祀所受蒙古風俗的影響亦很明顯。元廷祭祀基本上按照中原傳統禮制進行，包括郊祀、宗廟、社稷、先農等，但摻染了甚多蒙古因素。如太廟祭祀的祝文以蒙古文書寫，由蒙古巫祝宣讀。祭祀所用供品，常饌之外，又增加馬湩及天鵝、野馬、塔剌不花(tarbugh，土撥鼠)等野味。在中原式的祭典外，元廷又保留若干蒙古傳統祭祀，如洒馬奶子、燒飯、射草狗等，蒙古巫祝在這些祭祀中皆扮演主要角色[20]。

喪葬方面，元朝皇室始終保持蒙古舊俗，實行簡葬，並且歸葬故土。蒙古之喪葬爲遊牧生活之反映：「無衰麻哭踊之節，葬則剜木爲棺，不封不樹，酒肉飲食無所禁，見新月即釋服。」[21]帝王的喪葬亦極簡單：「凡宮車晏駕，棺用香楠木，中分爲二，剜肖人形，其廣狹長短，僅足容身而已。」[22]與中原帝王之厚葬形成強烈的對比。而且不論帝王死於何地，皆須歸葬漠北。元明之際的士人葉子奇說帝王棺木「送至直北園寢之地深埋之，則用萬馬蹴平，俟草青方解嚴，則已漫同平坡，無復考誌遺跡，豈復有發掘暴露之患哉」[23]！

飲宴方面，無論其形式與飲食內容大體皆遵循蒙古舊制。宮廷正式宴饗場合甚多，「國有朝會、慶典、宗王、大臣來朝、歲時行幸，皆有燕饗之禮」。參與宮廷大宴者男女同席，皆須穿著皇帝賜予的同色貴重服裝[24]。蒙古語稱「顏色」爲「質孫」，故稱「質孫宴」(jisun，亦稱「詐馬宴」，波斯語稱衣服爲「詐馬」〔jamah〕)[25]。大宴之前必須朗讀成吉思汗的大札撒(yeke jasagh，大法令)。宴飲之食物以羊肉爲主，羊肉一向是蒙古人的主要

---

20 《元史》，卷77，頁1923-1927，〈祭祀志六〉。
21 黃溍，《金華黃先生文集》(四部叢刊)，卷28，頁12上-17下，〈答祿乃蠻先塋碑〉。
22 《元史》，卷77，頁1925，〈祭祀志六〉。
23 葉子奇，《草木子》(北京：中華書局，1995)，卷3下，頁60。
24 《國朝文類》，卷41，頁2下，〈經世大典序錄‧禮典‧燕饗〉。
25 韓儒林，〈元代詐馬宴新探〉，收入韓氏《韓儒林文集》(南京：江蘇古籍出版社，1991)，頁294-301。

食物，進入中原後仍是如此。飲膳太醫忽思慧所編《飲膳正要》一書記錄宮廷御膳幾百種，菜餚和麵點類食品中，百分之七十以上是用羊肉或羊的五臟作主要材料，宮廷廚師雖採用了漢族的烹調技術，但以羊肉爲主料的特點並未改變[26]，反映草原口味。

2.民間

移居中原的蒙古人雖不免受到中原文化的影響，但仍保持不少本族文化。而且由於蒙古族在政治上處於強勢的地位，其文化對漢族亦產生一定程度的影響[27]。這種影響可由下列各方面看出：

(1)語文：由於蒙古語文是元朝的重要官方語文，中央設有蒙古國子學，地方設有蒙古字學，訓練通事與譯史人材。而且翻譯人員前途甚佳，轉入職官主流者甚多。因而，研習蒙古語文在漢族人士之中甚爲熱門[28]。

(2)名字：元代漢人採用蒙古名者甚多。一方面，朝廷爲拉攏人才，收買人心，常以蒙古名賜於漢族人士[29]。另一方面，漢族人士爲追求政治利益而自動採用蒙古名。如冒用蒙古名充任達魯花赤或參加科舉。當時蒙古、色目人採用漢式姓名字號者亦多，主要出於文化的誘因；而漢人採用蒙名則是出於政治的誘因。

(3)服髮：在東亞社會，衣冠服髮不僅是區別文野的標準，也是政治上對一個朝代順逆態度的表徵。元朝並未如金清二朝一樣下令薙髮，將其衣冠服髮強加於漢族人民。元代漢族服飾大體繼承唐宋遺風，但少數人仿效征服民族之衣冠服髮亦甚自然，直到元明之際仍是如此。以致明太祖在洪武元年(1368)所頒詔令中說：「初，元世祖起自朔漠，以有天下，悉以胡俗變易中國之制，士庶皆辮髮椎髻，深襜胡帽。……婦女衣窄袖短衣，下服裙裳，無

26　那木吉剌，《中國元代習俗史》(北京：人民出版社，1994)，頁106。

27　Henry Serruys, "Remains of Mongol Customs in China during the Early Ming," *Monumenta Serica* 16(1957), pp.137-190.

28　洪金富，《元代蒙古語文的教與學》(台北：蒙藏委員會，1990)。

29　那木吉剌，〈元代漢人蒙古姓名考〉，《中央民族學院學報》1992年第2期，頁10-14。

復中國之舊。」[30]明太祖爲達到禁絕胡俗之目的，在其詔令中顯然誇大了蒙式服髮在中原的普及性，但當時蒙式服髮有一定程度的流行則不容置疑。

(4)婚俗：蒙古人與古來北方民族相同，盛行收繼婚。中原自唐代以來由於法律儒家化之影響已明令禁止。遼金時代，即在北方，收繼婚之俗亦不盛行[31]。元代蒙古人保持此一風俗，漢人仿效似亦不少。元廷根據「各依本俗」的原則，禁止漢族施行收繼，效果未必很大，對於蒙古、色目則始終未加禁絕。

蒙古文化原不適合於中原，無論朝廷與民間之採用蒙古文化，都是出於政治的原因。朝廷保持甚多固有習俗，乃爲維護統治民族的尊嚴，民間接受部分蒙古習俗則係出於「西瓜偎大邊」的勢利思想。元亡之後，政治誘因消失，仿效蒙俗者自然很少。加以明廷下令嚴禁，更徹底掃除蒙古習俗的痕跡。

(二)中外文化交流的繁盛

在中外文化交流史上，唐代常被視爲高峰，而元代則超過唐代。唐代之後，歷代王朝中能夠長期與西域維持遠距離的陸、海交通的，只有元朝。元代與域外文化接觸之廣，更超過唐代，有如黃時鑑教授所云：「唐代的對外文化交流基本上在東亞文化圈內，……。同時在不同程度上及於印度、波斯、拜占廷和阿拉伯—伊斯蘭文化，而與西歐天主教文化則無直接聯繫。元代不同，……元代的對外文化交流側重於西方，主要是中國文化與阿拉伯—伊斯蘭文化的交流，同時在不同程度上及於其他文化，而且遠與西歐天主教文化發生了直接聯繫。」[32]而且由於蒙古征伐與交通便利而徙入中原的民族，極爲繁夥，包括突厥、吐蕃、波斯、斡羅斯乃至歐洲人，這些移徙中原

---

30 《明實錄・洪武朝》(梁鴻志影刊本，南京，1940)，卷26，頁116。
31 洪金富，〈元代的收繼婚〉，收入中央研究院歷史語言研究所編《中國近世社會文化史論文集》(台北：中央研究院歷史語言研究所，1992)，頁279-314。
32 黃時鑑，〈元代的對外政策與中外文化交流〉，收入黃氏《東西交流史論稿》(上海：上海古籍出版社，1998)，頁65-66。

的各族人士逐成爲文化傳播的載體。

1.科學技術的傳播

元朝與歐洲、中東交往皆甚頻繁，但當時歐洲陷於黑暗時代，文化落後，而阿剌伯－波斯回教文化則已極興盛。因而，中國的重要發明印刷術、火藥武器等雖在這時開始經由中東傳入歐洲，歐洲卻無文化上的回饋。而回教文化與中原文化則是交流互惠。

回教文化輸入中原主要在於天文曆法、數學、醫藥、地理、工程技術等方面：

(1)天文曆法：

元代天文機構的設置採行雙軌制，一爲大都司天台，由漢人天算家郭守敬(1231-1316)、王恂(1234-1281)等主持；一爲上都回回司天台，由回回天算家札馬魯(剌)丁(Jamal ad-Din)(?-1290?)等主持。札馬魯丁曾在當時世界第一流的馬拉蓋(Maraghah)天文台工作，對回回天文學引進的貢獻甚大，曾創製七件「西域儀象」，編纂《萬年曆》與《回回曆》，並收集大量波斯文與阿剌伯文天文學與數學書籍[33]。郭守敬創製的天文儀器可能借鑑於札馬魯丁。但回回天文學對中國天文學似未產生重大影響[34]。在回回天文學傳入中國時，中國天文學亦傳入回教國家，在馬拉蓋天文台工作的學者中即有四位

---

33 W. Hartner," The Astronomical Instruments of Cha-ma-lu-ting," *ISIS* 41(1950), p.184.

34 元代回回天文學對中國天文學所產生影響的大小，在學者之間仍有不少爭議。李約瑟認爲：札馬魯丁所製七件「西域儀象」未產生重大影響係「由於它們不適合中國天文學特有的體系——有天極，並使用赤道坐標」(Joseph Needham, *Science and Civilisation in China,* vol. 3〔Cambridge: Cambridge University Press, 1959〕, pp.373-382.)薄樹人認爲：與這些儀器的運用極爲相關的數學知識和計算方法，如歐幾里得幾何學、平面三角學、球面三角學等等，當時皆未譯爲中文，以致傳統的中國天文學很難了解和使用這些儀器(薄樹人，〈札馬魯丁〉，收入陳得芝主編《中國通史》第14冊〔上海：上海人民出版社，1997〕，頁493-510)。陳遵媯甚至認爲「西域儀器，可能沒有製造，或雖製造，而不歸觀象台所管，所以郭守敬沒有提它」，見陳遵媯，《中國古代天文學簡史》(台北：木鐸出版社，1982)，頁134，註7。劉法林則認爲：元代阿剌伯天文儀器的傳入促進了中國天文儀器的的進步，而郭守敬等所編《授時曆》也受到阿剌伯曆法的影響(劉法林，〈阿拉伯天文學對我國天文學發展的影響〉，《史學月刊》1985年第6期，頁82-88)。

中國天算學者。

(2)數學

　　數學為天文學的基礎。元代回回司天台庋藏中即包括數學典籍十五部。回回數學對中國數學的影響包括阿拉伯數碼、土盤算法(又稱「格子算」、「鋪地錦」)、六十進位制及弧矢割元術(球面三角法)等[35]。

(3)醫學

　　元朝官方及民間對回回醫藥皆甚重視。官方設有廣惠司，掌修製御用回回醫藥及醫治宿衛人員與在京孤寒者。由弗林(今敘利亞)人愛薛(1227-1320)主管。後又在廣惠司下設置大都及上都回回藥物院，職司更專。元代官修的幾部醫籍皆與回回醫藥有關。太醫院所編《本草》即是由於「西北之藥，治疾皆良。而西域醫術號精，藥產實繁」[36]，而欲將西北醫藥、醫術納入本草，應是第一部融合中西本草的大藥典，可惜早已失傳[37]。忽思慧所編《飲膳正要》是一部營養學的著作，書中包括蒙、漢、回、藏等族食物，其中回回食品甚多。元明之際編纂的《回回藥方》可能根據回回藥物院醫方底本。此書匯輯多種阿剌伯、波斯古醫書、方劑，並加譯註，取材包括十世紀阿剌伯大醫學家伊本西那(Ibn Sina,980-1037)所撰《醫典》，可見元代對回回醫學的介紹已相當全面。除去官方外，不少回回醫生在民間診治賣藥，百姓對回回醫藥亦甚歡迎[38]。

(4)地理學

　　在引進地理知識方面，亦以札馬魯丁貢獻最大[39]。他所進呈的地球儀顯現地球與經緯度的概念，並引進地球三分為陸地，七分為水面的概念，與現

35　邱樹森，《中國回族史》(銀川：寧夏人民出版社，1997)，上冊，頁288-290。

36　許有壬，《至正集》(元人文集珍本叢刊)，卷31，頁15下，〈大元本草序〉。

37　陳高華，〈忽必烈修《本草》〉，收入陳氏《元史研究論稿》(北京：中華書局，1991)，頁447-449。

38　王沂，《伊濱集》(文淵閣四庫全書)，卷5，頁5上-6上，〈老胡賣藥歌〉。

39　馬建春，〈元代東傳回回地理學——兼論札馬剌丁對中國地理學的歷史貢獻〉，《西北史地》1998年第2期，頁69-74。

代地理學概念中水陸比例甚為接近[40]。《大元一統志》的編纂亦是由他所創議。他為《一統志》繪製的〈天下地理總圖〉曾參考〈回回圖子〉，納入阿剌伯人的世界地理知識並引進阿剌伯製圖法。朝鮮李薈、權近於明建文4年(1402)繪成的《混一疆理歷代國都之圖》便是間接受到札馬魯丁〈總圖〉的影響。該圖西方部分載有100個歐洲地名和35個非洲地名，並正確將非洲南端繪為三角形[41]。歐洲人地理知識的擴張導致地理大發現。可惜中國人的「華夏中心」世界觀妨礙了新獲得的地理知識之流傳與運用。

(5)工程製造

13世紀阿剌伯、波斯人工程、製造技術甚高，與中原文化具有互補作用。此時傳入中原者有兵器、建築術及衣食用品。兵器方面主要有回回砲，為一巨型拋石機，為攻城利器。元軍設有回回砲手軍匠萬戶府，專司回回砲[42]。在建築方面，阿剌伯人也黑迭兒受忽必烈汗之命，掌領主管土木工程的茶迭兒局，參與大都城的設計與興築[43]。在衣食用品方面，此時傳入的則有燒酒、果子露、金錦鍛等。

2.外來宗教的興盛

蒙古人原信薩滿教，是一種泛神教，並不排斥其他宗教。在其領土擴張過程中，蒙廷為了政治的利便，對各種宗教皆盡力拉攏，兼容並蓄。元朝建立後，仍是各教並重，並分設機構負責管理，而各寺觀皆享有賦役優免。

除去中原原有的佛、道二教繼續繁榮外，外來的回教與基督教由於朝廷之優容及大量西域人之東徙而得到空前的發展：

(1)回教

回教雖在唐代傳入中國，但一直局限於東南沿海的阿剌伯、波斯商人——蕃客——之中，傳播不廣。元代的回教徒——回回——則是一個人數

---

40 《元史》，卷48，頁999，〈天文志・西域儀象〉。

41 Joseph Needham, *Science and Civilisation in China,* Vol. 4, p. 656.

42 《元史》，卷203，頁4544-4545，〈方技・亦思馬因傳〉。

43 陳垣，《西域人華化考》，頁141。

眾多、社會成分複雜而又分布寬廣的群體[44]。

元代的回回大多為蒙古西征時的降人或俘虜及其後裔。論種族，以突厥為最多，其次則為波斯與阿剌伯人。論原有身分，包括貴族、官員、軍人、學者、商賈、工匠。人數甚為龐大，為當時色目人中最大的一個群體。分布及全國，以致後人有「元時回回遍天下」的印象。內陸的河西及雲南地區皆成為回回聚集之地，後來回族「大分散、小聚居」的聚居特點在元朝可能已經形成[45]。

回回在元代政治、經濟、文化上皆甚具重要性。回回以長於理財見重於蒙元朝廷，甚多回回皆因此位極人臣。窩闊台汗時之奧都剌合蠻(Abd ar-Rahman, ?-1246)、忽必烈汗時代之阿合馬(Ahmad, ?-1282)皆可為例。在經濟方面，回回斡脫(ortoq)商人更以蒙古貴族為後盾，金權與政權相結合，控制國內外商業。在文化方面，回回人帶來當時回教世界先進的科學知識及技術，並迅速吸收了中原文化，表現甚為優異。

(2)基督教

元代基督教實際包括景教與天主教。基督教徒及教士稱為也里可溫(Erke'un)，朝廷設有崇福司主管其事[46]。

景教亦稱聶思脫里(Nestorian)教，於唐代傳入中原，後經唐廷取締，遂趨滅絕，但廣泛流行西北各部族中，如怯烈、乃蠻、汪古等部皆信奉景教。元初景教隨蒙古軍重傳中原，其教徒分布於大都及東南沿海。

羅馬天主教則在蒙元時代初度傳入中原。早在大蒙古國時代，為勸阻蒙古人西侵及勸導改奉基督教，教廷及法國國王曾分別派遣方濟各會士普蘭諾·加賓尼(John of Plano Carpini, 約1182-1252)及魯布魯克(William of Rubruck, 1215-1270)出使蒙古。這兩次的使節是天主教與蒙古的最早官方接

44　邱樹森，《中國回族史》，上冊，頁112-328。

45　張中復，〈論元朝在當代回族形成過程中的地位〉，收入蕭啟慶主編《蒙元的歷史與文化》(台北：臺灣學生書局，2001)，下冊，頁833-864。

46　陳垣，〈元也里可溫考〉，收入劉夢溪編《中國現代學術經典·陳垣卷》，頁1-46。

觸[47]。

忽必烈建立元朝後，不少天主教徒遷入中原。教士孟特戈維諾(John of Monte Corvino, 1247-1328)於至元26年(1289)受教廷之命至中原傳教。他在大都建立教堂，信徒多達三萬餘人。教廷於大德11年(1307)任命他爲汗八里(Khan-baligh，即大都)大主教及全東方的總主教，其後又在泉州設置天主教區。孟特戈維諾死後，大都的阿速族信徒曾上書教廷，請求另行派遣主教，教廷遂派遣馬黎格諾里(John of Marignolli)爲特使。馬黎格諾里於至正二年(1342)抵達大都，覲見元順帝，曾獻駿馬一匹，順帝遂命文臣揭傒斯作〈天馬贊〉，畫工周朗作〈天馬圖〉，以紀其盛，哄動一時，可見當時朝廷對也里可溫教的重視。

西方兩個主要宗教在元代的興盛，與本土宗教並存，無疑使元代社會更顯得多彩多姿。

從表面看來，蒙元時代中外交通空前大盛，域外文化的輸入超過以前任何時期。但是對中原文化並未產生深刻與長遠的影響。

第一，外來科技與宗教的影響頗爲膚淺：一方面，回回科技與地理知識未能改變中國原有的科技體系與世界觀。中國天文學雖可能受到回回儀器及曆法的影響，卻未吸收其數學基礎。回回醫生在政府機構及民間開業，但是，中醫的理論架構卻全無外來影響的痕跡。世界地理知識的輸入也未能產生廣泛影響。例如《元史》係根據元朝官方資料撰寫，其〈地理志〉所附〈西北地附錄〉所列不過一串地名而已，可見元人對西北所知不多，而民間記載亦少新義。顯然，中國人的華夏中心世界觀，未因蒙元世界帝國的統治而有所改變。有如傅海波教授所說：「以中國爲中心的概念未受眞正挑戰，漢族士大夫並未對中國以外事物產生好奇心。」[48]另一方面，無論回教與基督教皆爲外族信奉之宗教，並未本土化。當時回教徒多爲來自中亞、西亞之

47　Igor de Rachewiltz, *Papal Envoys to the Great Khans*(London: Faber and Faber, 1971), pp. 89-143.

48　Herbert Franke, "Sino-Western Contacts under the Mongol Empire," in Herbert Franke, *China under Mongol Rule* (Brookfield: Variorum, 1994), ch.7, pp. 47-72.

各民族及少數蒙古人，漢人改奉回教者唯有嫁給回教的婦女。基督教徒皆為阿速、突厥及蒙古人，並無漢族信徒，基督教可說是統治族群的宗教，以致元朝滅亡之後不免消失於中原，而回教則因根基較為深厚，在明朝經歷本土化的過程，始能落地生根。

第二，中原學術、文學、藝術未受外來影響：當時回教、基督教世界皆具有甚高的學術、文學與藝術水平，但在現存史料中，卻未留下色目人介紹其本國文學、藝術於中原的跡象[49]。事實上，當時蒙古、色目士人馬祖常（1279-1338）、薩都剌（1272?-?）等人的文學、藝術作品與漢族文人並無二致，鮮少異域色彩或腥羶氣味。又如著名畫家高克恭（1248-1310）為回回人，他的山水畫也與其回回背景並無關係。在學術方面，西域著作傳入中原者固然不少，但僅有《回回藥方》等一、二種譯為漢文。而蒙古、色目人的學術著作如泰不華（1304-1352）《重類復古篇》、貫雲石（1286-1324）《孝經直解》、魯明善《農桑衣食撮要》等所繼承的是中原的學術傳統，與其本族文化並無關聯。

元代外來文化對中原文化未能產生重要影響，主要原因有二：

第一、征服情勢妨礙漢族人士與外來文化的接觸：由於元朝的政治權力主要操於蒙古、色目人之手，各國遣使拉攏與商人銷售寶物之對象為蒙元朝廷，各種外來專家的雇主亦為朝廷，而各教教士亦以蒙古、色目人為布道的主要對象，因而孟特戈維諾曾將《新約》及《詩篇集》譯為蒙古文，而非漢文，與明季清初耶穌會士以漢族士大夫為主要傳教對象形成強烈之對比。由於外來的使者、商人、教士的交往常限於蒙古、色目，對漢族人士及其文明接觸不多。馬可波羅（Marco Polo, 1254-1324）便是一個典型。其遊記對蒙元朝廷之事記載甚詳，對中原文化卻是著墨無多。以致在現代學者中引起他是否到過中國的爭議。實際上由於他與漢族交往不多，對中原文化了解甚少[50]。而且元廷有意區隔西域專家與漢族士大夫，如蒙古國子學、回回國子

49　Herbert Franke, "Sino-Western Contacts under the Mongol Empire," pp. 65-66.

50　楊志玖，《馬可波羅在中國》（天津：南開大學出版社，1999）；Frances Wood, *Did Marco Polo Go to China* (London：Westview Press, 1995).

學與教授漢學的國子學並立、回回司天台與漢族士大夫主持的司天台對峙，
缺乏合作關係。札馬魯丁與郭守敬雖然同朝，卻無法形成一個團隊。外來專
家無法將其學術傳播於漢族士大夫之間。

　　第二、宋代以來中原文化本身的「內向」造成對外來文化的抗拒：傅樂
成教授比較「唐型文化」與「宋型文化」時說：唐代文化態度進取而廣泛受
到外來文化影響，而宋代文化則趨於收斂。「南宋時，道統的思想既立，民
族本位文化益形強固，其排拒外來文化的成見，也日益加深。……對外來文
化的吸收，幾達停滯狀態。」[51]劉子健教授稱這一轉變爲「文化內向」，並
將南北宋之際定位爲轉變的樞紐時代[52]。不論中國的「文化內向」發生於唐
宋之際或南北宋之際，元代外來文化之未能對中原文化產生深遠影響，應與
宋代以來的「文化內向」大有關聯。

四、中原本土文化的發展

　　上述的「文化內向」只是唐宋以來中國社會文化變遷中的一端。與本文
關係最爲密切的變遷應爲士人身分的重新界定與市民階層及市民文化的興
起。在士人方面，自中唐至北宋，以出身平民家庭爲主的新士人取代南北朝
以來世家大族的地位。這些新士人憑藉學問並經由科舉而取得其政治社會菁
英的身分。兩宋之際，由於士人人數迅速增多，入仕不易，士人階層採取不
同于北宋時代的策略以求延續家族之地位。北宋士人多謀崢嶸於全國政壇，
南宋士人則多汲汲於鞏固其家族在本鄉的基礎[53]。士人的「地方化」策略使

51　傅樂成，〈唐型文化與宋型文化〉，收入傅氏，《漢唐史論集》（台北：聯經出版
　　公司，1977），頁339-382。

52　James T. C. Liu, *China Turning Inward*(Cambridge, Mass: Harvard University Press,
　　1988),pp. 150-155.

53　Robert M. Hartwell, "Demographic, Political, and Social Transformations of China,
　　750-1550," *Harvard Journal of Asiatic Studies* 42:2(1982), pp. 365-442; Robert P.
　　Hymes, *Statesmen and Gentlemen: The Elite of Fu-chou, Chiang-hsi in Northern and
　　Southern Sung* (Cambridge, England: Cambridge University Press, 1986).

不少家族奠定雄厚的地方基礎，得以長保尊榮及勢力。由於士人身分的重新界定，士人學問的重點亦有不少變化，中古士人著重經學注疏與文學創作，北宋士人對於「道」與「文」的孰輕孰重則有很大的爭議。南宋時代由於道學的上昇，士人文化遂以道德踐履爲重點。道學家雖以道德轉化天下爲終極目標，但其程序卻是由內而外，著重的是個人修養與地方教化[54]。道學家對個人與地方的著重與前述士人「地方化」可說互爲因果，增強士人對國家的獨立性，亦減低朝代鼎革乃至統治民族變易的衝擊。

市民階層及其文化的興起皆爲宋代商品經濟發達的結果。宋代工商業的高度發展與農業商品化造成城市勃興、都會人口大增。古來城市中的坊市制即是崩壞於宋代，坊市的崩壞更爲市民階層的發展提供自由發展的空間。城市中遂出現專以市民休閒與娛樂爲功能的勾欄瓦舍，這些場所遂成爲市民文化繁榮的溫床。講唱文學之興盛與詞曲的發展皆與此有關[55]。而士大夫的文化與倫理則經由市民文化向民間浸潤。

兩宋的社會文化發展鞏固了中國文化的社會基礎，也影響了中國文化的未來方向。元代中國文化的發展主要是賡續宋金時代業已存在的一些趨勢，但是蒙元時代的特殊政治社會環境無疑助長了這些趨勢的發酵。

(一)南北文化的統合

中國由於幅員廣大，風土山川的風貌多樣。因此，自古以來在文化發展上呈現出巨大地域差異。南方與北方差異尤大，在文學、藝術乃至宗教等方面皆有北宗與南宗之分，思維方式、美學原則皆有明顯的不同[56]。南北分治時代的地域差異趨於彰顯，統一時代則走向統合。

宋金對峙時代，「南北道絕，載籍不相通」，兩方文化雖然偶有交流，

54　Peter K. Bol, *"This Culture of Ours": Intellectual Transition in T'ang and Sung China* (Stanford: Stanford University Press, 1992).

55　趙伯陶，《市井文化與市民心態》(武漢：湖北教育出版社，1996)，頁1-15。

56　陶禮天，〈文學與地理－中國文學地理略說〉，《北大中國文學》第1期(1998)，頁178-196。

實際上隔閡頗深，各自呈現明顯的地域特色。如程朱道學雖然起源於北方，卻在南方完成其體系，金儒之中，流傳甚罕。又如散曲、雜劇皆爲金季元初崛興於北方的通俗文學，而未流傳於江南。

南北混一後，書籍、文物的流通與人物的往還皆大爲順暢。江南書籍文物之北流最爲顯著。一方面，元廷以征服者之氣焰將南宋朝廷百餘年之收藏悉數收歸己有，一切「經史子集、經書典故，文字及書畫、紙墨筆硯等物」皆北運，收藏於祕書監，成爲元廷的庋藏[57]。另一方面，北方官員遊宦南方者往往蒐求圖籍、捆載北歸。另一方面，人物的往還更增加了南北文化之統合。元代之政治重心在北方，尤其是大都，文化與經濟重心則在江南，遂造成南人求官者紛紛北上大都，而尋求物質利益或安樂生活環境的漢人與蒙古、色目官僚則往往定居江南。有如薩都剌所說：「南人求名赴北都，北人徇利多南遷。」[58]這些移徙南北的人士遂成爲文化統合的載體。

道學北傳與劇曲南流是元朝混一南北後文化上最大的收穫。宋室南遷之後，「程學行於南，蘇學盛於北」。金朝的學術受蘇軾(1037-1101)影響最大，蘇學尙「文」與程學重「道」相異。金朝士人注意的是詩賦與諸經注疏之學。北宋程學所傳僅剩殘枝餘脈[59]。直至金季明昌(1190-1195)前後，朱學始傳入北方，金儒對其既有抵制，亦有一定程度的影響。蒙古伐宋開始之後，宋儒德安趙復(?-1286前)於太宗七年(1235)被俘北上，講學於燕京太極書院，北方士人對道學始有較爲全面的了解[60]，遂出現許衡(1209-1281)、姚樞(1201-1280)等一批以道自任的「使徒」型學者，對道學在北方傳播發揮甚大作用。元朝平宋，南、北學者交流更爲廣泛，道學遂融爲一體。

劇曲的南傳更是統一的結果。統一前雜劇的創作與演出皆以大都爲中心，重要劇作家皆爲北人。平宋以後，北方著名劇作家紛紛南下，包括關、

57　傅申，《元代皇室書畫收藏史略》(台北：故宮博物院，1981)，頁4。

58　薩都剌，《雁門集》(上海：上海古籍出版社，1982)，卷1，頁12，〈芒鞋〉。

59　周良霄，〈程朱理學在南宋金元時期的傳播及其統治地位的確立〉，《文史》第37輯(1993)，頁139-168。

60　田浩(Hoyt C. Tillman)，〈金代的儒教──道學在北部中國的印跡〉，《中國哲學》第14輯(1988)，頁107-141。

白、馬、鄭四大家。演員珠簾秀等也相繼赴江南作「秀」。作家及伶人之南遊配合當地繁榮的城市經濟遂使雜劇風靡於江南[61]。自元朝中期，江浙已取代大都成為雜劇的新中心。新起的江南作家與徙居江南的北方作家相互爭輝。雜劇的南傳，壓抑了宋代東南沿海的南戲，南戲一度衰落；但南戲自雜劇吸收不少滋養，戲文、唱腔皆受到雜劇的影響。亦有不少北人參與南戲的創作與唱腔的改進。及至元代後期，雜劇衰落，而南戲則吸引了正統士人如《琵琶記》的作者高明(1298?-1359)等人參與創作，進一步提昇了水平。到明代，由南戲發展而成的傳奇戲曲取代了雜劇統御劇壇的地位，可說是元代南北戲劇傳統合流的後果。

散曲原是受到遊牧民族音樂影響的「俗謠俚曲」。自金代後期即已盛行於北方，早期曲家如楊果(1197-1269)、商挺(1209-1288)、盧摯皆為北人，而以大都為創作中心。到元朝中期，其中心南移至杭州，重要曲家多為南人(如張可久〔1274至1280-1348之後〕、曹德、劉時中)及南徙的漢人、蒙古、色目作家(如曾瑞、貫雲石、薛昂夫〔約1270-1350〕、阿魯威)[62]，北方創作已乏善可陳。

在詩、詞、書、畫等方面，南北兩方在宋金對峙期間亦各自發展出不同的地域特色。統一後亦趨於合流。

元代詩歌經歷了南北詩風的匯合而形成「宗唐得古」(古體宗兩晉，近體宗唐)的風氣[63]。早期北方詩壇受金朝詩風的影響。金元之際元好問(1190-1257)尚壯美、崇豪邁的詩風影響北方詩壇甚大，形成北方詩歌宗漢、魏、晉、唐的風氣。南宋詩壇原以江西詩派影響最大，講究語言技巧，追求奇險硬澀的風格。但是，南宋後期詩論家嚴羽(1192?-?)主張「以漢、魏、晉、盛唐為師」，掀起一股「復古」的風潮。後來趙孟頫(1254-1322)、袁桷

61　蔡美彪，〈南戲《錯立身》與北曲之南傳〉，《元史論叢》第5輯(1993)，頁218-231。
62　隋樹森，〈略論元人散曲由北而南〉，收入隋氏《元人散曲論叢》(濟南：齊魯書社，1986)，頁109-120。
63　鄧紹基主編，《元代文學史》(北京：人民出版社，1991)，頁365-375。

(1266-1327)先後北上大都，代表南方「宗唐得古」的詩風傳入北方，和北方的復古詩風相匯合。及至元代中葉，復古詩風已成當時的主流。元末人甚至有「舉世宗唐」的說法。可見在「宗唐」旗幟下，南北詩風已無區別。

南北詞風在宋、金對立時代，相差甚大，分別以南、北二宗為代表。南宗詞派，師法周邦彥（1057-1121）、姜夔（約1155-約1221），講究聲韻、格律，風格婉雅，亦稱「婉約派」。北宗詞派則沿襲蘇軾、辛棄疾（1140-1207）的言志主氣，風格豪放的體式，亦稱「豪放派」。元初北方詞人多屬北宗，由宋入元者則多屬南宗。元代中期以前，南北詞風雖已交會，卻未融合。中期以後，兩種詞風相互滲透，如北方詞人許有壬（1287-1364）之詞風雖以豪壯清放為主，也有婉約秀麗的作品[64]。成長於江南的張翥（1287-1368）的詞風雖以婉約為主，卻也有伉爽清疏之作。兩者的作品都可說是南北融會的產物。

繪畫方面，南北傳統原不相同。南宋畫壇之主流為院體畫，畫風刻意雕琢，流於濃艷。金人則以北宋傳統繼承者自居，受米芾（1051-1108）、文同（1019-1079）等士大夫畫家影響較大，如王庭筠（1156-1202）的墨竹即係承襲文同餘風。統一之後，北方之大都與南方之杭州成為南北書畫家交流觀摩之中心。出身湖州之趙孟頫於至元23年（1286）應詔北上，在北方遊宦十年，親炙唐朝與北宋繪畫傳統，有如李鑄晉教授所說：「他在北方逗留了十年，這段時間給他一個啟示，把他從南宋畫風中釋放出來，又使唐代與北宋成為他心中的一股新的動力。」[65]即摒棄「近世」而提倡「用筆簡率」的「古意」。其〈鵲華秋色圖〉、〈水村圖〉即是師法唐代王維（701-761）、南唐董源（？-約962）而有所創新的名作。元朝統一之後，南北畫風之相互影響亦可由山水畫中李、郭與董、巨兩個畫派的消長看出。李（成）、郭（熙）一派起源於北宋，注重「筆法」的內在紀律和理性結構。李、郭風格的山水畫原有濃厚政治意含，以其巨大的自然山水景觀顯示王朝之恢宏秩序，易為官府所

---

64 趙維江，《金元詞論稿》（北京：中國社會科學出版社，2000），頁29-73。

65 李鑄晉，〈趙孟頫的〈鵲華秋色圖〉〉，收入上海書畫出版社編《趙孟頫研究論文集》（上海：上海書畫出版社，1995），頁261-377。

嘗贊。董、巨(然)傳派則起源五代江南民間，愛好「墨法」的自由與放縱，顯示「淡墨輕嵐、平淡天眞」的風範。元代初中期，由於蒙古、色目權貴及北方士大夫之提倡，李、郭山水風靡一時，不少南人畫家亦參與創作，即是趙孟頫也吸收了李、郭筆法[66]。及至元代末年，由於朝政衰落，江南民間力量興起，隱逸之風盛行，李、郭風格的山水畫迅速沒落，走上窮途。而代表隱逸風情的四大家則採用了董、巨風格，代表南北兩大系統的最終統一。

　　元代書法發展也經歷南、北合流而趨於復古。金朝與南宋書家皆師法北宋蘇軾、米芾等。北宋書家主張「尚意」，「意」是一種主觀的情緒；以致南方書家失之於放縱恣肆，北方書家則是過分奇險驃悍。與趙孟頫、鄧文原(1258-1328)並稱元初三大書家的鮮于樞(1257?-1302)是一位「面帶河朔偉氣」的北方書家，基本上繼承金代王庭筠、趙秉文(1159-1232)乃至耶律楚材之書風。他自至元21年(1284)以後即宦居杭州，不僅將北方書風傳播至江南，並與其摯友趙孟頫共同創造了書法上的法古風潮[67]。趙孟頫登高一呼，在書法方面，排斥宋、金的鋒芒太露，力求回復晉、唐的古法，即是將晉書的風情神韻化入精謹森嚴的唐法之中[68]。

　　總之，政治統一導致南北文化的統合與地域差異的減少，並且在文學與藝術的領域中掀起一股復古風潮。在詩歌方面追求「宗唐得古」，在繪畫方面提倡「古意」，而在書法則以「化晉韻爲唐法」爲鵠的。李鑄晉教授認爲：這種復古風潮並不是某些藝術史家所認爲的「保守傳統主義」(conservative traditionalism)，而是一種「古典主義」(classicism)[69]。這種古典主義的興起，一方面由於金宋滅亡後大量宮廷舊藏的古代書畫流入民間而

66　石守謙，〈有關唐棣(1287-1355)及元代李郭風格發展之若干問題〉，收入石氏《風格與世變：中國繪畫史論集》(台北：允晨文化公司，1996)，頁131-180。

67　Marilyn Wong Fu, "The Impact of the Reunification: Northern Elements in the Life and Art of Hsien-yu Shu(1257?-1302) and Their Relation to Early Yuan Literati Culture," in John D. Langlois, ed. *China under Mongol Rule* (Princeton: Princeton University Press, 1981), pp. 370-433.

68　徐建融，《元代書畫藻鑑與藝術市場》(上海：上海書店出版社，1999)，頁16-17。

69　李鑄晉，〈趙孟頫的〈鵲華秋色圖〉〉，頁339。

激發藝術家對古風的興趣，一方面由於南方士人對南宋滅亡的文化因素作了深刻檢討[70]。另一方面更是由於漢族士人在經歷鉅大世變之後，努力自傳統文化中吸取營養並力圖重構華夏文化新內容的一部分。這種「復古」是一種文化上的「托古改制」，以「古」爲門面而爲民族文化探索發展的新方向。

(二)道學確立爲官學

元廷拔擢道學爲官學，主要係繼承南宋時代道學崛興的動力及承認道學在統一後已成爲全國最具影響力的學派之現實。

道學創始於北宋，而由南宋朱熹(1130-1200)集其大成。其學術是以儒學爲主幹，融合了釋道哲學的某些成分而形成一種新儒學思想體系，比傳統的儒學具有更強大的生命力。其思想又符合鞏固君主統治及其社會基礎的需求。

道學運動在南宋已建立廣闊的社會基礎。雖然南宋晚期以前，道學曾經三次遭到朝廷禁抑，爲一在野學派，朱熹門人卻努力在地方扎根，藉由教育及慈善事業，宣揚其理念，擴張其聲勢，蔚然成爲一個凝聚力強大，迅速擴張的運動。宋末朝廷爲政治需要，不得不承認其官學地位[71]。

關於道學在元朝地位的上昇及其在全國的傳播，忽必烈潛邸舊臣中北方道學家竇默、姚樞，尤其是許衡，貢獻最大。他們不僅鼓吹興辦學校，並且取得對學校的控制權。許衡之倡設學校爲其向忽必烈勸行漢法的一部分。忽必烈雖未能全面推行漢法，卻接受了許衡廣置學校的建議，並委任爲國子祭酒。許衡在國子學以朱熹編纂的《小學》及《四書章句集註》作爲主要教材，傳授程朱理學。

元朝的學校制度主要是由許衡所規劃。全國的路、府、州、縣遍置地方官學，而南宋時代興起於江南的書院則向北方擴散。官學、書院的規制及教學內容皆係模仿國子學[72]。程朱道學因而迅速在全國流布，爲道學成爲官學

70　鄧紹基主編，《元代文學史》，頁378。

71　James T. C. Liu , *China Turning Inward*, pp.135-140.

72　陳高華，〈元代的地方官學〉，《元史論叢》第5輯(1993)，頁169-190。

奠定基礎。

　　道學之成為官學的關鍵措施則為科舉取士之恢復並以道學作為考試的內容。仁宗（r. 1312-1320）時代，道學在朝野之間明顯已居於上風。延祐元年（1314）恢復的科舉即大體依據朱熹的構想而設定考試內容。蒙古、色目考生主要考試《四書》，漢人、南人則除《四書》外，尚須專長《五經》中之一種。《四書》限用朱熹之《集註》，而《五經》則用朱氏及其他宋儒之注釋。道學自此遂成為科舉取士的主要內容並因而取得官學地位。

　　許衡之教學國子及科舉程式皆以《四書》為主要內容並以朱熹《集註》為唯一依據，可說是對道學內容的高度簡化。狄百瑞（William T. de Bary）認為：這種簡化一方面是道學內部長期提煉與壓縮的結果，另一方面則為道學對蒙元時代多元族群與多元文化環境的自我調適，去繁就簡，保留一個能廣被接受的士人文化修養的最低要求，也是一個不可再行壓縮的核心。這種簡化為明、清兩代的科舉制度所繼承[73]。

　　元朝雖然承認道學為官學，但道學在元朝仍算不上「正統」學術，因為儒學在當時不過是諸「教」的一種，亦與蒙古學、回回學相平行，道學不過是儒學各派中的官學。其正統地位的確定是在明朝[74]。

　　元朝在宋朝之後承認道學為官學，對中國政治、文化的發展頗有負面影響。劉子健教授曾指出：第一，道學確立為官學，等於被政權所收編，儒教國家雙重性格中道統抗衡君權的力量因而削弱，君權上升，士人地位降低。第二，道統之建立，思想受到束縛，遂進入一個「新傳統」（Neo-traditional）時代。因此，明、清時代君主專制的絕對化及政府對思想文化控制的加強與道統的建立大有關係[75]。在這方面，元朝至少起了推波助瀾的作用。

73　William T. de Bary, *Neo-Confucian Orthodoxy and the Learning of the Mind-and-Heart*（New York：Columbia University Press, 1981）, pp. 53-66.

74　Kwang-ching Liu, "Socioethics as Orthodoxy: A Perspective," in Kwang-ching Liu（ed.）, *Orthodoxy in Late Imperial China*（Berkeley: University of California Press, 1990）, pp. 53-102.

75　James T. C. Liu, *China Turning Inward*, pp. 43-51.

(三)文人畫的成立

　　元代是中國藝術史上燦爛輝煌的時代，當時的壁畫、建築、工藝等部門都因受到藏傳佛教文化、回教文化的衝擊與影響而有所進展。中國傳統美術的核心——書、畫也都有很高的成就。

　　元代繪畫的最大成就在於文人畫的成立。文人畫的成立表示士人業餘畫家取代宮廷畫工而成為畫壇之主流，永遠改變繪畫藝術的風格。藝術史家高居翰(James Cahill)稱之為中國史上的一次主要「藝術革命」[76]。

　　文人畫脫胎於宋、金士大夫畫，而成立於元朝，其成立與發展與元朝的特殊政治社會環境具有密切的關係。有如方聞教授所說：文人畫是士人處於異族統治下自我流放的表現，也是他們謀求「道德與文化存續的載體」[77]。

　　文人畫的鼻祖為王維，而文人畫母體的士大夫畫則形成於北宋晚期，原亦是士人自國家疏離的結果。士大夫畫的倡導者蘇軾、文同等力斥當時畫院以形似為尚，強調師承的作風，而將繪畫作為一種個人修養與自我表現的工具，主張神似高於形似，詩境通於畫境。北宋亡後，金朝士人王庭筠、任詢等人傳承士大夫畫的傳統。

　　元代文人畫的興起是以提倡復古畫風的趙孟頫開其端。元代文人畫的內核是「寫意」，而啟導「寫意」精神的正是趙孟頫所提倡的「古意」說。趙氏極力提倡「古意」，抨擊「近世」，他既反對院體畫的「用筆纖細，傅色濃豔」，亦不滿士大夫畫的淪於「墨戲」，而向北宋以前的「古意」尋找途徑。有如何惠鑑教授所說：復古主義的中心原則是(1)集前代之大成，不一定拘泥於某種風格。(2)反璞歸真，講求平淡自然。在創作實踐上，趙氏超越種種畛域，「不但融合了董、巨和李、郭南北兩派山水畫的各種形式上的成分和素材，不但把筆墨的描寫作用(descriptive function)和表現作用

76　James Cahill, *Hills beyond a River. Chinese Painting of the Yuan Dynasty* (New York: Weather Hill, 1976), p.1.

77　Wen C. Fong, *Beyond Representation: Chinese Painting and Calligraphy, 8th-14th Century* (New York：Metropolitan Museum, 1992), p. 431.

(expressive function)成功地調和在一起，集前代之大成而無矯飾作態的斧鑿痕，大膽創新卻『令識者知其近古』，似乎一出於自然，遂爲元末的文人畫奠定了不滅的基礎」[78]。

　　文人畫的成立必須先有「文人」的存在。而「文人」是元季自江南士人分化出來的一個社會文化類型[79]。「文人」的出現，一方面代表士人力求突破道學對於文學與藝術的束縛，另一方面則是反映士人與國家及社會的高度疏離。道學家重「道」而輕「文」，欲使一切思想，感情與言行都合乎「天理」，遂有「作文害道」與「一入文人，便無足稱」的說法，對士人之藝文創作構成嚴重的束縛，不免引起反抗[80]。元代士人對國家與社會的疏離則表現於江南隱逸之風的盛行。隱逸之風尤盛於元季的浙西蘇州、松江一帶。論其原因，一方面是由於政治混亂、戰爭威脅，導致士人失去仕進之心，唯求苟全性命於亂世。另一方面，由於商業經濟的發達，不少出身豪富之士人如顧瑛(1310-1369)、倪瓚(1301-1374)不必干求利祿，反而可贊助其他士人追求藝文。當時浙西不滿現實之士人，或狂或狷；狂者留連詩酒，縱情聲色，狷者離世絕俗，隱遁山水。主張肯定自我，張揚個性的吳中詩派領袖楊維楨(1296-1370)屬於前者[81]，而元畫四大家黃公望(1269-1354)、吳鎮(1280-1354)、王蒙(?-1385)、倪瓚則屬於後者。但兩者的共同特色是力求擺脫士人對國家與社會的傳統責任，甚至不管倫理的束縛，而專心以文學與藝術來尋求與表達自我。文人畫便是在元季江南的這種社會文化氣氛中趨於成熟。

　　元代文人畫是以山水畫爲中心，而以四大家的成就最高。與前代山水畫相比，元代文人山水畫有兩大不同[82]：第一，主題由「行旅圖」轉向「隱居圖」，顯示元代士人高蹈遠引、離世絕俗的立身原則以及對山水精神的不同

78　何惠鑑，〈元代文人畫序說〉，《新亞學術集刊》第4期(1983)，頁243-257。
79　吉川幸次郎著、鄭清茂譯，《元明詩概說》(台北：幼獅文化公司，1986)，頁113-120。
80　馬積高，《宋明理學與文學》(長沙：湖南師範大學出版社，1989)，頁135。
81　王忠閣，《元末吳中詩派論考》(桂林：廣西大學出版社，1998)。
82　徐建融，《元代書畫藻鑑與藝術市場》，頁116-117。

於前人之理解[83]。第二,技法由寫實轉向寫意:唐宋山水著重客觀眞實的刻畫,元人山水則以簡率筆墨來抒發主觀情感。寫意的形式要素則是以書入畫,表現於對筆墨書法韻味的強調和要求,以求有利於主觀情感的宣洩。以書入畫的進一步要求是詩、書、畫三位一體,強化畫面之形式美感,並使畫面意境得到昇華。

(四)雅俗文學的合流

中國文學自古有雅俗之分。雅文學屬於文人士大夫,其功用在於治國經世、勸化風俗,亦即「正統文學」。俗文學屬於市井小民,是爲耳目聲色之娛而創作,因而難登大雅之堂,亦即市民文學。這兩種文學所屬文化層次、作者、接受者皆不相同。在文學發展史上,雅文學是備受尊崇的主流,俗文學則是受到歧視的末流。在元代特殊社會情況下,俗文學中的劇曲與白話小說因爲士人的參與創作而自雅文學中吸取大量養分,蔚然成爲當代文學的主流[84]。

元雜劇的前身是宋雜劇及金院本,而小說則是由話本發展而來。無論宋代雜劇、話本及金朝院本都是都市繁榮、市民階層日益廣大的結果,乃係民間藝人在勾欄瓦舍之中爲娛樂市井小民所作表演的腳本。元雜劇係以金院本爲主體,結合講唱文學與民間技藝,在金朝季年業已初步形成,而不是在蒙元時代突然出現。

關於雜劇在蒙元時代興盛的原因,過去學者或說是由於蒙元宮廷的贊助,或說是由於外來文化的影響,或說大蒙古國及元朝初期文化政策較寬,禮教束縛較弱,作者因而享有較多的創作自由[85]。眞正重要的原因則是不少失意士人參與雜劇創作甚至演員的陣容。由於仕途阻塞,有的士人爲謀求生計而成爲專業劇作家——書會才人,有的屈身下吏的士人則成爲藉創作劇

---

83 何惠鑑以「遊觀山水」、「書齋山水」二辭區別元代山水畫與前代山水畫主題的差異,見何氏〈元代文人畫序說〉,頁244-245。
84 么書儀,《元人雜劇與元代社會》(北京:北京大學出版社,1997),頁174-176。
85 黃卉,《元代戲曲史稿》,頁57-67。

本來抒洩鬱悶的業餘作家。這些淪爲市井作家的士人構成一個新的文人型態——「浪子」作家。如元曲大家關漢卿即以「蓋世界浪子班頭」自居。過去士人中亦不乏玩世型的浪子作家，但在廣大士人中卻居極少數，而在金元之際，卻是爲數甚夥。他們具有「雙重身分」——即上層的正統儒士與下層的書會才人——與「雙重視角」——書生與市民[86]。他們的參與創作大幅提昇了雜劇的藝術水平，達致雅俗共賞的境界。

　　白話小說發展的情形與雜劇相似。兩宋時期說話技藝已很發達。汴京、臨安等都市皆有大量的「說話」藝人，說話內容以「小說」及「講史」最爲盛行，小說基本上取材於現實生活，反映市民心態，一般一次講完，後來發展爲短篇小說。「講史」則是講說歷史故事，多次始能說完，爲章回小說的母胎。說話藝人根據的「話本」在宋朝已經成形，但多很簡陋。

　　宋代遺留的話本在元代經過士人的潤飾整理，提昇水平。《三國志演義》與《水滸傳》兩大名著遂在元末出現。元朝前、中期已有《至元新刊全相三分事略》及《三國志平話》的刊行。《三國志演義》爲元末羅貫中根據話本、雜劇及陳壽《三國志》而編撰，而《水滸傳》則是由施耐庵與羅貫中依據宋末元初的話本《大宋宣和遺事》而編集[87]。施耐庵，淮安人，至順（1330-1333）鄉貢進士，爲一出身正途，卻是仕宦不得意的士人。羅貫中，太原人，生平不詳；元末明初曲家賈仲明(1342-1423?)稱其爲「忘年交」[88]，可能爲元末淪爲書會才子的士人。

　　無論雜劇或白話小說，都衝破了正統詩詞與文言小說以士大夫爲對象之狹隘範圍，而其接受者則是上至士大夫，下及引車賣漿者流，可說士庶兼容。關於士人參與俗文學創作的歷史意義，劇曲史學者么書儀說：「正統文學的一部分神髓化入了俗文學，使廣大市民提高了文學水平和鑑賞力，未始

86　么書儀，《元代文人心態》（北京：文化藝術出版社，1993），頁177。
87　齊裕焜，《中國古代小說演變史》（蘭州：敦煌文藝出版社，1990），頁145-149、209-211。
88　鍾嗣成著，王鋼校訂，《校訂錄鬼簿三種》（鄭州：中州古籍出版社，1991），頁171。

不可以認爲是整個民族文化水平的提高。」[89]由於士人之俯身參與創作，「以雅就俗」，俗文學遂成爲士人傳播其文化與價值於平民的有力工具，拉近了菁英與民眾的文化距離。

文人畫與雜劇的登上巔峰都是元代「士失其業」的結果。雜劇作者與文人畫家雖同屬士人階層，但其區域起源、對時代的反應及其結果卻大不相同。早期主要雜劇作家皆爲蒙元初期飄浮在下層社會的北方士人，他們將士大夫文化融入世俗文化之中，以雅化俗，造就雅俗共賞的雜劇。主要的文人畫家則產生於元季的東南，他們遺世獨立，而以繪畫作爲抒發胸臆的工具，其作品往往超塵脫俗，欣賞者限於文人士大夫，凡夫俗子則難以理解。

簡言之，道學的確立爲官學、俗文學的提昇與文人畫的興盛皆是繼承宋、金以來士人文化與俗文化原有的發展趨勢，而蒙元時代的特殊政治社會結構中士人地位之低落則加速俗文學與文人畫的發展。日本學者竺沙雅章說：

> 征服王朝的元，對中國文化最大貢獻，應該是將這個時代中國傳統文化的硬殼打破，使清新的市民文化得以成長…。換言之，覆蓋著中國文明的儒教文化表皮，因爲強力的異民族支配而被強制地剝離，累積在下層的文化終於得見天日。[90]

事實上，蒙元統治业未眞正能將「中國傳統文化的硬殼打破」，打破的不過是政治社會結構的一個角落，市民文化因而得以浮現，而文人畫也得以發展。

89　么書儀，《元人雜劇與元代社會》，頁185。

90　伊藤道治等著，吳密察等譯，《中國通史》（台北：稻鄉出版社，1997），頁507、511。

五、結論

　　中國文化在蒙元統治下確實經歷最嚴峻的考驗，戰爭的破壞、蒙古人的輕蔑與忽視、士人地位的下降以及外來文化的巨大衝擊皆對中國文化構成空前嚴重的挑戰。但是，中國文化卻能克服這些挑戰，而在元朝滅亡後大體仍按照原有的軌轍向前發展。

　　中國文化在大蒙古國時代的處境最為艱困。忽必烈立國中原，建立元朝後情況已有所改善。元朝是以中原為政治重心，不再是一個草原國家。忽必烈及其繼承者不得不以中原的正統帝王自居，因而至少在一定程度內尊崇中原的典章文物，對中原文明未曾過度摧殘。

　　外來文化對中國文化僅有短程的衝擊，而無長遠的影響，草原文化與西方文化皆是如此。蒙古草原文化既不適宜於中原，值得漢族仿效之處亦不多，對漢族之影響主要限於民間習俗。民間接受這些習俗，主要出於勢利心理，而不是由於這些習俗的內在價值。元亡之後，政治誘因消失，自然無人再仿效蒙俗，加以明廷下令禁止，更徹底掃除了蒙古文化影響的遺痕。西方文化的輸入主要來自回教世界，內容局限於科技與宗教，中原的學術、文學與藝術全未受到外來影響。即在科技與宗教範疇內，外來影響亦甚膚淺。外來科技未能改變中國原有的世界觀，而外來宗教的影響局限於蒙古、色目族群之中。外來文化不能產生更廣泛影響的主要原因有二：第一、征服情勢妨礙漢族人士與外來文化的接觸，外來的使者、教士及專家主要以蒙元朝廷及蒙古、色目人為交往或服務對象，與漢族來往不多。第二、宋代以來中原文化本身的「內向」造成士大夫對外來文化的抗拒。這種抗拒固然保證了中原文化的存續，卻也錯失了當時吸收外來文化及改造華夏中心世界觀的特有良機。

　　中國本土文化在蒙元統治下的新發展，如道學確立為官學、文人畫的成立與俗文學之提昇，皆與外來文化及蒙元朝廷政策沒有直接關聯，而是宋金時代早已存在的一些趨勢在蒙元特殊政治社會環境中發酵的結果。道學與文人畫的前身士大夫畫的興起原是唐宋之際新士人階層興起後重新界定士人文

化的結果，而俗文學則是順應兩宋新興市民階層的需求而產生。道學在宋末已獲得儒學正統的地位，元廷確立道學爲官學不過起了推波助瀾的作用。文人畫的成立與雅俗文學的合流則與元代「士失其所」具有密切的關聯。由於士人在元代扭曲的政治、社會結構中受害最深，仕進機會較前大爲減少，士人的精力與才華轉向不同方向發揮。有的士人具有隱逸心態，以詩、書、畫追尋自我，文人畫遂告成立並成爲以後繪畫的主流。有的士人則迫於生計，飄浮於下層社會，成爲書會才人，以雅就俗，提昇俗文學，也拉近雅、俗文學的距離。文人畫的成立是士大夫文化的向上提昇，而雅、俗文學的合流則是士大夫文化向下植根。這些發展都是在蒙元時代的特殊時空中所形成，卻超出蒙古統治者的想像之外。

外來文化未能影響中國文化發展，應與明太祖建國後所採政策有關聯。明太祖建立明朝，是以「驅逐韃虜，恢復中華」爲號召，而其建國之後的政策則是以「復古」爲政策主調。所謂「復古」即是清除胡元的影響與恢復漢文化的基本精神與政治社會秩序，可說是一種「原型民族主義」的國策[91]。由於此一國策，明太祖在掃除蒙元統治遺痕與恢復中原典章文物方面作出不少貢獻。

總之，蒙元的征服與統治雖然是一場歷史上罕見的狂風暴雨，中國文化卻如一株根深蒂固的大樹。這株大樹雖然久經風霜，但是兩宋時代的種種發展使其根莖分布更加深廣，枝葉更加繁茂。暴風雨的侵襲固然使大樹枝折葉落，卻不足以動搖其根本。風雨之前添生的若干新枝嫩葉仍然繼續滋長，展現新貌。風靜雨止之後，新園丁——明太祖——所採取的固本行動，使樹幹更爲茁壯，枝葉尤爲煥發。大樹遂得繼續成長，生生不息。

——原載於國立故宮博物院編《大汗的世紀：蒙元時代的多元文化與藝術》（台北：故宮博物院，2001），頁186-201。

---

91 范德（Edward Farmer），〈朱元璋與中國文化復興〉，收入張中改編《明史論文集》（合肥：黃山書社，1993），頁379-389。

第三章
論元代蒙古色目人的漢化與士人化

一、前言

　　元朝不僅是中國史上第一個統治全國的「征服王朝」，而且是蒙古世界帝國的一部分。當時中國民族與文化多元性格之呈現可說空前。大量的蒙古、色目人徙入中原，與漢人、南人共存共榮，相互涵化。族群間－尤其是征服族群蒙古、準征服族群色目與被征服族群漢族(包括漢人與南人)間－的社會文化互動因而構成中國史上有趣的一章，也是元史研究的一個重要焦點。

　　蒙古、色目人徙入中原後，或城居，或鄉居，多已定居，亦已放棄遊牧，改營農耕，並與漢族雜居，相互交往，與漢族相互涵化乃屬不可避免。但是當時蒙古、色目人數與漢族相較，可能僅占百分之一二，而且文化水平相對低落。因而蒙古色目與漢族接觸後，各族群社會文化變遷的主要方向是蒙古、色目人接受漢文化較多，而漢族所受蒙古色目文化的影響較少。

　　關於元代蒙古、色目所受漢文化影響之深淺，過去學者意見不一。一方面，部分學者認為蒙古、色目人所受漢文化影響不大。乾嘉史學大師趙翼早已指出：「元代不惟帝王不習漢文，即大臣習漢文者亦少也。」[1]日本東洋史前輩羽田亨檢討元朝對漢文明的態度，主張元朝奉行蒙古主義，漢文化與

1　趙翼著、王樹民校證，《廿二史劄記校證》(北京：中華書局，1984)，卷30，頁686-687。

漢人皆不受尊崇[2]。西方學者魏復光(Karl A. Wittfogel)則認爲在征服王朝時代，征服狀態造成民族鴻溝，征服民族與被征服民族不可能相互認同，完全同化；眞正的同化在征服王朝崩解之後始有可能。而在諸征服王朝中，遼、元二朝皆爲遊牧民族所建立，對漢文化抵拒甚力，漢化甚淺[3]。而美國學者Elizabeth Endicott-West亦認爲：「蒙古人之內心對漢文化的精緻面全然不感興趣。」仍然保持其「遊牧文化認同」(nomadic cultural identity)[4]。

　　另一方面，也有部分學者認爲元朝蒙古、色目人所受漢文化影響不淺。針對趙翼所說元代帝王不習漢文，吉川幸次郎[5]、傅海波(Herbert Franke)[6]、Marsha Weidner[7]、姜一涵[8]、傅申[9]等學者皆有著述討論元朝帝王的漢文學與藝術修養。他們大體同意：中後期諸帝對漢族藝文多甚嗜愛，而且不無造詣。陳垣先生名著《元西域人華化考》從儒學、佛老、文學、美術、禮俗、女學等方面證明色目人中不僅漢文化造詣甚高者比比皆是，而且不少色目人業已「華化」[10]。十餘年來，我曾撰寫〈元代蒙古人的漢學〉、〈論元代蒙古人之漢化〉[11]及一系列有關元代多族士人圈的論文[12]。在寫作這些論文

2　羽田亨，〈元朝の漢文明に對する態度〉，收入羽田氏《羽田博士史學論文集－歷史篇》(京都：東洋史研究會，1957)，頁670-696。

3　Karl A. Wittfogel and Chia-sheng Feng, *History of Chinese Society: Liao(907-1125)* (Philadelphia: American Philosophical Society, 1949), pp.1-30.

4　Elizabeth Endicott-West, "Aspects of Khitan Liao and Mongolian Yuan Imperial Rule: A Comparative Perspective," in Gary Seaman and Daniel Marks(eds.), *Rulers from the Steppe. State Formation on the Eurasian Periphery* (Los Angeles: Ethnographics Press, 1991), pp. 199-222.

5　吉川幸次郎，〈元の諸帝の文學〉，收入吉川氏《吉川幸次郎全集》(東京：筑摩書房，1967)，第15冊，頁232-311。

6　Herbert Franke, "Could the Mongol Emperors Read and Write Chinese?" *Asia Major* 3(1952), pp. 28-41.

7　Marsha Weidner, *Painting and Patronage at the Court of Mongol China, 1260-1368*, Ph. D dissertation, University of California, Berkeley,1982.

8　《元代奎章閣及奎章人物》(台北：聯經出版公司，1981)。

9　《元代皇室書畫收藏史略》(台北：故宮博物院，1981)。

10　陳垣，《元西域人華化考》(北平：勵耘書屋，1935)。

11　蕭啓慶，〈元代蒙古人的漢學〉，收入蕭氏《蒙元史新研》(台北：允晨文化公司，1994)，頁95-216；〈元代蒙古人的漢化〉，收入蕭氏《蒙元史新研》，頁

時，逐漸萌發了一些概念，就是：元朝中期以後，一個人數雖不龐大，卻是日益擴張的蒙古、色目士人群體業已出現。這些異族士人群體並非孤立於漢族士大夫主流之外，而是與後者聲氣相通，緊密結納，相互之間存有千絲萬縷的關係，遂形成中國史上前所未見的多族士人圈。這些活躍於多族士人圈中的蒙古、色目人士可謂已經「士人化」，但因征服狀態之存在，他們並未完全「漢化」，眞正漢化是在元朝覆亡，明朝代興之後。

　　我所謂「士人」，是一個文化與社會群體。從文化觀點言之，士人必須具有正統儒家教育與士大夫文化，並接受儒家基本理念與倫常的規範。從社會觀點言之，其人可能是顯宦，可能是縉紳，也可能是布衣，但都屬於一個菁英身分群體(status group)，受到社會尊崇。士人原是中原社會的產物，但是士人文化具有普世性，凡接受士人文化的的異族人士都可視之爲士人。

　　本文所採「漢化」一辭與人類學中「同化」(assimilation)一辭同義。「同化」乃指兩個族群長期接觸而導致文化上的從屬族群放棄其原有文化，並全面接受文化主宰族群的文化而與後者融爲一體[13]。

　　「士人化」(literatization)與「漢化」(sinicization)的主要差別有二：第一，「士人化」的異族人士必須熟諳士人文化而成爲士人群體之一分子。「漢化」者則可能僅接受漢人的「小傳統」，不必熟諳士人文化，歷代與漢族長期接觸的異族下層民眾大體如此。第二，「漢化」者必須放棄原有族群認同，而與漢族融爲一體，而「士人化」者雖接受漢族士人文化，卻未必放

(續)─────────────

　　　219-264。
12　蕭啓慶〈元朝多族文士圈的形成初探〉，收入蕭氏《元朝史新論》(台北：允晨文化公司，1999)，頁203-242；〈元代蒙古色目士人群體的形成與發展〉，北京大學傳統文化研究中心編《文化的饋贈──漢學研究國際會議論文·史學卷》(北京：北京大學出版社，2000)，頁168-183；〈元朝多族士人的雅集〉，(香港中文大學)《中國文化研究所學報》新第6期(1997)，頁179-203；〈元代各族士人間的文化互動：書緣〉，《勞貞一先生九秩榮慶論文集》(台北：蘭臺出版社，1997)，頁349-379；《元朝多族文士圈的形成》，國家科學委員會研究計畫報告，1997。
13　「漢化」的定義係參酌陶晉生對F. C. Anthony Wallace對「同化」的定義及所作的修改。見F. C. Anthony Wallace, *Culture and Personality*(New York: Random House, 1962), p.163; 陶晉生《女眞史論》(台北：食貨出版社，1981)，頁3-4。

棄其本族的族群認同,甚至選擇性的保留其原有文化。元代中後期不少蒙古、色目人皆是如此,因為在征服情勢下蒙古、色目人保持其原有的族群及政治認同對其實際利益有幫助。因而當時蒙古、色目士人往往存有族群及政治認同與文化認同之間相互矛盾的現象。

　　本文旨在對我過去形成的幾個相關概念作一系統性的闡釋,並舉三個家族的歷史具體說明元代一部分蒙古、色目人雖已士人化,但未漢化。而在〈後語〉中則論述這幾個家族在明代的漢化。這三個被選中之家族近年皆有族譜或家集之發現,故對其歷史可作較有系統的探索。

二、蒙古、色目士人群體

(一)蒙古、色目文化背景

　　要了解蒙古、色目族群中士人出現之快慢與多寡[14],必先了解各族的文化背景,因為各族原有的文化水平及其與中原文化的關係具有很大差異。

　　蒙古人原處的生態環境及生活方式與中原漢族大不相同。蒙古人為草原遊牧民,文化與農耕社會不同,而且在其建國前後,蒙古受到西域文化的影響很大,所受中原文化的影響較小。蒙古人中士人群體之出現較為緩慢,自可理解。

　　色目人不是一個民族,而是元廷為統治需要而設定的一個族群,族類極為繁多。就文化觀點言之,可分三類:第一,原受漢文化影響的各族,如唐兀(亦作唐古,即西夏遺民)、汪古等原本已有漢文士人群體的存在。第二,原受漢文化影響不大,本身卻有較高文化及本土知識分子的各族,如畏兀兒、吐蕃、回回、也里可溫。第三,原居地距離中原遙遠而文化水平較低的遊牧部族,如康里、欽察、阿速等。這些部族不僅缺乏漢文士人,也缺少本土知識分子。上述三類各族中,漢文士人出現的快慢與多寡互不相同。

14　本節之論述主要根據蕭啟慶,〈元代蒙古色目士人群體的形成與發展〉。

(二)士人群體出現的階段

蒙古、色目士人群體的出現是這兩大族群踴躍研習漢學的結果，而蒙古、色目的研習漢學又是蒙元朝廷將其政治重心轉移至中原後的必然趨勢。

忽必烈立國中原後，蒙古、色目人大量移居中原並定居化。元朝的「族群等級制度」是一種「族群歧視」，而不是「隔離」政策。移居中原的蒙古、色目人多與漢族混居，因而與漢族的社會與文化發生長期的直接接觸。在此多元族群的社會中，蒙古色目人雖是政治主宰群體，漢族卻是人口與文化的主宰群體。移居中原的蒙古、色目人或因被漢文化所吸引，或由於政府的倡導，或由於個人利益的追求而研習漢學。

依士人人數的多寡，造詣的深淺，蒙古、色目士人群體的形成與發展可分為四個階段：

1.萌芽期，1206-1259

即大蒙古國時代，亦即忽必烈遷都中原之前。此時蒙古仍立國草原，蒙古、色目人徙居中原者不多，研習漢學的誘因亦不大，因而產生的蒙古、色目士人不多。少數的蒙古、色目士人主要出於下列三源：①歸順的西夏、汪古士人及其子弟。②忽必烈培養的皇室及宮廷侍臣子弟。③自發學習的儒士：因受漢文化吸引而自動研習漢學的蒙古、色目人。

2.成長期，1260-1294

忽必烈時代，蒙古、色目人大量定居中原。由於環境的改變與政府的倡導，出現一批數目可觀的蒙古、色目士人。這些士人可分三類：①國子學生：皆為貴族或宮廷侍臣子弟。②色目文臣子弟：多出身於文化水平原本頗高的家庭，如汪古馬氏、畏兀兒廉氏、偰氏等，皆為色目人中最早士人化的家庭。③武將及其子弟：平宋以後，不少武將轉任文官，開始研習漢學，其子弟亦是如此。但在此期中士人仍局限於蒙古、色目上層家庭。

3.壯大期，1295-1332

元朝中期科舉制度恢復之後，對蒙古、色目子弟研習漢學具有甚大激勵

作用，「諸部子弟，類多感勵奮發，以讀書稽古爲事」[15]。考中鄉試的蒙古、色目士子前後約有2400人，參加鄉試者更多達數萬人，其中不僅有上層子弟，亦有下級軍官，甚至普通士兵的子弟，反映士人群體在蒙古、色目族群中社會基礎的擴張。

4. 發展期，1333-1368

指元末順帝朝三十餘年。此時政治、社會日亂，但蒙古、色目子弟研習漢學早已蔚爲風氣，士人人數不斷成長，而且在漢文化中浸潤的程度愈來愈深。

蒙古、色目士人人數在各階段的增長及其對漢文化浸潤程度的加深，可由表一與表二具體看出。兩表所統計的對象爲「漢學者」而不是「士人」。「漢學者」與「士人」的意義重疊頗大，卻不盡契合。「漢學者」乃指諳習漢族士人所專擅的儒學、文學與美術並有所成就而見於記載者，其涵義不及「士人」一辭寬廣。此處之討論以「漢學者」而不是「士人」，乃因前者留有記錄可資統計，而後者則無法統計。

表一與表二，顯示蒙古、色目漢學者與日俱增及其專長深化的趨勢。一方面表中所列蒙古漢學者156人，色目漢學者242人中，數目都是逐期增長。另一方面，在萌芽期中，蒙古、色目族群中僅有儒學者，而無人因文學、藝術而知名。在成長期中，已有少數詩、文、曲家及書畫家出現。及至壯大及發展二期，大量的蒙古、色目士人已由儒學的研習而登入文學、藝術的殿堂，從知識的吸收而轉入漢文化感性部分的培養。多才多藝乃至全能型的蒙古、色目士人始大量出現。在多才多藝型的蒙古、色目士人出現後，各族士人間的交往較前更爲密切，多族士人圈始眞正形成。

蒙古各部族之間文化差異不大，不需討論其士人之部族分布，色目各族的文化卻有很大差異，故有討論各族漢學者分布必要。

15　顧嗣立，《元詩選》(北京：中華書局，1987)初集庚，頁1729，〈忠介公泰不華〉。

表一　蒙古漢學者專長及時代分布

	儒　學	文　學				藝　術			總　計
		詩	文	曲	合計	書	畫	合計	
萌芽	1(1.7％)	0	0	0	0(0)	0	0	0(0)	1(0.6)
成長	12(20％)	1	1	1	3(5.8)	1	0	1(2.2)	16(10.3)
壯大	22(36.7％)	3	5	2	10(19.2)	8	4	12(27.3)	44(28.2)
發展	25(41.7％)	25	10	1	36(69.2)	25	6	31(70.5)	92(59.0)
未定	0(0)	3	0	0	3(5.8)	0	0	0(0)	3(1.9)
合計	60(100.1)	32	16	4	52(100)	34	10	44(100)	156(100)

表二　色目漢學者專長及時代分布

	儒學	文學				藝術			總計
		詩	文	曲	合計	書	畫	合計	
萌芽	8(9.8％)	0	0	0	0(0)	0	0	0(0)	8(3.3)
成長	13(15.9％)	3	1	1	5(4.8)	3	1	4(8)	22(9.1)
壯大	33(40.2％)	20	7	6	33(31.4)	14	0	14(25.9)	80(33.2)
發展	28(34.1％)	40	13	14	67(63.8)	31	5	36(66.7)	131(54.4)
合計	82(100)	63	21	21	105(100)	48	6	54(100)	241(100)

表三　色目漢學者族別分布

	萌芽	成長	壯大	發展	總計
畏兀兒	2	5	29	44	80(33.1％)
回回	1	3	15	27	46(19.0％)
唐兀	4	2	10	21	37(15.3％)
康里	0	5	8	6	19(7.9％)
汪古	1	4	9	4	18(7.4％)
哈剌魯	0	1	0	7	8(3.3％)
阿魯渾	0	0	3	5	8(3.3％)
也里可溫	0	0	1	5	6(2.5％)
曲先	0	0	0	2	2(0.8％)
于闐	0	0	1	1	2(0.8％)
欽察	0	1	0	0	1(0.4％)
尼波羅	0	1	0	0	1(0.4％)
不詳	0	0	4	10	14(5.8％)
合計	8	22	80	132	242(100％)

　　由表三可看出：各族漢學者多寡順序為畏兀兒、回回、唐兀、康里、汪古、哈剌魯、阿魯渾、也里可溫、曲先、于闐、欽察、尼波羅。而族群不可考之色目人則列為「不詳」，共有14人。各族士人的多寡與其人口、原有文化水平及在元朝的政治地位皆有關聯。

　　自色目各族漢學者的階段發展言之，萌芽期中，漢學者限於寥寥四族，成長期、壯大期皆有八族（「不詳」不算），而發展期增至十族，可見漢學在色目各族中不斷擴散。

　　總之，在蒙古、色目族群中，士人人數日增，造詣日深，涵蓋族群不斷增加，並由社會上層延伸至中下層。蒙古、色目士人群體的形成遂為多族士人圈的成立奠定基礎。

三、多族士人圈

(一)社會網絡

　　元朝各族人士互動的基礎是社會階層（social stratum），而不是族群[16]。蒙古、色目士人交往的主要對象是漢族士大夫而不是本族中下層。漢族王朝時代士大夫之社會網絡主要是以同鄉、姻戚、師生、座主與門生及同年、同僚等關係為經緯，元代各族士人的交往**網絡**大體相似。

1.同鄉

　　蒙古、色目人徙居中原、江南後，在各地落地生根。其子弟生長於斯土，不僅產生對土地的認同，而其師友亦大多為本地人。蒙古、色目士人對鄉土之認同表現在署名時常以鄉貫相連，如雁門薩都剌、燕山聶鏞等。蒙古、色目士人對同鄉漢族士人交往特別親切，加以援引，如泰不華是在台州長大，「及其躋要路，見台之老成前輩，待之如鄉先生，而待先生(朱嗣厚)

16　本節之論述主要根據蕭啓慶，〈元朝多族文士圈的形成初探〉。

尤厚，以荐於朝」[17]。蒙古、色目士人寄寓於外鄉者，過從較密、唱和較多的仍是本鄉漢族士人。哈剌魯族士人迺賢生長於慶元(寧波)，北上求官，即有不少詩篇與在京同鄉及故鄉友人相唱和。

2.姻戚

元朝未曾禁止異族通婚，近年研究顯示，各族間通婚雖不普遍，卻不乏其例。

各族士人間通婚，可分三類：

(1)蒙古、色目士人娶漢族士人家庭女子：共有七例。例如忽必烈時代著名儒臣不忽木，康里人，先娶寇氏，出身中山儒士家族，生回回，繼娶集賢大學士王壽之女，生巎巎。回回、巎巎都是元朝中後期的著名儒臣與書法家。

(2)漢族士人娶蒙古、色目士族女：有七例。其中最有趣的是孔子五十六世孫，衍聖公孔希學之繼室爲蒙古月魯不花之女，月魯不花爲成吉思汗大將赤老溫之五世孫，本人爲進士，因而也是士人。可見孔家已有蒙古血統。

(3)蒙古、色目士人間的聯姻：有三例。如至順元年(1330)狀元蒙古篤列圖所娶爲其座師汪古族馬祖常之妹。

這些都是基於才學與共同士人身分而聯姻的例子，這些聯姻不僅加深各家族間的情誼，也促進各族血緣的交融與涵化。

3.師生

師生關係在儒家倫理中極爲重要。在士人社會網絡中，這種關係是最初，也是最經久的一環。

漢學原爲漢族士人的專長，蒙古、色目人較爲後進，以致在元代前中期，大多是漢人爲師，蒙古、色目爲生。漢族士人或是擔任塾師，或是執教各級官學和書院，或是接受執經問學，都因而與蒙古、色目士人建立恒久的師生關係。對蒙古、色目人的文化取向影響頗大。及至元朝中後期，不少蒙古、色目人對漢學已有相當造詣與傳授熱情。有的創建書院來推廣教育，有

17　徐一夔，《始豐稿》(文淵閣四庫全書)，卷3，頁18下，〈鞠隱先生碑〉。

的擔任書院山長與路、州、縣學教授，有的開館講學，更有少數蒙古、色目
士人由於學術藝文造詣甚高而成為漢族士人之業師，如著名曲家貫雲石、書
家㟆㟆等都有不少漢族弟子。

4.座師與同年

元朝科舉制度不及唐宋重要，但仍為各族士人提供一個大體平等的競爭
機制。鄉試、會試，四個族群各有配額，考官雖以漢族為主，但也不乏蒙
古、色目士人，因而座主、門生與同年皆是多元族群。各族座主與門生及同
年之間的關係與漢族王朝時代大體相似。師生、同年間不僅有集體聯誼活
動，個別之間亦多文字往來，這些文字有的是唱和酬答，有的是樹碑立傳，
但都以師生之情與同年之誼為基礎。

5.同僚

元朝政府是一個多元族群的官僚組織。官員的族群成分因機構性質差異
而互不相同，有的機構漢族士人很難廁身其間(如大宗正府、宣政院)，而主
管文史、教育及圖書的機構中，漢族官員比率甚大，而且不乏漢文造詣頗高
的蒙古、色目士人，士人出身的各族同僚往往基於共同文化素養與興趣而相
互交融，合作多於衝突。例如出身將門的貫雲石供職翰林不過一年，卻留下
不少與漢族同僚唱酬的記錄，而在其退隱江南多年之後仍寫了一首〈翰林寄
友〉的五言長詩，對其漢族同僚李孟、趙孟頫、程鉅夫等表示懷念之意[18]。

總之，蒙古、色目士人與漢族士人間之交往，與漢族士人本身相互往來
的模式甚為相似，即是透過上述各種關係而構成一個社會網絡。

(二)文化互動

中原士大夫文化內涵豐富，活動亦甚繁多。經術、詩文、書畫都是士大
夫文化的內涵，也構成他們社會生活的重要工具。士人間的詩文唱酬、雅集
遊宴、觀書讀畫、題跋贈序等活動，不僅可以切磋攻錯，而且藉以敦睦情
誼。元代蒙古、色目士人常與漢族士人共同參與上述文化活動。

---

18 《永樂大典》(北京：中華書局，1987)，卷14383，頁13下，〈翰林寄友〉。

　　現分唱酬、雅集、書畫品題、書籍編刊與序跋題贈等活動，來顯示各族士人間文化與社會距離的消融。

1.唱酬

　　各族士人間相互唱和的詩文現存甚多。現以泰不華、迺賢、許有壬、成廷珪四人爲例。這四人分別屬於四大族群，泰不華與許有壬是科舉出身的顯宦，而迺賢、成廷珪則是布衣詩人，以四人爲例應具有族群與社會階層的代表性。

　　泰不華，蒙古伯牙兀氏，生長於台州，少年狀元，仕宦生涯主要在兩浙及大都，而唱酬對象主要是大都同僚，尤其是兩浙士人。

　　迺賢，出身哈剌魯族軍人之家，生長於鄞縣。大半生都是一襲布衣。其《金台集》所錄皆爲其至大都謀官時的詩篇。其唱和對象主要爲大都漢族士大夫，浙東師友及道教同道。

　　許有壬，河南湯陰人，出身科舉，爲政界要員，文壇領袖，交遊極廣，但與他唱遊最密的卻是蒙古人萬嘉閭、回回荀凱霖、荀暗都剌兄弟。

　　成廷珪爲揚州詩人，終身未仕，卻與蒙古拔實、色目余闕、斡玉倫都、沙班、迺賢等唱酬頗密。

　　以上所舉四人分屬不同族群與階層，但皆與異族士人頻繁唱酬。

2.雅集

　　雅集是士大夫文化中以文會友的一種集體活動。聚會時的活動或爲飲酒茗茶，或爲詩詞、書畫的創作、品鑑與欣賞，或爲園林、山水的遊覽。

　　元代中後期，蒙古色目士人頗多參與雅集活動[19]，可分文學之會、藝術之會及遊覽之會言之：藝術之會或是切磋書畫技藝，或是品鑑古人妙品，而遊覽之會則是士人結伴出遊，在山水之間飲酒賦詩，現僅就文學之會與遊覽之會各舉一例。

　　文學之會是士人飲酒賦詩、吟弄風月的聚會。大都廉園萬柳堂宴集便是

19　蕭啓慶，〈元朝多族士人的雅集〉，頁179-203；〈元代各族士人間的文化互動：書緣〉，《勞貞一先生九秩榮慶論文集》，頁349-379。

一例。廉園爲畏兀兒族廉氏的產業,當時大都最著名的林園,位在大都南城彰義門內,園中水石花竹之勝,牡丹品類之多冠於京華。廉氏歷代顯宦,在色目人中漢化最早且深,其家富於藏書而又好客,廉園遂成爲大都重要的遊覽與文化中心。

萬柳堂遊宴主人廉希恕,號野雲,爲忽必烈儒相廉希憲之弟,官至中書左丞,元代中期已退休在家。這次邀宴的對象爲漢族名士人趙孟頫與盧摯。席中並有大都著名歌妓順時秀唱歌勸酒,趙孟頫曾賦詩,而且還作〈萬柳堂圖〉以記其事,圖存台北故宮博物院。

「道山亭聯句」是至正九年福建廉訪司長官出遊福州名勝烏石山所作七言聯句。參加者有廉訪使僧家奴、僉事奧魯赤皆爲蒙古人,僉事赫德爾、申屠駒則分別爲回回與漢人。其聯句云:

> 追陪偶上道山亭,疊障層巒繞郡青(申屠駒)。
> 萬井人家鋪地錦,九衢樓閣畫幃屏(僧家奴)。
> 波搖海月添詩興,座引天風吹酒醒(赫德爾)。
> 久立危欄頻北望,無邊秋色杳冥冥(奧魯赤)。[20]

諸聯敘情寫景,皆頗工整。這次多族士人的遊覽之會雖是基於公誼而舉行,但也表現了各族士人的共同文化素養與情趣。

3.書畫題跋

觀賞書畫,並加品題,是士人間敦睦友誼、切磋藝文的重要方式。士人聚會,或出其自身作品,請朋友品題,或出示珍藏古人作品,供朋友觀賞。

元代在詩、書、畫方面有成就的蒙古、色目士人爲數不少,與漢族士人相互題跋作品之記載很多。我根據書畫眞蹟及各種記載作了六個表[21],列舉各族士人對當代及異代士人書畫作品所作品題,用以顯示各族士人間的友誼

20 陳榮仁,《閩中金石略》(石刻史料新編),卷10,頁3下,〈道山亭燕集聯句〉。
21 蕭啓慶,〈元朝多族文士圈的形成初探〉,頁101-108。

與共同品味。

　　例如高克恭，回回氏，善畫山水、墨竹，與趙孟頫齊名，二人亦爲好友。克恭逝世後十一年，垂暮的趙孟頫題其〈墨竹〉遺卷云：

> 蓋其人品高，胸次磊落，故其見于筆墨間，亦異於流俗耳。至于墨竹樹石，又其遊戲不經意者。因見此二紙，使人緬想不能已已，書東坡〈墨竹堂記〉于其後。[22]

對克恭的人品與藝術都深致懷念，可見二人的情誼。書畫題跋，大多如此。

4.編書贈序

　　讀書、著書與刊書是士人最爲重視的文化活動，而著作的刊行往往需倚靠師長、朋友、門生、子孫或鄉晚的推動與揄揚。從著作的編刊與序跋的題贈可看出士人間的相互關係與情誼。

　　元代各族士人常因公私情誼而相互編刊著作和撰寫序跋[23]。現知蒙古、色目人爲漢族士人編刊的著作有十七種，而漢族士人爲蒙古、色目士人負責編刊之著作則有四種。經由漢族士人撰寫序跋的蒙古、色目人的著作多達二十五種，而漢族士人著作經由蒙古、色目士人品題者亦有十七種。著作的編刊與序跋的題贈已成爲各族士人表達情誼的重要媒介。

　　總之，各族士人由於文化素養與興趣相似，常以詩文唱酬、雅集遊宴、書畫題跋及編輯著作與撰序題跋等方式，密切互動。

（三）群體意識

　　蒙古、色目士人與漢族士人具有共同的信仰、價值與行爲規範及政治理念。

　　蒙古、色目士人多以孔、孟之徒自居，極力宣揚與維護。有廉孟子之稱

22　趙孟頫、任道文武校點，《趙孟頫集》（杭州：浙江古籍出版社，1986），卷5，頁70，〈自警〉。

23　蕭啓慶，〈元代各族士人間的文化互動：書緣〉，頁349-379。

的畏兀兒人廉希憲便是如此。有一次忽必烈命他受佛戒,他卻說:「久受孔子戒矣!」忽必烈又問:「孔子何戒?」希憲對曰:「臣也盡忠,子也盡孝。」[24]汪古人馬祖常有詩云:「吾生賴陶化,孔階力攀躋。」[25]他以得到孔子之道的薰陶而慶幸,以力攀孔門之階自勉,並撰文盛贊「孔子道大,天地、日月不可象也」,「學必有師,師莫若聖,聖莫若孔子」[26],祖常是以孔子為終極學習對象。

在行為上,蒙古、色目士人多以儒家倫理綱常為規範。忠孝之道是多數蒙古、色目士人立身的準則,元明之際的回回詩人丁鶴年有詩云:「人生天地間,忠孝理最大。」他因戰亂不能侍親,國亡無法忠君,卻為元朝守節六十年,他的詩篇中充滿「忠君不得,孝親不能」的傷感。元末很多蒙古、色目士人殺身殉國,更多成了遺民,都是受了名教綱常觀念的影響[27]。

許多蒙古、色目士人持家立身都以篤守禮教為原則,高昌偰氏便是其中佼佼者[28]。偰氏之祖哈剌不華督糧遇盜,不屈而死,其妻希台特勒盛年守寡,育子成材,其子偰文質十歲割肉以療母疾,時人以父忠、母貞、子孝三節合於一門而盛稱之,後文質之子姪六人皆中進士,時人以二事相聯,認為登科乃積善之福報,美之為「三節六桂」[29]。文質之子偰哲篤又以持家篤守禮教得到漢族士人之稱譽[30]。此外,在婚葬禮俗方面,蒙古、色目士人也力求合乎儒家禮制,在婚俗方面反對「父死妻其繼母,兄弟死則收其妻」的收繼婚,在喪俗上則極力鼓吹丁憂三年之制。

---

24 蘇天爵編,《國朝文類》(四部叢刊),卷65,頁14上,元明善〈平章政事廉文正王神道碑〉。

25 馬祖常,《石田先生文集》(鄭州:中州古籍出版社,1991),卷1,頁11,〈飲酒〉之五。

26 馬祖常,《石田先生文集》,卷10,頁195-197,〈光州孔子新廟碑〉。

27 蕭啓慶,〈元明之際的蒙古色目遺民〉,收入蕭氏《元朝史新論》,頁119-154;〈元明之際士人的多元政治抉擇-以各族進士為中心〉,《臺大歷史學報》第32期(2003),頁77-138。

28 蕭啓慶,〈蒙元時代高昌偰氏的仕宦與漢化〉,收入蕭氏《元朝史新論》,頁243-297。

29 劉岳申,《申齋文集》(元代珍本文集叢刊),卷5,頁8下,〈三節六桂堂記〉。

30 孔克齊,《至正直記》(北京:中華書局,1987),卷3,頁116-117,〈高昌偰氏〉。

　　在文化方面，不少蒙古、色目士人以斯文之傳承與弘揚爲己任，或著書立說，或開館授徒、或創建書院。如哈剌魯人伯顏(1295-1358)，一名宗道，字師聖，「自弱冠即以斯文爲己任」，「修緝《六經》，多所著述」[31]。雖一度以隱士受徵至京師，但在修完《金史》即棄官而歸。他一生在家講學，四方之來學者多至千餘人，成爲當時中原的著名經師，有「河朔夫子」之稱。可說是蒙古、色目士人以弘揚斯文爲己任的典範。

　　在政治方面，蒙古、色目士人極力宣揚儒家仁政學說，並往往與漢族士大夫合作，力抗反漢法派或功利派。在漢法派與功利派的長期鬥爭中，漢族士大夫有賴於蒙古、色目士人的支持。

　　由於蒙古、色目士人之學養與行爲與漢族士人相似，漢族士人遂引爲己類。如至正十四年進士陳高稱其同年鎖鑄僉院爲「吾黨之光」[32]。許有壬稱其摯友蒙古酌溫台氏萬嘉閭「喜交儒士，灼然有見於道義，故確然無間於吾徒也」[33]。浙東名儒許謙稱其門人魯古訥丁「溫恭自虛，刻意清苦，吾黨之士，鮮能及之」[34]。總之，漢族士人將這些蒙古、色目士人視爲「吾黨」、「吾徒」，是志同道合的同志和知己，早已忘卻族群的界限與隔閡。

　　以上的論證顯示，元代中期以後，在蒙古、色目士人群體與漢族士人在社會與文化方面的互動甚爲密切，並且具有共同的群體意識，因而一個多族士人圈可說已經形成。

四、士人化而未漢化：三個實例

　　多族士人圈的成立並不意味蒙古、色目士人已經漢化並與漢族融合。元

31　唐錦纂，《正德大名府志》(天一閣藏明代方志選刊)，卷10，頁78下-82下；陳高華〈讀〈伯顏宗道傳〉〉，收入陳氏《元史研究論稿》(北京：中華書局，1991)，頁450-453。

32　陳高，《不繫舟漁集》(元人文集珍本叢刊)，卷15，頁6下，〈與鎖鑄僉院書〉。

33　許有壬，《至正集》(元人文集珍本叢刊)，卷57，頁5下-8下，〈都轉運使萬公神道碑〉。

34　安熙，《安默庵先生文集》(元代珍本文集叢刊)，卷4，頁234。

朝族群融合的最大障礙是政治，而不是社會與文化。多族士人圈的形成顯示
各族群在社會與文化上並沒有不可克服的藩籬，但是卻無法改變當時最重要
的政治現實，即是元朝是一個「少數統治」政權，在此政權之下，蒙古、色
目人爲既得利益者，自不願捨棄特權而與漢族眞正融合。蒙古、色目士人在
其本族群中尚未居於多數，在政治上更未必享有重要影響，而且蒙古、色目
士人本身往往呈現文化認同與政治及族群認同相互牴牾的矛盾。他們在文化
上已與漢族士人沒有二致，卻未必願意放棄原有的族群與政治認同，在元朝
滅亡之前，眞正的民族融合不可能發生。

　　茲選下列三例，用以具體說明元季若干蒙古、色目家族已經士人化，但
未眞正漢化。其中木華黎後裔爲蒙古人中最顯赫的貴族。高昌偰氏與唐兀崇
喜家族皆屬色目，偰氏爲元朝最成功的科第官宦世家，屬中上層；崇喜家族
則世爲下級軍官，屬中下層。這幾個家族之被選爲案例，不僅因其各具代表
性，而且由於這幾個家族皆有家譜或家集重見於世，因而其歷史可作較爲明
確的考述。

(一)木華黎家族

　　木華黎家族系出札剌兒氏[35]，爲元代地位最爲崇高的蒙古家族。木華黎
是成吉思汗功臣「四傑」之首，亦爲其最親密的「伴當」，在蒙古建國、伐
金過程中功勳最高，因而封賞最厚。其子孫官宦之盛，與蒙元相始終。而且
自木華黎於1217年受封國王、建牙燕京後，此一家族與漢地即有極深淵源，
而且定居漢地甚早，與漢族士人接觸頻繁，所受漢文化影響之大，在蒙古貴
族中，亦是首屈一指。

　　木華黎家族由於地位極爲崇高，不是以漢學深邃著稱，而是以維護漢法
的貢獻最大。此一家族前後出了三位儒治砥柱，第一位是至元名相安童。安
童顯然諳習漢學，在行動上更是維護漢法。安童自至元二年(1265)爲右丞相

35　關於木華黎家族之論述主要根據蕭啓慶，〈元代四大蒙古家族〉，收入蕭氏《元
　　代史新探》(台北：新文豐出版公司，1983)，頁141-230。

後，援引儒臣姚樞、許衡等，力抗阿合馬與盧世榮的聚斂政策。安童之孫拜住（1298-1323）是第二位儒治砥柱。自幼受過良好儒家基礎教育，至治二年（1322）受英宗之命任為右丞相，擢用儒臣張珪、王約等人，是元代中期推行儒治最力的大臣。第三位儒治砥柱是至正名相朵兒只（1304-1355），拜住之從弟。朵兒只自幼「喜讀書」，「於古君臣行事，忠君愛民之道，多所究心」。他於至正八年出任中書右丞相，所採行的政策有舉遺逸、汰僧尼、改革地方行政等。Dardess認為其執政時代為「保守的儒家行政計畫」體現之一高潮[36]。

　　除去上述三位推行儒治外，木華黎家族中還有幾人以諳習儒學見稱。安童從兄乃燕，「謙和好學，以智能稱」，「明習典故」，忽必烈稱之為「薛禪」（sechen），意即大賢。所治應包括漢學。安童另一從兄相威（1241-1284），雖然身為平宋名將，卻「喜延士大夫聽讀經史，論古今治亂」[37]，曾進譯語《資治通鑑》。朵兒只之父脫脫（1264-1307），據說也「喜與儒士語，每聞一善言善行，若獲拱璧，終身識之不忘」[38]。脫脫從姪別里哥帖穆爾（1268-1317）曾為仁宗解說周文王之所由興，帝獎之為「蒙古人中儒者」[39]。拜住之子篤麟鐵穆爾曾受經奎章閣，以「端粹博碩，尚文下士」見稱；擅長書法。其子朵兒直班（1313-1352）更是元季有名的儒者，年少時便以好讀書見稱。順帝時歷任奎章閣學士、知經筵事、提調宣文閣等職，據說他以扶持名教為己任，留心經術，尤好伊洛之書，曾編次前哲遺言為《治原通訓》；又喜五言詩，尤精於字、畫，可見朵兒直班是一位學術、文藝甚為全面的士人。

　　木華黎家族雖然諳習士人文化並大力維護儒治，但由於身處統治集團之核心，享受甚大特權，與元廷同舟一命，自然不會輕易放棄其原有族群及政

36　John Dardess , *Conquerors and Confucians. Aspects of Political Change in Late Yuan China*（New York: Columbia University Press, 1973）, pp. 84-87.

37　宋濂等，《元史》（北京：中華書局，1976），卷128，頁3131，〈相威傳〉。

38　《元史》，卷119，頁2944，〈木華黎附脫脫傳〉。

39　黃溍，《金華黃先生文集》（四部叢刊），卷25，頁24上，〈札剌爾公神道碑〉。

治認同。現由姓名與婚姻兩項來說明木華黎家族並未漢化。

在征服王朝時代，姓名字號是族群與文化認同的表徵，也是政治利益追求的工具。蒙古、色目人的姓名系統與漢族不同。漢族有姓有名，漢族士人更有字號。蒙古及多數色目人皆有名而無姓。元代不少漢人、南人採用蒙古名，旨在謀取政治利益。蒙古、色目人採用漢式姓名不僅無政治利益可圖，反而有害。因而，正式採用漢式姓名的蒙古、色目人寥寥無幾，而且改用漢式姓名大多出於特殊原因。不少蒙古、色目人不採漢姓，卻採用漢族民間通用的俗名(如觀音奴、蠻子、騾騾)，可能是乳名的延伸[40]。亦有甚多蒙古、色目人採用漢式字號(如泰不華字兼善，號白野)，採用漢式字號者多為業已士人化之蒙古、色目人，目的在表示風雅，並方便與漢族士人相唱和。

木華黎家族中無人採用漢式姓名，也無人採用漢式字號，卻有不少人採用漢式通俗名。筆者所製〈木華黎家世系表〉共列此家八代四十八人[41]。其中具有蒙古名者四十三人，具有漢式通俗名者五人(安童、定童等)。此家成員，由於政治地位崇高，與各族士人缺少平等交遊之機會，並無採用字號之必要。即使士人化程度最高之朵兒直班亦是如此。而且在其僅存的書法真跡中鈐有「札刺爾氏」、「太師國王世家」印二方[42]，可見其對家世之驕傲，自不會放棄其對蒙元之族群認同。而在元亡之後，此家後裔納哈出降明而復叛，據有遼東，繼續抗明，可見此一家族對蒙元認同的程度。

族際通婚是促進族群血緣交融的必須方式，也是門第社會中維護家族地位的有力工具。從木華黎家族現知的23個婚案(娶入17例、嫁出6例)看來[43]，此一家族是以成吉思汗所封九十五千戶的後裔為主要婚姻對象。九十五千戶家族是當時的蒙古貴族階層，而其中以「四傑」家族為最高。木華黎家族與「四傑」家族聯姻者有二例，與其他九十五千戶後裔聯姻者有六例。木華黎

40　Henry Serruys, "Some Types of Names Adopted by the Mongols during the Yuan and Early Ming Periods," *Monumenta Serica* 17(1958), pp.353-360.

41　蕭啓慶，〈元代四大蒙古家族〉，頁146。

42　卞永譽，《式古堂書畫彙考》(鑑古書社)，卷9(1)，頁501。

43　蕭啓慶，〈元代四大蒙古家族〉，頁193-194。

家族雖曾與漢族通婚，但僅有二例，對象分別爲地位崇高的漢軍世家－眞定史氏及長侍內廷並已蒙古化的大興賈氏。這類婚姻的締結顯然出於政治需要。

　　總之，木華黎後裔是蒙古上層貴族中受漢文化影響最深的家族，出了幾位「蒙古人中儒者」，而且維護漢法最力。但是由於位崇權高，自不會放棄其原有族群及政治認同。其成員保持蒙古名，並未採用漢式姓名字號，其聯姻以蒙古上層貴族爲主要對象，與漢族甚少通婚。

(二)高昌偰氏

　　偰氏是畏兀兒族中著名世家[44]。其祖先在漠北及西域突厥民族所建各政權－突厥汗國、回鶻汗國及西州回鶻(即畏兀兒)——之中皆爲核心統治家族之一，「世爲國相」。自畏兀兒於1209年歸降蒙古後，偰氏祖先備受蒙廷重用，在當時蒙古色目世家中，偰氏雖說不上最爲顯赫，卻是累世仕宦。

　　偰氏原是突厥種人中源遠流長的知識世家，移居中原後，研習漢學起步甚早。約在蒙哥汗(1251-1259)時代，第二代合剌普華幼時即已研習漢文。元朝滅宋後，其子偰文質任江西行省理問，徙家龍興(南昌)，聘師教授子弟。江西名儒劉岳申認爲文質及早聘師教子對其家族成功轉化爲科第世家具有決定性的影響，確是不錯[45]。科舉恢復後，文質子孫兩代之間共有九人成爲進士，爲當時人所盛稱，是元朝最爲成功的科舉世家。

　　偰氏子弟不僅得意於科場之中，又多精通儒學，長於文學、藝術。第三代之文質已有撰述。第四代之玉立、哲篤、朝吾皆善於詩文、書法。玉立撰有《世玉集》[46]，清馮登府稱讚玉立之詩可與色目第一流詩人迺賢、薩都剌比美。而其書法則是「落墨古樸，尙能自見骨力」[47]，可見頗爲可觀。哲篤

44　關於高昌偰氏之論述主要根據蕭啓慶，〈蒙元時代高昌偰氏的仕宦與漢化〉，頁243-297；蕭啓慶，〈元季色目士人的社會網絡：以偰百遼遜青年時代爲中心〉，《中央研究院歷史語言研究所集刊》第47本第1分(2003)，頁65-96。

45　劉岳申，《申齋文集》，卷5，頁8下，〈三節六桂堂記〉。

46　顧嗣立，《元詩選》三集庚，頁375-379。

47　馮登府，《閩中金石志》(石刻史料新編)，卷12，頁16下。

之子百遼遜亦擅詩，撰有《近思齋逸稿》及《之東錄》；《逸稿》今仍存[48]，高麗名儒李穡跋《逸稿》，對其詩藝評價甚高。

與漢族士大夫相同，偰文質子孫皆採用字號。關於表字，如文質字仲彬，其子玉立字世玉、哲篤字世南。關於別號，玉立號「止庵道人」，又有堂名「止堂」；百遼遜則有「韋齋」及「近思齋」等二齋名。

偰氏家族又以嚴守儒家倫理見稱於當世。前文述及偰氏早期即以「三節」為時人所盛稱。偰哲篤以禮教持家甚為嚴格，其溧陽同鄉孔克齊出身孔氏南宗，對哲篤治家之法大加贊譽，「深慕之」，並譽偰氏「教子有法，為色目本族之首」。

從以上論述看來，偰氏子孫無論就學藝造詣、字號採用及倫理規範言之，皆可說已充分士人化。但從姓名與婚姻兩方面看來，偰氏並未放棄其固有族群認同。

自姓名言之，畏兀兒人原來雖有氏族之別，卻無姓，通常稱名而不稱姓，情形與蒙古人相同。偰氏第一、二代皆以突厥、畏兀兒文命名，在此可以不論。三、四、五代似乎皆以漢文命名，並採用漢姓，實際上卻非如此。

「偰」姓之採用顯然始於第三代之偰文質。文質因其遠祖居住於蒙古偰輦傑河（今色楞格[Selenga]河）上而採用「偰」為姓[49]。有關偰氏重要文獻中，文質子孫皆繫偰姓。文質之弟越倫質及其子孫則未冠姓，改偰姓者唯有文質一系。文質一系表面上採用「偰」字為姓，但是「偰」字是否真正具有漢姓之作用？這一問題須與諸人之名合觀始可究明真相[50]。「偰文質」為突畏文sävinch（快樂）之音譯，與其弟之名「月倫質」（Ögrünch，意為高興）正構成相互配合之一對。第四代之偰直堅、偰哲篤、偰朝吾之名分別為畏兀兒/蒙古文sechegen（意為小聰明）、sechegtü（意為花面）、sechi 'ür（意為刷子）之音譯。第五代偰吉斯之名則係音譯自突、畏文之säkiz（意為八）。其他諸名之

---

48 偰百遼遜，《近思齋逸稿》現保存於偰氏後裔所編《慶州偰氏諸賢實記》，該書現有韓國國史編纂委員會藏抄本。

49 許有壬，《至正集》，卷54，頁48下-52上，〈合剌普華公墓誌銘〉。

50 蕭啟慶，〈蒙元時代高昌偰氏的仕宦與漢化〉，頁280-284。

原文雖仍待重建，偰氏取姓命名之規律已有軌跡可尋。偰文質為紀念其家族起源於偰輦傑河上，乃譯其名之第一音節「sa」為「偰」。以後其子孫之命名亦皆取突、畏文sä——或蒙文se——為首之字，姓與名實際上皆為一字之音譯。由於諸人之名皆係由突、畏文或蒙文音譯而來，以致同輩兄弟之名不僅缺乏表示行輩之字，而且字數多寡不一，全無規律可尋。在漢譯突、畏文名之外，偰氏諸人可能皆有真正的漢名，如文質漢名大賢，百遼遜漢名燾，但是諸人在當時蒙古、色目人圈中使用者當為畏兀兒／蒙古文原名，而與漢族交往時則使用漢文譯名或漢名。偰氏第六代（即長壽、延壽一輩）始真正使用漢名，其時已在元亡前後。偰氏似乎是一直保持二元人名、二元文化。

　　偰氏現存婚姻資料不多，僅有娶入七例與嫁出二例而已[51]。娶入七例中，第一代岳璘帖穆爾之妻為奧屯氏，奧屯氏為女真姓氏（漢姓曹），女真人在元朝為廣義之漢人。第二代撒吉思之妻甕吉剌真為忽必烈所賜宮人。從其名判斷，可能出自皇室主要之后族蒙古甕吉剌（即弘吉剌）氏。合剌普華妻希台特勒（1248-1320）所屬種族不詳，似為蒙古或色目人。第四代偰哲篤之妻月倫石護篤（1301-1341）則為畏兀兒古速魯氏。月倫石護篤為福建道宣慰使八（達）里麻吉而的之女。偰百遼遜妻趙氏事跡僅在朝鮮史料中見之，但其子偰眉壽係生於百遼遜歸順高麗之年，百遼遜娶趙氏當在歸順之前，趙氏應為漢族。嫁出二例中，合剌普華之女鎮江‧忽都花嫁於霍氏海牙；霍氏海牙族屬不詳，依名字判斷，似為畏兀兒人。而偰哲篤女懿寧則嫁於至元名相廉希憲從曾孫咬咬。

　　自族群觀點言之，偰氏婚姻對象似以本族畏兀兒人為主，但亦與蒙古及漢人通婚。自政治地位言之，背景尚可知曉的月倫石護篤與廉咬咬不僅出身官宦家庭，而其家族更屬於忽必烈初年之最高蒙古、畏兀兒婚宦集團。月倫石護篤之母廉氏為中書左丞廉希恕（布魯迷失海牙）之女，亦即廉希憲之姪女，而其祖母阿里合赤則為孟速思之女。孟速思與廉希憲之父布魯海牙都是忽必烈之母唆魯忽帖尼之藩府舊臣，孟速思亦為忽必烈之連襟，而廉希憲又

51　蕭啟慶，〈蒙元時代高昌偰氏的仕宦與漢化〉，頁291-294。

為孟速思之女婿，二家皆為前述忽必烈時代早期婚宦集團的重要成員。偰氏因上述婚嫁而與孟速思及廉氏建立直接或間接之婚姻關係。對偰氏仕進應仍有助力。

從文化觀點言之，偰氏與漢人通婚雖然不多，但其姻戚廉氏及古速魯氏兩家皆是浸潤漢文化頗深的畏兀兒家族。偰哲篤妻月倫石護篤為廉氏所生，月倫石護篤亦是知書達禮，尤諳女學，黃溍〈魏郡夫人偉吾氏墓誌銘〉說：

> 夫人生而聰慧，稍長，能知書，誦《孝經》、《論語》、《女孝經》、《列女傳》甚習。見前史所記女婦貞烈事，必再三復讀而歎慕焉！[52]

月倫石諸子後均成材，固然由於哲篤嚴於管教，月倫石教養之功亦不可沒。月倫石之兄弟丑閭、觀閭（觀驢，?-1367）皆為士人。觀閭漢學造詣尤為著名，危素稱他「讀書好古，廉而有為」[53]，王逢亦稱其「平生善書詩，治蹟多可稱焉」[54]。月倫石長子百遼遜《近思齋逸稿》中即有三首與二位舅父唱和之詩。總之，偰氏之婚姻以畏兀兒士人高門為主要對象，一方面反映偰氏仍懷有畏兀兒人的族群意識與門第觀念，另一方面，偰氏與其姻族之間又具有共同的士人文化基礎。

偰氏顯然為一充分士人化的家族：精通士大夫文化，篤於禮教，全家皆採用漢式字號堂名，而仕科舉中最為成功。但此家並未漢化，其家族之婚姻仍以畏兀兒人為主要對象，亦未真正採用漢姓，其漢式假姓則具有紀念祖先故居蒙古偰輦傑河的意義，而歐陽玄為此一家族所撰〈家傳〉更追溯其始祖至突厥賢相暾欲谷，可見族群意識仍甚明顯。

---

52 黃溍，《金華黃先生文集》，卷39，頁17上，〈魏郡夫人偉吾氏墓誌銘〉。
53 危素，《危太樸文續集》（元人文集珍本叢刊），卷5，頁1上，〈古速魯公神道碑〉。
54 王逢，《梧溪集》（北京圖書館古籍珍本叢刊），卷5，頁526，〈夢觀閭元賓〉。

(三)唐兀崇喜家族

　　崇喜家族出身唐兀族，亦即西夏遺民，為一下級軍官家族[55]。崇喜家族入元第一、二代之唐兀台(?-1259)、閭馬(1248-1328)曾隨蒙元大軍平金伐宋。宋平之後，閭馬籍充河北山東蒙古軍戶，後又選充左翼蒙古侍衛親軍。元亡之前，此家共有五代，始終以軍戶身分應役，所任不過百戶、彈壓之類的下級軍職。

　　此一家族在徙居中原之後，定居化與士人化的趨勢甚為明顯。平宋之後，元廷在開州濮陽縣(河南濮陽)東「撥予草地」[56]。濮陽是河北山東蒙古軍都萬戶府的大本營，許多軍戶皆從此定居於此，開始農業生活。崇喜家族之姻戚，即前述的名儒伯顏宗道屬於同一軍人社區[57]，潘迪撰〈伯顏宗道傳〉：「時北方人初至，猶射獵為俗，後漸知耕墾播殖如華人。」[58]崇喜家族中不少人「勤於耕稼」、「深通農務，曉知水利」，經營農業甚為成功，不僅因此而致富，購置不少田地房產[59]，而且亦吸取了農業社會的價值觀。

　　崇喜家族甚重儒學，第二代之閭馬「常厚禮學師，以教子孫」，經過三代之努力，於至正十三年(1353)建成義學，擁有學田五百畝，就學者逾五十人。紅巾起事後，楊氏第四代之崇喜捐資平亂，禮部於至正十八年賜予「崇義書院」之匾額。「崇義書院」是元代色目人創建的少數幾個書院之一。此外，崇喜及其從弟廣兒(伯顏不花)皆為國子生，亦可見此一家族重視儒學之一斑。

　　崇喜家族在當地亦以地方領袖的身分，倡導風俗之改良。第三代之達海

55　唐兀楊氏之歷史，主要根據近年發現其家集《述善集》，見焦進文、楊富學校注，《元代西夏遺民文獻《述善集》校注》(以下簡稱《《述善集》校注》)，蘭州：甘肅人民出版社，2001。

56　《《述善集》校注》，頁138，潘迪〈唐兀公碑銘并序〉。

57　關於此一軍人社區的生活，參看陳高華，〈《述善集》兩篇碑傳所見元代探馬赤軍戶〉，發表於「中國歷史上的軍事與社會國際研討會」，2000年12月22日至24日，台北：中央研究院歷史語言研究所。

58　《《述善集》校注》，頁226，潘迪〈伯顏宗道傳〉。

59　《《述善集》校注》，頁158，唐兀崇喜〈祖遺地券志〉。

仿照北宋張載弟子呂大鈞(？-1082)的「藍田鄉約」而制定「龍祠鄉約」[60]。「鄉約」規定：社眾於每月朔望必須如期聚會，利用聚會之機，培養社眾的道德風尚，以達到維持社會秩序的目的。「鄉約」亦要求社眾之間建立互助與救濟關係以及設學校、請儒師，並建夫子廟堂。總之，「龍祠鄉約」為一改善教化、相互救助的民間組織。雖由達海肇始，而由其子崇喜全面推行。據說推行之後，「四方來觀，既慕且仿」，起了一定影響。

崇喜為其家族士人化的表徵。早年曾為國子上舍生，後襲父職為百戶。他完成崇義書院的興建與龍祠鄉約的執行，與地方長官及名士交往頗密，而與屬於同一軍人社區的著名儒者伯顏宗道交情尤篤，結為兒女親家，儼然為一地方縉紳。崇喜又輯錄其家族有關文獻，於至正十八年初步編成《述善集》，共有三卷，〈善俗卷〉以「龍祠鄉約」為主體，〈育材卷〉以崇義書院為主體，〈行實卷〉則收錄其家族歷史及善行善事有關文獻，充分顯示這一家族士人化的軌跡。集中所收詩文，除崇喜自撰者外，大體可分三類，一類為濮陽當地各族士大夫所撰(包括伯顏宗道、唐兀伯都等)，一類為崇喜於元末避難大都時央請「省、臺、館、閣、成均之鉅公，四方游居在京之大夫士」所作之題詠(包括潘迪、張以寧、危素、張翥、曾堅、程徐等)，另一類則為明初崇喜探親於金陵時其姪大本之禮部同僚的贈題(包括陶凱、魏觀、曾魯、張孟兼)。這三類題詠者的身分反映出崇喜士人網絡的廣闊。

有的學者說：「遷居濮陽的唐兀氏已完全漢化。」[61]從姓名、婚姻兩方面看來則非如此。自姓名言之，崇喜家族在元朝始終未完全採用漢姓，第一二三代皆以族名「唐兀」為姓，第四代之崇喜則唐兀與楊氏並用，有時稱「前國子生唐兀崇喜」，有時稱「余楊其姓」。公開場合多稱唐兀，私下則稱楊氏。《楊氏家譜序》云：「四世祖唐兀崇喜，蒙大明建國，改為楊

60 《《述善集》校注》，頁23-26，唐兀忠顯、唐兀崇喜〈龍祠鄉社義約〉；楊富學、焦進文，〈元代西夏遺民〈龍祠鄉約〉探析〉，收入何廣博主編《《述善集》研究論集》(蘭州：甘肅人民出版社，2001)，頁42-55。
61 朱紹侯，〈試論《述善集》的學術價值〉，收入何廣博主編《《述善集》研究論集》，頁1-14。

姓。」[62]可見楊姓的正式採用，是在明朝建國之後。至於名字，崇喜家族部分成員採用蒙古名(如伯顏、帖睦、脫脫、伯顏普化)，部分採用漢語通俗名(如閭馬、閭兒、換住、留住)。但在崇喜一輩，皆已採用漢式表字，除崇喜字象賢外，其弟十三人皆以「賢」爲字[63]，反映此一家族士人化的進展。

　　自婚姻言之，崇喜家族雖與漢人通婚，但亦不斷與蒙古色目人聯姻。此家五代之間，共娶入二十五人，嫁出十一人[64]。娶入婦女之族屬爲蒙古者六人(乃蠻三人、旭申二人、怯烈一人)、色目三人(皆爲哈刺魯)、具漢姓者十五人、族屬不詳者一人。嫁出十一人對象之族屬則分別爲蒙古三人(蒙古、旭申、乃蠻各一人)、色目四人(皆爲哈刺魯)、疑似蒙古色目者四人。可見此家娶入之婦女雖有不少爲蒙古、色目，但更多具有漢姓，而嫁出者全以蒙古色目爲對象。娶入之女性具有漢姓者未必爲漢族，可能是蒙古、色目女子改採漢姓者，更可能是出於原具漢姓的西夏家族。西夏(唐兀)人中，原有蕃漢二種，不少家族皆爲漢姓。楊氏聯姻對象中之李、高、劉、張、王等原是西夏固有之姓氏，在元代西夏遺民中也不乏記載。而且在崇喜家族史料中未見與其他唐兀人聯姻的記載，這些娶入婦女具有漢姓者之中應有不少出於西夏遺民之家，因爲與崇喜家族族類相同，不必特別標明。再從婚姻對象身分來考察，聯姻者多爲同一社區的軍人家族，如第四代的塔哈出育有二女，一嫁予山東河北蒙古軍都萬戶府鎮撫寶寶，另一嫁予左翊侍衛蒙古軍千戶關住。而這些蒙古、色目軍人家庭亦已士人化，情形與崇喜家庭相似。如崇喜之子理安娶名儒伯顏宗道之女，第四代卜蘭臺之女嫁予國子生燕山，換住之女嫁予儒士閭閭。

　　總之，崇喜家族的歷史反映蒙古、色目下層軍人的士人化過程。此一家族在定居中原之後，以經營農業維生，同時延師教導子孫，家族成員遂浸潤於儒學之中，進一步創建書院、制定鄉約，扮演鄉紳的角色，並建立廣大士人網絡。但此家並未眞正漢化。一方面，未完全採用漢式姓名，而是以族名

62　《《述善集》校注》，頁270，〈楊氏家譜序〉。
63　《《述善集》校注》，頁159，潘迪〈昆季字說〉。
64　《《述善集》校注》，頁137-152，〈百夫長唐兀公碑銘〉。

「唐兀」作姓，崇喜雖採取「楊」字爲姓，正式場合卻仍用「唐兀」。其家所取名或爲蒙古名，或爲漢語俗名。另一方面，此一家族雖已與漢人通婚，但其聯姻仍以同一社區的蒙古、色目軍人爲主要對象。

以上三族的歷史反映不同階層蒙古、色目家族的士人化。木華黎家族雖然出了幾位「蒙古人中儒者」，但由於地位崇高，主要扮演漢文化與漢法贊助者的角色，其本身士人化程度較低。高昌偰氏在蒙古、色目中上層家族中表現極爲突出，無論學藝造詣、生活倫理、科場成就，皆超過一般漢族士大夫家族，因而在元代多族官僚體系中最受讚譽。崇喜家族爲一下層色目軍官家族，卻能研習漢學，倡導教化，扮演地方仕紳的角色。其表現反映出士人化在蒙古、色目族群中向下蔓延的趨勢。但是，由於政治利益的考量，這些家族皆未眞正漢化。上文就三族的姓氏與婚姻加以考察，顯示這三個家族既未改採漢姓，而其婚姻亦是以族群差異與政治社會地位爲主要考量。木華黎家族地位崇高，不可能放棄「札剌爾氏」、「太師國王世家」的無比資產。高昌偰氏始終以出自偰輦傑河及突厥賢相暾欲谷爲傲。而崇喜家族雖然出身微末，卻也始終以唐兀爲氏，都顯示政治利益決定族群認同，亦因而阻延了漢化與融合。

五、後語

蒙古、色目人之眞正漢化是在元亡明興之後。一方面，由於明廷強力推行同化政策，禁止胡語、胡服、辮髮椎髻及本族自相婚姻等，迫使滯留中原之蒙古、色目人漢化[65]。另一方面則因鼎革之後的政治情勢誘使蒙古、色目人主動放棄原有之認同。由於失去政權，蒙古、色目的身分不僅不可倚恃，而且有妨自身利益。雖有少數士人拒絕放棄原有認同，甘爲遺民[66]；但多數蒙古、色目人不得不急於改變身分。早在洪武九年(1376)海州學正曾秉正

65　Henry Serruys, *The Mongols in China during the Hung-wu Period* (Bruxelles: Bruges, 1959), pp.158-175.

66　蕭啓慶，〈元明之際的蒙古色目遺民〉，收入蕭氏《元朝史新論》，頁119-154。

(仁)便曾上疏曰：

> 臣竊觀近來蒙古、色目人多改爲漢姓，與華人無異，有求仕入官
> 者，有登顯要者，有爲富商大賈者。[67]

可見元亡之後，蒙古、色目人爲了自身政治、經濟利益而放棄原有認同。有
如明朝中期名臣丘濬(1418-1495)所觀察：

> 國初平定，凡蒙古、色目人散處諸州者，多已更姓易名，雜處民
> 間，如一二秭稗生於丘隴禾稻之中，久之固已相忘相化，而亦不易
> 別識之也。[68]

顯然至明朝中期居留中原之蒙古色目人大多已與漢人混雜，「如一二秭稗生
於丘隴禾稻之中」，「不易識別」，可說已經漢化，上述三個家族也是如
此。

木華黎之後裔在元亡之後大多消失無蹤，但近年河南孟津縣發現的《李
氏家譜》顯示了其中一支的轉變歷程[69]。據《家譜》記載，木華黎六世孫咬
兒(1307-1366)任松江萬戶鎮撫，其子可才等皆從至正十一年進士魯淵讀
書[70]。其子可用於元亡之後因爲「款附意緩，謫戍河南」，積功至五十夫
長，遂爲洛陽人[71]。由於其家爲亡國子遺，不敢再以札剌兒爲氏，於是「從
木從子，志所自也」，改姓爲李。據云今大陸名作家李準即爲此系後裔。除
洛陽一系外，木華黎家在松江仍留有不少後裔。其中可才於洪武初中明經

---

67 《明太祖實錄》(台北：中央研究院歷史語言研究所，1962)，卷109，頁5上。

68 丘濬，《大學衍義補》(海口：海南書局，1931)，卷144，頁105。

69 此一家譜係由匡裕徹、任崇岳二教授所發現，承中南民族學院匡裕徹教授提供此
一家譜部分抄錄，謹此致謝。

70 《(洛陽)李氏家譜》，卷1(無頁數，下同)，〈可才傳〉；又見宋如林修《嘉慶松
江府志》(中國地方志集成)，卷62，〈寓賢·李寬傳〉。

71 《(洛陽)李氏家譜》，卷1，〈可用傳〉。

試，授昌黎縣丞[72]；其姪李萱，中浙江鄉試解元，李寬任定遠知縣[73]。可見
松江一系仍保持士大夫身分，而洛陽一系則淪為下級軍官。松江一系中有李
年者「不喜章句，肆力先秦兩漢之文」，雖然終身未仕，卻於明英宗蒙難土
木時「聞之涕泣彌月」[74]。如果此一記載不訛，出身「太師國王世家」的李
年顯然已喪失蒙古認同。六百餘年之後，松江一支木華黎的後裔已無跡可
尋，而孟津麻屯鄉柏樹溝等六個行政村仍有李氏族人三九○戶、一九九一
人，皆列籍為漢族，在生活習俗上與漢族毫無差別[75]。

　　偰氏子孫在元明之際的遭際差別甚大，第四代之偰列篪累官河南路經
歷[76]。至正十八年陳友諒攻龍興，時列篪家居，受命守東門，城陷，列篪遂
投井死。偰哲篤之子百遼遜及偰吉斯對元明鼎革作出不同的反應。百遼遜於
元末因丁憂而居於大寧(熱河平泉)，至正十八年紅巾軍直迫大寧，百遼遜攜
子弟，逃入高麗。因高麗恭愍王入質元廷時與其在大都端本堂建有舊誼，故
厚遇之，封他為高昌伯，改富原侯[77]。百遼遜將其畏兀兒式名字簡化為漢式
姓名(亦為高麗式姓名)「偰遜」。此後其子孫成為高麗、朝鮮的仕宦名族，
甚為顯赫，已完全融入當地社會[78]。據調查，至近年偰氏在韓國仍有四二二

72　《(洛陽)李氏家譜》，卷1，〈可才傳〉。

73　《嘉慶松江府志》，卷45，〈選舉表·明舉人表〉。

74　方岳貢修，《崇禎松江府志》(日本藏中國罕見地方志叢刊)，卷42，頁20上，
　　〈隱逸傳〉。

75　匡裕徹、任崇岳，〈河南蒙古族調查報告〉，《民族研究動態》1984年第3期，頁
　　64-70；匡裕徹、任崇岳，〈河南蒙古族來源試探〉，《中南民族學院學報》1986
　　年第2期，頁70-77。

76　范淶修，《萬曆新修南昌府志》(日本藏中國罕見地方志叢刊)，卷18，頁57上，
　　〈人物志〉。

77　鄭麟趾，《高麗史》(國書刊行會)，卷112，頁357上-359上，〈偰遜傳〉；《慶
　　州偰氏諸賢實記》(韓國國史編纂委員會藏抄本)，李穡跋。

78　除家集，《慶州偰氏諸賢實記》外，偰氏尚有《慶州偰氏族譜》傳世，此一家譜
　　係明末崇禎年間由偰秉洙(原名秉洰)等編纂，以克直普爾為第一世，而以初入蒙
　　元之岳璘帖穆爾為第四世。徙入高麗之偰百遼遜為第八世，第九世以下所列皆為
　　百遼遜在高麗之後裔，直至第二十世。此一《族譜》對研究元代偰氏歷史之價值
　　不大，但對了解偰百遼遜後裔在高麗之綿延，應該饒富意義。真理大學葉泉宏教
　　授最近惠贈韓國國史編纂委員會所藏此一族譜抄本的影本，極為感謝。但此一族
　　譜之價值如何，仍待進一步之探討。

家，一九五二口，占韓國「總姓氏人口順位」的一四五名[79]。百遼遜之弟偰吉斯於元末任嘉定知州。而於易代之際，歸順明朝，亦簡化其姓名爲「偰斯」，仕至禮部尙書[80]。致仕後退歸其祖、父所居之溧陽，溧陽祀爲鄉賢，已視之爲本地人[81]。明初以後，偰氏子孫散居各地，但溧陽仍爲重心。溧陽現仍有偰家村，偰氏子孫應早已忘卻其畏兀兒起源，近年申請改變爲少數民族戶籍，顯然由於利益考量而恢復族群記憶，已爲當地政府所拒絕。

至於崇喜家族，元亡之後，即正式採用「楊」爲姓氏，並且出仕明朝。洪武五年(1372)禮部尙書陶凱作序送在金陵探親之崇喜返鄉，即稱他爲「楊公象賢」[82]。其姪冀安，入明後以楊爲姓，更名大本，而以冀安爲字。大本於元季曾以軍功授固始縣達魯花赤[83]，入明後任禮部侍郎[84]。此家第八世之楊紹爲成化十六年(1480)舉人，楊聰爲成化二十年(1484)進士，任隆德知縣[85]。楊氏應已完全融入明代社會中。其後裔代代相傳，至今已是第二十八世。除外流人口外，僅住在濮陽楊什八郎寨等十五個村莊，共有八百餘戶，四千多口，是濮陽一大旺族[86]。

上述三族在元明易代之後，雖然際遇不盡相同，但皆改變族群認同，而與漢族融合。木華黎家族咬兒一支改姓爲李，雖然政治社會地位大不如前，但至少居住松江之李年已喪失「太師國王世家」的蒙古認同。高昌偰氏之成員於元亡後改採漢式姓名，或出仕明朝，或外奔高麗，其子孫皆與當地主流社會相融合。而唐兀崇喜一族在元亡後即正式採用楊姓，出仕明朝。元明易

79　金成洙，《韓國姓名發展史》(漢城：光復出版社，1988)，頁426，〈慶州偰氏〉。

80　雷禮，《國朝列卿記》(明代傳記叢刊)，卷23，頁19上，〈偰斯傳〉。

81　李景嶧修，《嘉慶溧陽縣志》(中國地方志集成)，卷14，頁25上，〈人物志‧完節〉。

82　《《述善集》校注》，頁213-214，〈送楊公象賢歸澶淵序〉。

83　《《述善集》校注》，頁141，潘迪〈百夫長唐兀公碑銘〉。

84　《《述善集》校注》，頁274，平昇〈「道光五年」楊氏重修家譜序〉；《明太祖實錄》，卷64，洪武四年四月癸未。

85　《《述善集》校注》，頁274，平昇〈「道光五年」楊氏重修家譜序〉。

86　朱紹侯，〈試論《述善集》的學術價值〉，頁3。

代之變對這些家族政治社會地位的變化產生的影響相差甚大，但皆具有促進同化的作用。

總之，元朝統治期間，蒙古、色目人大量徙入中原，與漢族雜居，並已改營定居及農業生活，不免受到漢文化或多或少的影響。大多數中下層人士可能僅接受漢族的小傳統而無緣接觸士人文化。但為數不少，而且與日俱增的蒙古、色目人士研習士人文化，並且接受儒家禮教與行為規範，形成其族群中的士人群體。而且蒙古、色目與漢族士人在文化與社會兩方面密切互動，並且具有共同的群體意識，遂形成中國史上前所未見的多族士人圈。但是，由本文所舉三個實例看來，這些士人化的蒙古、色目家族並未真正漢化，由於政治利益考量而無法放棄原有的族群認同。但在元亡明興之後，一方面由於大環境的改變，另一方面由於明廷的誘迫，基於利益的考量，絕大多數的蒙古、色目不得不放棄原有的族群認同，而與漢族融合。有如丘濬所說：「如一二稊稗生於丘隴禾稻之中，久之固已相忘相化，而亦不易別識之也。」蒙古、色目士人如此，一般蒙古、色目人更是如此。

「士人化」的概念不僅對釐清元代蒙古、色目人涵化的性質與程度大有裨益，或亦可應用於中國史上其他征服王朝時代的類似問題之研究。

——原載於汪榮祖、林冠群主編，《胡人漢化與漢人胡化》（嘉義：國立中正大學台灣人文研究中心，2006），頁175-218。

第四章

元季色目士人的社會網絡：

以偰百遼遜青年時代爲中心

一、引言

元代是一個多元族群、多元文化的社會，在中國史上前所罕見。大量的蒙古、色目人徙入中原、江南，與漢人、南人共存共榮，相互涵化。族群間的社會文化互動因而構成中國史上有趣的一章，也是元史研究的一個重要焦點。

關於元代族群間的社會文化互動，陳垣先生名著《元西域人華化考》早已證明色目人的漢文化造詣甚高者比比皆是[1]。十餘年前，筆者撰寫〈元代蒙古人的漢學〉及〈元代蒙古人的漢化〉二文[2]，也顯示蒙古人並不盡是漢族士大夫文化的門外漢，不少蒙古人具有很高的漢學成就。近幾年來，筆者又出版了一系列有關元代蒙古、色目士人層與多族士人圈的形成與發展的論文[3]，這些論文顯示：元朝中期以後，一個人數雖不龐大，卻是日益擴張的

---

1   陳垣，《元西域人華化考》（北平：勵耘書屋，1935）。

2   二文收入蕭氏，《蒙元史新研》（台北：允晨文化公司，1994），頁95-216、219-264。

3   關於多族士人圈，參看蕭啓慶以下各文：〈元朝多族文士圈的形成初探〉，收入蕭氏《元朝史新論》（台北：允晨文化公司，1999），頁203-242；〈元朝多族士人圈的形成〉，《中央研究院學術諮詢總會通訊》第8卷第2期(1999)，頁66-73；〈元代蒙古色目人層的形成與發展〉，北京大學傳統文化研究中心編《文化的饋贈——漢學研究國際會議論文集‧史學卷》（北京：北京大學出版社，2000），頁168-183；〈元朝多族士人的雅集〉，（香港中文大學）《中國文化研究所學報》新第6期(1997)，頁179-203；〈元代各族士人間的文化互動：書緣〉，《勞貞一

蒙古、色目士人群體業已出現。這一個異族士人群體並非孤立於漢族士大夫主流之外，而是與後者聲氣相通，緊密結納，相互之間存有千絲萬縷的關係。各族士人間的共同群體意識已經超越族群藩籬，遂形成中國史上前所未見的多族士人圈。不過上述的論著皆較宏觀，具體的個案研究應可加深對蒙古、色目與漢族士人的社會文化互動的了解。

本文探討的主要對象偰百遼遜(百亦作伯，遜亦作孫，1319-1360)，出身於畏兀兒族中著名世家—高昌偰氏[4]。偰氏在漠北及西域突厥民族所建各政權——突厥汗國、回鶻汗國及西州回鶻(即畏兀兒)——之中皆為核心統治家族之一，「世為國相」。歸順蒙古後，仍是累世顯宦。偰氏徙入中原後，定居江南，漢化頗早且深，成為元朝最成功的科第世家。百遼遜即是由科舉入仕。元末亂起，百遼遜攜子弟亡命高麗，其子孫在韓國繁衍至今[5]。偰氏家族的歷史是中國史上乃至亞洲史上獨特而有趣的一頁，而百遼遜的一生亦極具傳奇性。

偰百遼遜傳世的唯一著作《近思齋逸稿》的流傳亦充滿曲折[6]。此書原由百遼遜自編於元京大都。元末亂中，原稿亡佚。至正十八年(1358)抵達高麗後，憑記憶重構此書。百遼遜卒後，重構本原稿因戰亂再遭散失，僅百遼遜在江南時所撰詩仍存。洪武五年(1372)其長子長壽(1341-1399)刊行此書殘存部分。有高麗著名士大夫李穡(1328-1396)及長壽所作之跋。朝鮮高宗八年(清同治十年，1871)，偰氏後裔將《逸稿》及百遼遜子孫的文集與相關

(續)——————————
　　先生九秩榮慶論文集》(台北：蘭臺出版社，1997)，頁349-379。
4　關於偰氏家族之歷史，參看蕭啓慶，〈蒙元時代高昌偰氏的仕宦與漢化〉，收入蕭氏《元朝史新論》，頁243-297；楊鐮，〈高昌偰氏：詩與史〉，收入楊氏《元西域詩人群體研究》(烏魯木齊：新疆人民出版社，1998)，頁246-264。
5　關於偰氏徙入高麗經過及其子孫在高麗之事跡，參看葉泉宏，〈偰氏家族與元末鮮初之中韓關係〉，《韓國學報》第12期(1993)，頁59-79；桂棲鵬、尚衍斌，〈談明初之中朝交往的兩位使者——偰長壽、偰斯〉，《民族研究》1995年第5期，頁65-69；黃時鑑，〈元代高昌偰氏入東遺事〉，載於蕭啓慶主編《蒙元的歷史與文化：蒙元史學術研討會論文集》(台北：臺灣學生書局，2001)，下冊，頁541-569。
6　關於《逸稿》及《實記》編撰與流傳，參看朴現圭，〈回紇人偰遜《近思齋逸稿》之發掘、分析〉，《民族文學研究》1996年第2期，頁89-93。

記錄合編為《慶州偰氏諸賢實記》並於當年刊行，原刊本現已成孤本，另韓國國史編纂委員會藏有抄本[7]。這兩種版本在韓國極難見到，更從未傳入中國。本文的主要根據即為《諸賢實記》抄本之影本。

《諸賢實記》中之《逸稿》錄有詩八十一題，一一一首，文一篇。減去羼入的他人詩作五首[8]，含百遼遜的詩歌一〇六首。在這一〇六首中，作於至正五年(1345)登第並北上任官後的詩作有五篇[9]，赴高麗途中及抵達後所作有四篇[10]。

其餘三分之二皆為百遼遜在江南時的作品，上起至元元年(即元統三年，1335)，下訖至正五年(1345)登第，前後十年，亦即百遼遜十七歲至二十七歲的青年歲月。本文即以百遼遜在這十年中的作品為研析對象。

百遼遜的十載年輕歲月主要是在集慶(原建康，今南京)地區度過。十七歲時，偰氏遷至溧陽定居。由於溧陽是集慶路管轄的一個中州，而集慶是江東地區的核心，政治、經濟、文化資源皆較豐富[11]，百遼遜經常往返於溧陽與集慶之間，而且一度在集慶的竹林精舍讀書。故集慶是他與外間世界的接觸點，而整個集慶地區則構成他十年生活的場域，他在這場域中的生活重心則是讀書、應舉、遊覽與交友。

本文之目的有二：一為介紹一本前所罕見的元代色目人詩集的部分內容。二為主要根據這本詩集的內容，勾勒出一個青年色目士人如何與家人、親戚、老師、朋友乃至方外之士互動，並由這種互動去了解色目青年的成長

7　《慶州偰氏諸賢實記》，韓國國史編纂委員會藏抄本。《近思齋逸稿》為此書卷一。因此書無頁數，以下徵引時，不記頁數。

8　朴現圭認為《東文選》中表明為偰長壽作品之〈高秋感興〉、〈歲暮雜述〉、〈春色〉、〈書感〉及《箕雅》中金九容的〈江水〉皆非百遼遜之作品，應排除。

9　北上後所作五篇為〈崇天門下放榜口號〉(二首)、〈送樂仲本歸四明〉、〈過陵州驛次薩天錫壁間韻〉、〈永壽宮夜〉(三首)、〈過營城口號〉(二首)。

10　起程赴高麗後所作四篇為〈宵夢〉、〈記夢寄中朝故舊〉、〈題玉田和尚尚月軒〉、〈金元吉名字說〉。

11　關於集慶，參看徐桂香，《元代的集慶路》，臺北：國立政治大學邊政研究所碩士論文，1986。

過程、人格塑造及其與周遭社會的關係。希望這種研析不僅反映一個色目青年在元季江南社會中成長的過程，也能顯示當時族際社會文化互動的整體方向。

筆者於幾年前發表〈蒙元時代高昌偰氏的仕宦與漢化〉一文，探討偰氏在蒙元時代乃至高麗的歷史，可惜當時未能見及《諸賢實記》。近幾年來，有關《實記》中《逸稿》之論文相繼出現，包括朴現圭的〈回紇人偰遜《近思齋逸稿》之發掘、分析〉及黃時鑒的〈元高昌偰氏入東遺事〉。前者的重點在於考述《逸稿》的編輯過程及簡敘百遼遜生平，後者旨在探討偰氏的東遷及其在高麗的事跡與詩文。因而與本文並不重疊。三年前承蒙黃時鑒教授遠道惠寄《諸賢實記》影本，得以完成本文，謹致謝忱[12]。

二、一生

高昌偰氏是元代蒙古色目人中浸潤漢文化最深的家族之一，也是由官宦高門轉型爲科第世家最爲成功者。自畏兀兒於1209年歸降蒙古後，偰氏祖先備受蒙廷重用。百遼遜之高祖岳璘帖穆爾(約1196-約1262)歷任王傅、河南都達魯花赤；曾祖合剌普華(1246-1284)官至廣東都轉運鹽使；祖父偰文質(?-1340)以吉安路達魯花赤致仕。在當時蒙古色目世家中，偰氏雖說不上最爲顯赫，卻是累世仕宦。偰氏原是突厥種人中源遠流長的知識世家；移居中原後，研習漢學起少甚早。約在蒙哥汗(1251-1259)時代，合剌普華幼時即已研習漢文典籍。元朝滅宋後，偰文質任江西行省理問，徙家江西龍興(南昌)，聘師教授子弟，「書聲琅琅于東湖之上」。江西名儒劉岳申(1260-?)認爲文質及早聘師教子讀書對其家族成功轉化爲科第世家具有決定性的影響，確是不錯[13]。科舉恢復後，百遼遜的父輩六人聯翩登第，其本人及兩位

---

12 美國學者Michael C. Brose的博士論文 *Strategies of Survival: Uyghur Elites in Yuan and Early-Ming China* (Ph. D. Dissertation, 2000)是以高昌偰氏爲研究主題。可惜未及見到《諸賢實記》。

13 劉岳申，《申齋文集》(元代珍本文集彙刊)，卷5，頁8下，〈三節六桂堂記〉。

兄弟亦接踵上榜，兩代之間一門共有九人成爲進士，爲當時人所盛稱：
「唐宋科舉盛時，儒家世科，未有如偰氏一門兄弟之盛，天下傳爲美
談。」[14]

　　偰氏子弟不僅得意於科場之中，又多精通儒學，長於文學、藝術。百遼
遜之祖父文質已有撰述；其父哲篤、伯父玉立、叔朝吾皆善於詩文、書
法[15]。可說一門多才多藝。

　　偰氏家族又以嚴守儒家倫理見稱於當世。早期即以「三節」—父忠、母
貞、子孝—聞名。後玉立兄弟六人接武登科，時人又以二事相聯，認爲登科
乃積善之福報，稱之爲「三節六桂」。偰文質乃築三節六桂堂於其私第，當
時文人名公撰文賦詩加以頌揚者甚多。後來百遼遜倉皇逃奔高麗時尚不忘隨
身「懷三節祀板、錦面主東來」[16]。可見偰氏子孫對其家族篤於禮教之光榮
傳統甚爲珍惜。

　　百遼遜的父親偰哲篤（？-1358）爲偰文質之第三子，登延祐二年（1315）
科舉首科。至順三年（1332）任廣東道廉訪司僉事，「彈劾無所避，忤大臣
意」，遂於至元元年（1335）「解印綬逕去，與夫人至江東」[17]，「歸耕溧
陽」[18]。至正初年哲篤官運轉爲亨通，似乎與脫脫（1314-1355）之當政有關，
脫脫於至元六年（1340）推翻其伯父伯顏（?-1340）的專政，出任中書右丞相，
力反伯顏的反漢反儒諸政策，推行「更化」。哲篤於此時轉至中樞任職，自
至正三年（1343）起歷任中書左司員外郎等職。十年，任吏部尚書[19]，建議脫
脫變更鈔法，幣制改革雖然失敗，哲篤顯然仍受重用。十二年脫脫出軍討伐
紅巾芝麻李於徐州，十四年征高郵張士誠（1321-1367），哲篤皆以淮南行省

14　許有壬，《至正集》（元人文集珍本叢刊），卷54，頁50上，〈合剌普華公墓志銘〉。
15　蕭啓慶，〈蒙元時代高昌偰氏的仕宦與漢化〉，頁287-290。
16　《諸賢實記》，卷上，〈諸公事蹟‧近思齋〉。
17　黃溍，《金華黃先生文集》（四部叢刊），卷39，頁17上-18下，〈魏郡夫人偉吾氏墓志銘〉。
18　《近思齋逸稿》，〈次韻徐曄登九華山詩〉。
19　宋濂等，《元史》（北京：中華書局，1976），卷97，頁2483，〈食貨志〉。

左丞之職輔佐[20]。但是十五年脫脫因遭政敵中書平章哈麻(?-1356)之譖，在軍前解職並遭流放，其集團遂告瓦解，哲篤作為脫脫的重要僚屬，與哈麻有積怨，政治生命乃告完結。不久之後，卒於大寧(內蒙古寧城縣西)，大寧可能是他的流放之地。

偰百遼遜，漢名偰燾，字公遠。延祐六年(1319)生，在其父哲篤登進士第的四年之後。至元元年(1335)，其家自龍興徙居溧陽。當時，哲篤暫時退隱家居，督導諸子讀書。百遼遜在此度過10年讀書應試的生活。在其登科前曾選充御位下速古爾赤(sugurchi)[21]，這一職位可能是其家族在至元二年(1336)伯顏廢止科舉後為其謀求的一個出路。速古爾赤是元代宮廷宿衛——怯薛(Kesig)的一支，「掌內府尚供衣服」。擔任怯薛是當時官宦子弟的一條登龍捷徑，怯薛成員例由三品以上官員子弟選充。高官子弟擔任怯薛歹後，多經「敕選」而出任官職[22]。百遼遜似未往大都就任。而在科舉恢復後，即重拾「舉業」，參加考試。可見偰氏家族對科舉入仕的重視。至正五年(1345)，百遼遜登二甲進士第，該科是科舉恢復後的第二科，共錄取七十八人。同年進士包括其族兄弟正宗(偰文質弟越倫質之孫)，漢族同年中則有以所著傳奇《琵琶記》聞名於世的瑞安高明(1298-1359)[23]。

百遼遜仕途不長，他由翰林應奉，轉任宣政院斷事官經歷及端本堂正字。端本堂設立於至正九年，係改造宣文閣而設置，為皇太子學宮[24]。正字為端本堂最低學官，秩不過正七品[25]。至正十三年(1353)，皇太子愛猷識理達臘(?-1378)正式受冊封，端本堂不再設正字，百遼遜人概於此時離開此

20 李稿稱其最終職位為淮南左丞，應屬正確。鄭麟趾，《高麗史》([國書刊行會]，卷112，頁357上-359上，〈偰遜傳〉)說偰哲篤最終職位為江西行省左丞，恐為淮南行省左丞之誤。
21 黃溍，〈魏郡夫人偉吾氏墓誌銘〉，頁17上-18下。
22 蕭啟慶，〈元代的宿衛制度〉，收入蕭著《元代史新探》(台北：新文豐出版公司，1983)，頁59-111。
23 蕭啟慶，〈元至正前期進士輯錄〉，《燕京學報》第10期(2001)，頁173-209。
24 姜一涵，《元代奎章閣及奎章人物》(台北：聯經出版公司，1981)，頁171-209。
25 《元史》，卷92，頁2331，〈百官志〉。

一職務。他在朝中的最後官職爲崇文監丞[26]。崇文監掌翻譯與校讎圖書[27]，監丞爲一從五品的官職。

百遼遜供職崇文監爲時不久，中樞的政治巨變迫使他離開朝廷。至正十四年哈麻接任右丞相，百遼遜受到乃父牽連，外放單州(山東單縣)爲知州。哈麻當權不過一年多，十六年即被殺，因而百遼遜之外放應在十五、六年。十七年時，他在單州，今有該年樹立於當地的〈琴台詩〉碑爲證[28]。十八年(1358)，哲篤逝世，百遼遜丁憂，寓大寧[29]，結束了他在元朝的仕途。此年十二月，關先生、破頭潘率領的紅巾北伐中路軍攻下上都，迫大寧，百遼遜爲避亂，「挈子弟，單騎渡遼水，入高麗，而賊下大寧矣」[30]！

百遼遜在東逃高麗時寫下一首五律〈宵夢〉，其詩云：

> 龍蛇猶格鬥，豺虎尚縱橫；不見風塵息，胡爲江漢行？
> 有生眞大累，無地托餘生；寂寞中宵夢，淒涼去國情。

此詩是寫其去國東行時的心情。可見他乃因烽火遍地、太平無望，無法返回江漢而不得不淒涼去國，尋求方寸之地，以托餘生。事實上，一年之間，他經歷家變與國亂的雙重打擊，這可能是不願回到江漢，而棄國遠行的眞正原因。

明年春，百遼遜抵松京。因其國恭愍王(r. 1352-1374)亦曾侍皇太子於端本堂[31]，與百遼遜有舊誼，對他待遇優渥，於至正二十年(恭愍王九

26　據《近思齋逸稿》，李穡跋：「久之，承崇門監，方嚮於用，而當國者與其父淮南左丞公有怨，出知單州。」「崇門監」應爲崇文監之誤，「承」爲丞之誤。此跋亦收入李穡《牧隱文稿》(麗季名賢集)，卷7，頁3下-4下。

27　《元史》，卷92，頁2330，〈百官志〉。

28　孫星衍，《寰宇訪碑錄》(石刻史料新編)，卷12，頁50下註明：「劉宏甫撰，偰伯遼遜正書。」

29　《近思齋逸稿》，偰長壽跋。

30　《近思齋逸稿》，李穡跋。

31　恭愍王王祺於忠惠王二年(1341)以王弟身分奉詔入元廷爲宿衛。忠定王即位(1348)，王祺仍留爲宿衛(《高麗史》，卷38，頁574下，〈恭愍王世家〉)。

年，1360）八月封他爲高昌伯[32]，改富原侯，百遼遜並將姓名簡化爲漢式的偰遜[33]。

　　百遼遜在高麗雖然備受優遇，但身處異國，不免懷念昔日中朝生活，其〈記夢寄中朝故舊〉云：

　　　　於穆宣文閣，雍容端本堂；夢中猶昨日，覺後是他鄉。

　　　　萬事心如鐵，三年鬢已蒼；生還倘能遂，甘老校書郎。

宣文閣是端本堂的前身，舊日百遼遜供職端本堂，任正字，正字相當於唐宋之校書郎，王逢〈寄偰正字〉即有「君遷正字職，秩視校書郎」之句[34]。百遼遜流離異國雖然不久，卻是鬢髮已蒼，心中仍望生還中原，甘心以校書郎終老。可見仍是心懷故國，遠遷他鄉原是不得已的決定。

　　二年之後，亦即至正二十年（1360），百遼遜卒於松京典牧洞私第[35]，享年僅四十二。他在高麗不過兩年，但其家自此定居高麗，子孫先後出仕高麗、朝鮮，甚爲顯赫。

　　李穡跋《近思齋逸稿》云：

　　　　元朝進士以古文顯于世，如馬祖常伯庸、余闕廷心尤其傑然者
　　　　也。……偰氏，回鶻大族，入中國爲名家，登第者九人。……其文
　　　　炳然，直與伯庸、廷心相上下，可傳與後者無疑。……今觀此稿，
　　　　皆少作，蒼然有老氣，壯時所著，蓋可想也。[36]

李穡以百遼遜之詩文與元代最著名的色目士人馬祖常（1279-1338）、余闕

32　《高麗史》，卷39，頁600上，〈恭愍王世家〉。
33　《高麗史》，卷112，頁357上-359上，〈偰遜傳〉。
34　王逢，《梧溪集》（北京圖書館古籍珍本叢刊），卷4，頁504。
35　《近思齋逸稿》，偰長壽及李穡跋。
36　《近思齋逸稿》，李穡跋。

(1303-1358)相比擬，評價甚高。

　　百遼遜的一生顯示一個色目仕宦、科第世家子弟的經歷。他雖然以世家子弟身分取得宿衛之職，卻堅持以科舉起仕，登第之後所任多為文翰之職，可見由科舉出仕及擔任文翰之職在元季已是蒙古、色目人任官的一個重要管道。百遼遜的亡命高麗而備受優遇則是他個人的特殊際遇，與一般蒙古、色目人無關，卻為其家族的歷史增添甚大的傳奇性。

三、家族

　　偰氏家族文質一支遷居溧陽後，「買地於溧陽州永成鄉沙溪之上，奉忠愍(合剌普華)而下六喪，以昭穆序墓」，顯然已決心定居於此。偰氏選擇溧陽為定居之地，一方面可能由於文質曾任職廣德，與溧陽有密切的地緣關係，另一方面應是由於溧陽的優越條件。溧陽士人孔克齊敘述江南可居之地：「金陵為上(原註：溧陽、句容可居可田，鍾山、茅阜可遊可息)。」[37]，「可居可田」的條件以及集慶地區的整體環境可能便是偰氏選擇定居溧陽的一個原因。

　　偰氏雖然從此在溧陽生根[38]，但在當時卻是新居民。當時文質已老，不久且逝世[39]。而哲篤在遷居幾年之後，即已出仕中樞，並無多少時間經營地方網絡。偰氏以色目世家的身分徙入，自然獲得當地人士的注目與尊崇，但

37　孔齊(孔克齊)，《至正直記》(北京：中華書局，1987)，卷2，頁44，〈江浙可居〉。

38　偰百遼遜一支雖遷入高麗，偰氏其他各支主要分居溧陽、南昌。百遼遜之弟偰斯(原名偰吉斯)在明朝記載中即以溧陽為原籍(雷禮，《國朝列卿記》[明代傳記叢刊]，卷23，頁19上，〈偰斯傳〉)。在其卒後，溧陽祀之為鄉賢。明清兩代溧陽偰氏見於記載者甚多，如以節女著稱者明代有偰達氏、偰周氏，清代有偰史氏等(李景嶧等修，《嘉慶溧陽縣志》[中國地方志集成]，卷14，頁25上-25下，〈人物志‧完節〉)。據復旦大學姚大力教授於2002年8月14日在南京惠告：溧陽現仍有偰家村，最近該村發現元代偰氏家碑二石。而偰氏居民又曾申請改變為少數民族戶籍，但為當地政府所拒絕。

39　偰文質逝世於至元六年(1340)，《嘉慶溧陽縣志》，卷12，頁14上。

孔克齊稱哲篤爲「寓公」[40]，尚視他爲暫時寓居的外來官宦。因而偰氏在當地沒有深厚的社會基礎，也沒有廣闊的人脈。

任何地區的新移民家族都有甚強凝聚力，而偰氏早已以儒家禮教凝聚家族著名於世，遷居溧陽後仍是如此。偰哲篤即以嚴格的儒家禮教訓導諸子，可由《至正直記》所記其塾師儲惟賢之言看出：

> 希聖(即惟賢)曰：「世南(即偰哲篤)處家甚有條理，僮僕無故不入中門，子弟亦然。自吾至館中，因知諸生居于外者昏定晨省，皆候于寢門之外，非父母命則不敢入。蓋謂私室中父母處之，或有未謹者，則肢體袒惰，使子弟窺見非所宜，故亦防閑之也。予始服其法之有理，深慕之，嘗爲家人輩言之。[41]

哲篤「非父母命，則不得入」於寢門的規矩顯然受儒家禮教之啓發。而百遼遜便是在這種嚴格禮教規範中長大。

由於哲篤長年遊宦於外，其妻月倫石護篤(1301-1341)是家中的支柱。月倫石護篤字順貞，出身於一個漢化的畏兀兒仕宦家庭—古速魯氏[42]。其父爲福建道宣慰使都元帥達(八)里麻吉而的(1268-1329)，母親則來自另一個漢化甚深的顯赫畏兀兒家族—高昌廉氏[43]，爲中書左丞廉希恕(廉卜魯凱牙)之女，亦即忽必烈時代著名儒相廉希憲(1231-1280)之姪女[44]。達里麻吉而的於仁宗延祐初任饒州路達魯花赤，奉命與廣德路總管偰文質共同經理田賦，二人因而結交，導致二家族間的姻緣，而百遼遜的一位姊妹又嫁於廉希憲之

40 《至正直記》，卷4，頁155，〈文益棄母〉。

41 《至正直記》，卷3，頁116-117，〈高昌偰哲〉。

42 楊志玖，〈古速魯非回辨〉，《寧夏社會科學》1985年第5期，頁1。

43 危素，《危太樸文續集》(元人文集珍本叢刊)，卷5，頁1上-4上，〈古速魯公神道碑〉。

44 關於高昌廉氏，參看Hsiao Ch'i-ch'ing, "Lien Hsi-hsien," in Igor de Rachewiltz, et al (eds.), *In the Service of the Khan*(Wiesbaden: Harrasowitz, 1993), pp. 480-499；王梅堂，〈元代内遷畏兀世家—廉氏家族考述〉，《元史論叢》第7輯(1999)，頁123-136。

從曾孫咬咬，二個家族之間可謂關係深厚。月倫石護篤之祖母則爲忽必烈朝另一開國功臣孟速思(1206-1267)之女[45]，亦爲畏兀兒族。廉氏又與孟速思家族及著名曲家小雲石海涯(1286-1324)出身的貫氏家族姻緣相聯。因而偰氏與古速魯氏、廉氏、孟速思、貫氏等家族似乎構成畏兀兒人中一個漢化較深、地位顯赫的婚宦集團[46]。

月倫石護篤知書達禮，尤諳女學，黃溍〈魏郡夫人偉吾氏墓誌銘〉說：

> 夫人生而聰慧，稍長，能知書，誦《孝經》、《論語》、《女孝經》、《列女傳》甚習。見前史所記女婦貞烈事，必再三復讀而歎慕焉！[47]

可見月倫石護篤爲當時蒙古、色目女性中漢學造詣較高者。病中曾訓諸子曰：

> 吾鞠育汝等，良不易。吾病久且死，汝曹務強學力行，兄弟和睦，毋聽婦言，毋蓄私財。吾見恃才驕傲輒敗者甚多，汝等能以爲戒，吾瞑目無憾矣！

黃溍所記月倫石護篤對諸子的遺教，與儒士的家訓並無不同。百遼遜兄弟之長大成材，固然由於哲篤嚴於管教，月倫石教養之功亦不可沒。

偰氏遷徙至溧陽後不久，月倫石護篤即已臥病，「不脫茵席者五年」，

45　關於孟速思家族，參看Herbert Franke, "A Sino-Uighur Family Portrait: Notes on a Woodcut from Turfan," in Franke, *China under Mongol Rule*(Aldershot, Hampshire: Variorum, 1994), Chap. XIII. 北村高，〈關於孟速思家族供養圖〉，《元史論叢》第5輯(1993)，頁9-12。

46　關於偰氏與廉氏、孟速思等家族的「華化」，參看胡其德，〈元代畏兀人華化的再檢討──一個新的詮釋〉，收入蒙藏委員會等編《中國邊疆史學術討論會論文集》(台北：蒙藏委員會，1995)，頁169-201

47　黃溍，《金華黃先生文集》，卷39，頁17上-18下，〈魏郡夫人偉吾氏墓誌銘〉。

並於至正元年(1341)逝世，年僅四十一。今存百遼遜〈瑤池會上南極老人授長生籙辭〉五七雜言歌行之末云：「南極老人酣起舞，以手捧桃指下土，可憐小兒癡偷之意良苦。授以長生籙，請歸獻慈親，一如老人在南極，九十八萬三千春，坐看東海飛黃塵，與西王母長爲鄰。」乃是爲祝福病中慈母長壽而作。

20歲前後，百遼遜在外求學、遊歷。客中常常想起家人。有一年旅居常州，寫下〈九日思家〉七律：

> 九日思家憶去年，移居東郭野橋邊。青山當户開秋障，紫菊成畦帶晚煙。
> 賴有詩書供雅好，都無車馬絕塵緣。西風古岸毗陵道，卻駕扁舟興黯然。

毗陵乃常州古名。想起家中種種，便是遊興黯然。

又有一年百遼遜臥病金陵，寫了〈病中家奴回寄諸弟〉：

> 一病虐予三十日，剛餘皮骨命堪憐。起探行囊憂如醉，卻捧家書喜欲顛。
> 目斷白雲飛舍下，夢回夜雨憶燈前。老奴回日緘書罷，更寫羈愁淚滿箋。

病中接到家書，自然欣喜若狂，急忙覆信，卻不免「羈愁淚滿箋」。

百遼遜兄弟十人，其中七人長大[48]。《近思齋逸稿》中有兩篇贈弟燠的

48　百遼遜諸弟中，以五弟俁斯(入明後改名俁斯)最爲知名。吉斯仕元官至嘉定知州。歸順明朝後，累官禮部尚書，曾兩度出使高麗，與百遼遜家族重聚，參看焦竑，《國朝獻徵錄》(明代傳記叢刊，卷33，頁4上-5上，〈禮部尚書俁公斯傳〉；Lienche Tu Fang, "Hsieh Ssu," in L. C. Goodrich ed., *Dictionary of Ming Biography,1368-1644*(New York: Columbia University Press, 1976), pp.559-561.

詩。燠可能係其長弟愢理台，愢理台出身國子學，後任豐足倉使。一篇爲〈金陵將歸寄舍弟燠〉(二首)，其第二首云：

> 儒術吾家事，光陰亦易過。憂懷寧有既，賢弟近如何？
> 風露青天逈，軒窗秋氣多，惟應理歸棹，與爾共吟哦。

另一首〈送舍弟燠遊桐川〉(二首)則是爲其弟出遊而寫的送別詩。其二云：

> 別離雖不遠，重是鶺鴒思。明日鞭梢動，應哦採葛詩。

都可看出他們兄弟間的手足深情及對詩歌的共同愛好。

百遼遜與其伯叔亦甚親密。其父輩聯翩登第的歷史是他們仿效的對象，也構成一種壓力。其作於至元二年(1336)的〈中秋對酒歌〉便透露出這種矛盾的心情：

> 我家諸父六伯仲，各向天門諧令儀。
> 亦欲追蹤躡雲級，有約寧知忽相失。
> 廣寒深鎖桂香空，卻著妖蟆恣虧蝕。
> 翩然落魄江湖間，獨抱隱憂心孔艱。

「諸父六伯仲」乃指其父五兄弟及從父善著。百遼遜原欲步武父輩之後，應舉中第，卻因伯顏廢科而喪失「折桂」的機會，故在詩中將伯顏比之爲虧蝕月華的「妖蟆」。反映了父輩對他的價值取向的深刻影響。

伯叔之中，《逸稿》僅存有與其長伯愢玉立的唱和詩。玉立，字世玉，號止堂，又號止庵，延祐五年(1318)進士。玉立是其兄弟中宦途較順、藝文成就最高者；曾任翰林待制，官至海南廉訪使。《元詩選》編者顧嗣立輯其

詩,曰《世玉集》[49]。此外尚有不少詩詞、書跡散見各處[50]。清馮登府稱讚玉立之詩云:「亦具金台、雁門風度,是色目人之矯矯者,以入《元詩選癸集》,允稱雞群鶴也。」[51]馮氏顯然認爲玉立之詩可與色目第一流詩人薩都剌(1272-1340)、迺賢(1309-1373)比美。馮氏又跋玉立〈泉南佛國〉四字書法石刻云:「落墨古樸,尙能自見骨力。」可見玉立書法風格頗爲可觀。

約在百遼遜家徙居溧陽前後不久,偰玉立一度辭官歸隱。其〈止堂〉詩序說:

> 余去朝之二年,祿餘不給於食,益厭城市。瀨陽村求田數畝,結廬以居,遂得躬耕焉。扁茲室曰「止堂」,爲之銘。復繫以詩,抑以見安於義命云耳。[52]

可見玉立在溧陽的瀨陽村,求田結廬,暫圖隱居。百遼遜〈次韻伯父待制公小蓬萊別墅之作〉大概作於此時:

> 瀨陽江上水雲空,恰幘山前曉霧濛。
> 吏隱暫辭金馬詔,神仙還住蕊珠宮。

題中之「伯父」顯然指玉立,瀨陽江即溧水,亦即今溧陽荊溪河段。小蓬萊別墅爲玉立的新居,而止堂當爲別墅的主要建築。百遼遜以此詩唱和,稱頌伯父的「吏隱」神仙生活。

總之,偰氏是溧陽的新客,百遼遜的生活是以家族爲中心,他的士人文化及仕宦科第取向皆是深受家族影響而形成。其與父母、兄弟及伯叔的關係皆是以儒家倫理與士人文化爲基礎。

---

49 顧嗣立,《元詩選》(北京:中華書局,1987)三集庚,頁375-379。
50 蕭啓慶,〈蒙元時代高昌偰氏的仕宦與漢化〉,頁287-288。
51 馮登府,《閩中金石志》(石刻史料新編),卷12,頁16下。
52 《永樂大典》(北京:中華書局,1986),卷7241,頁21下引《溧陽志》所載偰玉立〈止堂〉詩。

四、姻戚

　　百遼遜與其舅氏—古速魯一族之關係甚爲親近。其外祖達里麻吉而的逝世後，即係由百遼遜撰寫行狀，此一行狀成爲危素(1303-1372)所撰〈神道碑〉的根據[53]，達里麻吉而的之一生行實得以傳世。

　　百遼遜與其伯舅丑閭、仲舅觀閭(觀驢，?-1367)皆有詩唱和。丑閭字時中，自英宗怯薛入官，曾任泗州達魯花赤、御史[54]。觀閭，字元賓，歷任惠州路同知、杭州路達魯花赤。在杭州任內有德政，至正十四年(1354)去任時，名詩人楊維禎(1296-1370)作〈送監郡觀閭公秩滿序〉，頌其忠孝[55]。二十七年(1367)，朱元璋破張士誠，徵元故官，觀閭嘆曰：「國危身虜，尙有頭戴南冠耶？」遂自經死，是一位爲元朝殉國的色目士人[56]。危素稱他「讀書好古，廉而有爲」，王逢(1319-1388)亦稱其「平生善書詩，治蹟多可稱焉」[57]，可見觀閭是一位既有文藝，又有治績、更有節操的士大夫。

　　《近思齋逸稿》中與二位舅父唱和詩共有三首。其贈丑閭之〈過宋邱太師宅種德堂〉中有句云：

　　　　往年外祖鎮江陰，伯舅重彈單父琴。

　　　　政化秖令誰第一，上書先奏德星臨。

外祖係指達里麻吉而的，曾任江陰州達魯花赤，丑閭此時顯然又任此官。

　　與觀閭唱和的二首，一爲〈奉次二舅元賓使君見寄之韻〉：

53　《危太樸文續集》，卷5，頁1上，〈古速魯公神道碑〉。
54　同上；《梧溪集》，卷5，頁526，〈夢觀閭元賓〉。
55　楊維禎，《東維子文集》(四部叢刊)，卷4，頁7上-8上。
56　《梧溪集》，卷5，頁526，〈夢觀閭元賓〉。
57　同上。

一秋臥病紆懷抱，數桂高談慰客居。

清晝忽承新作寄，移時頓覺宿痾除。

銀鉤鐵畫工何極，玉罄冰壺思有餘。

底事溪南來卜宅，祗應行待九重書。

由此詩可見甥舅二人往來及唱和之密及百遼遜對其二舅書法與詩藝之佩服。其〈留鐘山寄呈二舅元賓使君〉云：

吾舅挺人傑，濟濟惟王臣。三歲理邦賦，歸來大江濱。

驚呼見諸甥，意氣還自親。笑談絕時流，抗志懷經綸。

民瘼亦孔多，雖能為酸辛。我皇實仁聖，唐虞豈難臻。

勗我行所願，伊周爾何人？

詩中表達甥舅二人久別重逢的喜悅及百遼遜對其舅經綸之材能的欽佩，同時也透露了這位年輕詩人本身的經國壯志。顯然百遼遜與其舅父的親密關係不僅是由於戚誼，而且基於對詩歌的愛好以及對儒家政治理念的共同信仰。

五、老師

在集慶地區，偰氏不僅是新居民，而且是外族。由於此一地區蒙古、色目居民不多，選師擇友，不免與漢族交往[58]。

---

58 溧陽州居民共有63,482戶，其中蒙古、色目人戶為19戶，應皆為遊宦於此而定居。集慶城設有錄事司，另有江寧、上元兩個附廓縣，三者共有居民70,187戶，錄事司有色目戶149，口2,919。上元縣有色目戶17(蒙古14，畏吾兒1，回回1，契丹1)。江寧縣外來人戶不詳。見張鉉，《至正金陵新志》(宋元地方志叢書)，卷8，頁5上-12下。現在尚可考知當時定居溧陽的蒙古、色目人，有首任溧陽州達魯花赤木薛飛之後達氏、山東平章政事普顏不花的家族普氏、江東廉訪副使把把之後裔把氏。尤為有趣的是這些外來家族子孫在明清時代曾相互聯姻(《至正金陵新志》，卷6，頁7上，〈題名〉；《嘉慶溧陽縣志》，卷10，頁19下，〈選舉志·薦辟〉；卷13，頁43下-44上，〈人物志·始遷〉；卷14，頁13下-53下，

　　師生關係在儒家倫理中，與君臣、父子並列，是一種「擬親屬」的關係。在士人的社會網絡中，極為重要。

　　漢學原為漢族人士的專擅，蒙古、色目人則較為後進。而且蒙古、色目仕進機會較佳，多數不必靠舌耕謀生，擔任教職者因而較少。以致在元代各族人士師生關係方面，大多係漢人為師，蒙古、色目人為生。

　　百遼遜的老師現尚可考者有曾文偉(?-1341)與儲惟賢。

　　曾文偉可能是偰氏居住龍興時的家庭教師。《近思齋逸稿》中有〈哀曾先生〉七言絕句四首，其序云：

> 至正元年冬十二月，先生曾君文偉卒於錢塘。其時臥病，不能往弔，含哀而已。今年春，因書帙得先生所為壽舍弟類詩一首，讀之如生，不勝悲悼。遂述四句，置諸其末，尚先生能聽之。

可見曾文偉於至正元年(1341)卒於錢塘，可能是杭州人，與百遼遜兄弟皆有情誼。其第三首有句云：「故國西江別有年。」可見關係始自江西。第四首云：

> 盧墓事終慚子貢，麥舟誰復是堯夫。
> 吞聲獨有巫陽些，欲託江流知聽無？

百遼遜自愧不能與為孔子守盧墓與心喪各三年的子貢相比而又招魂無術，可見百遼遜與曾文偉之間為師生關係，而且二人情誼深厚。

　　偰氏遷至溧陽後，家庭教師為儲惟賢，哲篤諸子皆從其受學，百遼遜亦在其中。孔克齊曾造訪偰氏書館，他在《至正直記》說：

(續)——————————
　　〈人物志・完節〉)。又《嘉慶溧陽縣志》(卷13，頁44上)引舊縣志：「溧陽以畏吾蒙古留居者尚有睦、聚、戌、那四氏，不知所出。」

高昌偰哲篤世南以儒業起家，在江西時，兄弟五人同登進士第，時
人榮之。且教子有法，爲色目本族之首。世南以僉廣東廉訪司事被
劾，寓居溧陽，買田宅，延師教子，後居下橋。世南(哲篤)有子九
人(啓慶按：九人中有二人早夭)，皆俊秀明敏，時長子熹(原註：
本名傲伯遼孫)年將弱冠，次子十五六，餘者尚幼……。一日，予
造其書館，館賓荊溪儲惟賢希聖主之，見其子弟皆濟濟有序，且資
質潔美，若與他人殊者。[59]

教師儲惟賢，字希聖，宜興荊溪人，荊溪與偰氏所住的下橋相互毗鄰[60]，惟賢可說是當地士人，出身於一個鄉先生家庭。父能謙(?-1344)，字有大，長於詩。惟賢於元統三年(1335)以《春秋》中江浙鄉試第四名[61]。但不幸明年廢科舉，故未能參加會試。科舉恢復後，惟賢於至正七年(1347)又中江浙鄉試第一[62]，卻在會試中落第，恩授湖州安定書院山長，可說是場屋蹭蹬，命運弄人。

惟賢執教始於偰氏初遷溧陽，其時正在廢科之後，惟賢失望返鄉。當時百遼遜年已十七八歲。不久之後，百遼遜常住集慶讀書，故其受教於惟賢的時間不長，而且惟賢第二次中鄉試時，百遼遜已於二年前登進士第，在功名上已超越乃師。不過惟賢與偰氏維持良好的賓主關係，百遼遜諸弟應是由惟賢繼續任教。至正四年儲能謙逝世時，惟賢即是央請由當時已膺任吏部尚書的哲篤爲其父作行狀，並請翰林檢討危素撰墓誌銘。危素俯允其請，一方面是由於「向居金陵，託交惟賢，有不可辭者」[63]；另一方面則是由於偰哲篤

59 《至正直記》，卷3，頁116-117，〈高昌偰哲〉。
60 《嘉慶溧陽縣志》，卷首，頁1下，〈縣志圖〉。
61 宋濂，《宋文憲公全集》(四部備要)，卷31，頁3下，〈元故檺巢處士儲君墓志銘〉；《危太樸文續集》，頁19下-21下，〈宜興儲先生墓誌銘〉；劉貞等編，《類編歷舉三場文選》(日本靜嘉堂文庫藏至正元年建安務本書堂刊本)，〈春秋義〉第8場(無頁數)。
62 李先榮原本、阮升基增修，《嘉慶增修宜興縣志》(中國地方志集成)，卷7，頁19下，〈選舉志·舉人〉引儲氏家譜。
63 《危太樸文續集》，卷5，頁20上，〈宜興儲先生墓誌銘〉。

的面子，因而危素寫道：「惟吏部(指哲篤)早擢進士，爲時名臣，其文足以傳世矣。」

百遼遜從儲惟賢讀書的重點何在？李稹事後追敘百遼遜的早年說：「早歲遠學南方，年未踰冠，盡通舉業，間攻古文，名遂大振[64]」。百遼遜出身著名的科第之家，準備應試應是他早年讀書生活的重要部分，而儲惟賢是鄉貢進士，科第中人，輔導**百遼遜**兄弟預備考試，十分適合。不過由於科舉曾遭廢止六年，百遼遜自然未必一直專攻「舉業」，古文與詩歌應是其研習的部分內容。

《近思齋逸稿》中並無與惟賢唱和的詩篇，卻有關於儲能謙的〈賦樗巢風月〉。小序云：「義興儲有大先生，以常所爲詩，編成若干卷，自題曰：『樗巢風月』，其子希聖使公賦之。」可見此詩乃惟賢命其學生百遼遜所作。

曾文偉、儲惟賢皆爲江南士人，反映出寓居江南的蒙古、色目子弟多奉南人爲師，並建立深厚的師生情誼。

六、朋友

在社會網絡中，朋友較家族、姻戚與師生更具擴張性與選擇性。家人、親戚與老師的數目都無法大量擴張，個人也不易主動選擇。朋友數目的多寡固然因人而異，而交友的對象也可根據個人的身分、學養、地緣、族群，乃至利害加以選擇。因而，朋友的交往既能反映個人的身分，亦能顯示其文化素養及政治社會策略。

元代雖有族群等級制度，但族群等級並不構成朋友交往的鴻溝。各族人士互動的基礎是社會階層，而不是族群。蒙古、色目士人交往的主要對象是漢族士大夫而不是本族中下層。

在集慶地區，百遼遜沒有一起成長的總角之交。其朋友多爲遷居溧陽後

64　《近思齋逸稿》，李稹跋。

的新知。其中固然有蒙古、色目人，更多爲漢族。

(一)蒙古、色目

百遼遜唱酬的蒙古、色目朋友皆爲供職集慶或路過此一地區的官員，尤其江南行台中具有士人文化的年輕御史。偰哲篤曾於天曆二年(1329)擔任南台監察御史[65]，百遼遜可能因其家世與這些年輕御史相結識，而由於共同的文化素養而唱遊。

篤(朶)列圖(1312-1348)是詩集中唯一的蒙古友人。篤列圖，字敬夫(甫)，捏古台氏。原貫燕山(大都)，後寓道州路錄事司[66]。其父卜里雅禿思(1283-1341)，是文宗(1329-1331)的潛邸舊臣，官至靖州路總管[67]，其生母爲漢人潘氏。篤列圖爲至順元年(1330)右榜狀元。參加廷試時，文宗讀其卷，讚嘆說：「蒙古人文學如此，祖宗治教之所及也。」遂拔爲第一。科舉座師馬祖常以妹妻之。因而其友人江陰名士王逢有「瓊林宴狀元，銀屏會佳婿」之詩句。篤列圖能文善詩，現存其詩二首及〈瑞鹽記〉一文[68]。他又善於書法，曾爲王逢蘿月山房書匾，可說是一位多才多藝，而備受各方重視的蒙古士人。其任南台御史是在至元二年(1336)[69]，因而與百遼遜結識。當時他不過二十四、五歲，較百遼遜僅大六歲，年齡相差不大。百遼遜的〈賦得鳳凰台與篤敬夫御史〉一詩，即是二人共遊集慶名勝鳳凰台時所賦。篤列圖的族弟帖哥從其學，登至正五年進士第[70]，是百遼遜的同年，亦是佳話。

百遼遜詩集中的色目友人有二，即答失蠻與脫脫木兒。

答失蠻，字彥修，阿兒溫氏，爲一伊斯蘭教徒。出身國子學，「留情詩

---

65 《至正金陵新志》，卷6，頁60，〈題名〉。

66 《類編歷舉三場文選》癸集，第4卷(無頁數)，〈御試至順庚午科〉錄有其廷試對策。策首自署「大都路，見寓道州路錄事司」，可見篤列圖鄉試於大都。

67 虞集，《道園類稿》(元人文集珍本叢刊)，卷46，頁23下-31上，〈靖州路總管捏古台公墓志銘〉。

68 王昶，《金石萃編未刻稿》(石刻史料新編)，地卷，頁27上。

69 《至正金陵新志》，卷6，頁62下，〈題名〉。

70 王逢，《梧溪集》，卷3，頁463-464，〈故內御史捏古氏篤公挽詞〉。

書文藝之間」[71]，尚有詩兩篇[72]、文一篇存世[73]。號雲松隱者，嘗自作圖，
請著名士人題之[74]，爲一位愛好風雅的色目士人。答失蠻官至秘書少監，而
於至正三年(1343)任南台御史[75]，百遼遜當在此時與其訂交並唱和。唱和詩
二篇，一爲〈彥修御史請題清澈軒〉，是題答失蠻集慶住所之作。另一爲
〈贈監察御史答失蠻彥修按行江浙行省〉，是在答失蠻執行御史任務巡察江
浙時所作的送別詩[76]。詩云：「聖主憂勤得雋賢，明公勳業屬華年。九秋一
隼下空闊，四海群黎方倒懸。」可見答失蠻是一位仍在「華年」的年輕御
史，百遼遜期盼他如臨空之隼，糾舉非爲，解民倒懸。

　　脫脫木兒，字時敏，號松軒，高昌畏兀兒氏[77]，出身進士，至正四年
(1344)任秘書監典簿[78]，十七年(1357)以戶部侍郎出爲奉元路總管。長於
詩、書，其作品傳世者尚有題北宋詞人張先(990-1078)所繪〈十詠圖〉。
〈十詠圖〉是一幅近年因在大陸高價標售而鬧動一時的名畫[79]。此圖係以慶
曆六年(1046)吳興太守馬大卿會六老於南園之故事，將十首不同內容的詩
歌，集中於一個畫面。

71　危素，《危太樸文集》，卷9，頁12上，〈雲松隱者圖序〉。

72　佚名，《詩淵》(北京：書目文獻出版社，無出版年代)，第3冊，頁1634，〈宿武
　　夷宮〉兩篇，作者題作「宋御史答失蠻彥修」，「宋」爲「元」之誤。

73　沈垚，《常山貞石志》(石刻史料新編)，卷24，頁1上-4上，〈勝公和尚道行
　　碑〉，至正十年答失蠻撰並書，時任秘書少監。

74　吳當，《學言稿》(文淵閣四庫全書)，卷3，頁2上，〈答失蠻彥修號雲松隱
　　者〉。

75　《至正金陵新志》，卷6，頁64下，〈題名〉。

76　關於元代御史的巡察，參看洪金富，〈元代監察官吏的出巡日期問題〉，《新史
　　學》第13卷第2期(2002)，頁157-175。

77　脫脫木兒題〈十詠圖〉時鈐印三方：「高昌氏脫脫木兒時敏印」、「清白堂」、
　　「五城世家」，參國立故宮博物院編《秘殿珠林石渠寶笈續編》(台北：故宮博物
　　院，1971)，頁1513。五城即別失八里(Besh Baliq)(今新疆吉木薩爾北破城子)，
　　漢名北庭，爲畏兀兒國故都。

78　王士點、商企翁，《秘書監志》(高榮盛點校，杭州：浙江古籍出版社，1992)，
　　卷9，頁182。

79　周篤文，〈藝苑奇珍十詠圖〉，《文學遺產》1996年第4期，頁42-48；楊新，
　　〈張先〈十詠圖〉：失而復得的國寶〉，《文物天地》1996年第1期，頁2-4。承
　　石守謙教授惠告此畫種種，並提供相關資料，謹此致謝。

　　脫脫木兒題〈十詠圖〉詩云：

　　　吳興老子會南園，十詠于今只獨傳。
　　　瀟灑丹青如一日，風流文采未千年。
　　　情留去燕秋山外，興滿扁舟野水前。
　　　慶曆向來詩不老，清興自覺侍郎賢。[80]

此詩乃詠六老會之故事。脫脫木兒所題詩與陳振孫、鮮于樞(1246-1302)等宋元名士所撰並列，並不遜色。此外，脫脫木兒尚有草書〈帥正堂漫刻〉存世[81]。百遼遜爲脫脫木兒所作〈騏驥行〉小序云「贈脫時敏典簿使還京師，元統丙子」，「元統丙子」即至元二年(1336)，其時脫脫木兒仍未任職典簿，應作於至正四年之後。此詩係百遼遜在脫脫木兒使畢還京時所作送別詩，以出典於《莊子・秋水》之「騏驥」喻脫脫木兒爲一傑出人才。

　　以上三位蒙古、色目友人都是年輕官員，亦是多才多藝的士人。

(二)漢族

　　百遼遜的漢族朋友甚多，有的見於《近思齋逸稿》，有的其名不見於《逸稿》，卻有詩文與他相唱酬。見於《近思齋逸稿》的漢族朋友中，或是寓居集慶地區的官宦子弟，或是來往該地區的過客。

　　寓居集慶地區的兩位漢族友人─趙克讓、能伯元─皆爲與他年齡相若的士子，而且和他的友誼最爲篤厚。

　　趙克讓的本名與生平已不可考。僅知其爲河南陳州人，尚在準備科舉。百遼遜有〈送趙克讓歸河南應舉詩七首〉(實爲五首)，詩云：

　　　棲遲江南客，言還洛中社。折桂當早秋，飛雲繞親舍。

80　《秘殿珠林石渠寶笈續編》，頁1512。
81　宋伯魯編，《陝西金石志》(光緒五年刊本)，卷26，頁14下。

名駒出渥洼，墮地生南國。雖非風土宜，神駿邁飛翮。

可見克讓在江南長大，可能是遊宦江南官員的子弟，正欲返回河南參加鄉試。吳中詩人鄭元祐(1292-1364)、于立皆有詩文送克讓返鄉赴舉[82]。元朝科舉鄉試，江浙、江西競爭最烈，江南士人往往冒籍至北方就試，趙克讓返回原籍應試，甚爲自然。百遼遜遂以杜甫「對策君門期第一」爲韻，祝他高中。

趙克讓顯然也是詩人，百遼遜與他唱和甚爲頻繁。其〈有客行醉後贈趙克讓〉云：

有客有客字克讓，汝作新詩極悲壯。
和我〈君山〉之短歌，一夜長江起高浪。
朝來劍氣不能平，慷慨猶聞龍鳳鳴。
知我如君古來少，四海誰言無弟兄。

百遼遜對克讓的詩藝甚爲佩服，而且視克讓爲古來少有的知己。

能伯元，似爲集慶路推官能鼎賢之子；能氏，河陰人[83]。百遼遜有〈臥病寄能伯元上舍、能言奈〉及〈次韻能伯元〉二詩與伯元相唱和。由前一詩題可看出能伯元爲國子學生，而後一詩云：

學士行裝趨紫禁，野人祇合釣青溪。
尺書有意來相問，不在蓬萊弱水西。

82　鄭元祐，《僑吳集》(北京圖書館古籍珍本叢刊)，卷8，頁29下，〈送趙克上序〉(作於至正四年)，「克上」應即「克讓」；顧瑛編，《草堂雅集》(四庫全書)，卷11，頁18下，于立〈趙克讓歸洛陽赴舉〉

83　《至正金陵新志》，卷3，頁18下，〈金陵世系年表〉至元二年條：「推官能鼎賢，河陰人。任內平反錄事司囚，……內外台察監察御史累荐，省部擬減一資。」

此詩小序云：「至元丁丑作」，丁丑即至元三年(1337)。此時，能伯元已是國子學生，而百遼遜年方十九，尚爲布衣，故自稱「野人」。

《近思齋逸稿》中有詩唱和的過客包括陳彥賓、汪伯羽兄弟、倪文德與楚人相士徐曄[84]。其中有的是早已認識的舊雨，有的是透過他人介紹而結交的新知。

陳彥賓與百遼遜爲舊識，重逢於集慶，故百遼遜〈惜別行贈陳彥賓〉云：

> 陳君難兄我畏友，十年不見先組綬。
>
> 金陵古城一相逢，話舊傾倒千壺酒。

其時彥賓即將赴京參加會試，百遼遜賦此詩送別，故詩云：

> 淮南三月鶯花老，惜別不能悲遠道。
>
> 九天旭日射承明，聖主崇儒子年少。
>
> 陳君陳君行無遲，風雲有時當自爲。
>
> 明年我亦扣閶闔，賦詩贈君衣錦歸。

由於百遼遜明年亦將赴試，此詩固然是祝彥賓衣錦榮歸，亦是共勉之辭。

倪文德，鄱陽人，顯然爲一與百遼遜年齒相若的青年士子。〈贈倪文德秀才〉小序云：「鄱陽倪文德秀才以臨川危君太樸所爲贈行序過予溧上，而索詩還金陵。予嘉文德之有志，而愛危之言忠厚，於其別也，賦此予之。」倪文德是以著名士人危素所贈行序作介而訪見百遼遜於溧陽，百遼遜應其請而作此詩。詩中對危素之文才極爲推崇：「危君予未識，文燄逼韓歐。」同時亦寫下幾句與文德共勉的話：「力學男兒事，憂貧志士咍。祇應他日會，

---

84 《近思齋逸稿》中另有〈送樂仲本歸四明〉，係爲四明名儒程端禮之外甥樂良所作贈別詩。作於至正七年，其時百遼遜已中第北徙，故非本文範圍。

毋逸濟時材。」

　　汪伯羽兄弟，江西臨川人，伯羽似爲饒州宿儒李存（1281-1354）之弟
子[85]。伯羽東遊集慶，李存與名儒虞集（1272-1348）贈以詩文。李存賦贈之
詩爲〈送汪伯羽遊金陵〉[86]。伯羽以二人詩文示百遼遜，百遼遜爲其撰
〈送別汪伯羽兄弟歸臨川〉，以壯行色。寓居集慶的天台士人丁復亦有詩
懷伯羽[87]，丁復當亦爲伯羽東遊集慶時所結交的友人。

　　徐曄，楚人，爲一相士。百遼遜〈送徐曄遊宣城兼柬稽月庭尊師〉中
說：「徐君英妙齡，湖海早知名。」可見徐曄雖仍在英年妙齡，卻早已知名
江湖，並亦能詩，曾以〈登九華山〉詩求和，百遼遜爲之作〈次韻徐曄登九
華山詩〉。百遼遜與徐曄交好，固然由於對相人之術有興趣，亦由於徐曄善
於吟詠。

　　其名不見於《近思齋逸稿》，卻有詩文與百遼遜相唱酬的早年友人則有
鄭元祐、王逢。

　　鄭元祐爲百遼遜的前輩，字明德，處州遂昌人。僑居平江（蘇州）幾四十
年，曾任平江路教授、江浙儒學提舉[88]。元祐善詩文，文章滂沛豪宕，詩亦
清峻蒼古。是崑山玉山草堂雅集的常客，吳中的大名士。元祐與百遼遜之祖
父文質早已認識，曾爲之作〈高昌偰侯三節堂記〉四言古詩，有句云：「侯
既有子，且復有孫，孫皆讀書，益大侯門，相繼掇科，荐承寵光。」[89]百遼
遜曾遊平江，元祐應其請而作〈近思齋箴〉[90]，語多勗勉。

　　王逢，字逢吉，江陰人，是元明之際浙西著名隱逸詩人，能詩善書，陶
宗儀《書史會要》稱他「才氣俊爽，其屬辭於詩，尤長作行草，初非經意，

85　汪伯羽之父逝世，李存曾寄書弔慰，《鄱陽仲公李先生文集》（北京圖書館古籍珍
　　本叢刊），卷29，頁677，〈慰汪伯羽〉。
86　《鄱陽仲公李先生文集》，卷9，頁575。
87　《草堂雅集》，卷8，頁9上，〈懷汪伯羽〉。
88　蘇昌齡，〈元故遂昌先生鄭君墓志銘〉，收入都穆編《吳下塚墓遺文》（台北：臺
　　灣學生書局，1969），卷2，頁18上-21上。
89　《僑吳集》，卷1，頁1上-1下。
90　《僑吳集》，卷7，頁3上-3下，〈近思齋箴爲高昌偰公遠作〉。

大率具書家風範」[91]。亂起之後，他隱居上海烏泥涇；早年卻是在故鄉度過，而江陰距集慶不遠，百遼遜與王逢結識於集慶，由於年齒相同，皆喜吟詠，遂建立頗深的友誼。百遼遜登第北上後，王逢有二詩寄贈[92]，〈寄偰公遠應奉〉是撰於百遼遜方登進士，初授翰林應奉時，詩中稱頌偰氏家人連連折桂登第，前程無限，「別來已覺升沉異，休問牛歌未出山」，表示彼此別後的升沈已互有差異，而其本人則無仕進之心。〈寄偰正字〉古體詩則是在百遼遜任端本堂正字時所作，前十二聯係稱頌偰氏家族及百遼遜本人的科業成就，後十二聯則敘述他本人屢次推卻台臣荐引，甘心隱遁。最後則以「好約重觴詠，秦淮夜對床」作結，可見仕隱的差異並未沖淡二人間的友誼，仍然相約在秦淮飲酒賦詩，聯床夜話。此外，《梧溪集》中亦有詩與百遼遜之弟偰吉斯相唱和及悼念其舅觀閭[93]。王逢可說與百遼遜家族具有二代厚誼。

　　由上看來，百遼遜的友人包括不同族群的青年士人。其中有蒙古、有色目、還有更多的漢人、南人。除去鄭元祐為一前輩外，其餘各人之年齡皆與百遼遜相近，並具有相似的藝文造詣。他們或為寄寓集慶的官宦子弟，或為來往的過客，但無真正的本地士人。而各族友人中，有的是已經登科的進士，有的是準備應試的舉子，有的是國子學生，身分與志趣大體與百遼遜相同，可見百遼遜交友的標準是學養與身分，而不是地域與族群。

七、方外

　　陳垣《元西域人華化考》將元代高昌偰氏列為「摩尼教世家」。實際上，自回鶻於840年西遷，至1209年歸順蒙古，其間宗教信仰發生甚大變化，摩尼教逐漸式微，而由佛教代興。偰氏祖先中有人名和尚，元代偰氏第

91　陶宗儀，《書史會要》（洪武九年刊本），卷7，頁15下。
92　《梧溪集》，卷1，頁423；卷4，頁504。
93　《梧溪集》，卷4下，頁509-510，〈答偰嘉定公文遣書使請觀上丁禮〉；卷5，頁520，〈夢觀閭元賓〉。

三代中有人名答理麻，皆是佛教名詞，顯示偰氏早已信仰佛教[94]。

百遼遜雖以儒士自我定位，卻喜好與道釋遊。他的結交方外，可能因其年少多病，而有出世思想，但亦合乎中原士人的傳統生活方式。中原士人雖皆以儒者自居，但在學問政事之餘，往往喜好研習釋道內典，並與道士、釋子遊，論道談禪以滿足內在的精神需求，亦是風雅的一種表現。僧道之中，學兼內外而又長於吟詠者也大有人在。他們亦樂於與士大夫相唱和，以抬高自身的社會地位。元代僧道之中善於文學而又與士人交往甚密者頗多，道士之中薛玄曦（1289-1345）、張雨、朱思本（1273-？）便是儒士喜好結交的對象，而釋門之中的「詩禪三隱」——天隱圓至（1256-1298）、笑隱大訢（1284-1344）、覺隱本誠等也與士人唱酬甚密[95]。

《近思齋逸稿》中唱和的道士有薛鶴齋、自然道者及陳仁卿，而佛僧則有俊楚南、淨菴子。

道者三人中，薛鶴齋，本名毅夫，字茂弘，貴溪人，朱思本的弟子。朱思本出身正一教中心的江西龍虎山，為玉隆萬壽宮主持，也是著名詩人與輿地學者[96]。鶴齋的學問文藝也受當代士大夫推重。危素稱鶴齋為「玄儒」[97]，名儒虞集論其詩，稱為「清新流亮，氣韻高爽，修然有出塵之思」[98]。百遼遜有〈贈薛鶴齋〉七律與他唱酬，末聯云：「何緣許借沖霄翮，直結雲松巢太清。」可見百遼遜有結巢太清的出世之想。

自然道者，生平不詳，百遼遜〈贈自然道者〉云：

自然道者神仙侶，偶向塵寰學扁盧。

94　關於元代畏兀兒人的宗教信仰，參看黃時鑑，〈元高昌偰氏入東遺事〉，頁557-563。王梅堂，〈元代維吾爾族的宗教信仰及文化演變考述〉，收入北京師範大學古籍研究所編《元代文化研究》第1輯（2001），頁38-60。

95　陳得芝，〈略論元代的「詩禪三隱」〉，《禪學研究》第1輯（1992），頁88-101。

96　邱樹森，〈朱思本和他的《輿地圖》〉，收入邱氏《賀蘭集》（南京：江蘇古籍出版社，1997），頁120-132。

97　《危太樸文續集》，卷6，頁14上-15下，〈元故薛君思永元配倪夫人墓誌銘〉。

98　貢師泰，〈鶴齋記〉引虞集言，見貢師泰，《玩齋集》（四庫全書），卷7，頁42上-43上。

> 每以活人爲己任，謾將醫國許吾徒。

可見自然道者爲一精於醫術的道士，「以活人爲己任」，而將「醫國」的責任留於孔孟之徒。百遼遜可能因求醫而與他結識。

陳仁卿可能並非道士，而爲一青年慕道者，居住集慶城南。百遼遜〈移居竹林精舍(調陳仁卿)〉云：

> 遜也千巖萬壑姿，生來雅與世相違。
> 每尋明月獨垂釣，時向白雲還採芝。
> 讀書有得死亦樂，學道無成身後悲。
> 寄謝城南陳處士，好將丹灶善扶持。

詩中首字「遜」乃百遼遜自稱。百遼遜在此詩中亦顯露出強烈的慕道傾向，二人的友誼應是建立在共同「學道」上。

佛僧二人爲俊楚南、淨庵子，事蹟皆不可考。俊楚南顯然爲一前輩僧人[99]。百遼遜〈送俊楚南上人〉有「何當從子去，復製芰荷衣」之句。「芰荷衣」之典出於《離騷》，意指屈原退隱時所製的衣裳。此詩亦顯示百遼遜的出世思想。

關於淨庵子，百遼遜〈次韻答淨庵子〉云：

> 城南野衲淨庵子，七尺枯藤一瓣香。
> 每愛山林求定靜，卻憑詩酒散疏狂。

淨庵子顯然爲一詩酒風雅的僧人，百遼遜因而與其唱和。

與百遼遜有交往而在《近思齋逸稿》未提及的方外之交尚有釋大訢。大訢，俗姓陳，江西南昌人，元朝中期聲勢最爲顯赫的政治和尚，也是著名的

99　俊楚南一名，楚南應爲其字，俊應爲其法號之第二字，其人已不可考。

「詩禪三隱」之一。元文宗於至順元年(1328)即位，改建其在集慶之舊居爲大龍翔集慶寺[100]，任命他爲開山住持，此寺地位在江南五山十刹之上，而大訢在任前後十七年，所受「聖眷」甚隆，社會名望頗高，交遊極廣。求得其詩文者亦多，著有《蒲室集》，今存。百遼遜寄居集慶，央請此一當地著名前輩僧人爲其書齋作銘，甚爲自然[101]。

　　總之，雖然百遼遜出身官宦科第世家，又以儒士自居，並且積極追求功名，卻因年少多病而懷有出世思想，喜與僧道交遊，以求滿足內在的精神需要。此亦合乎漢族士人「出世」與「入世」兼顧之傳統。而且與他唱遊的方外之士，大多能文善詩，其文化及品味與士人相差不大。故其與方外之士的交遊可視爲與士人唱和的延伸。

八、結論

　　百遼遜的社會網絡反映出元季江南社會中一個色目青年士人的生活世界。他與這個網絡中人物的互動塑造了他的人格與文化，也奠立他未來社會與政治關係的基礎。

　　百遼遜的社會網絡是以其家族爲中心而向外推展。偰氏雖爲畏兀兒族，卻是元朝中葉以後日益擴大的蒙古、色目士人層及多族士人圈的一環。偰氏與若干顯赫的畏兀兒家族結合爲一個實質的婚宦集團，這個集團的成員家族相互之間不僅具有盤根錯節的婚姻關係，而且擁有共同的漢學傳統，其子弟皆深受漢學的陶冶。偰氏尤以輝煌的科第成就與森嚴的禮教門風著稱。百遼遜自幼即受嚴格的禮教規範與士人文化的薰陶，他與家族及姻戚的互動也是以儒家禮教與士人文化爲基礎。

　　在家族、姻戚之外，百遼遜的社會網絡亦反映他的士人身分、學養與品

---

100 關於大龍翔集慶寺，參看丁國範，〈關於大龍翔集慶寺的舊址問題〉，收入南京大學元史研究室編《內陸亞洲歷史文化研究》(南京：南京大學出版社，1996)，頁342-353。

101 釋大訢《蒲室集》(四庫全書)，卷15，頁7下-8上，〈近思齋銘爲偰公遠作〉。

味。他的師友——包括方內與方外——都是廣義的各族士人。現尚可考的二位老師——曾文偉與儲惟賢——分別為杭州與宜興人，顯示出定居江南之蒙古、色目子弟追隨漢族教師學習的普遍性。他的蒙古、色目友人——篤（朵）列圖、答失蠻、脫脫木兒——皆為藝文有成的士人。其漢族友人或為同輩的年輕學子，或為年長的成名文士，其中與他氣味最為相投、友誼最為篤厚的則是幾位年齒相若的漢族青年士人，百遼遜與這些友人皆是基於共同的學養與品味而結合。即是幾位方外之交與百遼遜也有「詩酒疏狂」的共同愛好。

　　偰氏家族在江南定居雖然已有四、五十年，在江東地區則是新居民，而百遼遜則是在十七歲時遷至溧陽，在集慶地區沒有一起成長的老朋友。他的師友之中唯一的本地士人是其塾師儲惟賢，其友人或為供職江南行台的年輕御史，或為寄寓集慶的官宦子弟，或為過往的文人雅士。元代中期以後，蒙古、色目在中原、江南多已落地生根，各自建立地域社會網絡。如出身汪古族的科第前輩馬祖常之在光州、哈剌魯族的詩人迺賢之在慶元[102]、出身軍人家族的楊崇喜之在濮州都已在當地建立豐厚的人脈，甚至扮演地方菁英的角色－建書院、立鄉約等[103]。而百遼遜社會網絡的地域基礎則甚薄弱。

　　由上文看來，百遼遜所承繼與營造的是一個青年科第士人的社會網絡，與漢族士人差別不大。由於偰氏家族持續與本族聯姻，而且直至百遼遜一代仍然保持畏兀兒式的名字[104]，反映偰氏仍未完全放棄原有之族群認同，若說此　家族在當時已經完全「漢化」，或許不免引起爭議。但由百遼遜的社會網絡看來，稱之為「士人化」[105]，應屬允當。因其交往皆以士人為對象，並

---

102 陳高華，〈元代詩人迺賢事跡考〉，《文史》第32期(1990)，頁247-262。

103 焦進文、楊富學校注，《元代西夏遺民文獻《述善集》校注》，蘭州：甘肅人民出版社，2001。

104 蕭啟慶，〈蒙元時代高昌偰氏的仕宦與漢化〉，頁291-294。

105 「士人化」與「漢化」的區別：「漢化」之異族士人應已放棄其本族文化及族群認同，而與漢族同化，但可能僅接受漢人的「小傳統」，不必熟諳士人文化，歷代與漢族長期接觸的異族下層民眾大體如此。而「士人化」之異族人士雖接受士人文化，卻未必放棄其本族的族群認同，甚至選擇性保留其原有文化。元代中後期不少蒙古、色目人皆是如此，因為在征服情勢下蒙古、色目人保持其原有的族

且以具有普世價值的士人文化爲互動基礎，超越了族群鴻溝與地域藩籬。偰氏無疑爲一士人化的色目家族，而百遼遜爲一青年士人。

在元季蒙古、色目族群中，百遼遜有多大代表性？偰氏家族在當代蒙古、色目人中無疑是研習漢學的先驅、最成功的科第世家，卻非絕無僅有。蒙古人中的答祿乃蠻氏、色目人中的高昌廉氏、汪古馬氏及康里不忽木（1255-1300）家族等鑽研漢學之早，造詣之高，皆不下於偰氏，而在科舉方面亦都各有斬獲，雖然在考場中的聲勢比不上偰氏，在士人化的程度上卻未遑多讓[106]。而且元代中期科舉的恢復對蒙古、色目人研習漢學具有甚大的激勵作用，甚多下層蒙古、色目官員乃至軍戶子弟亦開始讀書應試，並成爲元季日益擴大的多族士人圈的一部分[107]。偰百遼遜的社會網絡便是這個多族士人圈的縮影。這個縮影雖然與整體在某些方面有些差異，卻反映了元季族群社會文化互動的方向。

——原載《中央研究院歷史語言研究所集刊》第74本第1分（2003年3月），頁65-96。

（續）—————————

群及政治認同對其實際利益有助。因而當時蒙古、色目士人往往存有族群及政治認同與文化認同之間相互矛盾的現象。參看蕭啓慶，〈元色目文人金哈剌及其《南遊寓興詩集》〉，收入蕭氏《元朝史新論》，頁299-322。

106 蕭啓慶，〈元代蒙古色目進士背景的分析〉，《漢學研究》第18卷第1期（2000），頁101-128。

107 蕭啓慶，〈元代蒙古色目士人層的形成與發展〉，頁175-176。

第五章
元代蒙古色目進士背景的分析

一、引言

　　科舉取士在中國史上的重要性，學者皆耳熟能詳。但是，科舉制度所造成社會流動的大小仍有爭論的餘地。較早的學者多認爲：科舉制度爲布衣之士進入官場的有效管道，也促成了近世以來政府的開放[1]。近年來不少研究者則否定科舉在社會流動方面的重要性[2]。他們認爲科第之士大多來自早具財勢的「地方菁英」(local elite)家族，士大夫家族在區域社會中的經濟基礎及社會網絡才是其根本所在，科舉不過是這些家族延伸身分的工具，所起注入新血的作用不大。事實上，這兩種說法並非完全相互牴牾，而是相互彌補，科第之士雖然多數出身望族富室，但來自庶族小姓者也不乏其人。而富室望族亦惟有通過科舉方能成爲「全國菁英」(national elite)之一部分，並因而進一步鞏固其在地方之勢力。

　　過去研究科舉與菁英流動的論著偏重唐宋與明清等朝，探討元代科舉的

1　E. A. Kracke, Jr., "Family vs Merit in Chinese Civil Service Examinations under the Empire," *Harvard Journal of Asiatic Studies* 10(1947), pp. 103-121; Ping-ti Ho, *The Ladder of Success in Late Imperial China* , New York: Columbia University Press, 1962.

2　Robert M. Hartwell, "Demographic, Political, and Social Transformations of China, 750-1550," *Harvard Journal of Asiatic Studies* 42:2(1982), pp.365-442; Robert P. Hymes, *Statesmen and Gentlemen: The Elite of Fu-chou, Chiang-hsi in Northern and Southern Sung*, Cambridge, England: Cambridge University Press, 1986.

論著雖然已經不少，但大多數著重科舉的行廢及制度的本身[3]，有關科舉與菁英流動關係的研究仍不多見，可說是一個「失落的聯鎖」[4]。若對元代科舉與菁英流動的關係加以深入探討，則可使中國近世社會史的研究更具連續性。

　　元朝是中國史上的一個特殊朝代——第一個由遊牧民族所建立而統治全中國的征服王朝，而其所統治的則是一個中國史上前所未見的多元族群、多元文化的社會。元廷為永保蒙古人的統治權，乃制定族群等級制度，賦予蒙古、色目、漢人、南人等四大族群不同的權利和義務。蒙古、色目是征服族群與準征服族群，享受種種優待，而漢人、南人則為被征服族群，備受歧視[5]。

　　元朝的科舉制度是當時特殊政治社會結構的忠實反映。在中國科舉史上，元朝是第一個兼採族群與區域兩種配額以選取進士的朝代。過去唐宋時代，固無族群配額，即在征服王朝時代也無此規定。元朝卻因族群等級的考量而制定科舉中的族群配額。蒙古、色目雖然人口甚少，在科舉中卻享有與漢人、南人相等的配額。據規定，科舉之鄉試在全國十七處舉行，各處皆按蒙古、色目、漢人、南人四大族群配以一定錄取名額，全國共錄取鄉貢三百人，四大族群各七十五人。經會試、廷試後，錄取進士一百人，左、右榜各五十人，右榜取蒙古、色目進士各二十五人，左榜取漢人、南人進士各二十五人。充分反映蒙古、色目為備受優遇的兩個族群。而蒙古、色目進士之存在可說是元朝科舉制度的一大特色。

　　元代蒙古、色目進士的社會、族群及文化背景皆與漢人、南人差異極

3　關於元朝科舉制，參閱丁崑健，〈元代的科舉制度〉，《華學月刊》124(1982)，頁46-57；125(1982)，頁28-51；姚大力，〈元朝科舉制度的行廢及其社會背景〉，《元史及北方民族史研究集刊》，6(1982)，頁25-69；劉元珠，〈元代儒吏關係：延祐之開科與抑吏〉，《慶祝王鍾翰先生八十壽辰學術討論會論文集》(瀋陽：遼寧大學出版社，1993)，頁432-440。

4　蕭啟慶，〈元代科舉與菁英流動——以元統元年進士為中心〉，收入蕭氏《元朝史新論》(台北：允晨文化公司，1999)，頁155-201；蕭啟慶，〈元朝科舉與江南士大夫之延續〉，《元史論叢》第7輯(1999)，頁1-19；桂栖鵬，〈元代進士仕宦研究〉，《元史論叢》第6輯(1997)，頁68-95。

5　蒙思明，《元代社會階級制度》，北平：哈佛燕京學社，1938。

大。因而，探討蒙古、色目進士的背景不僅具有社會意義，而且更具有族群
及文化意義。

　　從社會觀點言之，科舉取士原是與門第社會互為消長，科舉興而門第
消。元朝卻是中國近世史上最重門第的時代，在蒙古、色目兩個族群中尤其
如此。元朝選官用人，最重「根腳」，亦即著重門第。蒙古、色目族群中，
「大根腳」門第比比皆是，「大根腳」子弟享受甚多蔭襲特權，高官貴爵之
取得較為容易。在根腳門第之外，蒙古人大多編為軍戶，世代皆為軍人，而
且在平宋以後，奮身疆場、立功昇官的機會已經不多，蒙古族群的社會結構
因而呈現兩極化現象。色目人中則有軍人、商賈、教士、工匠等 [6]，其中商
賈轉化為官員的機緣較多，教士、工匠等則少有此類機緣。總之，蒙古、色
目族群中，社會階級分化較漢族更為嚴重，科舉對根腳與非根腳子弟所起作
用有何差異，值得特別注意。

　　從族群與文化觀點言之，蒙古、色目與漢族屬於不同民族，文化亦相互
歧異。元朝科舉卻是以漢文與漢學為考試內容，蒙古、色目人必須熟諳漢文
與漢學始有登第之可能，因而，能否登第與其族群之文化背景及漢化快慢之
間具有密切的關聯。而家族婚姻關係對其子弟漢化程度及登科的機率具有重
要影響，亦是值得探討的因素。本文擬自家族仕宦經歷、族群分布與婚姻關
係等三方面來探討蒙古、色目進士的背景與登科的關係。

表一　蒙古色目進士可考人數*

科次 ＼ 族別	蒙　古	色　目	族不詳	合　計
元統元年	25	25	0	50
十五科	40	71	79	190
總　計	65	96	79	240

*至正十一年科蒙古色目進士可考者三十六人，現僅知其中一人為蒙古，三人為色
目，其餘三十二人皆列入後期「族不詳」。

6　羅賢佑，《元代民族史》(成都：四川民族出版社，1996)，頁127。

　　過去缺少相關的研究，主要由於元朝之進士錄有待重構[7]，元朝科舉前後共有十六科，現有完整進士錄傳世者僅有元統元年(1333)一科[8]。在重構其他十五科進士錄之前，無法全盤掌握各科進士之名單、族屬、里貫及祖先仕宦經歷等資料，便不能對進士的家庭背景作出有系統的研析。幸而筆者多年來從事的進士錄重構工作已近完成，可資研討[9]。本文即係根據《元統元年進士錄》及筆者重構的其他各科進士錄而撰寫。由於現存資料的局限，進士錄重構的結果仍不盡理想。元代科舉共錄取進士1,139人，蒙古、色目進士約占五百人。由表一可知，除元統元年所取五十人外，其他各科蒙古、色目進士現尚可考知者有一百九十人，兩者合計共二百四十人，略少於原錄取總數的一半。這二百四十名蒙古、色目進士的背景便是本文研析的對象。

二、仕宦

　　家族仕宦經歷的有無與多寡向來是研究科舉與菁英流動關係的重要指

7　錢大昕曾肆力重構元朝進士錄，惜未完成，其初稿為《元進士考》，稿本度藏於北京圖書館，今收入《嘉定錢大昕全集》(南京：江蘇古籍出版社，1997)，第五冊，頁1-137。近年來則陸續有學者對元朝進士錄作了部分重構工作：陳高華，〈元泰定甲子科進士考〉，收入南京大學元史研究室編《內陸亞洲歷史文化研究》(南京：南京大學出版社，1996)，頁148-164；桂棲鵬、尚衍斌則對色目進士資料加以輯考，見所撰〈元代色目人進士考〉，《新疆大學學報》1994年第2期，頁72-78；桂棲鵬，〈元代科舉中的高麗進士〉，《韓國研究》第2輯(1997)，頁108-116。

8　蕭啟慶，〈元統元年進士錄校注〉，《食貨月刊》(復刊)第13卷第1.2期(1983)，頁72-90；第3.4期(1983)，頁47-62。又可參看王頲點校《元統元年進士錄》，收入《廟學典禮‧外二種》(杭州：浙江古籍出版社，1992)，頁171-226；楊訥，〈關於《元統元年進士錄》的版本與校勘〉，收入《祝賀楊志玖教授八十壽辰中國史論集》(天津：天津古籍出版社，1994)，頁329-333。現存元朝進士錄，除〈元統元年進士錄〉外，尚有〈至正十一年進士題名記〉，但該記出於國子監石刻，只有進士姓名和甲第次序，並無里貫、族屬、家世的記載，見蕭啟慶，〈至正十一年進士題名記校補〉，《食貨月刊》(復刊)第16卷第7.8期(1987)，頁69-84。

9　進士錄重構為筆者國科會計畫「元代科舉與社會：研究與史料」之一部分，執行期間為民國86年8月至88年7月。

標。進士是否爲官場新血，須自其家族有無「仕宦」背景的角度加以考察。表二、表三乃是根據《元統元年進士錄》及筆者重構的其他十五科進士錄而製作。在表二及表三中，將元統元年一科與其他十五科分列，乃因元統元年一科之主要史料的性質與其他十五科不同。元統元年科有《進士錄》爲依據，而《進士錄》所提供之進士名單及家庭背景甚爲完整，而其他各科資料係經輯錄而來，缺漏極多，兩者不可混爲一談。將元統元年科分列，有助於檢證十五科統計的正確性。

表二　蒙古色目進士家庭背景

	族別 背景	蒙　古	色　目	族不詳	合　計
元統元年	仕　宦	14(58.3)	17(68)	0(0)	31(63.3)
	布　衣	10(41.7)	8(32)	0(0)	18(36.7)
	合　計	24(100)	25(100)	0(0)	49(100)
	缺　載	1	0	0	1
十五科	仕　宦	13(100)	37(97.4)	1(100)	51(98.1)
	布　衣	0(0)	1(2.6)	0	1(1.9)
	合　計	13(100)	38(100)	1(100)	52(100)
	缺　載	27	33	78	138
合計	仕　宦	27(73)	54(85.7)	1(100)	82(81.2)
	布　衣	10(27)	9(14.3)	0(0)	19(18.8)
	合　計	37(100)	63(100)	1(100)	101(100)
	缺　載	28	33	78	139
總　　計		65	96	79	240

表二旨在顯示進士家庭之仕宦與非仕宦背景。此表之製作以家族爲單位，凡進士之曾祖、祖父、父親中有一人具有仕宦背景者，該家即列入「仕宦」，若無，則列爲「布衣」。三代祖先雖無明確仕宦紀錄，但若史料中顯示該家爲「屢世簪纓」、「出身閥閱」及「勳臣之後」，則亦列入「仕宦」。

表三　蒙古色目進士祖先官職

期別	仕宦＼族別	蒙　古	色　目	族不明	合　計
元統元年	高官	5(7.8)	9(12.5)	0(0)	14(10.3)
	中官	19(29.7)	15(20.8)	0(0)	34(25)
	低官	7(10.9)	8(11.1)	0(0)	15(11)
	蒙制官	2(3.1)	3(4.2)	0(0)	5(3.7)
	官不詳	0(0)	4(5.6)	0(0)	4(2.9)
	未仕	31(48.4)	33(45.8)	0(0)	64(47.1)
	合計	64(100)	72(100)	0(0)	136(100)
	缺載	11	3	0	14
	總計	75	75	0	150
十五科	高官	9(34.6)	34(39.5)	0(0)	43(38.1)
	中官	6(23.1)	17(19.8)	1(100)	24(21.2)
	低官	5(19.2)	5(5.8)	0(0)	10(8.8)
	蒙制官	4(15.4)	16(18.6)	0(0)	20(17.7)
	官不詳	0(0)	3(3.5)	0(0)	3(2.7)
	未仕	2(7.7)	11(12.8)	0(0)	13(11.5)
	合計	26(100)	86(100)	1(100)	113(100)
	缺載	88	136	233	457
	總計	114	222	234	570
總計	高官	14(15.6)	43(27.2)	0(0)	57(22.9)
	中官	25(27.8)	32(20.3)	1(100)	58(23.3)
	低官	12(13.3)	13(8.2)	0(0)	25(10)
	蒙制官	6(6.70)	19(12)	0(0)	25(10)
	官不詳	0(0)	7(4.4)	0(0)	7(2.8)
	未仕	33(36.7)	44(27.8)	0(0)	77(30.9)
	合計	90(100)	158(100)	1(100)	249(100)
	缺載	99	139	233	471
	總計	189	297	234	720

　　表二顯示：在現知蒙古、色目進士二百四十人中，家世可考者一百零一人。其中來自仕宦家庭者，多達七、八成之多（蒙古、色目進士分別為73%及85.7%）。而出身布衣家庭者不過一、二成（27%及14.3%）。但是表二顯示元統元年科進士出身仕宦之家的比率遠低於其他十五科。出身于仕宦家庭之

元統元年科進士占63%，而其他十五科之蒙古、色目進士則有百分之九八‧一來自官宦家庭，兩者差異甚大。此一差異當係反映統計十五科進士所根據資料本身的缺陷。十五科進士因家庭背景缺乏記載而未列入統計者為數龐大。依常理推測，缺少記載之家庭，布衣背景者應多於仕宦。而《元統元年進士錄》記載該科進士家庭的資料較為完備，所反映者應近實情，亦即出身仕宦家庭之進士應為六成有餘，而來自布衣家庭者亦有三成多。

　　表三進一步顯示蒙古、色目進士家庭的實際仕宦狀況。本表係以進士的個別祖先為計算單元。二四〇名蒙古、色目進士前三代祖先共有七二〇人，經歷可考者為二四九人。在此二四九人中，具有仕歷者近七成，未仕者約占三成（30.9%）。而在曾經出仕者之中，以擔任中官者為最多（23.3%），任高官者約略相當（22.9%），擔任低官及蒙制官者各占10%，遠少於曾任中、上官職者。另有少數祖先雖曾出仕，但其官職現已無法知曉（2.8%）。

　　表三中的元統元年進士祖先擔任高官者遠少於其他十五科（十五科與元統元年科分別為10.3%與38.1%），而未仕者則超過十五科進士祖先甚多（分別為47.1%及11.5%）。兩者歧異之由來，除上述緣由外，另一原因為：《元統元年進士錄》所記祖先官歷（父親一輩最為相關）皆為進士登第時之職務，而採自碑傳的十五科進士祖先的官職則為其最高職位，兩者自有很大出入。

　　雖然有關元統元年科與其他十五科進士祖先的仕進資料頗有軒輊，但皆顯示蒙古、色目進士大多來自仕宦家庭，而其三代祖先曾任中、上官職者比比皆是。

　　為何甚多蒙古、色目進士出自屢世簪纓的名門貴族是一值得探討的課題。蒙古、色目世家子弟原是族群與根腳制度下的寵兒，為何必須在場屋之中與布衣寒士一爭短長？此一現象必須自元朝官制尋求解釋：元朝雖然重視族群與門第之差別，但對蔭襲特權仍有限制，蒙古、色目世家子弟並不能人人盡得高官貴爵。忽必烈定制以後，武官子孫可以承襲，文官後裔僅可承蔭，且限一名，並又規定「若有餘子，不得於官府自求職事，諸官府亦不許

任用」[10]。雖然此種規定有如具文，難以貫徹。而且「根腳深重」之家，除子弟一人蔭襲父職外，餘子往往可進入「怯薛」(Kesig)[11]，擔任皇家侍衛，然後便可出仕，官職可高可低。但是，此一終南捷徑，即在高門子弟中，亦非人人可得。就讀國子學與應試科舉便成爲長子以外的官宦子弟入仕的補救途徑，以致甚多高門華族子弟皆以科舉晉身官場。現以下列五例具體說明蒙古、色目高門子弟不得不在蔭、襲之外別以科舉爲入仕之途徑的原因。

變理溥化，出身蒙古斡羅納兒氏世家。五世祖啓昔禮因在成吉思汗朝立有大功，獲任爲千戶並封答剌罕。曾祖曩加台，事蒙哥汗爲近侍。從祖哈剌哈孫(1257-1308)在成宗時代任中書右丞相，位極人臣[12]。變理溥化與哈剌哈孫共曾祖，其祖、父二代事跡不詳[13]。但虞集題變理溥化編撰《斡羅氏世譜》說：哈剌哈孫「一從之孫已有困乏之嘆」[14]。即指變理溥化輩而言，可見在經濟及政治上業已困頓。

月魯不花(1308-1366)與其弟篤列圖出身蒙古遜都思氏名門，分別爲元統元年(1333)與至正五年(1345)進士。五世祖赤老溫爲成吉思汗的「四傑」之一[15]。四傑皆爲成吉思汗最親密的勛臣，子孫世代金紫相繼，位列王相；元人稱此四家爲「大根腳」。其中赤老溫家較爲隱晦，但仍不失爲中上等的官宦世家。月魯不花兄弟之曾祖察剌月里從窩闊台汗經略中原，官至隨州達魯花赤。祖忽訥以萬戶平宋有功，轉任江西肅政廉訪使。忽訥卒後當係由長子式列烏台承蔭。次子脫帖穆耳(1265-1344)即月魯不花之父，以勛家

10 宋濂等，《元史》(北京：中華書局，1976)，卷83，頁2060，〈選舉志〉。

11 蕭啓慶，〈元代的宿衛制度〉，收入蕭氏《元代史新探》(台北：新文豐出版公司，1983)，頁59-111；片山共夫，〈怯薛と元朝官僚制〉，《史學雜誌》第92卷第12期(1980)，頁1-37。

12 虞集，《道園學古錄》(四部叢刊)，卷40，頁3上-3下，〈斡羅氏世譜序〉。

13 關於哈剌哈孫及其家族的歷史，參看劉敏中，《中菴集》(北京圖書館古籍珍本叢刊)，卷4，頁295-298，〈順德忠獻王碑〉；蕭啓慶，〈元代蒙古人的漢學〉，收入蕭氏《蒙元史新研》(台北：允晨文化公司，1994)，頁124-125及129-130。

14 《道園學古錄》，卷40，頁3下，〈題《斡羅氏世譜》〉。

15 關於此一家族在元朝的興衰，參看蕭啓慶，〈元代蒙古四大家族〉，收入蕭氏《元代史新探》，頁141-230。

子得以供職怯薛，後任千戶所達魯花赤，鎮守明州、越州[16]。長子大都襲千戶之職。月魯不花與篤列圖分別爲其三、四子，自無襲職可能，遂由科舉入仕。

　　孛顏忽都，欽察族玉耳別里伯牙吾台氏，泰定四年(1327)進士。其家出身軍伍，早期不算顯赫。曾祖忽都思，位不過管軍百戶，祖和尚襲父職，從平宋，官至浙西提刑按察使[17]。父千奴承襲父職。武宗即位之際，有定策功，拜平章政事，商議樞密院事，地位極高。孛顏忽都爲千奴之第五子，由於其四位兄長皆已出任御史、萬戶等職，孛顏忽都乃以科舉進身[18]。

　　答祿守禮、守恭、與權爲叔姪，出身於答祿乃蠻氏名族，分別爲泰定四年(1327)、至順元年(1330)、至正二年(1342)進士。守恭、守禮兄弟爲乃蠻太陽罕子屈出律五世孫。屈出律之子，亦即守恭輩之曾祖抄思(1205-1248)是由成吉思汗二皇后古兒別速扶養成人；後授萬戶，鎮潁州。其子別的因(1229-1309)官至台州路達魯花赤。別的因子四人，已有二人未仕[19]。守恭、守禮一輩中，長兄孛蘭奚用別的因之蔭爲宣城縣達魯花赤，秩不過七品。守恭、守禮遂由科舉入仕。在下一輩中，與權行三，亦無承蔭機會，不得不由科舉出身[20]。

　　廉惠山海牙與廉方皆出身畏兀兒人中極爲顯赫的的高昌廉氏家族，分別爲至治元年(1321)與元統元年(1333)進士[21]。廉方之曾祖布魯海牙(1197-

16　黃溍，《金華黃先生文集》(四部叢刊)，卷35，頁5下-11上，〈遜都台公墓誌銘〉；《元史》，卷145，頁3448-3451，〈月魯不花傳〉。

17　《元史》，卷134，頁3256-3259，〈和尚傳〉。

18　楊維楨，《東維子文集》(四部叢刊)，卷24，頁16下-17上，〈孛元卿墓誌銘〉。

19　《元史》，卷121，頁2292-2295，〈抄思傳〉；《金華黃先生文集》，卷28，頁12上-17下，〈答祿乃蠻氏先塋碑〉。

20　關於答祿與權，參看《明史》(北京：中華書局，1973)，卷136，頁3932，〈答祿與權傳〉；楊鐮，〈答祿與權事跡勾沉〉，《新疆大學學報》1993年第4期，頁97-103；蕭啓慶，〈元代蒙古人的漢學〉，頁136、164。

21　關於高昌廉氏，參看陳垣，《元西域人華化考》(北平：勵耘書屋，1934)，卷2，頁9下-10上；Hsiao Ch'i-ch'ing, "Lien Hsi-hsien," in Igor de Rachewiltz, et al (eds.), *In the Service of the Khan* (Wiesbaden: Harrasowitz, 1993), pp. 480-499；王梅堂，〈元代內遷畏兀世家—廉氏家族考述〉，《元史論叢》第7輯(1999)，頁123-

1265)為忽必烈之母唆魯忽帖尼的家臣，與皇家關係密切，官至順德路宣慰使[22]。布魯海牙子孫中以廉希憲(1231-1280)地位最高，為忽必烈朝著名儒相。但是，廉氏宗支繁衍，布魯海牙有十三男，五十三孫。孫輩以下，人數更多，自不能人人得官，即在希憲兄弟一輩中，已有多人未曾任官。廉方之祖，名字已佚，應為希憲昆季。《元統元年進士錄》載其官爵為「□陽郡侯」，顯為封贈。父廉甫，散官資品為將仕郎，不過是八品卑秩[23]。廉方之入國子學並由科舉入仕，並不意外。而惠山海牙為廉方之伯叔輩，父阿魯渾海牙任廣德路達魯花赤，早卒，惠山海牙亦由科舉入仕[24]。

至於中門以下的蒙古、色目子弟，須以科舉為進入仕宦之一途徑更為自然。

蒙古人中，如延祐五年(1318)右榜狀元護都達兒(1296-1349)，為蒙古捏古思氏。其祖火者，任泰興縣達魯花赤，官不過從六品；父阿散，未仕；護都達兒因而無法由蔭襲入仕[25]。泰定四年(1327)進士哈剌台，哈兒柳溫台氏，為中千戶所達魯花赤馬馬之孫[26]。元制武官官位可由子孫承襲，馬馬所任中千戶所達魯花赤之位先由哈剌台父輩彥智傑承襲。哈剌台輩共有兄弟七人，哈剌台行四，千戶職位由其五弟奧魯帖木兒承襲，其餘六人中，有四人「治進士業」，皆欲由科舉入仕，唯有哈剌台登進士第。色目人中，教化，西夏人，亦為泰定四年進士[27]。其祖述哥察兒，官至濬州達魯花赤，父哈剌哈孫，任漢陽府達魯花赤，為四品之官。子孫承蔭應為八品。教化在兄弟三

(續)—————————————————
　　　136。
22 《元史》，卷125，頁3070-3072，〈布魯海牙傳〉。
23 〈元統元年進士錄校注〉上，頁81。
24 《元史》，卷145，頁3447-3448，〈廉惠山海牙傳〉。
25 《金華黃先生文集》，卷27，頁13上-16上，〈捏古公神道碑〉。蕭啓慶，〈元代蒙古人的漢學〉，頁115-116。
26 蘇天爵，《滋溪文稿》(陳高華點校，北京：中華書局，1991)，卷21，頁359-361，〈元故贈長葛縣君張氏墓志銘〉。
27 熊象階，《濬縣金石錄》(石刻史料新編)，卷下，頁19上-21上，吳澄〈濬州達魯花赤追封魏郡伯墓碑〉；任崇岳，〈元濬州達魯花赤追封魏郡伯墓碑考釋〉，《寧夏社會科學》1995年第2期，頁19-22。

人中爲季弟。其仲兄納嘉德承蔭爲縣達魯花赤。教化遂由科舉入仕。

下層官員子孫以科舉來增加入仕機會的需求自然更爲迫切。下列蒙古進士泰不華(1304-1352)、完迮溥花、完迮□先(？-1305)，色目進士安住、邁里古思(？-1358)、袁州海牙等人皆可爲例。泰不華，蒙古伯牙吾台氏，至治元年(1321)進士。父塔不台，任台州路錄事判官，不過從八品卑職[28]。完迮不花、完迮□先兄弟，蒙古忙古台氏，分別爲泰定元年(1324)及元統元年(1333)進士。祖張撞忽，任景陵縣主簿，父保，承事郎，分別爲從八品與從七品官職。安住，泰定元年進士，西夏人。父阿關，出身吏員，官至中衛千戶所知事，階不過從八品[29]。邁里古思，亦西夏人，至正十四年(1354)進士，其碑傳中雖言其父「官於杭州」，但未明言其官職，又言其「家貧，授徒以養母」，其父應爲卑職小官[30]。而袁州海牙，畏兀兒人，至正五年(1345)進士，其祖任袁州稅務大使，亦僅爲八九品之職[31]。這些八九品官員子弟即得恩蔭，亦是流外雜職，自不及科舉出身之優渥。

科舉的施行對那一類家庭最爲有利？定居中原較早，漢化較深的中、上層蒙古、色目文官家族子弟顯然最易於躍登進士第，在科舉恢復後最初幾科尤其如此，遂造成父子兄弟接踵登科的現象。色目人中的畏兀兒族偰氏、廉氏、汪古族馬氏、康里太禧奴家族、唐古斡玉倫徒家族，蒙古人中答祿乃蠻氏、遜都思氏皆可爲證。

偰氏、廉氏、馬氏都是元朝初期即已漢化之色目家族。高昌偰氏祖先歷經突厥、回紇、畏兀等國，皆爲「國相」，可說是內陸亞洲史上顯赫最爲持久的世家，亦屬本國知識菁英階層[32]。偰氏入華第一代之岳璘帖穆爾(1196?-

---

28　《元史》，卷143，頁3423-3426，〈泰不華傳〉。

29　張古，《嘉靖內黃縣志》(天一閣藏明代方志選刊續編)，坤卷，頁28上-30下，楚惟善〈安住去思碑〉。

30　《元史》，卷188，頁4311-4312，〈石抹宜孫傳〉附〈邁里古斯傳〉；《東維子文集》，卷24，頁6上-7下，〈西夏侯邁公墓誌銘〉。

31　徐璉，《正德袁州府志》(天一閣藏明代方志選刊續編)，卷8，頁11下-12下，〈人物志〉。

32　關於高昌偰氏，參看陳垣，《元西域人華化考》，卷2，頁28下-39下；蕭啓慶，〈蒙元時代高昌偰氏的仕宦與漢化〉，收入蕭氏，《元朝史新論》，頁243-297。

1262?)在成吉思汗季年任河南等處達魯花赤，其家因而徙居中原。岳璘帖穆爾之子合刺普華(1246-1284)幼年即習「畏兀書及語、孟、史、鑑文字，記誦精敏，出於天性」[33]，其時約在蒙哥汗時代，當時蒙古、色目人研習漢學者尚不多見，偰氏可說是其中先驅。大德(1297-1307)中，合刺普華之子偰文質任江西行省理問，其家遂徙居龍興(南昌)，延師教授子姪，「書聲琅琅東湖之上，晝夜不絕」[34]，有如江西名儒劉岳申所說：「親見元帥奉親教子，當時豈知後有科舉興？蓋十年貢舉始行。貢舉行而偰氏一家兄弟如拾芥，此天也。」可見偰氏以漢學教育子弟早於科舉十年，因而其子弟在科舉恢復之後，取金紫如拾芥。文質之子偰玉立(延祐五年〔1318〕進士)、偰直堅(泰定元年〔1324〕)、偰哲篤(延祐二年〔1318〕)、偰朝吾(至治元年〔1321〕)及其姪善著(泰定四年〔1327〕)於六科之間，接踵登第，一時傳為美談，號為「六桂」。其後文質之孫輩偰百遼遜(?-1360，至正五年〔1345〕進士)、姪孫正宗(至正五年)、阿兒思蘭(至正八年〔1348〕)亦相繼上榜。而百遼遜之弟偰帖該亦中鄉貢進士。故偰氏兩代之間，登進士第者九人，中鄉試者一人，遂成為元代最為成功的科第世家。延祐首科出身的名臣許有壬(1287-1364)稱讚偰氏說：「唐宋科舉盛時，儒家世科，未有如偰氏一門兄弟之盛，天下傳為美談。」[35]

與偰氏相較，汪古馬氏僅略為遜色[36]。汪古為遼金以來居住陰山以北的突厥語部族。因其居處於草原與農業地區邊緣，與中原往來密切，其中早有

---

33 歐陽玄，《圭齋文集》(四部叢刊)，卷11，頁3上-11上，〈高昌偰氏家傳〉；許有壬，《至正集》(元人文集珍本叢刊)，卷54，頁49上，〈合刺普華公墓誌銘〉；黃溍，《金華黃先生文集》，卷25，頁1上-5下，〈合刺普華神道碑〉。

34 劉岳申，《申齋文集》(中央圖書館影舊抄本)，卷5，頁8下，〈三節六桂堂記〉。

35 《至正集》，卷25，頁50上，〈合刺普華公墓誌銘〉。

36 關於馬氏家族歷史及祖常生平，參看陳垣，《元西域人華化考》，卷2，頁17下-24上；馬祖常，《石田先生文集》(李叔毅、傅瑛點校，鄭州：中州古籍出版社，1991)，附錄〈馬祖常年譜〉；王佑夫、周紹祖，〈馬祖常及其詩歌創作〉，《新疆大學學報》，1988年第4期，頁89-95；楊鐮，〈馬祖常‧元詩史的也里可溫〉，收入楊氏《元西域詩人群體研究》(烏魯木齊：新疆人民出版社，1998)，頁331-337。

漢文士人存在。延祐二年(1315)進士馬祖常、祖孝之高祖馬慶祥(1178-1223)於金季仕至鳳翔兵馬判官，「善騎射而知詩書」，顯然熟諳漢文[37]。曾祖馬月合乃(1216-1263)於蒙哥汗時代即以拯救流亡之儒士知名[38]。祖常稱他「世非出於中國，而學問文獻過於鄒魯之士」[39]。可見月合乃深通漢學；他又羅致名儒敬鉉教授子弟。月合乃之孫，亦即祖常、祖孝之父馬潤(1255-1313)係以「文墨入官」，著有《樵隱集》，爲一詩人[40]。此時馬氏顯然已以漢文全面教育子弟，以致在科舉恢復之後，祖常、祖孝兄弟聯翩成首科進士[41]，此後，祖常之諸父世德登至正二年(1342)第[42]，從弟祖善亦爲進士，科次不詳[43]。至順元年(1330)進士金哈剌亦出於馬氏一族[44]。此外，由國子學公試入仕亦即所謂「國子進士」者尚有祖謙、祖憲、獻子等人，人數之多幾可與偰氏比美。蘇天爵稱馬氏：「初尚書(月合乃)有子十一人，孫二十人，曾孫三十餘人，或執業成均，擢進士第，皆清謹文雅，爲海內衣冠聞族。」[45]可見馬氏爲著名的書香科第世家。

　　高昌廉氏也是一個漢化先進而產生幾名進士的文官家庭。廉氏之始祖布魯海牙早在窩闊台汗三年(1231)已任燕南廉訪使，定居中原。諸子中，廉希憲係受忽必烈刻意培養的漢學人才。早在乃馬眞皇后稱制三年(1244)，忽必烈即已命希憲從金狀元王鶚(1190-1273)學，希憲篤好經史，忽必烈稱之爲

37　脱脱等，《金史》(北京：中華書局，1975)，卷124，頁2695-2696，〈忠義傳〉；元好問，《元好問全集》(太原：山西人民出版社，1990)，卷27，頁638-641，〈恒州刺史馬君神道碑〉。

38　《元史》，卷134，頁3244-3246，〈馬月合乃傳〉。

39　《石田先生文集》，卷13，頁236-239，〈禮部尚書馬公神道碑〉。

40　袁桷，《清容居士集》(四部叢刊)，卷26，頁16上-20上，〈馬公神道碑〉；《石田先生文集》，卷13，頁245-246，〈梁郡夫人楊氏墓誌銘〉。

41　《石田先生文集》，卷13，頁245-246。

42　《金華黃先生文集》，卷43，頁1上-3下，〈馬氏世譜〉。

43　《金華黃先生文集》，卷43，頁6上，〈馬氏世譜〉。

44　蕭啓慶，〈元色目文人金哈剌及其《南遊寓興詩集》〉，收入蕭氏，《元朝史新論》，頁299-322。

45　《滋溪文稿》，卷29，頁499，〈題馬氏蘭蕙同芳圖〉。

「廉孟子」[46]。希憲諸昆仲子姪皆受良好儒家教育，希憲八弟希貢便是著名
書法家[47]。以後廉氏極重家庭教育，而且藏書豐富，以致子孫受漢文化薰陶
極深。雖然廉氏在元代政治上聲望甚盛，子弟多可由蔭襲入仕，但仍產生了
廉惠山海牙與廉方等二名進士。

　　斡玉倫徒(都)與太禧奴亦出身於漢化較早的色目官宦家族。斡玉倫徒，
科次不詳，出身於西夏最爲著名的儒學世家，五世祖斡道沖於西夏仁宗時爲
該國中書宰相。高祖斡扎簀，掌國史，歸降蒙古爲中興路管民官，祖朵兒
赤，官至雲南廉訪使，父斡仁通則任雲南行省理問[48]。斡玉倫徒肄業國子
學，以《禮記》登進士第，並長於詩、書[49]。

　　太禧奴，至正十四年(1354)進士，更出身於元朝一個最重要之漢化政治
世家[50]。其家原爲康里部大人。太禧奴之高祖燕眞爲忽必烈的親密家臣。曾
祖不忽木(1254-1300)係由忽必烈精心栽培，也是最早的國子學生，大儒許
衡弟子；是至元晚期與元貞、大德時期之儒相，亦爲散曲家[51]。祖回回
(1291-1341)，叔祖山夔都是元朝中後期的名臣，亦是名重一時之書法家。
其家漢學傳統極爲深厚，自較一般蒙古、色目子弟更易躍登進士第。

　　進士出身的家庭亦有不少係由將門轉化爲士族。這種轉化有的在平宋後
即已開始，有的則始於科舉恢復之後。前述答祿守禮、孛顏忽都及月魯不花
等家族都是先後由軍官家庭轉化爲士人家庭。守禮、守恭之曾祖別的因在平

46　蘇天爵編，《國朝文類》(四部叢刊)，卷65，頁1上-16下，元明善〈廉文正王神
　　道碑〉。

47　陶宗儀，《書史會要》(影刊洪武九年本)，卷7，頁17上。

48　《元史》，卷134，頁3254，〈朵兒赤傳〉；《道園學古錄》，卷4，頁21上，〈西
　　夏相斡公畫像贊〉。

49　《書史會要》，卷7，頁18下；《元西域人華化考》，卷4，頁54下；卷5，頁79
　　下。

50　關於此一家族，參看《元西域人華化考》，卷2，頁10上-11上，卷4，頁81上-82
　　下；楊鐮〈不忽木及康里詩人〉，收入楊氏《元西域詩人群體研究》，頁36-56；
　　王乃棟，〈康里子山的族屬及其書法藝術的探索〉，《新疆社會科學》1985年第4
　　期，頁117-121。

51　趙孟頫，《趙孟頫集》(任道斌點校，杭州：浙江古籍出版社，1986)，卷7，頁
　　158-161，〈文貞康里公神道碑〉。

宋前後已由武職轉任文官，歷任各府路達魯花赤。其子囊家台「有隱德」，「篤學而尚志」，取答祿爲姓，文圭爲其漢名，又取「章瑞」、「橫溪」等字號，顯然已士人化[52]。其子姪守禮、守恭，其孫與權相繼成爲進士，與其家族之文士化自有因果關係。孛顏忽都之祖和尙也是在平宋後由軍職轉任文職。

亦有不少進士出身於武官家庭。其家或因徙居中原已久而士人化，或因受科舉制施行之激勵而開始教子讀書。蒙古進士中的月魯不花、篤列圖家族，色目進士中的薩都剌、完澤溥化家族皆可爲例。月魯不花、篤列圖之父脫帖穆耳以千戶身分鎭守明州、越州三十餘年，由於久戍江南，漢化漸深。據說他「講閱之暇，日與賢士大夫遊，懸弓箭著壁間，聚古今圖書列左右，延名師教其子」，黃溍說他「息馬投戈，以文易武」，可謂寫實。脫帖穆耳諸子皆從會稽名儒韓性遊，以致月魯不花及篤列圖榮登進士第[53]。薩都剌之祖思蘭不花，受知忽必烈，「命仗節鉞」；父阿魯赤，英宗朝留鎭雲代，可見薩氏祖先始終擔任軍職[54]。薩都剌爲元朝最負盛名的大詩人。其姪仲禮，亦中鄉貢進士。而泰定元年(1324)進士完澤溥化(漢名沙德潤)之家族更是由武將家族轉化爲科第世家的最好代表。曾祖沙的從成吉思汗伐金；祖抄兒赤(漢名沙全)，官至松江萬戶府達魯花赤，其家遂居松江[55]；其子某應是承襲萬戶府達魯花赤之職。溥化諸弟姪在至正間登鄉貢多達四人[56]；雖然科第之顯赫不及高昌偰氏、汪古馬氏，但薩氏、沙氏皆可算是在科舉恢復後奮起讀書直接由武將家庭成功轉化的新士族。

官宦子弟雖然在科舉中占有優勢，但是有如《元統元年進士錄》所顯

---

52 方回，《桐江續集》(四庫全書)，卷27，頁15下，〈題答祿文圭淨香亭〉；任士林，《松鄉文集》(四庫全書)，卷2，〈淨香亭記〉。

53 《金華黃先生文集》，卷35，頁9下-10上，〈千戶遜都台公神道碑〉。

54 薩都剌，《雁門集》(殷孟倫點校，上海：上海古籍出版社，1982)，頁401-402，〈附錄・干文傳序〉。關於薩都剌參看《元西域人華化考》，卷4，頁63下-65上。張旭光，〈薩都剌生平仕履考辨〉，收入白壽彝主編《回族人物志・元代》(銀川：寧夏人民出版社，1985)，頁372-405。

55 《元史》，卷132，頁3217-3218，〈沙全傳〉。

56 顧清，《正德松江府志》(中國方志叢書)，卷25，頁458，〈科貢〉。

示，仍有不少蒙古、色目進士出身布衣之家。這些布衣家庭的性質有進一步探討的必要。而此一探討必須將進士家庭的戶計類別列入考慮。

「戶計」是元代戶役制度的一部分[57]，全國人戶皆經僉定爲國家承當特定的差役。諸色戶計如軍、民、匠、站、儒等戶，都本著「籍不准亂，役皆永充」的原則，世守其業，權利、義務相去甚大。因而戶計類別是影響子弟讀書、仕進的一個重要因素。《元統元年進士錄》列有各族進士戶計類別，便於研討。至於其他十五科進士家庭所屬戶計已難以探究。

就元統元年科而言[58]，二十五名蒙古進士中，現知其戶計者十一人，全部出身軍戶。色目進士二十五人中，現知其家庭戶計類別者僅八人。其中軍戶出身者也多達六人(75%)。顯然元代進入中原之蒙古、色目人，除去任官者外，大多納入軍戶，以作政權之保障。蒙古軍戶十一戶中，僅三戶具有仕進紀錄，色目軍戶六戶中，也僅有三戶爲官宦家庭；其餘當爲普通士兵家庭。如右榜狀元同同，出身蒙古口口歹氏，眞定路錄事司侍衞軍戶，祖先三代全無仕進紀錄，顯然出於普通軍戶之家。同科蒙古進士阿虎歹、博顏歹、護都不花、柏延烏台、脫穎，色目進士野僊普化、明安達耳等皆是如此。即使在元統元年科之中，《進士錄》雖未有記載但實際是出身於普通軍戶之家者亦不乏其人，右榜第二名余闕(1303-1358)便是出身廬州西夏軍人社區。宋濂〈余左丞傳〉雖稱其父沙剌藏卜「曾官合肥」[59]，但在《進士錄》中三代皆無仕歷，顯然爲一普通軍戶。

從以上探討看來，元代的科舉中，蒙古、色目官宦家庭占有甚大優勢。官宦家庭子弟登第者之比率遠高於布衣子弟。高級文官而漢化較早的家庭顯然獲利最大，造成父子叔姪聯翩登第的現象。但是，蒙古、色目進士中亦有二、三成來自布衣家庭，大多出身普通軍戶，爲原甚閉鎖的蒙古、色目統治

57　黃清連，《元代戶計制度》(台北：台灣大學文學院，1977)；高樹林，《元代賦役制度研究》(石家莊：河北大學出版社，1997)，頁127-221。

58　〈元統元年進士錄校注〉上，頁74-81；蕭啓慶，〈元代科舉與菁英流動〉，頁142-148。

59　宋濂，《宋文憲公全集》(四部備要)，卷40，頁17下，〈余左丞傳〉。

菁英階層注入一些新血。

三、族群分布

　　在元代科舉中，蒙古、色目雖各享有一定配額，但在族群之內的各民族或部族並無配額限制。各民族或部族錄取進士人數的多寡應反映該族漢化之快慢，而其漢化之快慢又與其原有文化水平及在元朝之地位具有關聯，故有探討之必要。現將有關蒙古、色目進士的族屬資料製爲表四及表五。

　　表四所列爲蒙古進士三十四人的族屬背景。該表顯示蒙古各部族或氏族所產生之進士頗爲平均，多寡相去並不懸殊。事實上，在進入中原之前，蒙古各部大體皆爲遊牧民。其中怯烈、乃蠻二部由於位處西蒙古，受到畏兀的影響，文化水平較高。其他各族水平甚爲相似。因此，各族的漢化起點可說相同。入元以後，各族成員家族或位列廟堂，或分編於各千戶、萬戶之中，際遇各不相同。而且，現存蒙古各族進士資料不多，主要限於現仍有碑傳資料存世的各個家族，家族在元代之地位與文化取向對個人顯然大於部族或氏族。如乃蠻族產生五名進士，三名皆產生於答祿家族，即與其家族文化取向具有密切關聯。

表四　蒙古進士族群分布

族別 ＼ 科別	元統元年科(％)	十五科(％)	總　計(％)
札剌亦兒	3(17.6)	0(0)	3(8.8)
弘吉剌	2(11.8)	0(0)	2(5.9)
斡羅納兒	2(11.8)	1(5.9)	3(8.8)
塔塔兒	2(11.8)	2(11.8)	4(11.8)
亦乞列思	1(5.9)	0(0)	1(2.9)
燕只吉台	1(5.9)	0(0)	1(2.9)
遜都思	1(5.9)	3(17.6)	4(11.8)
捏古思	0(0)	4(23.5)	4(11.8)
伯牙吾台	0(0)	1(5.9)	1(2.9)

科別 族別	元統元年科(％)	十五科(％)	總　計(％)
忙古台	1(5.9)	1(5.9)	2(5.9)
札只剌台	1(5.9)	0(0)	1(2.9)
乃蠻	2(11.8)	3(17.6)	5(14.7)
怯烈	1(5.9)	1(5.9)	2(5.9)
哈兒柳溫台	0(0)	1(5.9)	1(2.9)
合計	17(100)	17(100)	34(100)
族不詳	8	23	31
總　計	25	40	65

表五　色目進士族群分布

科次 族別	元統元年(％)	十五科(％)	總計(％)
畏兀	5(20.8)	24(36.9)	29(32.6)
唐古	8(33.3)	11(16.9)	19(21.3)
回回	8(33.3)	19(29.2)	27(30.3)
哈剌魯	3(12.5)	4(6.2)	7(7.9)
汪古	0(0)	4(6.2)	4(4.5)
也里可溫	0(0)	1(1.5)	1(1.1)
欽察	0(0)	1(1.5)	1(1.1)
康里	0(0)	1(1.5)	1(1.1)
合計	24(100)	65(100)	89(100)
族不詳	1	6	7
總　計	25	71	96

　　色目各族進士之多寡則與其本族原有文化背景關聯較大，色目人不是一個民族，而是元廷為統治需要而設定的一個族群，族類極為繁多。色目之「族」的意義與蒙古之「族」全然不同。蒙古之「族」指氏族或部族，而色目各「族」原來或為國家，或為部族，或為宗教。其原有文化水平及其所受漢文化影響之大小相差甚大。這些因素皆影響其族人漢化之快慢與登第之多寡。

　　根據表五，色目各族，依產生進士的多寡可分爲三級：第一級爲畏兀
（29人）、回回（27人）、唐古（19人）三族。三族合計占族別可考色目進士的
84.2%，可見這三族在科舉中的優勢。第二級爲哈剌魯（7人）、汪古（4人）。
第三級爲欽察、康里、也里可溫，僅各產生進士一人。各族進士的多寡相去
甚遠。

　　畏兀、回回、唐古產生甚多進士的原因各不相同。畏兀自漠北西遷高
昌、北庭後改營城廓生活，廣泛吸收西域文化，形成甚高文明，早已擁有世
俗及佛教知識分子[60]。加以歸順蒙古甚早，頗受蒙元朝廷重用，而且擔任文
職者最多[61]。故畏兀人中的漢化家族甚多。產生九名進士的偰氏與產生兩名
進士的廉氏便是屬於這類高度漢化的家族。

　　元代回回泛指信仰伊斯蘭教的各族人，包括大食（阿拉伯）人、波斯人及
伊斯蘭化之突厥人[62]。遷入中原者人數之多，在色目各族中名列第一[63]。回
回因有伊斯蘭文明爲基礎，原有文化水平較高。不少回回人在遷入中原時已
是知識分子。而且，朝廷對回回頗爲重視，在理財、行政方面往往重用。加
以，元代回回除去隨蒙軍遷入中原者，尚有唐宋時代「蕃客」、「胡商」的

60　關於高昌回鶻之歷史與文化，參看安部健夫，《西ウイグル國史の研究》（京都：
　　彙文堂，1955）；A. von Gabain,*Das Leben im uighurischen Konigreich von
　　Qoco,850-1250,* Wiesbaden: Otto Harrasowitz, 1973；程溯洛，〈高昌回鶻王國〉，
　　收入程氏《唐宋回鶻論集》（北京：人民出版社，1993），頁236-260。

61　關於畏兀人在蒙元時代之政治地位及漢化，參看李符桐，〈回鶻與元朝建國之關
　　係〉、〈畏吾兒人對於元朝建國之貢獻〉，兩文收入《李符桐論著全集》（台北：
　　臺灣學生書局，1992），第三冊，頁161-270、271-338；胡其德，〈元代畏吾兒人
　　華化的再檢討〉，收入《中國邊疆史學術討論會論文集》（台北：蒙藏委員會，
　　1995），頁169-201；Thomas T. Allsen, "The Yuan Dynasty and the Uighurs of Turfan
　　in the 13th Century," in M. Rossabi (ed.), *China among Equals*(Berkeley: University
　　of California Press, 1983), pp. 243-280.

62　關於元代之回回，參看楊志玖，〈元代回族史稿〉，發表於《回族研究》1992年
　　至1994年各期；邱樹森主編，《中國回族史》（銀川：寧夏人民出版社，1997），
　　上冊，頁112-328；Morris Rossabi, "The Muslims in the Early Yuan Dynasty," in
　　John D. Langlois(ed.), *China under Mongol Rul*e (Princeton: Princeton University
　　Press, 1981), pp. 257-295.

63　白壽彝主編，《中國通史》第8卷第13冊(陳得芝主編，上海：上海人民出版社，
　　1997)，頁619。

後裔。這些家族早已高度漢化。泰定四年(1327)進士蒲里翰、至順元年
(1330)進士馬原景都是出身於這類老回回家族。蒲里翰與蒲壽庚同族[64]，壽
庚家族早已漢化，其兄壽宸爲一詩人。而馬原景之家於宋初入華，其祖先在
宋代登進士第者十人，武探花者一人[65]，早已是一個科第家庭。

　　唐古氏即原來之西夏人。西夏原爲一大國，其地受漢文化影響近千
年[66]。而西夏亦爲一包擁蕃、漢的國家。國中蕃、漢二學並重，而其科舉取
士是以儒學爲內容，故其本國早已擁有漢文士人階層[67]。如斡玉倫徒之家便
是西夏著名漢文士人家族，該家族入元之後，仍然歷代仕宦。但因該國抵抗
蒙古較烈，歸順以後政治地位不高，其人編入軍伍者甚多，如余闕便是出身
戍守合肥的唐古軍人家庭。同科進士伯顏(字魯卿)、明安達耳、塔不歹等也
都是唐古軍戶或軍人子弟。軍人身分可能妨害了唐古人讀書登科的機會，以
致進士數目不及畏兀、回回。

　　第二級二族中，有如前文所述，汪古原有漢文士人存在；馬氏家族便是
一個明顯的例子，故馬氏子弟登科入仕甚爲容易。但是，汪古原爲人數不多
的一個部族[68]，不過四千車帳，而見之於紀錄者僅寥寥數家，以致登第人數
不多。

　　哈剌魯即唐代之葛邏祿[69]，原爲西突厥之一部，居住於巴爾喀什
(Balkash)海東之海押立(Qayaligh)周圍地區。哈剌魯人在11世紀後即開始伊

64　胡謐，《成化河南總志》(成化十二年刊本)，卷10，頁37下；卷16，頁99下；顧
　　嗣立，《元詩選癸集》(掃葉山房刊本)癸上，頁61上。

65　《懷寧馬氏宗譜》，引見馬肇曾，〈《懷寧馬氏宗譜》及歷代主要人物考〉上，
　　《回族研究》1998年第3期，頁19-30。

66　關於西夏的歷史與文化，參看吳天墀，《西夏史稿》(成都：四川人民出版社，
　　1982)；史金波，《西夏文化》(吉林：吉林文史出版社，1986)。

67　白濱，〈西夏的學校與科舉制度〉，《西夏文史論叢》第1輯(銀川：寧夏人民出
　　版社，1992)，頁17-31。

68　關於汪古族，參看周清澍，〈汪古部事輯〉，《中國蒙古史學會成立大會紀念集
　　刊》(呼和浩特：中國蒙古史學會，1979)，頁147-206。

69　關於哈剌魯，參看陳高華，〈元代的哈剌魯人〉，《西北民族研究》1988年第1
　　期，頁145-154；W. Barthold, *Four Studies on the History of Central Asia*, vol.
　　I(Leiden: E.J. Brill, 1956), pp. 103-104.

斯蘭化，但信仰景教與佛教者亦不乏其人。哈剌魯人兼事農業、牧業與商業，是突厥遊牧民族中文化較高的一族。遷入中原的哈剌魯大多繫身軍籍，較為集中的屯駐地區有大名路濮陽(山東河北蒙古都萬戶府駐地)、河南南陽及江浙慶元路等地。危素序酒賢《金台集》稱「其人之散居四方者往往業詩書而工文章」[70]。出身元統元年進士大吉心、丑閭(字益謙)、託本，十五科進士中塔海(慶元)、鐵閭(慶元)、完澤溥化(松江)、捏古柏(慶元)皆是出身軍人家庭。

第三級之也里可溫、欽察、康里各僅產生一名進士。原因不盡相同。也里可溫(Erkeun)為對基督教徒及教士的通稱，包含族類甚廣[71]。也里可溫之原有文化水平因個人所屬族類不同而有甚大差異。也里可溫進士不多乃因不少信仰景教的進士皆以原屬族群見於記載(如汪古、乃蠻、怯烈)。唯一以也里可溫之稱見於記載的進士雅琥則為一水平頗高的詩人。

康里、欽察原為突厥遊牧部族。康里原居於今烏拉爾河(Ural，即押亦河)以東至鹹海(Aral Sea)東北，而欽察則遊牧於南俄欽察草原(Desht-i Qipchaq)——裏海、黑海之北，烏拉爾河與頓河之間[72]。兩族原有文化不高，與中原殊乏淵源。而且徙入中原的兩族人士大多編入軍旅，因而漢化程度不高，產生進士甚少。唯一的康里進士為至正十四年(1354)科之太禧奴，為不忽木之曾孫、回回之孫。欽察族中之唯一進士字顏忽都之家原為軍人，但其父千奴已士人化，延祐五年(1318)自中書平章政事之高位致仕後，創建歷山書院，延名師教其子弟。字顏忽都遂登泰定四年(1327)進士第。總之，千禧奴與字顏忽都的背景在其所屬族群中皆甚特殊。

在元代的重要民族中，阿速與吐蕃未見有產生進士的記載。阿速人為原居北高加索山脈(太和嶺)的伊朗種人，「素號精悍，善騎射」，遷徙中原之

70　危素，《危太樸文集》(元人文集珍本叢刊)，卷10，頁5下-6上，〈酒易之金台後稿序〉。

71　關於也里可溫，參看陳垣，《元也里可溫考》(上海：商務印書館，1932)；周良霄，〈元和元以前的基督教〉《元史論叢》第1輯(1982)，頁137-163。

72　關於康里、欽察與阿速，參看陸峻嶺、何高濟，〈元代的阿速、欽察、康里人〉，《文史》第16輯(1982)，頁117-130。

阿速人皆編入宿衛中，漢化程度較低。吐蕃人可能由於享有特殊的宗教與政治地位，通元一代未見產生士人，也未產生進士[73]。

　　總之，色目各族進士之多寡與其本族原有文化水平、移居中原的人口數目及在元朝所處政治地位有關。

四、婚姻關係

　　元朝未曾禁止異族通婚，而且立法加以規範[74]。事實上，各族間通婚頗為頻繁，而族際通婚不僅促進血緣融合，亦與蒙古、色目人的漢化具有密切關聯。

　　蒙古、色目人與漢人聯姻常促成其家庭之漢化。嫁與異族的漢族婦女中，不少略諳詩書，往往遵循漢人價值觀念，督促子女讀書習文。因而蒙古、色目家庭與漢族聯姻與其在科舉中的成敗之間亦頗有關係。

　　元統元年及十五科蒙古、色目進士之家與漢族通婚皆甚普遍。《元統元年進士錄》中載有各進士之母親（曾祖母、祖母則多不記載）或妻子所屬族群（如為蒙古、色目人）或姓氏（如為漢人、南人）[75]。例如脫穎（字尚賓）為蒙古札剌亦兒氏，「母姬氏，……娶宋氏」，又如丑閭（字益謙）本人為哈剌魯人，「母康里氏，……娶欽察氏」。若進士未娶，則記作「未娶」。現將蒙古、色目進士的此項資料列為表六。表六中「婚姻對象」各依其種族或姓氏判斷其族群類別。如記作札剌亦兒、康里、欽察之類必為蒙古、色目者，列

73　傅海波教授云：「吐蕃僧侶似置身中原文化之外，而未能如畏兀兒人一樣從事於中原士人所敬重的一些文化事業。」見H. Franke, "Tibetans in Yuan China," in John D. Langlois(ed.), *China under Mongol Rule*, pp. 296-328.

74　洪金富，〈元代漢人與非漢人通婚問題初探〉，《食貨》（復刊），第6卷第12期（1977），頁1-19；第7卷1、2期（1977），頁11-61；池內功，〈元朝における蒙漢通婚とその背景〉，載於《ァジァ諸民族における社會と文化・岡本敬二先生退官紀念論集》（東京：國書刊行會，1984），頁218-238；楊志玖，〈元代回漢通婚舉例〉，收入楊氏《元史三論》（北京：人民出版社，1985），頁156-162；孟楠，〈元代西夏遺民婚姻研究〉，《寧夏社會科學》1992年第2期，頁67-74。

75　〈元統元年進士錄校注〉上，頁74-81。

入「蒙古、色目」。如記爲姬氏、宋氏等漢姓，則列爲「漢族」。以姓氏來判斷族別，自然無法絕對正確，但與事實應該相去不遠。凡姓氏或氏族脫落者則列入「缺載」。因本表旨在說明聯姻漢族有助於蒙古、色目人之登第，凡一人娶兩次妻以上而其中一人爲漢族者即列入漢人計算。

　　表六顯示：蒙古進士之母爲漢族者占總人數的68.2%，妻子更高達71.4%。色目人通婚比例較低，母親爲漢族者爲54.5%，妻子爲漢族者則爲50%，都在半數以上。

　　色目進士通婚比例較低，應可歸因於宗教。進入中原之蒙古人或保持原有的沙漫教，或改宗佛教，皆不構成聯姻漢人的宗教藩籬。而元統元年色目進士二十五人中，回教徒多達八人。由於宗教原因，回教徒所娶多爲同教中人；例如元統元年科進士慕萵、口合謨沙(1305-?)、阿都剌(1308-?)、剌馬丹(1302-？)等四人之母皆爲阿魯渾(Arghun)氏。上述四人中，剌馬丹本人所娶爲穆速魯蠻(Mussulman)，其他三人則未娶。此外別羅沙(1308-?)之母爲回回氏，娶答失蠻(Dashman)氏。回回、穆速魯蠻及答失蠻皆指回教徒而言，而阿魯溫則爲中亞信奉回教的一個部族[76]。若扣除此等回教徒間的互婚，則蒙古、色目進士家庭與漢人通婚的比例甚爲接近。

　　表六雖足以顯示蒙古、色目進士之母、妻多爲漢族，但現有資料可進一步證明部分進士與漢人的血緣關係更爲深遠。《元統元年進士錄》中偶有記載祖母氏族或姓氏者，顯示進士祖母中亦有漢人。例如蒙古進士阿虎歹之祖母爲孟氏，唐兀進士安篤剌之祖母爲劉氏、樊氏，應該皆爲漢人。又如進士廉方之家自其曾祖布魯海牙以還，便與漢人通婚。廉方之妻爲趙密(1261-1334)之女，密爲易州淶水人，出身將門，襲職鷹房都總管，卻是大儒劉因弟子，爲一儒將[77]。更如慕萵之祖父堪馬剌丁娶葉里干氏，繼娶蔣氏、周氏、龍氏。慕萵之父哈八石爲龍氏子，但龍氏早卒而蔣氏「賢而讀書」，待哈八石如親子，可見慕萵之父已含漢血[78]，且由富有教養之漢母扶持成材。

76　楊志玖，〈元代的阿兒渾人〉，收入楊氏《元史三論》，頁226-236。

77　《滋溪文稿》，卷15，頁248-249，〈總管趙侯墓碑銘〉。

78　《至正集》，卷51，頁25上-26下，〈漁陽縣男于闐公墓志銘〉；卷68，頁22上-24

顯然不少元統元年科進士的漢族血緣超出一半，而且其文化取向與其祖母、母親爲漢族也有關係。

　　元統元年以外十五科進士家庭婚姻資料較爲殘缺，不便統計，茲臚列於表七之中。表七與表六歧異之處是加列進士曾祖父與祖父二代與漢族通婚資料。十五科中現尚可考蒙古進士四十人中，曾祖母、祖母、母親或妻子爲漢族者有九人。色目進士七十一人，上述四代配偶爲漢族者十七人；雖不及元統元年進士家庭比例之高，但由於史料殘缺，上述兩個數字所反映的可能僅爲實際情況的冰山一角。

表六　元統元年蒙古色目進士家庭之婚姻

族別 婚姻 對象	蒙　古		色　目	
	母	妻	母	妻
漢族	15(68.2)	10(71.4)	12(54.5)	7(50)
蒙古色目	7(31.8)	4(28.6)	10(45.5)	7(50)
總數	22(100)	14(100)	22(100)	14(100)
未娶	0	7	0	5
缺載	3	4	3	6

表七　十五科蒙古色目進士家庭與漢族通婚

	科次	姓名	曾祖母	祖母	母	妻
蒙古	延祐五年	忽都達而		馮立孫女		河東轟氏
	至治元年	泰不華				石抹繼祖女
	泰定四年	答祿守禮	代州張氏	大名梁氏		
		哈剌台		張泰魯女		
	至順元年	篤列圖 (字敬夫)			王氏、畏兀氏、潘氏	
		答祿守恭	代州張氏	大名梁氏		
	至正二年	答祿與權	大名梁氏			
		揭毅夫		潘氏		

（續）────────

　　上，〈哈八石哀辭並序〉。

	科次	姓名	曾祖母	祖母	母	妻
色　　　　　　　　　　目	至正五年	篤列圖(字彥誠)			哈魯氏、高高氏、朱氏	
	延祐二年	馬祖常	白氏	張氏	楊琰女	索氏、怯烈氏
	延祐二年	馬祖孝	白氏	張氏	楊琰女	
		偰哲篤	奧屯氏			
		哈八石			葉里干氏、蔣氏、周氏、龍氏	
	延祐五年	偰玉立	奧屯氏			
	至治元年	廉惠山海牙 偰朝吾	奧屯氏	石抹氏		
	泰定元年	偰直堅 師字羅	奧屯氏 惠氏	王氏		
	泰定四年	善著	奧屯氏			
	至順元年	偰列箎	奧屯氏			
	前期不詳	納失理	畏兀氏、孟氏			
	至正二年	馬世德	王明德女			
	至正十四年	太禧奴	寇氏	史氏、王氏、崔氏	回回一子娶任仁發女	
	後期不詳	愛理沙			馮氏、王氏	
	後期不詳	長吉彥忠			慈溪黃氏	
	總期不詳	馬祖善	白氏	張氏		

　　表七顯示某些蒙古、色目進士與漢族家庭通婚頗具持續性。汪古馬氏、答祿乃蠻氏及康里太禧奴等家族，皆是累世與漢族通婚姻。馬祖常、祖孝之高祖母爲金太尉王明德之女[79]；曾祖母白氏、祖母張氏可能皆爲漢人[80]；母楊氏，爲中書左右司郎中楊琰女，當爲漢人[81]；而祖常之妻索氏，可能亦爲

79　元好問，《元好問全集》，卷27，頁638-641，〈恒州刺史馬君神道碑〉。
80　《元史》，卷134，頁3244-3245，〈馬月合乃傳〉。
81　《石田先生文集》，卷13，頁245-246，〈梁郡夫人楊氏墓誌銘〉。

漢人[82]。馬氏家族至祖常可能與漢族已五世通婚。答祿守禮、守恭之曾祖父（即與權之高祖父）抄思娶張氏、康里氏。祖父別的因爲康里氏所生，但由張氏所養，張氏爲代州石門良家子。別的因之妻梁氏，出身「大名貴族」，當出漢族士人門第，即守禮、守恭之祖母。其一孫女，亦即守禮、守恭之姊妹嫁與其同年進士，出身汴梁的趙期頤，可見答祿氏與漢族三世通婚[83]。太禧奴家族與漢族通婚的歷史也是源遠流長。高祖燕眞所娶爲忽必烈所賜配高麗美人金長姬，屬廣義漢人；曾祖不忽木娶寇氏、王氏。寇氏出身中山安喜儒士寇氏家族；太禧奴之祖父回回即爲寇氏所生[84]。回回，娶史氏、王氏、崔氏皆可能爲漢人[85]，回回有五子，其中一子娶著名畫家、都水庸田使松江任仁發(1254-1327)之女[86]。現不知太禧奴爲何人之子，若爲此婚姻之結晶，則其家族與漢人聯姻業已長達四代。總之，馬氏、答祿氏及太禧奴家族與漢族累世聯姻，可能是導致此三家族子弟連翩登第的一個原因。

十五科蒙古、色目進士聯姻的漢族婦女，不少出身於士人家庭，答祿守禮之曾祖母代州張氏，太禧奴之曾祖母寇氏皆是如此。此外，延祐五年進士忽都達而爲宋某路提點刑獄馮立之孫女[87]。泰定四年進士哈剌台之曾祖母張氏爲黃岡儒者張泰魯之女，黃岡張氏女對其子孫影響頗大，蘇天爵撰〈元故贈長葛縣君張氏墓志銘〉說：

> 初，皇慶科舉詔下，哈剌台甫十餘歲，縣君(張氏)呼而教之曰：「我昔居父母家，歲時親戚小兒來者，吾親必祝之曰：『長大作狀元！』自我爲汝家婦，恒在軍旅，久不聞是言矣！幸今朝廷開設科

---

82 蘇天爵，《滋溪文稿》，卷9，頁138-145，〈馬文貞公墓誌銘〉。
83 《金華黃先生文集》，卷28，頁12上-17下，〈答祿乃蠻氏先塋碑〉。
84 趙孟頫，《趙孟頫集》，卷7，頁158-161，〈文貞康里公神道碑〉。
85 《宋文憲公全集》，卷41，頁18上，〈康里公神道碑〉。
86 阮元等編，《石渠寶笈續編》(台北：故宮博物院，1971)，頁244，嶧嶧跋任仁發所繪〈張果見明皇圖〉。
87 《金華黃先生文集》，卷27，頁13下，〈捏古公神道碑〉。

舉，汝能讀書登高科，吾復何恨？」於是悉資給之，俾從師受業。

泰定三年(1326)策試進士，哈剌台果中第二甲第一人。[88]

可見嫁入異族的漢族婦女常將唐宋以來中原盛行的「狀元情結」灌輸於其子弟。張氏孫男七人中，除哈剌台外，又有三人亦「治進士業」，應該都是受此漢人婆婆的影響。總之，出身漢人士族的婦女往往知書達禮，往往鼓勵子孫讀書應舉，以求光大門楣。

元代中後期蒙古、色目族群中業已形成一個數目龐大，日益增長的士人群體[89]。與漢族士人通婚，對子孫讀書登第固然有助，與其他蒙古、色目漢化士人家庭聯姻，對家庭科舉傳統之開啓或延續亦有裨益。延祐二年(1315)進士偰哲篤、至順元年(1330)狀元篤列圖皆可爲例。偰哲篤妻月倫石護篤(1301-1341)，與哲篤同屬畏兀族。月倫石之父八里麻吉而的爲福建道宣慰使都元帥，其母出於著名漢化世家高昌廉氏，爲中書左丞廉希恕(布魯迷失海牙)之女，亦即廉希憲之姪女。月倫石護篤知書達禮，尤諳女學，黃溍撰〈魏郡夫人偉吾氏墓志銘〉說：

> 夫人生而聰慧，稍長，能知書，誦《孝經》、《論語》、《女孝經》、《列女傳》甚習。見前史所記女婦貞烈事，必再三復讀而歎慕焉！[90]

哲篤與月倫石護篤產有七子，一人爲進士，一人爲鄉貢進士，三人爲國子生出身，可說學業多有成就[91]。其中偰百遼遜於元末攜家避入高麗，後亦成爲高麗與朝鮮二朝的科第仕宦世家[92]。篤列圖之妻爲其座師馬祖常之妹，是一

88　《滋溪文稿》，卷21，頁359-361，〈元故贈長葛縣君張氏墓志銘〉。

89　蕭啓慶，〈元代多族士人圈的形成〉，收入蕭氏《元朝史新論》，頁203-242。

90　《金華黃先生文集》，卷39，頁17下，〈魏郡夫人偉吾氏墓志銘〉。

91　蕭啓慶，〈蒙元時代高昌偰氏的仕宦與漢化〉，頁267-270、291-294。

92　關於偰氏之遷移至高麗，參看黃時鑒，〈元高昌偰氏入東遺事〉，收入蕭啓慶主編《蒙元的歷史與文化：蒙元史學術研討會論文集》(台北：臺灣學生書局，

段因科舉而締結的良緣[93]，元季詩人王逢「瓊林宴狀元，銀屏會佳婿」之句即係歌詠其事[94]。祖常之妹亦應知書達禮，其子揭毅夫後登至正二年第。

總之，蒙古、色目進士出身之家庭多與漢族家庭——尤其是士族——通婚。嫁入蒙古、色目家庭之漢族婦女往往教導或鼓勵子孫讀書應舉，有助於這些家庭在科舉中之成功。此外，與其他蒙古、色目士人聯姻亦有助於家庭科舉傳統之開始與延續。

五、結論

元朝的科舉制度是當時特殊政治社會結構的反映。蒙古、色目人在科舉中與漢族享有相等的配額則可說是元朝科舉制度的一大特色。

蒙古、色目人為元代社會中的外來族群，不僅在當時社會中與漢族居於不同地位，其固有文化與漢族亦大有差異。因而對蒙古、色目進士背景的探討，所應注意的不僅是社會流動的問題，亦是蒙古、色目族群的漢化問題。

本文自家族仕宦經歷、族群分布與婚姻關係等三方面探討了蒙古、色目進士的背景及其與登科的關係。

自家族仕宦經歷言之，多達八成(81.2％)的蒙古、色目進士出身於官宦家族，而來自布衣之家者不過二成(18.8％)。而且進士三代直系祖先曾任中上官職者將近五成(46.2％)，而未曾仕宦的祖先僅占三成(30.9％)，可見科舉制度的主要作用在於為官宦子弟增加一條入仕的途徑。這種現象一方面顯示：元朝選官用人雖然最重門第，但高門子弟並非人人皆可憑藉蔭襲特權入仕。另一方面也反映蒙古、色目官宦子弟之學習漢文化較平民子弟享有較大利便。定居中原較早、漢化較深的文官家族子弟獲利最大。少數蒙古、色目科第世家皆是由此類家族蛻變而來。但是，布衣家庭出身的進士大多來自普通軍戶之家，可見科舉制度不僅為原來甚為閉鎖的蒙古、色目統治菁英階層

(續)————

93　虞集，《道園類稿》，卷46，頁23下-31上，〈靖州路總管捏古公碑〉。

94　王逢，《梧溪集》，卷3，頁98，〈故內御史捏古氏篤公輓詞〉。

注入數量不大，卻甚重要的新血，而且激勵下層家庭的子弟研讀詩書以求入仕，對蒙古、色目族群漢化的擴散具有促進作用。

自族群分布言之，蒙古各族原有文化水平頗爲近似，科舉所產進士的數目亦甚平均。而色目各族所產生進士人數的多寡與其本族原有文化水平的高低、移居中原人口的多少及該族在元朝之地位具有關聯。色目各族中，畏兀、回回、唐古三族所產進士最多，哈剌魯、汪古次之，欽察、康里、也里可溫產生進士甚少，而吐蕃、阿速則交了白卷。各族產生進士的多寡顯然反映該族漢化的深淺。

自婚姻關係言之，甚多蒙古、色目進士的家族早已與漢族建立密切的通婚關係，嫁入蒙古、色目家庭的婦女不少來自漢族士人之家。這些漢族婦女往往知書識禮，對其子孫的文化取向及登科應舉具有重要影響。

總之，蒙古、色目躍登進士的機率不僅與其家族有無仕宦背景有關，而且與原屬族群之文化背景及家族婚姻關係等因素密切相關。從社會觀點來說，大多數進士是蒙古、色目族群中傳統菁英家族的延伸。從文化觀點來說，蒙古、色目進士則是其族群中漢化最深的一群。

——原載於《漢學研究》第18卷第1期（2000年6月），頁101-128。

第六章

元朝科舉與江南士大夫之延續

一、導言

士大夫是崛興於兩宋的一個社會階層，取代南北朝以來的門閥貴族而主宰近世中國社會。近世型的士大夫具有讀書人、官僚與地主(或商人)三位一體的性格。士大夫憑藉以儒家經典爲中心的文化道德修養而取得政治權力與社會地位，而土地擁有則爲其學術修養及權力地位的經濟基礎或爲其結果。這種三位一體的性格使得士大夫階層的主宰地位歷久不衰[1]。

士大夫階層的崛興及延續與科舉制度具有密切的關聯。學者大多同意：士大夫階層的形成主要乃因北宋擴大科舉規模以延攬士人。但是對於科舉制度與士大夫家族地位的關係，仍然不乏爭議。早期學者多認爲：科舉乃是政府爲擴大其社會基礎而引入新血的有效工具，也是平民士人進入宦途的主要途徑[2]。近來研究者則多強調士大夫階層的區域社會基礎並認爲：科第之士大多來自早具財勢的「地方菁英」(local elite)家族，科舉不過是這些家族延伸其身分的工具，所起注入新血的作用不大[3]。事實上，這兩種說法並非完

---

1 礪波護，〈士大夫の成立〉，收入小倉芳彥編《中國文化史叢書》，卷8，《文化史》(東京：大修館書店，1968)，頁193-210。伊原弘，〈宋代の士大夫覺え書〉，宋代史研究會編《宋代の社會と宗教》(東京：汲古書院，1985)，頁257-296。

2 E. A. Kracke, Jr., "Family vs Merit in Chinese Civil Service Examinations under the Empire," *Harvard Journal of Asiatic Studies* 10(1947), pp. 103-121.

3 Robert M. Hartwell, "Demographic, Political, and Social Transformations of China, 750-1550," *Harvard Journal of Asiatic Studies* 42:2(1982), pp.365-442; Robert P.

全牴牾，而是相互彌補。科第之士雖然多來自望族富室，但出身庶族小姓者亦不乏其人。而富室望族亦唯有通過科舉方能成爲「全國菁英」(national elite)之一部分並因而進一步鞏固其在地方之勢力。

南宋時代江南士大夫階層發展頗爲迅速，不僅數目日增，而其性格亦經蛻變。這種蛻變可自兩方面言之：第一，人數龐大：由於宋代江南經濟空前繁榮，人口迅速增長，教育蓬勃發展以及科舉利祿的莫大引誘[4]，以致士人數目急劇增加，由參與科舉人數可以看出。北宋初年參與科舉人數每科不過二、三萬人；南宋雖僅擁有江南半壁，但在其季年參與鄉試者每科多達四十萬人[5]，約爲江南成年男子之2.5%[6]。南北宋進士錄取之多寡亦反映出士大夫階層之增長。北宋前後取士不過一萬八千餘人，而南宋半壁山河之中即有二萬餘人登進士第[7]。除進士外，享有類似特權的特奏名、太學生、舉人等亦屬士大夫階層，爲數更爲龐大。江南文化經濟較爲發達的地區如福建、兩浙、贛北等地區士大夫尤爲繁夥[8]。第二，地方化：根據美國學者郝若貝(Robert Hartwell)及韓明士(Robert Hymes)的研究[9]，南北宋士大夫階層之發展取向互相歧異。北宋士大夫多謀崢嶸於全國政壇，而南宋士大夫由於科舉及經濟資源競爭日烈，則多汲汲於鞏固其家族在本鄉的基礎：經營田產、善結姻緣並積極扮演地方領袖的角色，同時亦培植子弟以求在科第與宦壇顯露

(續)———————————

Hymes, *Statesmen and Gentlemen: The Elite of Fu-chou, Chiang-hsi in Northern and Southern Sung*, Cambridge, England: Cambridge University Press, 1986.

4 Thomas H. C. Lee, *Government Education and Examinations in Sung China* (New York: St. Martin's 1985).

5 John W. Chaffee, *The Thorny Gates of Learning in Sung China*(Cambridge, England: Cambridge University Press, 1985), p. 35.

6 Patricia Ebery, "The Dynamics of Elite Domination in Sung China," in *Harvard Journal of Asiatic Studies* 48 (1989), pp. 493-519.

7 Chaffee, *Thorny Gates*, pp. 132-133.

8 Chaffee,*Thorny Gates*, pp. 119-156；黃寬重，〈南宋兩浙路社會流動的考察〉，收入黃氏《宋史叢論》(台北：新文豐出版公司，1994)，頁73-104。

9 Robert M. Hartwell, "Demographic, Political, and Social Transformations of China, 750-1550," pp. 365-442; Robert P. Hymes, *Statesmen and Gentlemen: The Elite of Fu-chou, Chiang-hsi in Northern and Southern Sung*.

頭角，並再藉其政治地位而鞏固在鄉里的社會與經濟地位。這種植根鄉里與進軍全國政壇的雙重策略使不少士大夫家族得以長保尊榮及勢力，即便是朝代鼎革，甚至統治民族的變易對其影響亦不甚大。

　　在近世士大夫發展史上，元朝的情形較爲特殊。士大夫地位的主要基礎原爲儒家思想在國家意識型態中的正統地位以及政府用人選才係根據個人的「成就」(achievement)而非根據「出身」(ascription)。元朝並未尊崇儒家爲國家指導思想，僅視之爲一種宗教，與釋、道兩教並列，儒學遂不再是政府取士的主要評準。蒙古用人最重「根腳」(即家世)[10]，高官貴爵幾乎全爲幾十個「大根腳家庭」所壟斷[11]。這種用人取士首重家世的體制與科舉制度依據個人才學取士的方法可說南轅北轍，全不相同。而且蒙古人重視實際辦事能力，不尚文學經術，主要自胥吏中擢用中下級官員[12]，元朝早期因而未曾採行科舉。延祐二年(1315)以前，科舉在江南中斷凡四十年，而在漢地(指金朝舊境)更長達八十年[13]。科舉停頓數十年中，士大夫遂喪失主要的入仕途徑，與國家原有的重要聯鎖亦告切斷。

　　從社會史的角度研究宋朝士大夫階層及其明清時代繼承者——紳士的論著已甚繁夥，考述元朝士大夫階層變遷的著作尚不多見。而且過去有關士大夫階層的研究，大多局限於一朝一代，甚難看到這一階層的成分是否受到朝代變革的影響。而在極少數貫穿數代的區域菁英研究之中，元朝往往受到忽略而一筆帶過[14]；以致在近世士大夫發展之研究上，元朝仍然是一環「失落

10　蕭啓慶，〈元代的儒戶：儒士地位演進史上的一章〉，收入蕭氏，《元代史新探》(台北：新文豐出版公司，1983)，頁1-58。

11　蕭啓慶，〈元代四大蒙古家族〉，收入蕭氏《元代史新探》，頁141-231。

12　許凡(王敬松)，《元代吏制研究》(北京：勞動人民出版社，1987)，頁128-135。

13　關於元朝初期未採行科舉制及其後科舉恢復的原因，參閱丁崑健，〈元代的科舉制度〉，《華學月刊》124(1982)，頁46-57；125(1982)，頁28-51；姚大力，〈元朝科舉制度的行廢及其社會背景〉，《元史及北方民族史研究集刊》，6(1982)，頁25-69；Yuan-chu Lam(劉元珠)，"On Yuan Examination System: The Role of Northern Ch'eng-Chu Pioneering Scholars," *Journal of Turkish Studies* 9(1985), pp.15-20.

14　例如宋漢理(Harriet T. Zurndorfer)研究第9至18世紀間徽州大族之專著，對元朝之考述便極爲簡略。見Zurndorfer, *Change and Continuity in Chinese Local History*,

的聯鎖」。

　　為彌補此一缺漏,筆者擬以元朝科舉恢復後「南人」(元朝用語,指南宋舊境居民,包括江浙、江西、湖廣三省及河南行省南部,四川、雲南則不包括在內,與廣義之「江南」相當)中之登科進士為主要對象,並進一步研析元朝科第之家與宋明官宦、科第之家間的延續關係。筆者希望此一考述能夠顯示:經歷宋元及元明兩次鼎革,不少江南士大夫家族皆能浴火重生,脫穎於科場,維持其政治社會地位於不墜,而元朝的科第之家遂形成宋明二代江南菁英階層之橋樑。

二、元初江南士人的狀況

　　為說明江南士大夫如何克服政治歧視及科舉未行的雙重危機而在科舉恢復後得以重振,本節擬對宋亡後科舉停頓期間江南士大夫之處境作一簡單考述。

　　忽必烈滅宋,為求速勝,著重招撫,未曾廣肆殺戮,江南所受破壞遠小於漢地。平宋之後,元廷更力求保存原有社會秩序,有如蒙思明所說:「是當宋元鼎革之際,不僅平民地主階級未被摧殘,即官僚地主階級亦受保護,與金之女眞地主多被摧毀者大不相牟矣。」[15]因而士大夫之社會經濟地位所受影響不大,而在區域社會體制中尤其如此。蒙元征服對士人影響最大方面則是後者傳統仕進途徑之喪失及其與國家關係之疏離。

　　由於科舉中斷數十年,整個士大夫階層遂喪失傳統仕進主要管道。江南士大夫尤其受到歧視,仕進特別困難,乃因「南人」在元朝四個法定族群中身分最為低下[16]。江南士人欲求出仕,機會最少。

(續)───────────────────

　　　　Leiden: E. J. Brill, 1989.
　15　蒙思明,《元代社會階級制度》(北京:中華書局,1980),頁20-22;陳得芝,
　　　　〈元代江南之地主階級〉,《元史及北方民族史研究集刊》7(1983),頁86-91。
　16　蒙思明,《元代社會階級制度》,頁25-68。

　　蒙元伐宋時，採取招降政策，歸降者皆保留官職[17]。後又規定：南宋官吏可「賚告敕赴省換授」，甚爲優待[18]。至元十九年(1282)，元廷派遣程鉅夫(1249-1318)至江南訪賢，荐用名士二十餘人[19]。但是，整體政治環境對南人極端不利，元廷對南人固然十分猜忌，而北人(廣義，包括蒙古、色目及華北之漢人)對南人亦甚歧視，認爲「新附人不識體例」，多方排擠。至元十五年(1278)即有詔淘汰江南冗官，並諭「翰林院及諸南儒今爲宰相、宣慰及各路達魯花赤(darughachi)佩虎符者俱多謬濫，其議所以汰之者」[20]。同年八月即下詔「追毀宋故官所受告身」[21]。江南文人虞集(1272-1348)入朝爲官，據其回憶說：

> 大德(1297-1307)中，集始來京師，江左耆舊名家、故國衣冠之裔同仕於朝者則有永嘉鄭公兄弟(滁孫、陶孫)、新安汪君漢卿、都昌曹君伯明與今翰林待制袁君伯長(桷，1266-1327)數人而已。[22]

可見成宗時代南宋舊家子弟供職元廷者不過三五文人，點綴昇平而已。至於地方官員，不僅「北方州縣並無南方人士」，即是江南地方官員亦多爲北人[23]。《至順鎮江志》顯示：該路各級職官幾乎全爲蒙古、色目與漢人，

17　關於元朝征服江南後南人遭遇的困難，參看姚師從吾〈忽必烈平宋以後的南人問題〉及〈鐵函心史中的南人與北人問題〉，見於《姚從吾先生全集》，第七集(台北：正中書局，1982)，頁1-86及頁161-200。

18　程鉅夫，《程雪樓集》(陶氏涉園影刊洪武本)，卷10，頁1上，〈取會江南仕籍〉。

19　孫克寬，〈江南訪賢與延祐儒治〉，收入孫氏《元代漢文化之活動》(台北：臺灣中華書局，1968)，頁345-346。

20　《元史·世祖紀》(北京：中華書局，1976)，卷10，頁202。

21　同上，頁203。

22　虞集，《道園類稿》(元人文集珍本叢刊)，卷21，頁32上，〈送冷敬先序〉。

23　關於元朝征服江南後南人遭遇的困難，參看姚師從吾〈忽必烈平宋以後的南人問題〉及〈鐵函心史中的南人與北人問題〉，見於《姚從吾先生全集》，第七集(台北：正中書局，1982)，頁1-86及頁161-200。

唯有教職以南人爲主，南人所受歧視至爲明顯[24]。

南方士人入仕的艱難可由下列兩種統計看出：第一，南人在官員總數中所占比例甚小。韓國學者周采赫根據《元史》、《蒙兀兒史記》、《新元史》中有傳可稽者加以統計，各族官員人數及比率爲[25]：

族群	蒙古	色目	漢人	南人	未詳	總計
人數 （%）	774 (22.6)	919 (26.9)	1362 (39.8)	350 (10.2)	14 (0.4)	3419 (100)

據估計，元朝總戶數中，蒙古、色目僅占3%，漢人占15%，而南人多達82%[26]。但南人官員僅占官員總數之10.2%，與蒙古、色目相較，其入仕之難易不啻有天壤之別，即與漢人相比，相去亦遠。第二，南宋進士入元後退隱者甚多。日本學者植松正分析南宋進士入元後之動向[27]：現有史料中可稽之宋季進士151人中，國亡後退隱者84人（55.6%），出仕元朝者57人（37.8%），動向不明者10人（6.6%）。但出仕之57人中，22人僅擔任學職，算不上做官。官職較高者不過留夢炎(1219-?)、方回(1227-1307)、臧夢解(?-1335)等寥寥數人。退隱諸人中，固有甚多胸懷故國、不仕異朝的「遺民」，但亦有不少不過是入仕無門而被迫退隱者。

元代江南士人家族大多列爲「儒戶」。儒戶的身分決定了大多數士人的

---

24 俞希魯，《至順鎮江志》（宋元地方志叢書），卷15至卷17。

25 周采赫，《元朝官人層研究》（漢城：正音社，1986），頁29。下表係根據該頁所載表3簡化而成。

26 日本東亞研究所編，《異民族の支那統治史》（東京：大日本雄辯會講談社，1945），頁172。

27 植松正〈元代江南の地方官任用について〉，《法制史研究》38（1988），頁1-42。植松教授另有〈江南行省宰相考〉一文（載於《香川大學教育學部研究報告第一部》，83 [1991]，頁77-111），研析江南三省宰執之族群成分，指出元朝前期南人任行省宰執者十九人，占各族群宰執總人數12.2%。中期僅有一南人位至行省宰執(0.9%)，後期則有十五人(15.7%)。前期南人宰執多係宋朝降臣留用，但可能在任不久，即遭罷斥。後期南人宰執較多，乃係元廷挽救危亡的權宜之計。三期之中，中期情形應可視爲常態。

權利、義務以及生活取向。因此，欲了解江南士大夫的情況，必先對儒戶制度略加說明[28]。儒戶是元代的一種「戶計」，而戶計是戶役制度的一部分，也是國家支配人力、物力資源的一種制度[29]。全國人戶皆經檢定爲各種戶計，爲國家承擔各種義務。

儒戶之設置始於漢地，平宋後推廣於江南。凡是舊宋「登科、發解、碩學、名卿士大夫」，根據地方攢報，皆可入籍爲儒戶。至元二十七年後即無變動。據筆者估計，江南入籍儒戶約爲十萬戶左右，占江南總戶數的0.85%[30]；大多數的南宋科第及學問之家皆已網羅在內。但因江南儒戶中亦有原非士人之家冒入儒籍者，眞正的科第之家當有不少未能入籍爲儒。整體而言，這類滄海遺珠的「無籍儒人」應該爲數不多[31]。江南儒戶可視爲南宋士大夫階層的延續。

儒戶的權利與義務大體和僧道等宗教戶計相當。正如僧道生活是以寺院爲中心，儒戶生活是以學校爲中心，皆須隸屬於某一書院或學校[32]。義務方面，原則上每一儒戶需有一名子弟在學，即是年長儒人，亦須於朔望陪拜、聽講或講書[33]。權利方面，儒戶一方面享有類似獎學金性質的廩給，另一方面則可免除全戶差發，可說權利大於義務。與軍民匠站等戶計相比，地位顯然優越。即與明清紳士相較，經濟上所受待遇亦不遜色。元代儒戶並未淪入宋朝遺民所說「九儒十丐」之慘境。

元代儒戶主要問題是仕進。科舉恢復前，學術與政治失去傳統的聯鎖。

---

28 以下對儒户的論述，主要根據蕭啓慶〈元代的儒户〉一文，不再細加註釋。

29 關於户計，見黃清連，《元代户計制度研究》（台北：國立台灣大學文學院，1977）。

30 江南儒户總數係筆者約略估計，僅可視爲「最高可能數而已」。

31 蕭啓慶，〈元代科舉與菁英流動—以元統元年進士爲中心〉，《漢學研究》5.1（1987），頁129-160。

32 片山共夫，〈元代の士人について〉，載於九州大學文學部東洋史研究室編《明清における國家支配と民眾像の再檢討》（福岡：九州大學文學部東洋史研究室，1984），頁17-26。

33 參見陳高華，〈元代的地方官學〉，《元史論叢》5(1993)，頁160-189；牧野修二，〈元代生員の學校生活〉，《愛媛大學法文學部論集・人文學科編》13(1980)，頁1-23。

缺少根腳的江南儒士欲求入仕主要經由下列二途：第一，充任胥吏：機會頗多，昇遷卻慢，而且在儒士看來，胥吏為「役於人」的「小人」，因而不願屈尊降志，出任吏職。第二，充任教職：元代地方學校教員皆由政府任命，職位不多，而儒人數目龐大，欲求一教職並非易事，加以教職品級甚低，雖可轉任職事官，但最多仕至下級州縣官便已達致仕之年。總之，與前代相比，元朝士人仕進的主要問題在於職位的「質」，而不在於機會的「量」。唐宋科舉盛時，進士前程遠大，科第之士構成統治菁英的核心。而元朝儒士，無論由吏進或以儒進，多是位沉下僚。

大多數儒士終身以社區學校為生活中心，其在統治菁英階層中之地位已由核心轉移至邊陲。

總之，在儒戶制度下，儒士享有不少特權，而其唯一的義務是就學。儒戶制度遂成為宋朝科第仕宦世家家學家風延續的保障。科舉恢復後，南人進士出身儒戶者比率甚大，由《元統元年進士錄》的記載可以看出，《進士錄》載有十七名南人進士家庭所屬戶計類別：其中十名出身儒戶(58.82%)，另七名則出身民戶(41.18%)[34]。可見江南士人雖受冷落，但儒戶制度卻為這些家族之家風的延續提供適當之環境。科舉恢復後，不少南宋科第舊家因而得以重振雄風，躍登宦壇。

三、南人登第競爭之激烈

延祐元年(1314)科舉的恢復，對儒士——尤其是為數龐大的江南士子——而言，有如久旱甘霖。 科舉復興之意義在於傳統仕進途徑的恢復而使士人重入菁英階層的主流。據規定，一甲進士授從六品官，二甲授正七品，三甲則由正八品起官[35]。比起蒙古、色目「大根腳」子弟動輒以上品入仕，雖然遜色不少，但與經由胥吏及儒學教官入仕者相較，進士出身優越不少。

34　蕭啟慶，〈元代科舉與菁英流動〉，頁143。
35　《元史‧選舉志》，卷81，頁2019。

躍登進士便可不必埋首鄉校或屈身胥吏而能在國家官僚體系主流中浮沉。

　　但是，對江南士人而言，元代科舉並非入仕的康莊，而是極難擠入的窄門。按規定，鄉試及廷試南人錄取名額皆甚有限。鄉試全國錄取鄉貢士三百人，其中南人所占名額與蒙古、色目、漢人相等，僅七十五人，分布於江浙、江西、湖廣三行省及河南行省南部宋朝舊境。廷試則自各族群按三中取一的原則，共錄取進士百人，其中南人不過二十五人[36]。而且前後十六次考試中，唯有元統元年(1333)取足百名之數。其他各科所取，多則九十餘人，少則五十人。十六科合計共取1139人[37]，平均每科僅錄取71.19人。前後錄取南人大約284人左右，每科平均17.75人。雖然四族群錄取名額相等的規定並未嚴格執行，南人錄取名額可能較其他族群略多，但出入不致太大[38]。每科平均錄取南人進士不致超過二十人。

　　與南宋相比，元朝南人欲登進士第遠爲困難，南宋疆域略大於元朝南人區域，但錄取進士遠多於元朝南人名額。就進士層次而言，南宋每科平均錄取進士四百五十人左右，相當於元朝南人錄取平均數的22.5倍。就鄉貢層次而言，元朝南人間之競爭亦遠較南宋激烈。元朝江浙行省每科赴試者達三千人，角逐該省二十八個鄉貢進士名額(三千人中亦有蒙古、色目，其名額不在二十八名之內，但蒙古、色目考生甚少)[39]。而江西行省每科亦有數千人

36　同上，頁2021。

37　關於元朝初期未採行科舉制及其後科舉恢復的原因，參閱丁崑健，〈元代的科舉制度〉，《華學月刊》124（1982），頁46-57，125（1982），頁28-51；姚大力，〈元朝科舉制度的行廢及其社會背景〉，《元史及北方民族史研究集刊》，6（1982），頁25-69；Yuan-chu Lam(劉元珠)，"On Yuan Examination System: The Role of Northern Ch'eng-Chu Pioneering Scholars," pp.15-20.

38　四族群均額錄取之規定未曾嚴格執行，可由延祐二年科的情形看出：該科共取進士五十六人，右榜(即蒙古、色目人)僅取十六人(見許有壬《圭塘小稿》[文淵閣四庫全書]，卷5，頁22下，〈張雄飛詩集序〉)，則左榜(即漢人、南人)所取爲四十人，現知是科「漢人賜緋者十有一人」(葉盛，《水東日記》[北京：中華書局，1980]，卷31，頁310)，則南人登科者爲廿九人，四族群錄取數互相歧異，相去甚大。但此科爲首科，蒙古、色目人漢文程度仍然不足，故錄取少，以後各科之差額當逐漸減少。今知元統元年科四族群各取廿五人，已趨一致。

39　姚大力，〈元朝科舉制度的行廢及其社會背景〉，頁49。

參加鄉試，競爭二十二個名額。兩省鄉試錄取率皆是百不及一。與宋朝鄉試
「滿二十人解一人，不滿三十人解二人，三十人以上解三人」的配額相比，
難易相去亦遠。再由若干地區錄取進士或鄉貢之多寡亦可看出兩代南人登第
之難易。徽州在南宋共有432人登進士第[40]，而在元朝僅有五人[41]。撫州在兩
宋所產進士為628人[42]，而在元朝不過十二人[43]。衡州在宋朝大中祥符(1008-
1016)至寶祐(1253-1258)二百餘年間，登進士第者二百餘人，在元朝前八科
中鄉舉者不過五人，其中尚包括蒙古一人[44]。元季明初學者徐一夔更就杭州
路之貢額比較三代科舉之難易：

> 杭為方州時，貢士之數自淳熙(1174-1189)至景定(1260-1264)增至
> 二十二人。元置行省于浙，領郡三十二，杭隸焉，貢士之額僅二十
> 八人，是時杭之士不加少也，三年或不能貢一人。今領郡九，杭亦
> 隸焉，其額增至四十八人矣！杭之士不加多也，三年一貢，有六至七
> 人者矣。猶慮未足以盡其材也，復比年一貢矣！[45]

杭州為南宋舊都，亦為元朝人文薈萃的大都會，「三年或不能貢一人」，反
映出元朝江南鄉試競爭之激烈。由於競爭激烈，不少士子避難就易，「由江
以南就試外省者多至八千餘人」[46]，換言之，江南士子遠赴北方各省就試，
以求在中舉較易的漢人鄉試中圖一僥倖。當時，又有舉子假冒蒙古、色目人

40 Zurndorfer, *Change and Continuity*, p. 37.
41 汪舜民纂，《弘治徽州府志》(天一閣藏明代方志選刊)，卷6，頁20上-21上，〈選舉志〉。
42 Hymes, *Statesmen and Gentlemen*, p. 24.
43 楊湘纂，《弘治撫州府志》(天一閣藏明代方志選刊續編)，卷19，頁307-313，〈科第〉。
44 《永樂大典》(北京：中華書局，1986)，卷8648，頁9上-9下，引《衡州府志》載楊俷〈元衡州路進士題名記〉。
45 徐一夔，《始豐稿》(武林往哲遺著)，卷85，頁18上-19下，〈送趙鄉貢序〉。
46 袁桷，《清容居士集》(四部叢刊)，卷24，頁8下-9上，〈送劉生歸鄉試序〉。

之名參試[47]，此種情形恐在漢人、南人中皆不乏其例。

在競爭極端激烈的情況下，久享儒戶制度保護之南宋士大夫家族之子孫自然享有優勢。甚多世家子孫皆賴科舉的恢復而得重返政壇。

四、南人進士家庭背景分析

為研析南人進士家庭背景及其與南宋江南士大夫家族之關係，筆者乃製作「表二」及「表三」。兩表的製作係根據僅存的兩種元朝進士登科記——〈元統元年(1333)進士錄〉及〈辛卯(至正十一年，即西元1341)會試題名記〉[48]，以及筆者對其他十四科登科進士的名單及家世資料所作的輯注[49]。

表二及表三皆依時代分為三期對南人進士的家庭背景及祖先官職加以統計。「前期」係指自延祐二年(1315)首科至至順元年(1330)十六年間六科而言。後期則指自至正二年(1342)至至正二十六年(1366)末科二十五年間九科而言[50]。元統元年一科則獨列，視為中期。前期距宋較近，後期則入元已深，前後兩期進士家庭在宋元兩朝仕宦之情形自然不同，故將前後兩期分列，有助於了解進士家庭與宋元二朝間關係的變化。至於元統元年一科，由於〈進士錄〉所提供之進士名單及家庭背景甚為完整，不似其他各科資料係經輯錄而來以致缺漏甚多。將該科分列，有助於檢證前後二期統計之正確性。

47　《元史》，卷142，頁3405，〈徹里帖木兒傳〉。

48　筆者曾校注此二種〈登科記〉，見蕭啓慶，〈元統元年進士錄校注〉，《食貨》(復刊)，13:1.2 (1983)，頁72-90；13:3.4 (1983)，頁47-62。〈元至正十一年進士題名記校補〉，《食貨》(復刊)，16:7.8 (1987)，頁69-84。關於元統元年進士錄，又可參看王頲點校《元統元年進士錄》，收入《廟學典禮‧外二種》(杭州：浙江古籍出版社，1992)，頁171-226；楊訥，〈關於《元統元年進士錄》的版本與校勘〉，收入《祝賀楊志玖教授八十壽辰中國史論集》(天津：天津古籍出版社，1994)，頁329-333。

49　表二及表三係筆者重建元朝進士〈登科錄〉之初步成果而作成，定有不少需加修正之處。此外，桂栖鵬已對色目進士資料加以輯考，見所撰，〈元代色目人進士考〉，《新疆大學學報》1994年第2期，頁72-78。

50　自元統三年鄉試(1335)後，科舉中斷六年，至至正二年始告恢復。

表二　南人進士家庭背景

	仕宦(％)	布衣(％)	合計(％)	缺　載	總　計
前期	40(70.2)	17(29.8)	57(100)	58	115
元統元年	14(58.3)	10(41.7)	24(100)	1	25
後期	19(70.4)	8(29.6)	27(100)	87	114
期未定	1(25)	3(75)	4(100)	26	30
合　計	74(66.1)	38(33.9)	112(100)	172	284

　　表二旨在顯示進士家庭之仕宦與非仕宦背景。此表之製作係以家庭爲單位。凡進士之曾祖、祖父、父親之中有一人具有仕宦背景者，該家即列入「仕宦」，若無則列入「布衣」。此處所謂「仕宦」，乃採廣義，包括宋元二朝的官吏及科第之士在內。宋朝的科第之士包括享有仕宦或其他特權之進士、特奏名、舉人及太學生。元朝的官吏則涵蓋教職人員，乃因教職人員皆爲官僚組織之一部分。因此，此處之「仕宦」包括宋元二代的統治階層及其邊緣家庭。

　　表二顯示：歷科南人進士現仍知其姓名者共有二八四人，而家世可考者則爲一一二人。在此一一二人中，三分之二(66.1%)來自仕宦家庭，三分之一(33.9%)則出身於布衣之家。前後二期「仕宦」與「布衣」之比率甚爲相似，即「仕宦」家庭約占七成，而「布衣」家庭約占三成。與前後二期相比，元統元年進士出身仕宦家庭者的比率較低，出身平民家庭者比率較高，兩者分別爲六成弱(58.3%)與四成強(41.7%)。此一差異當係反映前後兩期統計所根據的史料之缺陷。兩期進士家庭背景缺乏記載而未列入統計者爲數龐大(見表二「缺載」欄)。依常理推測，史料缺乏記載之家庭，布衣應多於仕宦。因此，前後二期進士出身於仕宦家庭者實際應少於七成，而元統元年的統計當較近實情。即使如此，大多數之進士仍係出身于宋元二朝的仕宦之家，而非官場新血。

　　與宋明兩代進士相比，元朝南人進士新血之比率較少。柯睿哲(E. A. Kracke)對宋紹興十七年(1147)及寶祐四年(1256)兩種登科紀錄之研究顯

示：祖先三代無科第仕進紀錄之南宋進士約占總數之六成弱[51]。而何炳棣研究明清進士則指出明朝進士中，49.5%來自三代之間既無舉人、進士，亦無高官的新血家庭[52]。雖然本文及柯、何二氏對新血（或布衣）及仕宦家庭之定義頗有歧異，無法正確比較。但是，此一比較仍然反映：元朝南人進士出身仕宦家庭者比率較高，來自布衣背景者比率較低。

　　表三旨在進一步顯示進士祖先三代在宋元兩朝的實際仕宦狀況。本表係以個別祖先爲計算單元。二八四名南人進士祖先八五二人中，僅有二八二人事跡可考。在此二八二人中，身爲布衣者占51.8%，在宋朝曾登科第者占20.6%，未曾登第而任宋朝官職者亦占13.1%，兩者合計高達33.7%。而在元朝擔任一般官職者占8.5%，曾任教職者占6.0%。兩者合計不過總數之14.5%。可見具有宋朝仕歷之祖先遠多於曾在元朝有緣出仕者。

　　若按時期分析，則可看出進士祖先仕宋者逐期減少，而仕元者日增的趨勢。一方面，前期進士祖先在宋朝登第(24.3%)及任官(17.6%)比率甚高，合

表三　南人進士祖先職位分析

	宋　　職		元　　職		布　衣 （%）	合　計 （%）	缺載	總計
	科第 （%）	官職 （%）	官職 （%）	教職 （%）				
前期	36(24.3)	26(17.6)	5(3.4)	10(6.8)	71(48)	148(100)	197	345
元統 元年	12(18.2)	8(12.1)	2(3.0)	4(6.1)	40(60.6)	66(100)	9	75
後期	10(16.1)	3(4.8)	16(25.8)	3(4.8)	30(48.4)	62(100)	280	342
期未定	0(0)	0(0)	1(16.7)	0(0)	5(83.3)	6(100)	84	90
合　計	58(20.6)	37(13.1)	24(8.5)	17(6.0)	146(51.8)	282(100)	570	852

51　E. A. Kracke, Jr., "Family vs Merit in Chinese Civil Service Examinations under the Empire," *Harvard Journal of Asiatic Studies* 10(1947), pp. 103-121.

52　Ping-ti Ho, *The Ladder of Success in Late Imperial China*（New York: Columbia University Press, 1962）, pp. 107-125.

　　若按時期分析，則可看出進士祖先仕宋者逐期減少，而仕元者日增的趨勢。一方面，前期進士祖先在宋朝登第(24.3%)及任官(17.6%)比率甚高，合計達41.9%。而在後期，兩者合計則不過20.9%。元統元年進士祖先的比率與此一遞減之趨勢亦頗吻合。另一方面，前期進士祖先在元朝擔任一般官職(3.4%)及教職者(6.8%)合計不過爲總數的10.2%，元統元年進士祖先曾任元朝官職者所占比率爲9.1%，與前期相似。後期進士祖先曾任元朝官職及教職者則有大幅度增長，兩者合計達總數的30.6%。但其中任教職之比率(4.8%)與前期相較，出入不大。擔任一般官職者之比率(25.8%)則增長極大。至於祖先在宋元兩朝皆未出仕而身爲布衣者之比率，前期(48.0%)僅略遜於後期(48.4%)，甚爲相似。而元統元年進士祖先身爲布衣者則高出前後兩期10%以上。此一差異似亦反映史料之完備與否，元統元年之史料甚爲完備，該科進士祖先身爲布衣之比率可能最近實情。

五、南人進士與南宋世家之關係

　　本節擬以實例展示甚多南人進士皆係出身於宋朝仕宦世家或平民書香。

　　出身南宋名門宦族的南人進士確實不少。其中有宗室，有聖裔，有宰相子孫，亦有科第世家之裔。

　　出身宋朝宗室者有泰定四年(1327)進士趙宜浩。宜浩爲宋太祖子德昭十三世孫，曾祖與澝丰管神佑觀[53]。宋時宗室享有較高政治社會地位，以致在學術、文藝方面人材輩出[54]。

　　出於孔門南宗者則有至正二年(1342)進士孔昜(1304-1382)及至正八年(1348)進士孔克表。自孔子四十八代孫孔端友隨宋高宗南遷，在衢州建立家廟，南宗遂告成立，南宗在宋仕宦甚盛。元朝平宋後，南北宗復歸於一。南

53　陳旅，《安雅堂集》(四庫全書)，卷12，頁9上-10下，〈趙縣尹墓誌銘〉。
54　倪士毅，〈宋代宗室士大夫在學術和文藝上的成就〉，收入常紹溫編《陳樂素教授(九十)誕辰紀念文集》(廣州：廣東人民出版社，1992)，頁177-201。

宗失去爵位，族人難入仕途，卻產生幾位進士[55]。孔暘之曾祖景行爲宋朝進士，官禮兵部架閣[56]。孔克表則爲孔子五十五世孫[57]，家衢州，亦係南宗子弟，卻自東平鄉舉而成進士，應劃爲漢人，表二及表三未列入計算[58]。

　　宋朝宰執名臣子孫登元代進士第者有延祐五年(1318)科虞槃(1274-1327)及泰定元年(1324)科史炳孫。虞槃爲乾道左丞相虞允文(1110-1174)之五世孫，曾祖剛簡(1164-1227)，官至利州路提點刑獄[59]。虞氏原籍四川仁壽，後徙於江西崇仁，是宋元之際兵燹之中東徙四川世家之一[60]。槃兄集(1272-1348)爲元朝中期之文壇祭酒。史炳孫則出身於南宋最爲顯赫的科第仕宦世家——四明史氏[61]。曾祖彌鞏爲權相史彌遠(1164-1233)之從弟，史嵩之(?-1257)之叔，嘉定十年(1217)進士，累官江東提點刑獄。祖有之爲寶祐元年(1253)進士，官階朝散大夫[62]。

　　出身宋朝官宦家庭者尚有延祐二年科張士元(1269-1329)、黃溍、延祐五年科汪澤民(1273-1355)、至順元年(1330)科方道叡、李裕(1294-1338)及元

55　吳光、陳雲漢，〈衢州孔氏南宗述略〉，《孔子研究》1988:9，頁118-121。

56　蘇伯衡，《蘇平仲文集》(四部叢刊)，卷13，頁1上，〈同知平陽州事孔公墓誌銘〉。

57　孔克表家世，見蔡芳同纂，《弘治溫州府志》(天一閣藏明代方志選刊續編)，卷10，頁42上；貝瓊，《清江貝先生文集》(四部叢刊)，卷1，頁7下-8下，〈迂隱庵記〉。

58　黃溍，《金華黃先生文集》(四部叢刊)，卷34，頁18下，〈承直郎潮州路總管府知事孔君墓誌銘〉。

59　虞集，《道園學古錄》(四部叢刊)，卷43，頁4下，〈亡弟嘉魚大夫仲常墓誌銘〉。

60　四川世家於宋元之際東徙者大多受盡顛沛貧困之苦，但其子弟在元朝登進士科者頗多，可見就士人登第入仕而言，家庭學術傳統或比家財及地方勢力重要。近來研究四川東徙世家之文頗多，見陳世松、史樂民(Paul J. Smith)，〈宋末元初蜀士流寓東南問題探討〉，《元史論叢》5 (1993)，頁97-112；陳世松，〈寓居江南的元代蜀籍士人〉，《獨協經濟》60號(1993)，頁5-22；Paul J. Smith, "Family, Landsmann, and Status-group Affinity in Refugee Mobility Strategies," *Harvard Journal of Asiatic Studies* 52:2 (1992), pp. 665-708.

61　王元恭，《至正四明續志》(宋元地方志叢書)，卷2，頁27上，〈進士〉。

62　Richard L. Davis, *Court and Family in Sung China, 960-1279* (Durham: Duke University Press, 1986), pp. 164-165, 221, 231, 235, 240。該書所引哥倫比亞大學所藏《蕭山史氏宗譜》(八行堂刊)有助於對史炳孫世系之了解。

統元年科之宇文公諒(1292-?)。張士元之高祖張澤爲宋隆興元年(1163)進士，官至兵部尚書[63]。黃溍曾祖夢炎爲淳祐十年(1250)進士，官至行太常丞[64]。汪澤民爲南宋初名臣顯謨閣學士汪藻(1079-1154)七世從孫。澤民家居宣城，但出於婺源汪氏，婺源汪氏在南宋科第極盛，先後有十九人登進士第[65]。澤民伯高祖鴻舉、祖夢雷、伯父鼎亨皆中進士，「奕世科名，蟬聯不絕」。其中夢雷官至知靖州[66]。方道叡出於淳安科第理學世家，曾祖逢辰(1221-1291)爲咸淳十年(1274)狀元，官至吏、禮部尚書，學者尊爲蛟峰先生[67]。李裕之祖大同爲朱熹弟子，嘉定十六年(1223)進士，官至寶謨閣學士、知平江府。曾祖自立登淳祐元年(1241)進士第，累官知慶元府事[68]。宇文公諒家居湖州，卻是出身於成都名族，「以詩書爲世業」，歷代皆有顯宦。公諒之曾祖峒，累官知嘉定府；祖大鈞爲知萬州，父挺祖則於宋季任平陽縣尉[69]。

此外不少進士家庭在宋朝雖無顯宦，卻是典型的科第世家。茲以莆田方氏、林氏及眉山劉氏爲例，加以說明。

至正十一年科方德至及二十六年科方景章皆出身莆田興化方氏。方、林二氏爲莆田最爲成功的科第仕宦名族。方氏在兩宋先後登進士第者多達八十三人，有如清朝學者李清馥所說：「方氏家學，自宋初至季世，儒學勳名，指不勝屈。」[70]德至高祖大東(1185-1236)爲端平二年(1235)進士，攝甌寧府

63 《金華黃先生文集》，卷33，頁5上，〈張弘道墓誌銘〉。

64 同上，〈附錄〉，宋濂〈金華黃先生行狀〉。

65 Zurndorfer, *Change and Continuity*, p. 38.

66 宋濂，〈宋文憲公全集〉(四部備要)，卷3，頁2上-5上，〈文節汪先生神道碑〉。

67 黃溍，〈蛟峰先生阡表〉，載於方逢辰《蛟峰文集·外集》(四庫全書)，頁29上-29下。

68 脫脫等《宋史》(北京：中華書局，1977)，卷423，頁12642-12643，〈李大同傳〉；《宋文憲公集》，卷5，頁15下-17下，〈道州路總管府推官李君墓誌〉。

69 關於宇文公諒家世，見費著，《成都氏族譜》(適園叢書)，頁11下-12下；〈元統元年進士錄校注〉，下，頁149；王德毅，〈宋代成都宇文氏族系考〉，收入聯合報文化基金會編《第五屆亞洲族譜學術研討會會議記錄》(台北：聯合報文化基金會國學文獻館，1991)，頁157-172。

70 方若文編，《東莞方氏族譜》(香港，1965)，頁41，〈禮部仁載公後次二房

學教授；曾祖澄孫(1214-1261)，登淳祐七年(1247)第，官至秘書郎；祖公
權，則為咸淳七年(1271)進士，累仕太常主簿。總之，方氏祖先三代皆登
科第[71]。

　　延祐五年進士林岡孫及至治元年(1321)林以順皆出身莆田林氏。岡孫之
曾祖得之、祖應成、父棟皆進士。應成及棟分別官至宣撫機宜及同安知
縣[72]。以順則為應成之孫，岡孫之從兄；其父栖、兄以辨皆不事科舉而究心
於程朱之學[73]。可見林氏為科第理學世家。

　　延祐二年劉彭壽(1273-1336)則出身眉山劉氏。其家為另一東遷的四川
世家，居於衡山。「世明春秋，自曾祖演至于侶(彭壽之子)，五世一經相
傳。科第接武，多著述。」[74]彭壽曾祖演得開禧三年(1207)鄉解，祖蕃卿為
淳祐七年進士，攝卯州同知，父淵三領鄉荐，以《春秋》冠全蜀，而彭壽之
子侶(?-1335)則為元湖廣鄉貢進士。可見劉氏科業經歷五世，貫越二朝。

　　進士祖先具有宋朝科第及仕宦背景的比率以前期為最高，然後逐期遞
減。此一現象乃決定於代次的變化，甚為自然。前期各科上距宋亡約四、五
十年。進士之曾祖、祖父二輩活躍期皆在宋朝，父親一輩，亦有不少在宋朝
已經登科或入仕。元統元年科上距宋亡已五十餘年，該科進士曾祖於宋亡時
多已過盛年，祖父一輩之活躍期則在鼎革前後，在宋朝登第或任官者為數不
少。父親一輩多出生於宋亡之後，故除年齡較長之宇文公諒之父挺祖曾任宋
職外[75]，餘皆不及仕宋。至於後期各科之舉行已在宋亡之後七十年至九十

(續)————————————

　　　派〉；李馥，《閩中理學淵源考》(四庫全書)，卷9，頁15上-33下。關於宋朝莆
　　　田方氏之研究，參看簡杏如，《宋代莆田方氏家族》(台北：國立台灣大學歷史研
　　　究所碩士論文，1996)。
71　劉克莊，《後村先生大全集》(四部叢刊)，卷149，頁16下-18上，〈方東叔墓誌
　　　銘〉；卷162，頁3上-6下，〈方秘書蒙仲墓誌銘〉；廖必琦纂，《光緒興化府莆
　　　田縣志》，卷19，頁18上-19下：〈元至正十一年進士題名記校補〉，頁76。
72　黃仲昭修，《八閩通志》中國方志叢書(弘治四年刊)，卷71，頁2294；《莆田縣
　　　志》，卷12，頁42下。
73　《八閩通志》，卷54，頁15下；卷71，頁22上。
74　歐陽玄，《圭齋集》(四部叢刊)，卷10，頁32下，〈眉陽劉公墓誌銘〉。
75　〈元統元年進士錄校注〉，下，頁149。

年。進士祖父一輩大多出生於宋亡前後，但亦有五人曾仕於宋朝[76]。曾祖仕宋者亦不過五人[77]，而仕元者亦有一人[78]。

前期各科及元統元年進士祖先出仕元朝者比率甚低，而出仕者之中又以任教職者占多數，此種現象一方面顯示南人謀取一般官職之不易，另一方面亦可能反映遺民思想的影響。前期進士祖先出仕元朝一般官職者僅有延祐五年進士虞槃之父汲(?-1318)、至治元年進士劉鑄之父有慶、泰定元年進士趙宜中之父某、至順元年進士劉耕孫(1296-1355)之父愨及其同年進士林泉生(1299-1361)之父士霆。其中虞汲及劉有慶皆係由學職轉入翰苑，有慶任待制[79]，汲任編修[80]，不過為正八品官。其他三人官位亦低。趙宜中之父某，「仕不擇官」，當為雜職[81]。劉愨及林士霆分別官武岡路經歷及興化路錄事判官，都是正七品小官[82]。前期進士祖先入元後任教官者共九人。其中任路、州學教授者有歐陽玄之父龍生(1251-1308)[83]、雷機之父德潤[84]、岑士貴之父翔龍(1254-1317)[85]及許晉孫(1288-1332)之父炎等四人[86]。任書院山長者有干文傳之父雷龍[87]及方道叡之父棟等二人[88]。任學正者有劉彭壽之父

---

76 後期進士祖父仕宋者為劉環翁之祖父應球、吳裕之曾祖可、方德至之祖公權、朱夢炎之祖粹中及李貫道之祖篦。

77 後期進士曾祖仕宋者為孔暘之曾祖景行、劉環翁曾祖應球、方德至曾祖澄孫、曾堅曾祖子良及雷燧之曾祖龍濟。

78 危於之曾祖龍友。

79 汪澤民、張師愚編，《宛陵群英集》(四庫全書)，卷7，頁9上；卷4，頁9下。

80 虞集，《道園學古錄》(四部叢刊)，卷43，頁4下，〈亡弟嘉魚大夫仲常墓誌銘〉。

81 吳澄，《吳文正集》(四庫全書)，卷33，頁2上，〈送趙宜中序〉。

82 《宋文憲公全集》，卷49，頁9下，〈故寧國路推官劉君墓誌銘〉；吳海，《聞過齋集》(叢書集成)，卷5，頁13上，〈翰林直學士林公墓誌銘〉。

83 張起巖，〈歐陽公神道碑銘〉，載於歐陽玄《圭齋集》，附錄。

84 《宋文憲公全集》，卷5，頁99上-100上，〈雷府君墓誌銘〉。

85 《清容居士集》，卷29，頁9上，〈江陵儒學教授岑君墓誌銘〉。

86 《金華黃先生文集》，卷33，頁7下，〈茶陵州判官許君墓誌銘〉。

87 《金華黃先生文集》，卷27，頁8下，〈禮部尚書致仕干公神道碑〉。

88 劉克莊，《後村先生大全集》，卷149，頁16下-18上，〈方束叔墓誌銘〉；卷162，頁3上-6下，〈方秘書蒙仲墓誌銘〉；廖必琦纂，《光緒興化府莆田縣志》，卷19，頁18上-19下；〈元至正十一年進士題名記校補〉，頁76。

純[89]及何槐孫之父天駿等二人[90]。任縣學教諭者則有孔濤之父純[91]及李質(1291-1337)之父繼祖等二人[92]。

元統元年進士祖先曾任元官職者僅徐祖德之祖夢奇及朱文霆(1295-1363)之祖治安。徐夢奇官職甚高，任從三品之宣慰副使[93]。而朱治安則任河南等處醫學提舉，階從六品[94]。該科進士祖先任學職者則有李毅(1304-?)之祖省忠、父以明，徐祖德之父泉孫及劉基之父熰等四人[95]。

後期進士祖先擔任教職之比率略少於前期及元統元年，僅有三人次，實際為二人，即孔暘之祖士璘任縣學教諭[96]，雷燧之祖及雷伯琎之曾祖德潤任路教授[97]。而後期進士祖先擔任元朝一般官職者的比率較前有大幅度之增長，主要原因乃是七名進士父子接踵登科。由於父親已由科舉入官，增加了「官職」欄之比率。此七名進士為至正二年科黃郯為至治元年科黃雷孫之子[98]，至正五年科林彬祖為至治元年科林定老(1276-?)之子[99]，至正十四年科李貫道為至順元年科李裕之子[100]，至正二十三年科雷燧為延祐五年進士

89　歐陽玄，《圭齋集》，卷10，頁32下，〈眉陽劉公墓誌銘〉。

90　陳夢雷編，《古今圖書集成》(台北：鼎文書局，1985)，〈氏族典〉，卷215，頁820c，〈何天駿〉。

91　黃溍，《金華黃先生文集》，卷34，頁18下，〈承直郎潮州路總管府知事孔君墓誌銘〉。

92　危素，《危太樸文續集》，卷11，頁11上-13上，〈經歷李君墓誌銘〉。

93　〈元統元年進士錄校注〉，下，頁150。

94　同上，頁149。

95　同上，頁149、150、152。

96　蘇伯衡，《蘇平仲文集》，卷13，頁1上，〈同知平陽州事孔公墓誌銘〉。

97　《金華黃先生文集》，卷33，頁7下，〈茶陵州判官許君墓誌銘〉。

98　徐學模纂，《湖廣總志》(明萬曆十九年刊)，卷36，頁24下-25下；卷51，頁65下。

99　《宋文憲公全集》，卷42，頁10下，〈麗水二賢母墓碣銘〉；貢師泰，《玩齋集》(四庫全書)，卷10，頁64下；陳效修，《興化府志》(同治十年重修明弘治本)，卷2，頁21下。

100　方若文編，《東莞方氏族譜》，頁41，〈禮部仁載公後次二房派〉；李馥，《閩中理學淵源考》，卷9，頁15上-33下。關於宋朝莆田方氏之研究，參看簡杏如，《宋代莆田方氏家族》。

雷機之子[101]，陳介爲至正五年進士陳異之子[102]，曾仰爲至正十四年進士曾堅之子[103]，而至正二十六年進士雷伯琬則爲雷機之孫、雷燧之子[104]。可見科舉爲江南書香門第增加不少仕進機會。後期進士祖先未曾登科而任一般官職不過九人。官職最高且聲名最高者爲至正二十年進士危於之父危素（1303-1372），官至嶺北行省左丞，秩正二品[105]。官職較高者有孔昜之父昺任松江府判官[106]、至正十四年科林溫（1317-?）之祖桓任台州路照磨[107]。其他如至正五年科劉環翁之父某[108]、林溫之父邦福[109]、至正十四年科陳麟（1312-1368）之父瑤及危於之曾祖龍友（1247-?）等人所任皆爲卑職小官[110]。

從進士間顯著的內親繁殖現象亦可看出元朝江南進士幾乎爲宋朝以來若干士大夫家庭所壟斷。除前述之父子接踵登科外，尚有叔姪或兄弟聯翩登第者。叔姪先後成進士者有延祐二年之楊景行（1277-1347）與泰定元年之楊升雲[111]、延祐五年之黃常與至順元年之黃昭[112]，及至正五年之吳從彥與至正八年之吳師尹（1303-1366）等六人[113]。兄弟或從兄弟賡續登第者更多，有下列十二人：延祐五年雷機與元統元年之雷杭（1302-?）[114]；延祐五年科岑良卿、林岡孫與至治元年之岑士貴、林以順[115]；至治元年之王相（1296-1361）

101 《宋文憲公全集》，卷5，頁99上-100上，〈雷府君墓誌銘〉。

102 楊淵，《弘治撫州府志》，卷19，頁310、313；卷23，頁532。

103 同上，卷19，頁312；《宋文憲公全集》，卷7，頁12上，〈曾學士文集序〉。

104 夏玉麟纂，《建寧府志》（天一閣藏明代方志選刊），卷15，頁89上。

105 《宋文憲公全集》，卷27，頁13下-18上，〈危公新墓碑銘〉。

106 蘇伯衡，《蘇平仲文集》，卷13，頁1上，〈同知平陽州事孔公墓誌銘〉。

107 《宋文憲公全集》，卷15，頁5下-7上，〈林府君墓誌銘〉。

108 《金華黃先生文集》，卷37，頁11上-12上，〈建德錄事劉君墓誌銘〉。

109 同上。

110 陳麟之家世見戴良，《九靈山房集》，卷23，頁2上-6上，〈秘書監丞陳君墓誌銘〉；危龍友官歷，見《危太樸文續集》，卷7，頁21下，〈先大父行狀〉。

111 王沂，《王徵士詩》（宛委別藏），頁1上，〈行狀〉；頁1下，〈墓誌〉；陶履中纂，《瑞州府志》（中國方志叢書），卷18，頁33上。

112 《道園類稿》，卷47，頁49上，〈黃縣尹墓誌〉；《弘治撫州府志》，卷19，頁308。

113 李祁，《雲陽集》（四庫全書），卷4，頁7上-9上，〈吳氏族譜序〉；卷8，頁8上-10上，〈永豐縣丞吳君墓誌銘〉。

114 〈元統元年進士錄校注〉，下，頁80。

115 關於岑氏家族，見袁桷，《清容居士集》，卷29，頁9上，〈江陵儒學教授岑君墓

與元統元年之王充耘(1304-?)[116]；元統元年之朱彬(1308-?)與至正二年之朱
倬(?-1352)[117]及至正十一年之方德至與至正二十六年之方景章等[118]。合父
子、叔姪、兄弟接踵登科者計之，達三十人次，占現知南人進士總人數
11.3%。其中建寧雷氏更有四人登第。此外，機之弟棋、次子燦皆爲至正十
年鄉貢進士。雷機、雷杭之曾祖時於宋朝已爲太學內舍生，祖父龍濟亦中宋
鄉舉。據宋濂說：「輒聞閩中雷氏兄弟以易經相傳授，所爲經之大義，流布
四方，多取以爲法。」[119]可見雷氏世代以《易經》爲家學。

　　與宋明兩朝相比，元朝進士出身於布衣家庭的新血比率較小，但仍有相
當數目，有如前述。這些「布衣」家庭的背景卻甚爲複雜，不盡相同，可分
以下幾類加以分析：

　　第一、地位低微：史料明言出身卑微的進士僅有至正十一年科嚴琯及至
正十四年科錢用壬。嚴琯爲隸卒子[120]，而錢用壬之父職爲「鄉司」；所謂鄉
司即是「專與鄉里大家理田畝丈尺賦稅，……至賤之職也」[121]。此類進士初
無家財及家學可以憑藉，應是苦學而成材。

　　第二、家庭之身分可以確定，但背景不明：碑傳中言及進士祖先時或以
「潛德不耀」、「家居不仕」之類字句描述，或僅提及三代祖先名而未言及
其仕歷者，皆可肯定爲布衣家庭。至治元年進士周尙之(1268-1328)[122]、泰
定元年進士姜天麟(1288-1329)及泰定四年進士著名詩人楊維楨之家庭皆
屬前者[123]，而延祐二年科楊景行(1277-1347)、泰定四年科謝升孫(1296-

(續)————————————

　　　誌銘〉；關於林氏，見〈元統元年進士錄校注〉，下，頁149。
116 〈元統元年進士錄校注〉，下，頁48；劉三吾，《坦齋劉先生文集》(道光七年刊
　　本)，卷11，頁1上-4上，〈王吾素先生墓表〉。
117 〈元統元年進士錄校注〉，下，頁153；《道園類稿》，卷23，頁21上-24下，〈建
　　昌路新城縣重修宣聖廟學記〉。
118 《莆田縣志》，卷12，頁43上。
119 《宋文憲公全集》，卷5，頁99上-100上，〈雷府君墓誌銘〉。
120 《至正直記》，卷2，頁73，〈古之賢母〉。
121 同上，卷2，頁66，〈廣德鄉司〉。該處「錢用壬」誤作「錢用士」。
122 柳貫，《柳待制文集》(四部叢刊)，卷10，頁24上，〈周東揚墓誌銘〉。
123 姜天麟家世見宋褧，《燕石集》(北京圖書館古籍珍本叢刊)，卷14，頁218，〈翰
　　林國史院檢閱官姜君墓誌銘〉；楊維楨家世見《宋文憲公全集》，卷10，頁15

1370)及至正二年科盧琦(?-1362)則屬後者[124]。此二類之家庭可能爲鄉里富戶，可能爲畎畝農家，亦可能爲布衣書香。

第三、平民書香：此類家庭因祖先三代無人登第任官，遂在表二中列爲「布衣」。但實際上不乏文人學者，顯然爲布衣書香之家。有的家庭以教學爲業，如至順元年進士黃昭之父奎「教授鄉里」[125]；至正十四年進士曾堅之祖正吉、父嚴卿(1276-1328)亦是「家居教授」[126]。這些進士祖先雖未能取得教授、山長之類的學職，卻在鄉里教授子弟，是當時所謂「鄉先生」[127]。有的進士祖先雖未能登科入仕，卻以學術見之於紀錄，以致其子弟往往顯名於科場或學界。如泰定元年進士馮翼翁(1292-1354)之父魯(1258-1340)，「博通群書，庭訓甚嚴」，其長子獎翁亦兩舉於江西[128]。又如泰定四年進士汪英之父應辰(1276-1344)，「好讀書，常手自編錄爲文，賦詩以平易古澹爲主」；英從弟汪傑，亦與鄉貢[129]。更如至正二年進士朱倬之父慶龍爲一處士，於其家奉祀鄉賢呂南公；倬之從父朱禮爲鄉貢進士，著有《漢唐事箋》，從兄彬則爲元統元年進士[130]。情形類似者尚有延祐五年科之謝端(1279-1340)[131]、至治元年科之王相(1296-1361)[132]、泰定四年科之黃清老

(續)─────────────

　　　　上，〈江西等處儒學提舉楊君墓誌銘〉。

124 楊景行家世見歐陽玄，〈西昌楊公墓誌銘〉，載於卞永譽《式古堂書畫彙考》(四庫全書)，卷18，頁39下；謝升孫家世見《程雪樓集》，卷19，頁6下-7下，〈謝元禮墓誌銘〉；盧琦，見盧琦，《圭峰集》(四庫全書)，附錄，頁1上，吳鑑〈故前村居上盧公墓誌銘〉。

125 見李祁，《雲陽集》，卷4，頁7上-9上，〈吳氏族譜序〉；卷8，頁8上-10上，〈永豐縣丞吳君墓誌銘〉，〈黃縣尹墓誌銘〉。

126 《金華黃先生文集》，卷32，頁13上。

127 元朝「鄉先生」一詞乃指村館先生、家塾教師等具有德行、文章而無官位之下層士人，與古代「公卿大夫致仕而居於鄉者，曰『鄉先生』」者不同。見片山共夫，〈元代の鄉先生について〉，《モンゴル研究》15 (1984)，頁15-28。

128 劉岳申，《申齋文集》(四庫全書)，卷11，頁5上，〈馮君墓誌銘〉。

129 《道園類稿》，卷47，頁9下-12下，〈汪縣尹墓誌銘〉。

130 《宋文憲公集》，卷5，頁99上-100上，〈雷府君墓誌銘〉。

131 蘇天爵，《滋溪文稿》(中央圖書影印舊鈔本)卷13，頁1上，〈文安謝公神道碑〉。

132 見〈元統元年進士錄校注〉，下，頁153；《道園類稿》，卷23，頁21下-24下，〈建昌路新城縣重修宣聖廟學記〉。

(1290-1348)[133]、至順元年之劉聞[134]、劉性(?-1344)[135]、至正五年科之著名
劇曲家高明(約1305-?)[136]、至正八年之鄒奕[137]及至正二十三年俞元膺等人的
家庭[138]。此外，又有少數進士的個別祖先之學術事功現已不可得知，但文獻
卻顯示其家爲「衣冠世族」、「詩禮名門」，吳從彥、吳師尹及至正十一年
科之許汝霖皆屬此類[139]。南宋時代以「進士」爲業的家庭數目甚大，但其子
弟能夠躍登龍門者不過九牛一毛。出身布衣之家的元代進士不少出於此類平
民書香之家。至順元年進士劉性便是一典型例證，據說「劉氏數世力學，至
粹衷(即劉性)始有爵於朝」[140]。這種數世力學然後始能登科的情形，不僅元
朝如此，漢族王朝時代亦是如此。

　　第四、應爲仕宦而無記錄之家庭：祖先原曾登科或爲仕宦而在載籍之中
卻無記錄，表二中遂列爲布衣。此類家庭應屬不少。最明顯之例證爲元統元
年南人進士出身於非仕宦家庭之十人中，余觀(1308-?)、江文彬(1298-?)、
朱彬(1308-?)及張本(1298-?)等四人皆出身於儒戶，而按當初入籍之規定，
儒戶應爲宋朝官宦及科第之家[141]。

　　第五、旁系祖先具有仕進背景：直系祖先雖乏仕宦紀錄而旁系確曾仕
宦，此種背景亦有助於士人之讀書求仕。此類資料收集不易，故未列入統
計。現知有二例：楊升雲之伯祖某官翰林待制，升雲早年因而受知大臣郝天
挺(1247-1313)，獲授瑞州路學正[142]。至正五年進士周暾爲集賢待制周應極

---

133 《滋溪文稿》，卷13，頁10上-13下，〈儒學提舉黃公墓碑銘〉。
134 《圭齋文集》，卷10，頁10上-13下，〈安成劉聘君墓誌銘〉。
135 《圭齋文集》，卷11，頁1上，〈安成劉氏儒行阡表〉。
136 《弘治溫州府志》，卷10，頁30上；張憲文、胡雪岡輯校，《高則誠集》(杭州：
　　　浙江古籍出版社，1992)，〈前言〉，頁1。
137 楊維楨，《東維子文集》(四部叢刊)，〈送鄒生奕會試京師序〉。
138 汪舜民修，《弘治徽州府志》，卷8，頁38下；卷9，頁53下。
139 吳氏家世，見〈元統元年進士錄校注〉，下，頁80。許氏，見〈元至正十一年進
　　　士題名記校補〉，頁75。
140 同註135。
141 〈元統元年進士錄校注〉，下，頁151-154；蕭啓慶，〈元代科舉與菁英流動〉，
　　　頁148。
142 同註111。

之族姪，因得應極之推荐而入國子學，對其以後登第入仕必有甚大幫助[143]。

以上五類平民「家庭」中，除第一類確屬卑微，第二類身分不明外，其他三類皆為廣義的士大夫家庭，而第三、第四兩類更是南宋士大夫階層的延續。

六、元朝科第之家在明朝的延續

元明鼎革，一如蒙元統一江南，統治民族雖經改變，社會結構卻無重大更革。鼎革之意義僅為民族革命，而非社會革命[144]。唯一主要改變為漢族士大夫取代元朝之蒙古、色目世家而成為統治階層的核心。因而，不少宋元的科第世家在明朝得以重振，成為新興紳士階層的一部分。

元朝科第之家在明朝的延續，可自下列兩方面來考察。

第一、進士本人於元亡之後改仕明朝

關於元明之際進士政治動向，過去學者受乾嘉史學大師趙翼的影響甚大。趙氏認為元朝進士大多「仗節死義」，為元殉國[145]。趙氏所舉殉國進士十六人中，南人僅四人(周鎧、聶炳、劉耕孫及彭庭堅)，在南人進士中僅占少數。

事實上，元明之際進士之動向，甚為複雜。反元群雄之下，皆有元進士及鄉貢進士效力。而朱元璋延用元朝科第之士頗早，得其助力甚大。元璋於至正十五年(1355)渡江前後，即已網羅不少士人為其籌謀畫策，包括元鄉貢進士李習、陶安(1315-1371)、朱升(1299-1370)等。三年後進軍浙東，更贏得以元統元年進士劉基為首的浙東士大夫效力。劉基、宋濂等人從此成為元

---

143 《安雅堂集》，卷11，頁21上，〈番陽周先生墓誌銘〉；《道園學古錄》，卷19，頁16下，〈周夫人李氏墓誌銘〉。

144 蒙思明，《元代社會階級制度》，頁216-245。

145 趙翼著，王樹民校證，《廿二史箚記校證》(北京：中華書局，1984)，下冊，頁705-706，〈元末殉難者多進士〉。

璋之主要謀臣文膽，對其政策頗有影響[146]。明朝建立後，元璋更屢次徵用元室故官，網羅勝國人材爲己用。

　　元朝南人進士出仕明朝者，現已考知二十六人。其中進士劉基於至正二十年(1260)入朱元璋幕，降明最早，對明朝建國貢獻最大[147]。其元統元年科同年張兌仕明爲翰林編修[148]。其他各科仕明者尚有：泰定元年科徐恢仕至戶部尚書[149]；泰定四年科張以寧(1301-1370)授侍讀學士[150]；至正八年科孔克表[151]、鄒奕皆任翰林修撰[152]，吳彤(1317-1373)官至北平提刑按察副使[153]，董彝(1313-?)參修禮書後所授官職不詳[154]；十一年科之朱夢炎官至禮部尚書，尋适累官廣西按察使，劉承直、魯淵(1319-1377)分別任浙江及江西道按察司僉事[155]，程國儒則任洪都府知事，何淑成徵爲太子賓客[156]，潘從善明初曾出仕，官職不詳[157]；十四年科之錢用壬仕至禮部尚書[158]，曾堅任禮部員外郎[159]，林溫(1317-?)爲秦王府贊善[160]；十七年科之胡季安

---

146 陳高華，〈元末浙東地主與朱元璋〉，收入陳氏《元史研究論稿》（北京：中華書局，1991），頁290-307。

147 黃伯生，〈故誠意伯劉公行狀〉，載於劉基《誠意伯文集》（四部叢刊），卷首。

148 徐學謨纂修，《萬曆湖廣總志》（四庫全書存目叢書），卷51，頁67下。

149 楊準修，《嘉靖衢州府志》（北平圖書館藏善本），卷10，頁15下。

150 張廷玉等撰，《明史》（北京：中華書局，1976），卷285，頁7316，〈張以寧傳〉；程敏政編，《明文衡》（台北：世界書局，1962），卷82，頁2-3，〈朝列大夫張公墓碑〉。

151 廖道南，《殿閣詞林記》（嘉靖刊本），卷8，頁1下。

152 張昶，《吳中人物志》（隆慶長洲刊本），卷7，頁31上。

153 宋濂撰、羅月霞編校，《宋濂全集》（杭州：浙江古籍出版社，1999），第二冊，頁796-799，〈吳府君墓誌銘〉。

154 劉策修，《正德饒州府志》（天一閣明代方志選刊續編），卷2，頁4下，〈進士〉。《明太祖實錄》，卷44，頁10上；卷56，頁14下。

155 以上五人皆見〈元至正十一年進士題名記校補〉，頁76、77、78。

156 楊士奇，《東里集續集》（四庫全書），卷14，頁6下，〈蟫聞集序〉。

157 喻長霖纂，《臺州府志》（中國方志叢書），卷117，頁2上，〈考異〉。

158 焦竑，《國朝獻徵錄》（明代傳記叢刊），卷70，頁63上。

159 《明太祖實錄》（京都：中文出版社，1984），卷34，頁12上；卷38，頁11下-12上。

160 王瓚修，《弘治溫州府志》（天一閣藏明代方志選刊續編），卷13，頁22下，〈人物‧科第〉；卷10，頁31上，〈人物‧藝文〉。

爲國子祭酒[161]，楊萬鑑國子司業[162]；二十年科之危於受命爲安慶儒學教授[163]；二十三年之雷燧任翰林編修[164]，徐宏則爲府學教授[165]，曾仰爲中衛經歷[166]，薛彌充以閑良官留京師[167]。科次不詳進士蔣宮任蘭陽縣丞[168]，梅溢任平陽知州[169]。總之，元季南人進士入仕明朝者比率甚大。明朝爲一崛興南方之漢族政權，江南士大夫紛紛投效，並非意外。

第二、元進士後裔在明朝登科或任官

明朝建立後，即恢復科舉，改革制度，擴大名額。明朝平均每科錄取進士二百五十餘人，雖少於南宋，卻爲元朝實際錄取之三倍半，不可謂不多[170]。而且明朝取消元朝蒙古、色目保障名額，登第進士幾乎全爲漢族人士。而在漢族士人間之競爭中，南方舉子由於學術水準較高，占有甚大優勢，明初各科進士大多爲南方人士所攫取。即在洪熙元年(1425)設置區域定額制以後，南卷錄取之數仍多於北卷及中卷。通明一代，福建、浙江、江西分占全國各省錄取進士多寡之第一、二、四名，可見南士在科舉中之優勢[171]。此一情勢有利於元朝南人進士後裔在場屋中揚眉。

---

161 范淶修，《萬曆新修南昌府志》(日本藏中國罕見地方志叢刊)，卷17，頁24上，〈科第〉。

162 王基鞏纂，《康熙安鄉縣志》(日本藏中國罕見地方志叢刊)，卷6，頁2下，〈選舉志〉。

163 貝瓊，《清江貝先生文集》(四部叢刊)，卷20，頁7下，〈送危於懷赴安慶教授序〉。

164 范嵩，《嘉靖建寧府志》(天一閣藏明代方志選刊)，卷15，頁89上。

165 潘頤龍等修《萬曆福州府志》，卷46，頁97上。

166 《宋濂全集》，第二冊，頁598，〈曾學士文集序〉。

167 黃仲昭，《八閩通志》，卷54，頁265，〈選舉〉；何喬遠，《閩書》(福州：福建人民出版社，1995)，卷108，頁3243，〈英舊志〉。

168 楊士奇，《東里文集》(北京：中華書局，1998)，卷7，頁95-96，〈蔣氏族譜序〉；《國朝獻徵錄》，卷21，頁1上，〈翰林院修撰蔣公傳〉。

169 盧希哲修，《弘治黃州府志》(天一閣藏明代方志選刊)，卷5，頁106上，〈人物〉；《宋濂全集》，第三冊，頁1534，〈故歧寧衛經歷熊府君墓誌銘〉。

170 Ping-ti Ho, *The Ladder of Success*, p. 227.

171 林麗月，〈科場競爭與天下至公：明代科舉區域配額問題的一些考察〉，《國立師範大學歷史學報》20 (1992)，頁43-74。

　　欲研究元明兩朝科第家族間之關係，因牽涉浩瀚之明代史料，一時殊難窮盡。現擬從下列三方面略加論述：

　　第一、洪武四年(1371)進士不乏出身於元朝科第之家：《洪武四年登科錄》為明初三十年僅存之進士登科錄，可惜該錄記述進士家世不多。但自有限之紀錄仍可看出該科進士與元朝乃至宋朝科第之家間的關係[172]。此科狀元吳伯宗即出於宋元科舉世家撫州金谿吳氏，伯宗為至正十六年鄉貢進士吳儀(1307-1371)之子，至正十一年進士吳裕從弟[173]。二甲進士趙旅、吳公達亦與元朝科第具有關聯。趙旅出於宋朝宗室，為泰定四年進士趙宜浩之姪[174]，而吳公達則為元鄉貢進士吳世德之子。

　　第二、明朝前期、中期名臣中不乏出身於元朝進士之家者。楊士奇(1365-1444)及李東陽(1447-1516)可以為例。楊士奇為延祐首科進士楊景行之四世孫[175]，建文(1399-1402)朝試吏部第一，官至少師。李東陽則為元統元年進士李祁四世族孫，天順八年(1464)登進士第，官至吏部尚書[176]。楊、李二人皆為以文章領導縉紳的宰臣。此外，洪武後期任翰林學士之劉三吾(原名如孫)曾登至正七年湖廣鄉試副榜，其兄為至順元年進士劉耕孫，可見三吾與元朝科第亦有密切關係[177]。

　　第三，元朝若干科第較盛之家族在明朝仍然科第仕宦不衰。茲以建寧雷氏、莆田林氏、方氏為例，略加考述。

　　建寧雷氏子弟中最早在明朝登第者為建文二年(1400)進士雷塤，塤為延

172　以上二人見於《洪武四年登科錄》(藝海珠塵)，頁4上、4下、7上、8下、9上。

173　吳伯宗生平見《明史》，卷137，頁3945-3946；《國朝獻徵錄》，卷12，頁5上。關於吳氏家族，見黃仲昭修，《八閩通志》，卷71，頁2294；〈莆田縣志〉，卷12，頁42下及《八閩通志》，卷54，頁15下；卷71，頁22上。

174　關於趙氏家世，見陳旅，《安雅堂集》，卷12，頁9上-10下，〈趙縣尹墓誌銘〉。

175　《東里集‧續集》，卷48，頁1上，〈先世遺事錄〉；《明史》，卷1，頁1下。

176　李東陽，《李東陽集》(長沙：岳麓書社，1984)，卷24，頁361-362，〈族高祖希遷先生墓表〉；《明史》，卷181，頁4280-4285。關於楊士奇及其子孫，參看John W. Dardess, *A Ming Society. T'ai-ho County, Kiangsi, Fourteenth to Seventeenth Centuries* (Berkeley: University of California Press, 1996).

177　張治纂修，《嘉靖茶陵州志》(天一閣明代方志選刊續編)，卷40，頁30下；《國朝獻徵錄》，卷20，頁20上，〈翰林學士劉三吾傳〉。

祐五年進士雷機之孫，至正二十三年進士雷燧之子，至正二十六年進士雷伯珽之弟，官至廣西巡按[178]。塡之曾孫仕檀(1475-1540)爲正德二年(1507)舉人，累官吉府長史[179]。成化十一年(1475)進士雷仕旃，官至江浙右參政，當爲仕檀兄弟輩[180]。此外，永樂七年(1409)及十六年(1418)進士雷吉生及雷鐩皆爲建安人，當爲此族後裔[181]。

莆田林氏在明朝科第仕宦仍然極盛，方志中不乏記載。但是，該族支派繁衍，殊難辨識。現僅就元進士林岡孫、林以順之直系後裔加以考述。以順之孫林曾爲洪武二十七年(1394)進士[182]；岡孫六世孫林俊(1452-1527)，成化十四年(1478)進士，累官刑部尚書，朝有大政，必侃侃陳論[183]；其子達，爲正德九年(1514)進士，官南京吏部郎中[184]。

莆田方氏登科入仕明朝者現知有方徵(1350-1380)及方良永(1461-1527)、良節(1464-1516)兄弟等人。方徵爲方大琮五世孫，洪武六年進士(1373)，官至知懷慶府[185]。良永、良節二人皆爲弘治三年(1490)進士；良永官至右副都御史[186]，良節則累官廣東右布政使[187]。良永之孫攸節，爲萬曆四十一年(1613)進士，官至山東布政使[188]。良節孫攸躋爲嘉靖二十九年(1550)進士，任順德縣令。其子沆(1542-1608)爲隆慶二年(1568)進士，累官寧州知州。沆子箣，萬曆四十一年(1613)進士，姪承郁則爲萬曆二十六年

178 雷塡及第名次及家世見《建文二年登科錄》(收入《明代史籍彙刊》，第10冊，《明代登科錄彙編》)，頁30。蕭彥，《掖垣人鑑》(萬曆原刊本)，卷9，頁12上，誤稱其爲洪武庚辰進士，庚辰實爲建文二年。

179 李默，《群玉樓稿》(隆慶六年刊)，卷7，頁50下，〈雷公墓誌銘〉。

180 夏玉麟等修《嘉靖建寧府志》(天一閣藏明代方志選刊)，卷15，頁9下；姚鏌，《東泉文集》(嘉靖廿六年刊)，卷1，頁24上，〈送雷大參之任浙省序〉。

181《嘉靖建寧府志》，卷15，頁9下、92下。

182《莆田縣志》，卷16，頁2上。

183 楊一清，〈林公墓誌銘〉，載於林俊《見素集》(四庫全書)，〈附錄〉。

184《莆田縣志》，卷7，頁44下-45上。

185 同上，卷13，頁1下-50上。

186 姚鏌，《東泉文集》(四庫全書存目叢書)，卷7，頁1上，〈方公墓表〉。

187 費宏，《費文獻公摘稿》(嘉靖卅四年刊)，卷17，頁29上，〈方君墓誌銘〉。

188《光緒莆田縣志》，卷17，頁60上-61上。

(1598)進士，可見方氏在明朝科第仕宦仍然甚盛[189]。

　　在明朝前後錄取進士的兩萬餘人中，上舉元朝進士後裔在明朝登科者不過滄海一粟。但是上文舉例不過是粗略瀏覽所得，可能僅是冰山一角。由元朝進士本人出仕明朝及進士後裔頻頻登第或任官等事看來，不少宋元江南科第仕宦之家在明朝繼續綿延不絕，大有可能。

七、結論

　　本文自社會史的角度，檢視元朝科舉恢復對江南士大夫階層發展的影響。

　　主要論點為：

　　第一、對江南士大夫而言，元朝初期情勢可說利弊兼具。一方面，蒙元滅宋是一大世變，士人仕進機會不多，其在菁英階層中之地位遂由中心轉移至邊陲。另一方面，在儒戶制度之下，江南士大夫大多錄入儒籍，享有不少特權，唯一之義務為就學，其生活遂不以宦壇而以社區學校為中心。儒戶制度遂成為江南士人之避風港，亦為其延續家學家風的保障。

　　第二、科舉恢復後，南人錄取名額不多，與南宋相去極遠，考試競爭之劇烈，可稱空前，在此劇烈競爭中，具有優良家學者享有頗大優勢。

　　第三、統計與實例皆顯示：南人進士出身於南宋科第仕宦家族者比率甚高。據統計，南人進士出身於仕宦家庭者(66.1%)多於布衣子弟(33.9%)，而在出身官宦家庭者之中，其三代祖先具有宋代仕宦背景者(33.7%)又遠多於曾經仕元者(14.5%)，早期進士祖先屬於宋朝仕宦階層者比率尤高。實例亦顯示進士祖先與宋朝仕宦階層的密切關聯：其中有宋朝宗室，有聖裔，有宰執，有高官，亦有屬於科第世家者。此外不少南人進士來自南宋布衣書香，亦屬廣義的士大夫。出身卑微者並不多見。顯然，甚多南宋士大夫家族因科舉恢復而在政治上復甦。

189　同上，卷22，頁18上-19下。

　　第四、元亡以後，不少南人進士改仕明朝，亦有若干明朝宰執名臣為元朝進士後裔，更有甚多宋元科第世家在明朝仍然仕宦甚盛，宋、元、明三代士大夫階層之連續性顯然不小。

　　總之，江南士大夫階層在兩宋時代業已根深蒂固，元朝初期雖遭遇一時頓挫，但在科舉恢復後不少家族即已復甦，而且延續至明朝。元朝可說是宋、明士大夫發展中的一座橋樑，而不是一個斷層。士大夫家族的延續一方面反映出近世中國社會菁英階層之穩定性，另一方面也顯示蒙元統治對中國社會的影響遠不如過去學者想像之大。

——原載於《元史論叢》第7輯(南昌：江西教育出版社，1999)，頁1-19。轉載於《中央研究院國家研究菁英演講會八十八年度得獎人學術演講會專輯》(台北：中央研究院，1999)，頁167-192。

第七章
元朝南人進士分布與近世區域人才升沉

一、引言

　　科舉制度是近世以來中國政治、社會與文化統合的重要機制，也是區域之間相互競爭的一個管道。一方面，由於科舉的規模是全國性的，各區域之考生皆需接受同一標準的測試，遂導致一個涵蓋全國範圍的士大夫階層與士人文化的產生，並對全國的政治安定與統一具有重大貢獻。另一方面，在科舉制度之下，各地士人皆在單一機制之中公平競爭，登第人數之多寡與科名之盛衰嚴重影響各該地區在朝廷中政治影響力的消長，同時也是「衡量一個地區文化水平的最重要、最客觀的指標」[1]。因而，科場爭勝不僅是個人與家族的奮鬥鵠的，也是區域士人群體追求的目標。

　　科名盛衰、人才多寡與區域經濟、文化升沉之關係密不可分。中國歷史發展總體趨勢是全國的經濟、文化重心由北方移向南方，至11世紀時，南方已取代北方成為人口與經濟之重心。這一趨勢亦反映於南北進士多寡。北宋中後期南方所產進士數目已與北方相等，甚至超過北方[2]。後來明朝設置「南北卷」以保障北方士人登科的機會，更顯示南升北降的情勢[3]。在南北

1　劉海峰，《科舉考試的教育視角》（武漢：湖北教育出版社，1996），頁264。

2　賈志揚(John Chaffee)，《宋代科舉》（台北：東大圖書公司，1995），頁200，圖6。徐規等〈試論宋仁宗時期朝中人才的北南移置〉，收入《中國東南地區人才問題國際學術研討會》（南昌：江西教育出版社，1993），頁113-122。

3　林麗月，〈科場競爭與天下之「公」：明代科舉區域配額問題的一些考察〉，《國立臺灣師範大學歷史學報》第20期(1992)，頁43-73。

二大地區之中，各省區、路、州之競爭亦甚激烈，產生進士之多寡在宋、元、明、清等朝變化甚大。若加探討，應能顯示區域人才的變遷。

有關近世各代進士的地域分布，柯睿哲(E. A. Kracke,Jr.)[4]之論文與賈志揚(John Chaffee)[5]及何炳棣之專著分別研析了兩宋與明清的狀況[6]。而元朝一直是此類研究的「失落聯鎖」，以致無法連續考察近世區域人才的變化，殊為遺憾。

過去缺少相關的研究主要由於元朝之進士錄有待重構，元朝科舉前後共有十六科，現有完整進士錄傳世者僅有一科[7]。在重構其他十五科進士錄之前，無法全盤掌握各科進士之里貫，便不能對進士地域分布作出有系統的研析。幸而筆者多年來從事的進士錄重構工作已近完成。元代各族群進士所屬地域與族屬的模式遂告浮現。

元代科舉中[8]，蒙古、色目、漢人、南人各有配額，四大族群處境互不相同，登第難易程度不一，不能混而論之。本文擬探討南人進士的地域分布並擬進一步以之與宋、明兩代進士之分布作一比較，其目的在於顯示元代南人各區人才的多寡與近世各代人才分布的變化。進士分布的統計是以行政區為單位，將按行省、道、路等級逐步研析。但是，縣級的探討將予省略；因元代各縣進士數目皆少，大多數的縣皆未產生進士，以縣為分析單位，在統

4　Edward Kracke, Jr., "Region, Family and Individual in the Chinese Examination System," in John K. Fairbank（ed.）, *Chinese Thought and Institutions*（Chicago: University of Chicago Press, 1967）, pp. 251-268.

5　賈志揚，《宋代科舉》。

6　Ping-ti Ho, *The Ladder of Success in Late Imperial China: Aspects of Social Mobility, 1368-1911.* New York: Columbia University Press, 1962.

7　蕭啟慶，〈元統元年進士錄校注〉，《食貨月刊》（復刊）第13卷第1.2期（1983年），頁72-90；第3.4期（1983年），頁47-62。現存元朝進士錄除《元統元年進士錄》外，尚有〈至正十一年進士題名記〉，但該記出於國子監石刻，只有進士姓名和甲第次序，並無里貫、族屬、家世的記載，見蕭啟慶，〈至正十一年進士題名記校補〉，《食貨月刊》（復刊）第16卷第7.8期（1987年），頁69-84。

8　關於元代科舉制度，參看丁崑健，〈元代的科舉制度〉，《華學月刊》第124期（1982年），頁46-57；第125期（1982年），頁28-51；姚大力，〈元朝科舉制度的行廢及其社會背景〉，《元史及北方民族史研究集刊》第6期（1982年），頁26-59。

計學上意義不大。施堅雅(G. William Skinner)的區域系統(regional systems)理論將用作解釋各地區進士多寡及變化的人口、經濟因素的架構，此外亦將自教育與文化的角度探究進士分布的原因。

元代科舉中之「南人」，乃指南宋舊境居民，包括江浙、江西、湖廣三行省及河南行省南部。四川、雲南行省的地理方位雖在南方，卻不包括在內。整體言之，元代的南人地區在宋元時代經濟文化最爲發達，科舉考試競爭最爲激烈，但人才分布仍有甚大區域差異，有待研析。

二、配額制的影響

元代進士之分布受到族群與區域配額制的影響頗大，故在討論進士分布之前，不得不對當時配額制度略加論析。

科舉中的配額制度原是爲維持考試之公平競爭而又兼顧偏遠落後地區考生而設計。北宋雖有分路取人與憑才取人的爭議，但宋朝始終未曾實行區域配額制。宋朝府州試的配額不過是各地按參加考試人數依一定比率錄取，只是當地士人間的競爭，而非區域間的對抗。柯睿哲教授因而稱唐宋兩代爲科舉史上的「區域間自由競爭時期」(era of free interregional competition)，而與元明清三代之爲「區域配額制時期」(era of regional quotas)相別[9]。

金朝入主中原之初曾一度實行「南北選」，爲宋、遼舊境士人舉行不同考試，但僅爲曇花一現，未能持續[10]。科舉史上之有區域配額制是以元朝爲濫觴。

事實上，區域配額僅爲元朝科舉雙重配額制的一部分，另一部分則爲族群配額制。此一雙重配額制的設定原是爲兼顧科舉制度公平取士的理想與當時「少數統治」的政治現實，一方面必須優待統治族群，另一方面又需給予各地區士人適量登科的機會。族群配額制原不是爲公平取士而設計，明顯不

9　Edward Kracke, Jr., "Region, Family and Individual in the Chinese Examination System," pp. 253-262。

10　趙冬暉，〈金代科舉制度研究〉，《遼金史論集》第4輯(1989年)，頁212-235。

利於漢族士人，而區域配額制亦未達致公平的目標。

　　元代科舉每三年舉行一次，鄉試在十七省區舉行，共錄取鄉貢進士三百人。蒙古、色目、漢人、南人四大族群各占七十五人。蒙古、色目名額分散於十七考區。漢人名額分布於北方各省及征東(高麗)、四川、雲南。而南人名額則集中於江南三省(江浙、江西、湖廣)，河南行省則兼有漢、南人鄉貢進士名額，而以金、宋舊境爲區別漢人、南人之標準。全國鄉貢進士三百人會試大都，四大族群按三中取一的原則各錄取二十五人，總共錄取進士百人，實際上除元統元年科外皆未取足百人之數。

　　元朝的雙重配額制對南人，尤其對邊遠與落後地區之士人產生不利影響：

　　第一，南人配額少，競爭激烈：元朝各族群人口多寡相去懸殊，據估計，蒙古、色目僅占全國總戶數的3%，漢人亦不過占15%，而南人高達82%[11]。但南人進士名額卻與其他三個族群相等。元朝科舉前後十六科，共錄取1,139人，平均每科僅有71.2人。南人在鄉試、會試中僅占錄取名額的四分之一，共取進士大約298人，平均每科產生南人進士18.6人。與南宋相較，元朝南人登第困難甚多。南宋疆域僅稍大於元朝南人地區，每科平均產生進士450名，相當於元朝南人錄取平均數的24.2倍。元朝南人在科場中競爭之激烈可以想見。

　　第二，各省人口多寡不一，配額制對人口繁稠之省區不利：據說科舉配額之設定，是「度郡縣之遠近，驗戶版之多寡」[12]，「戶版之多寡」爲一考慮因素，事實上不盡如此，由表一可以看出：南人四省中，每百萬戶所得鄉貢進士配額以江西爲最高(9.40名)，河南次之(8.43)，湖廣又次之(6.74)，而以江浙爲最低(4.42)。僅就戶數而言，各省士人登第之難易相去甚多。江浙士人在本省鄉試中競爭最爲激烈。

11　日本東亞研究所，《異民族の支那統治史》(東京：大日本雄辯會講談社，1945)，頁172。

12　蘇天爵，《滋溪文稿》(陳高華點校，北京：中華書局，1997)，卷4，頁45，〈燕南鄉貢題名記〉。

表一　南人各省戶數與鄉貢進士配額

省　　名	戶數(百萬)	配額	百萬戶中進士額
河南南部	0.83	7	8.43
江　　浙	6.33	28	4.42
江　　西	2.34	22	9.40
湖　　廣	2.67	18	6.74
合　　計	12.17	75	6.16

　　第三，大考區制不利於邊遠落後地區：元朝科舉缺少州縣試，士人登第的主要關卡爲鄉試，而鄉試係以行省爲單位。元朝行省幅員遼闊，不僅遠大於宋朝舉行解試的州府，亦大於明清施行鄉試的行省。河南行省的南人區域涵蓋南宋的淮南東、西路及京西南路，亦即今日江蘇、安徽、湖北三省的江北部分。所謂江南三省則由長江向南綿亙萬里直至於海。江浙行省相當於宋朝的兩浙東、西路及福建路，包括今日江蘇南部、浙江、福建及江西東部上饒、貴溪等縣。江西行省相當於宋朝江南西路與廣南東路，涵蓋今日江西、廣東二省。湖廣行省則與宋朝荊湖北路、荊湖南路、廣南西路及夔州路南部約略相當。這四省中，除江浙行省各地文化發展較爲均勻外，其他三省中各地區文化發展頗有軒輊。尤其江西、湖廣南部不但落後，而且偏遠。在以行省爲單位的大考區之下，偏遠落後地區之考生完全未受到優待，因而處於甚爲不利的競爭地位。

　　總之，元朝採行的雙重配額制造成南人登第的高度困難與激烈競爭。各省配額未能嚴格按照戶口比例分配，不利於戶口繁稠、文化發達的江浙行省的士人。而大考區制則使落後偏遠地區之士人在本省鄉試中處于劣勢。這些制度性的因素皆對南人進士的區域分布產生不少影響。

三、進士的分布

表二〈南人進士地域分布〉係根據筆者重構的元朝進士錄而製作。[13]表中分列南人地區內行政區省、道、路三級的進士數目。元朝的行省純粹係為統治的利便而劃分,與自然地理區域與歷史文化區域皆不盡相合,但行省為鄉試單位,而鄉貢進士名額亦係按行省分配,故將各省所產進士數目加以比較,意義頗大。元朝的道相當於宋朝的路,雖然元朝的道為一監察單位,而非行政單位,但道的轄區與自然地理區的分區及歷史文化區往往契合,故以其為分析單位甚具意義。元朝的路則與宋朝之州相當,為重要地方行政單位,現存元朝戶口數即以路為單位,故具有統計上的意義,亦便於與宋朝的州與明朝的府相互比較。

表二 南人進士地域分布

省名	道名	路名	十五科	元統元年	合計(%)
河 南	江北河南	襄陽	0	0	0
		蘄州	4	0	4
		黃州	0	0	0
		本道合計	4	0	4
	淮西江北	廬州	0	0	0
		安豐	0	0	0
		安慶	2	0	2
		本道合計	2	0	2
	江北淮東	揚州	0	0	0
		淮安	2	0	2
		高郵府	0	0	0
		本道合計	2	0	2
	山南江北	中興	5	0	5
		峽州	1	0	1
		安陸府	1	0	1

---

13 蕭啓慶,《元朝進士輯錄》(未刊)係根據史籍、文集、筆記、石刻、歷代方志及高麗典籍輯錄而成。

省名	道名	路名	十五科	元統元年	合計(％)
河南	山南江北	沔陽府	0	0	0
		德安府	0	0	0
		荊門州	0	0	0
		本道合計	7	0	7
	本省合計		15	0	15(5％)
江	江南浙西	杭州	4	0	4
		湖州	3	1	4
		嘉興	2	0	2
		平江	5	0	5
		常州	3	0	3
		鎮江	2	0	2
		建德	5	1	6
		松江	1	0	1
		本道合計	25	2	27
	浙東海右	婺州	11	0	11
		衢州	7	1	8
		慶元	2	0	2
		紹興	15	0	15
		溫州	9	0	9
		台州	4	1	5
		處州	4	2	6
		本道合計	52	4	56
	江東建康	集慶	3	0	3
		寧國	5	0	5
		徽州	5	0	5
		饒州	8	0	8
		太平	0	0	0
		池州	3	0	3
		信州	9	0	9
		廣德	1	0	1
		鉛山	0	0	0
		本道合計	34	0	34
浙	福建閩海	福州	7	0	7
		建寧	6	2	8
		泉州	3	0	3
		興化	6	1	7
		邵武	1	0	1

省名	道名	路名	十五科	元統元年	合計(%)
江浙	福建閩海	延平	2	1	3
		汀州	2	0	2
		漳州	1	0	1
		本道合計	28	4	32
	本省合計		139	10	149(50%)
江西	江西湖東	龍興	9	5	14
		吉安	19	3	22
		瑞州	1	0	1
		袁州	5	0	5
		臨江	6	0	6
		撫州	17	0	17
		江州	2	0	2
		南康	1	0	1
		贛州	2	0	2
		建昌	4	1	5
		南安	0	0	0
		南豐	0	0	0
		本道合計	66	9	75
	海北廣東	廣州	1	0	1
		韶州	1	0	1
		惠州	0	0	0
		南雄	1	0	1
		潮州	1	0	1
		德慶	0	0	0
		英德州	0	0	0
		梅州	0	0	0
		南恩州	0	0	0
		封州	0	0	0
		新州	0	0	0
		桂陽州	1	0	1
		連州	0	0	0
		循州	0	0	0
		本道合計	5	0	5
	貫不詳		1		1
	本省合計		72	9	81(27.2%)

省名	道名	路名	十五科	元統元年	合計(％)
湖 廣	江南湖北	武昌	5	1	6
		岳州	3	2	5
		常德	3	0	3
		澧州	2	1	3
		辰州	0	0	0
		沅州	0	0	0
		興國	0	0	0
		靖州	0	0	0
		漢陽府	0	0	0
		歸州	0	0	0
		本道合計	13	4	17
	嶺北湖南	天臨	15	0	15
		衡州	1	0	1
		道州	0	0	0
		永州	2	0	2
		郴州	1	0	1
		全州	1	0	1
		寶慶	1	0	1
		武岡	0	0	0
		桂陽	0	0	0
		茶陵	12	1	13
		耒陽	0	0	0
		常寧	0	0	0
		本道合計	33	1	34
	嶺南廣西	容州	1	0	1
		本道合計	1	0	1
	海北海南	本道合計	0	0	0
		貫不明	0	1	1
		本省合計	47	6	53(17.8％)
	南人總計		273	25	298(100％)

註：因未產生進士而未列入本表的道名與路名計有：

　　湖廣行省嶺南廣西道之靜江等十路、平樂府、鬱林等九州。海北海南道之雷州等五路、乾寧安撫司及南寧等三軍。

總十五科貫不明33人

漢南人共545人

　　表中將元統元年科進士與其他十五科分列，乃因元統元年科現有《進士錄》原書為依據，而《進士錄》提供之該科進士名單及里貫甚為完整。而其他各科之相關資料則係輯錄而來。兩者之完整程度不同，將元統元年分列有助於檢證其他十五科統計的可靠性。

　　表二顯示：就行省層次言之，南人四省中，產生進士最多者為江浙，計149人，占現知全部南人進士的50%。其次為江西，共有進士81人(27.2%)，又次為湖廣，產生53名進士(17.8%)，最少為河南，現知進士僅有15人(5%)。若自元統元年各省所產進士言之，江浙最多(10人)、江西次之(9人)、湖廣又次之(6人)，而河南南部於此科未產生進士。元統元年科各省進士多寡順序與其他十五科相較，並無不同，但江浙領先各省的幅度則遠小於其他十五科。各省進士多寡順序與鄉試南人進士配額亦相符合(見表一)，可見江浙領先，河南殿後之順序應是不錯。

　　表三旨在自道的層次觀察南人進士的分布。表中依各道登第進士之多寡賦予其在南人區域中之排名。並將產生十名進士以上各道列為「成功」級，九名以下者為「不成功」級。

　　由「級別」一欄觀之，江浙四道全部躋身「成功」之列，浙東、江東、福建、浙西分別居於南人諸道之二、三、五、六名。即是第六名之浙西道亦有二十七名進士，可見江浙各道文化發展之均衡及其整體在全國之領先地位。

表三　元代江南諸道進士分布

名次	1	2	3	5	6	7	8	9	10	11		13	14
道名	江西湖東	浙東海右	江東建康	嶺北湖南	福建閩海	江南浙西	江南湖北	山南江北	海北廣東	江北河南	淮西江北	江北淮東	嶺南廣西	海北海南
省名	江西	江浙	江浙	湖廣	江浙	江浙	湖廣	河南	江西	河南	河南	河南	湖廣	湖廣
人數	75	56	34	34	32	27	17	7	5	4	2	2	1	0
級別	成功							不成功						

　　江西二道在科舉中之表現極不均衡。江西湖東道所產進士多達七十五人，居南人各道之冠。而列爲「不成功」的海北廣東道(相當於今日廣東)僅有5人登科，與江西湖東道相比，相去甚遠，而元統元年江西行省的九名進士皆爲江西湖東道所產，亦可證明當時江西行省之北部與南部的文化發展存有頗大差距。

　　湖廣行省四道表現的差異亦很大。北方二道：嶺北湖南(相當於今日之湖南)與江南湖北(今湖北南部與湖南北部與西部，相當於宋朝荊湖北路與京西南路之一部分)皆躋身「成功」之列，分居第三、第七名，但湖南、湖北所產進士相差一倍，湖南之文化水平顯然優於湖北。南方二道：嶺南廣西(今廣西)與海北海南(今廣西東部、廣東雷州及海南)與北方二道之差距至爲明顯。嶺南廣西道僅有一人登第，而海北海南道則在科舉中交了白卷，分別居於南人各道之倒數第一、二名，可見湖廣行省南北各道之文化水平差距亦大。

　　河南行省南人四道皆列入「不成功」。其中山南江北道(鄂西江北一帶)表現較好，產生七名進士，在南人各道中位列第八。江北河南道(湖北北部，相當於宋朝京西南路與淮南西路之一部分)次之，有四人登第，居第十。淮西江北道及江北淮東道(即今日安徽、江蘇北部)表現皆甚差，各產生二名進士，並居第十一名。可見河南各道普遍落後，而以淮東、淮西爲最。

　　由路的層次分析更能具體看出各省、各道之內的巨大差異。表四旨在顯示這種差異。表中基本單位爲路(或獨立州、府)。一路產生十名以上進士者列爲「高度成功」，四至九名者爲「成功」，一至三名者列入「普通」，始終無人登科者列爲「失敗」。

　　表四顯示：整體言之，各路表現相去懸殊。在南人地區一二四路(州、府)中，列爲「高度成功」者不過七路(5.6%)，列爲「失敗」者則多達六十一，幾占總數之一半，與宋朝每州皆有人登第的情形大相逕庭，反映出在高度激烈的競爭之下，落後偏遠地區之士人皆無法登第。

　　若分省言之，江浙各路表現最好，江西次之，河南又次之，湖廣行省表現低劣之路最多。

表四　各路進士分布

省名	道名	高度成功 (10+)(％)	成功 (4-9)(％)	普通 (1-3)(％)	失敗 (0)(％)	總計 (％)
河南	江北河南	0	1	0	2	3
	淮西江北	0	0	1	2	3
	江北淮東	0	0	1	2	3
	山南江北	0	1	2	3	6
	本省合計	0(0)	2(13.3)	4(26.7)	9(60)	15(100)
江浙	江南浙西	0	4	4	0	8
	浙東海右	2	4	1	0	7
	江東建康	0	4	3	1	8
	福建閩海	0	3	5	0	8
	本省合計	2(6.5)	15(48.4)	13(41.9)	1(3.2)	31(100)
江西	江西湖東	3	3	4	2	12
	海北廣東	0	0	5	9	14
	本省合計	3(11.5)	3(11.5)	9(34.6)	11(42.3)	26(100)
湖廣	江南湖北	0	2	2	6	10
	嶺北湖南	2	0	5	5	12
	嶺南廣西	0	0	1	20	21
	海北海南	0	0	0	9	9
	本省合計	2(3.8)	2(3.8)	8(15.4)	40(76.9)	52(100)
總計		7(5.6)	22(17.7)	34(27.4)	61(49.2)	124(100)

湖廣有一貫不詳者未列入

　　江浙行省各路之表現不僅優異，而且最為不均。列為「高度成功」與「成功」之路合計高達全省三十一路的54.9％，列為「普通」之路占41.9％，而因始終無人登科而列為「失敗」者僅有一路，占3.2％而已。在江浙四道中，浙東諸路表現最好。浙東之紹興與婺州二路分別以十五及十一名進士躋身「高度成功」之列，溫州、衢州、處州(浙江麗水)、台州等四路皆列為「成功」；唯有慶元(浙江寧波)因僅產生二名進士而列入「普通」，與其宋時之聲華相較，遜色甚多。浙西、江東、福建三道諸路之表現甚為均衡，三道之中並無高度成功之路分，而除江東道之太平路外亦無失敗之路分。江東道八路中，列入成功者有信州(江西上饒)、饒州(江西鄱陽)、寧國(安徽宣

城)與徽州(安徽歙縣)等四路,列為普通者有集慶(南京)、池州(安徽貴池)與廣德(安徽廣德)等三路。福建道轄下之八路中,建寧(福建建甌)、福州與興化(莆田)表現最好,各有七八名進士,列為「成功」。泉州、延平、汀州、漳州、邵武則表現普通。浙西道之建德(浙江建德)、平江(江蘇蘇州)、杭州、湖州各有四至六人登第,列為「成功」。而常州、鎮江、嘉興、松江則表現平平,列入「普通」。

　　江西各路之表現趨於兩極化。在江西行省二十六路中,列為「高度成功」者有三路,占11.5%,而列入「失敗」者則多達十一路,占42.3%,雖低於湖廣、河南,卻遠高於江浙。列為「高度成功」之三路皆屬江西湖東道,即吉安(江西吉安)、撫州(撫州)與龍興(南昌),分別產生二十二、十七及十四名進士,而吉安、撫州更榮居南人區各路進士最多之第一、二名。在此三路之外,江西湖東道列入「成功」之三路為臨江(江西清江)、建昌(南城)、袁州(宜春),各有五、六名進士。表現普通者為贛北之江州(九州)、南康(星子)與瑞州(高安)等路及贛南之贛州,各有一二名進士。列為「失敗」者則有南安路(大庾)與南豐州(南豐),分別為贛南、贛東之小路、小州。海北廣東道之十四路皆不能躋身「高度成功」與「成功」之列,歸類為「普通」者則有五路(廣州、韶州、南雄、潮州、桂陽州),皆僅產生一名進士。其他九路、州(惠州、德慶、英德、梅州、南恩、封州、新州、連州、循州)皆無人登進士第。再次顯示當時江西與廣東地區的文化差距。

　　河南行省南部共有十五路,諸路表現普遍偏低,其中九路無人躍登金榜,占60%,而無任何一路列入「高度成功」。表現最好為山南江北道,所轄六路中,中興路(湖北江陵)列為「成功」,峽州路(宜昌)、安陸府(鍾祥)列為普通,列入失敗者則有沔陽(沔陽)、德安(德安)與荊門(荊門)三州府。江北河南道諸路之表現較山南江北道遜色。三路之中,蘄州路列為「成功」,而襄陽路與黃州路皆無人登第。表現最差者為兩淮各路,淮西之安慶與淮東之淮安(江蘇淮安)各有二名進士,列為「普通」,而淮西之廬州路(安

徽合肥)、安豐路(壽縣)、淮東之揚州路與高郵府皆在科舉中交了白卷[14]。河南行省南部各路表現乃因長期遭受金宋及蒙宋戰爭摧殘,以致經濟、文化落後,無法與江南各省競爭。

湖廣行省所轄五十二路中,無人登科者多達四十路,占76.9%。嶺南廣西、海北海南二道所轄二十九路中在科舉中幾乎交了白卷,表現最差。即是表現最佳之嶺北湖南道亦顯現該道各路發展之不均衡。該道十二路中,天臨路(長沙)及茶陵州(茶陵)分別產生了十五及十三名進士,遙遙領先。天臨、茶陵皆位於湘江中下游地區。衡州(衡陽)、永州(零陵)、郴州(郴縣)、全州(全州)、寶慶(邵陽)等五路各有二名進士,列爲「普通」,此五路皆位於湘江中上游地區。列爲「失敗」者則有道州(道縣)、桂陽(桂陽)、武岡(武岡)等三路及耒陽(耒陽)與常寧二州。表現次佳之江南湖北道僅有二路(武昌、岳州)列爲「成功」,其餘八路中,二路列爲「普通」(常德、澧州),六路(辰州、沅州、興國、靖州、漢陽、歸州)列爲「失敗」。

以上由表二、三、四顯示:南人進士之分布甚不均勻。就行省言之,江浙所產進士最多,江西次之,湖廣又次之,河南則殿後。自道的層次言之,江浙四道表現皆甚優異,河南四道則普遍落後。而江西、湖廣則顯示省內各地區文化發展軒輊頗大。江西省江西湖東道進士之多榮居南人十四道之首,而海北廣東則居第九位;湖廣行省四道中嶺北湖南、江南湖北二道皆躋身成功諸道之列,分別爲第三與第七名,而嶺南廣西道與海北海南道則爲十四道殿後。自路的層次言之,江浙三十一路中,列入「高度成功」與「成功」者多達十七路(54.9%),僅有一路未產生進士(3.2%)。江西二十六路中,江西湖東與海北廣東所屬各路之表現相去懸殊,表現「高度成功」與「成功」之六路皆屬前者,而表現「失敗」的十一路中則有九路屬於後者,顯示元代江西、廣東地區的文化差距。湖廣行省五十二路中,高度成功的兩路皆屬嶺北湖南道,成功之兩路皆屬江南湖北道,而嶺南廣西道、海北海南道共轄三十

---

14 揚州原爲隋唐時代的發達地區,在元朝前數科卻連鄉貢進士亦未產生。蘇天爵〈揚州路學田記〉云:「然自延祐以來,貢舉取士,閭郡不聞一人與計偕者。」(《滋溪文稿》,卷4,頁45,〈燕南鄉貢題名記〉)可見此一地區衰落之狀。

路，卻僅產生一名進士，反映出湖廣行省南北之不平衡。但即就湖北、湖南二道各路言之，亦欠缺江浙各路之均衡性。河南行省十五路中，僅中興路、蘄州路表現差強人意，列入成功，而淮東、淮西各路普遍表現甚差。總之，江浙各路之表現普遍優越，江西、湖廣之各路表現不均衡，而河南則甚落後。

四、宋元進士分布的因革

　　若將元代南人進士的地域分佈與南宋相關地區加以比較，不僅有助於對元代進士分布之解釋，而且可以反映兩代人才分布與區域文化升沉的承襲與改變。

　　宋朝進士數目是以賈志揚《宋代科舉》中之統計爲依據。《宋代科舉》兼列南北二宋之進士分布的統計，但元朝與北宋相去已遠，比較之意義不大[15]。故表五、六、七僅列南宋進士數。而宋朝無行省制度，宋朝之路相當於元朝之道，宋朝之州則相當於元朝之路，現僅就道(路)、路(州) 二層次加以比較。

表五　南宋江南諸路進士分布

名次	1	2	3	4	5	6	7	8	9	10	11
路名	福建	兩浙東	江南西	兩浙西	江南東	荊湖南	廣南東	廣南西	淮南東	淮南西	荊湖北
人數	4,525	3,900	2,636	2,202	1,738	416	259	175	106	103	80

史源：根據賈志揚《宋代科舉》頁198-199，表21改編。

　　表五顯示南宋江南諸路進士之分布，以其與表三比較便可看出宋元之間分布的因革。宋代江南產生進士最多之六路，在元代科舉中仍居領先地位，

15　賈志揚，《宋代科舉》，頁289-298，表26。黃寬重〈南宋兩浙路社會流動的考察〉（收入黃氏《宋史叢論》〔台北：新文豐出版公司，1993〕，頁73-104）一文中曾對南宋兩浙各州府進士作出統計，但與賈志揚之數字出入頗大，不知孰是？但爲全文統一計，本文採用賈氏數字。

不過各路的名次互有變化。宋朝福建路(相當於元朝福建閩海道)所產進士冠於全國,兩浙東路(元浙東海右道)次之,江南西路(元江西湖東道)又次之,而兩浙西路(元江南浙西道)、江南東路(元江東建康道)及荊湖南路(元嶺北湖南道)分居四、五、六名。以上六路,元代江浙四道在宋朝分別居於一、二、四、五名,而第三名之江南西在元朝屬江西行省,荊湖南則屬湖廣,可見江浙各道在宋朝科舉中之優越表現。由表三則可看出:元代福建由宋時之第一降為第五,江西由第三躍為第一,浙東仍居第二,江東與湖南分別由第五、第六晉升,並列第三,而浙西則由第四降為第六。江浙仍居六中之四,江西、湖廣仍各占一位。但是,雖然江浙整體優勢不改,各道之間位次卻有變化。最值得注目的是閩降贛升與湖南興起。

閩降贛升在宋季已見端倪,福建在北宋時已居文化先進地位,所產進士之多冠於全國,並大幅度領先南方各路[16]。但在宋季五十餘年間(1225-1279)福建在科舉中已露疲態,退居全國第二(1546名),浙東躍居第一(1642名),而江西所產進士數目與浙東、福建相去不遠(1386名),居於第三位,上升之勢,至為明顯,而在明初百年間,江西在科舉中更穩居全國第一。贛升閩降自有種種原因,留待下文討論,元代科舉所採行省配額制對江西、福建、浙東等道的利弊顯然不同。在行省配額制之下,江西道士人僅需與文化落後之廣東道競爭便可取得鄉貢進士之資格,自然容易脫穎而出。而福建士人必須與水平甚高之兩浙及江東士人競爭,顯然處於不利地位。

湖南上升之情形與江西相似。宋季五十餘年中荊湖南路進士數目增加甚速。南宋荊湖南路所產進士(416人)中,超過一半(217人)是在此一期間登榜。但是,荊湖南路的進士數目雖居南宋全國第六名,但與第五名之江南東路相較,不及後者的四分之一,可見湖南之落後,而其在元朝科舉中躍居第三,與行省配額制應有不小關係。在湖廣四道中,僅有江南湖北道之士人具有與湖南競爭之能力,嶺南廣西及海北海南兩道則完全無法與湖南相抗衡。湖南士人在鄉試、會試中的表現較宋時優越,殊為自然。

16　同上,頁198-199,表21。

　　宋代科舉中表現平平或失敗之各路，在元朝大體仍是如此，但名次亦有變化。宋時廣南東路(相當於元朝之海北廣東道)、廣南西路分居第七、八名。在元代科舉中，廣東降爲第九，而廣南西路在元朝則分爲嶺南廣西與海北海南二道，前者僅有一名進士，後者更無人登榜，爲江南各道殿後。淮東、淮西在宋元科舉中之表現皆不佳，始終居於最後數名。荊湖北路(元代之江南湖北道)在南宋科舉中表現甚差，爲江南各路之末，元時則躍居第七名，與行省配額制或有關聯。

　　總之，就路(道)的層次而言，宋元領先與落後諸路大體相同。整體而言，江浙諸路始終居於領先地位。但諸省各路之名次發生不少變化。各路表現之升沉原因甚多，而與元朝科舉之行省配額制之間關係尤爲密切。

　　在宋朝諸州與元朝諸路相比較的層次，由於元朝未產生進士之路多達一半，全盤比較的意義似乎不大。若將兩代科舉中領先諸路、州相比較，應可具體看出兩代之間文化最發達、人才最多地區的因革關係。表六、表七顯示宋、元兩代領先諸路、州的名次及進士數目。

表六　南宋科舉江南領先諸州

名次	1	2	3	4	5	6	7	8	9	10	11	12	13
州名	福州	溫州	明州	吉州	饒州	泉州	興化	建州	處州	臨安	婺州	建昌	撫州
進士	2249	1125	746	643	621	582	558	509	506	493	466	452	445

史源：根據賈志揚《宋代科舉》頁289-298，表26改編。

表七　元代科舉江南領先諸路

名次	1	2	3		5	6	7	8		10			13	
路名	吉安	撫州	紹興	天臨	龍興	茶陵	婺州	溫州	信州	衢州	建寧	饒州	福州	興化
進士	22	17	15	15	14	13	11	9	9	8	8	8	7	7

　　南宋進士最多之十三州中，屬於福建路與浙東路者各四州，屬於江西者三州，而屬浙西、江東者各一州。福建之福州、泉州、興化(莆田)與建州分別爲全國第一、六、七、八名，名次偏高。其中福州所產進士之多不僅冠於全國，而且多於第二名溫州一倍。浙東之溫州、明州(寧波)、處州(麗水)、

婺州(金華)居第二、三、九、十一名，聲勢幾與福建諸路相埒。江南西路之
吉州(吉安)、建昌(南城)、撫州(撫州)分別爲第四、十二及十三名，名次稍
爲偏低，而吉州所產進士不及福州的三分之一。江東之饒州(鄱陽)與浙西臨
安(杭州)分別居於第五及第十名。總之，就南宋各州進士分布而言，福建與
浙東各州領先，江西諸州次之，而福建之福州尤其高居第一。

　　元代科舉江南領先十四路中，浙東所屬有四，居全國之冠，即紹興(紹
興)、婺州、溫州、衢州(衢州市)，分居第三、七、八、十名，甚爲優越。
但宋、元兩代浙東領先諸路不盡相同，南宋列爲第三之明州、第九之處州在
元代表現平平，未能躋身前列。而在南宋表現並非凸出之紹興、衢州二路卻
在元朝取得優越成績。江西與福建轄下各有三路居於領先地位。江西之吉安
(宋吉州)、撫州與龍興(宋洪州，今南昌)分別爲南人各路之第一、二、五
名，名次皆甚優異，開啓江西在科舉中領先之地位。吉安之崛興在宋季已經
開始，宋季五十年中，吉安產生進士499名，僅次於福州的866名，而在此後
百餘年間領先全國。福建之建寧、福州、興化分居第十一、十三名，福州已
無宋時獨占鰲頭之盛況，降爲第十三名。而位居南宋第六名之泉州在元朝則
無人登第，令人意外。江東之信州(江西上饒)、饒州分居第八及第十名，在
宋代科舉中饒州已名列前茅，而信州則表現平平。湖南之天臨路(長沙)與茶
陵州(茶陵)分別居於第三、五名，名次甚高。天臨路即宋潭州，潭州與茶陵
在宋朝科舉中皆無特出表現，在元朝顯得出色，亦令人意外。

　　從宋元兩代科舉中領先各路的比較可明顯看出浙東、福建、江西諸路始
終表現優異，但各路的名次亦反映出贛升閩降，浙東穩健發展的趨勢及湖南
興起的現象。江西之吉安、撫州、浙東之紹興在元朝分別躍居第一、二、三
名，取代宋朝福州、溫州的地位，開啓明朝吉安、紹興領先全國的局面。

五、經濟與文化的因素

　　各區進士數目的多寡及升沉與該一地區之地理、人口、經濟、教育、文
化等因素密切相關。欲了解元代進士的分布及宋元之間的變化，不得不就上

述因素作一探討。

　　本節擬借用施堅雅的區域社會經濟體系理論，從地理、人口、經濟等因素解釋各地科舉的榮衰，並兼及教育、文化的因素。

　　施堅雅主張：根據地文（physiographic）現象，中國可分為十大（或九大）區域（macro-region）（或九個）[17]。每一大區域皆有相互倚恃並且各有消長的「核心」與「外緣」地區。「核心」多是地勢低平，耕地肥沃，人口繁稠，交通便利，投資率高的「地區」，遂成為區域貿易中心，「外緣」地區則反是。每一大區域之發展皆是由核心向外緣地區擴散，然後經過統合而構成一個獨立的貿易與都市體制。不過，每一區域之發展並非都是直線向前，而是呈現所謂「區域循環」（regional cycles）的現象。在區域發展上升時期，由核心向外緣擴散，在衰落時期則由外緣向核心逆退。各大區域在歷史上發展之遲速與盛衰的循環互不相同。

　　郝若貝（Robert Hartwell）運用施氏之理論探討唐朝中葉至明朝晚期中國社會、政治與人口的轉化[18]，認為每一區域之發展都經歷：邊疆移殖（frontier settlement）、快速發展（rapid development）、系統衰落（systematic decline）與靜衡狀態（equilibrium）等階段。

　　施氏之大區域理論基本上係自經濟立論，但他認為各大區域亦為社區、政治與文化單位[19]。施氏並在一篇討論清朝各地區培養專業人才策略的論文中施用此一觀念，指出核心地區科第人物盛於外緣地區[20]，而在經濟階次中地位較高的城市在科舉中亦較地位較低的城市更為成功。郝若貝亦指出區域

17　參看：G. William Skinner (ed.), *City in Late Imperial China* (Stanford: Stanford University Press, 1977), pp.3-31, "Introduction," and pp. 211-249, "Regional Urbanization in Nineteenth Century China."

18　Robert Hartwell, "Demographic, Political, and Social Transformations of China, 750-1550," *Harvard Journal of Asiatic Studies* 42.2 (Dec. 1982), pp. 365-442.

19　Skinner, "Presidential Address: The Structure of Chinese History," *Journal of Asian Studies* 44.2 (Feb. 1985), pp. 271-292. (p. 288)

20　Skinner, "Mobility Strategies in Late Imperial China: A Regional Systems Analysis," in Carol A Smith (ed.), *Regional Systems* (New York: Academic Press, 1976), pp. 327-364. (pp. 342-343).

經濟發展上揚時期中紳士家庭往往由核心向外緣地區擴散[21]。而賈志揚《宋代科舉》一書則運用大區域理論分析宋朝進士地域分布[22]。因而，運用此一理論來研析元朝進士的分布亦便於與宋朝相互比較。

本節擬參酌賈志揚的意見，對施氏體系作出下列修改：第一，將贛江盆地視爲一個大區域，而非長江中游東部的一部分；第二，淮南東西道不列爲長江下游地區，而視作華北區的南邊，因宋元時代江北、江南的發展差距過大；第三，明州(寧波)視爲東南沿海的一部分，而不屬於長江下游。經此修改後，元朝的南人區域包括長江下游、長江中游、贛江盆地、東南沿海與嶺南地區。

(一)長江下游

長江下游，在排除長江北岸後，大體可分爲三個分區，即長江三角洲(相當於浙西)、錢塘江流域(相當於浙東)、江左(相當於江東建康道之南部)。宋代長江下游各州在科舉中的表現普遍成功，而其成功的程度則是因分區不同而不是因核心與外緣之區別而有所差異，錢塘分區與長江三角洲之表現優於江左。錢塘分區的紹興一路產生十五名進士，婺州、衢州、建德、徽州等路所產生的進士少則五、六名，多則十一名，皆屬「成功」或「高度成功」路分。長江三角洲的平江、杭州、湖州各產生四、五名進士，屬於「成功」之列，而常州、嘉興、鎮江、松江各有一至三名進士，表現較爲普通。江左分區之寧國(安徽宣城)有五人登第，集慶、池州、廣德各有 至三人登第，只有太平未產生進士。

長江下游各路普遍成功乃因各地經濟、文化發展均衡。在1200年長江下游核心地區人口密度爲每平方公里23.48人，固然高居全國第一，而外緣地區亦有14.53人，在南人各區中之位次亦較前[23]。錢塘與長江三角洲各路戶口

21　Hartwell, "Demographic, Political and Social Transformations of China, 750-1550," pp. 380-383.

22　賈志揚，《宋代科舉》，頁179-383。

23　Hartwell, "Demographic, Political and Social Transformations of China, 750-1550," p.

皆甚繁稠，每路多則四十餘萬戶，少則十餘萬戶(江陰州例外)[24]。江左各路戶口分布較不平均，寧國、集慶各有二十餘萬戶，池州、太平、廣德等路都不過各有五至七萬餘戶，產生進士較少，亦屬合理。

表八　元代南人地區書院分布

省名	道　　名	路　　名	書　院　數
河南	江　北 河　南	襄陽	1
		蘄州	2
		黃州	1
		本道合計	4
	淮西江北	廬州	2
	山　南 江　北	中興	3
		荊門	1
	本　省　合　計		10
江浙	江 南 浙 西	杭州	5
		湖州	2
		嘉興	3
		平江	2
		常州	1
		鎮江	1
		建德	0
		松江	1
		本道合計	15
	浙 東 海 右	婺州	6
		衢州	2
		慶元	15
		紹興	8
		溫州	2
		台州	6
		處州	3
		本道合計	42

(續)————

384, Table 7.

24　梁方仲，《中國歷代戶口田地田賦統計》(上海：上海人民出版社，1980)，頁178-184，甲表49。

省名	道　名	路　名	書　院　數
江 浙	江 東 建 康	集慶	6
		寧國	0
		徽州	12
		饒州	17
		太平	2
		池州	1
		信州	11
		廣德	0
		本道合計	49
	福 建 閩 海	福州	2
		建寧	10
		泉州	4
		興化	1
		邵武	3
		延平	5
		汀州	0
		漳州	1
		本道合計	26
本　省　合　計			132
江 西	江 西 湖 東	龍興	6
		吉安	20
		瑞州	7
		袁州	4
		臨江	3
		撫州	6
		江州	2
		南康	2
		贛州	3
		建昌	2
		南安	3
		南豐	0
		本道合計	58
	海 北 廣 東	廣州	1
		韶州	1
		惠州	3
		潮州	2

省名	道　名	路　名	書院數
江西	海北廣東	肇慶	1
		本道合計	8
		路不詳(江西)	1
	本　省　合　計		67
湖廣	江南湖北	武昌	3
		岳州	1
		常德	1
		澧州	5
		沅州	1
		靖州	2
		路不詳(湖北)	1
		本道合計	14
	嶺北湖南	天臨	8
		衡州	4
		道州	1
		永州	1
		郴州	1
		全州	0
		寶慶	1
		武岡	1
		茶陵	2
		桂陽	0
		耒陽	0
		常寧	0
		本道合計	19
	本　省　合　計		33
總　　　　計			242

史源：張斐怡《元代江南書院的發展》(國立清華大學歷史研究所碩士論文，1998)，附錄〈元代江南書院總表〉

　　一地進士之多寡與盛衰自不能純粹自地理與經濟的角度加以解釋。而需從教育與文化尋求更直接的原因。就教育言之，學校之多寡足以影響人才之興衰。

元朝各路、府、州、縣普遍設立官學[25]，雖然各地官學是否具有實效已難以考究。書院之多少足以反映一地學風之盛衰，有助於解釋科舉之成敗。長江三角洲地區書院多達二十三所，紹興一路即多達八所。錢塘區擁有書院二十所，江左則有九所。整體而言，長江下游是全國書院較多地區，而長江三角洲與錢塘分區多於江左，與其在科舉中之成敗相呼應。

(二)東南沿海

東南沿海區包括浙江杭州灣以南沿海地區、福建全部及廣東東部。本區由東流入海之河道橫切成幾個分區，即浙分區(包括慶元、台州、溫州、處州)、閩分區(福建各路)、九龍江分區(漳州、泉州)、韓江分區(潮州、梅州、汀州)。

東南沿海是宋代，尤其是南宋經濟文化發展最為快速，而在科舉中亦是最為成功的地區。這一地區自11世紀起發展的主要動力主要來自早熟稻及茶葉、甘蔗、水果等之推廣，尤其重要的是海上貿易之蓬勃。在12世紀時已是一個高度商業化的地區[26]。人口超過1000萬。由於本區是以海上貿易為主要經濟支柱，沿海諸州為其核心。

隨著經濟之繁榮，文化亦發展迅速。就福建而言，宋代有州學56所，各類私學達75所(以書院為主)。北宋後期楊時等「程門立雪」，將二程理學移殖入閩。南宋中期，朱熹先後講學閩北、閩南，弟子甚多，對福建的地域文化與科舉事業影響很大。閩北之建安、麻沙更是全國著名刻書中心，方便文化之傳播甚大[27]。建安更是早期移民入閩的世家聚居之地，文化發達，北宋已成科舉中最為成功的地區[28]。

25　陳高華，〈元代的地方官學〉，《元史論叢》第5輯(1993)，頁160-189。
26　Shiba Yoshinobu斯波義信，*Commerce and Society in Sung China*(trans. by Mark Elvin, Ann Arbor: Center for Chinese Studies, University of Michigan, 1970), p.183.
27　朱維幹，《福建史稿》(福州：福建教育出版社，1984)，頁183-265。
28　佐竹靖彥，〈唐宋期福建の家族と社會〉，《中國近世家族與社會學術研討會論文集》(台北：中央研究院歷史語言研究所，1998)，頁371-474。

南宋科舉中東南沿海區各州極爲成功[29]，福州、溫州、明州、泉州、興化、建州、處州皆名列全國各州前十名，除建州、處州外，皆爲沿海港埠。但在宋季五十年中，閩沿海及九龍江分區所產進士數目已呈下降之勢[30]。

宋季福建進士之減少反映了經濟衰落的現實。據克拉克（Hugh Clark）氏之研究[31]，由於政府徵收重稅與海盜猖獗，福建之海外貿易於宋季開始衰落，整個區域經濟受到嚴重打擊。元朝時代海上貿易雖一度復盛，但經濟結構未能重整。經濟衰落反映於戶口凋零，由宋至明，福建入籍戶數，減少過半，閩南漳泉地區尤其嚴重。施堅雅則將東南沿海經濟衰落的開始置於1300年左右，並稱之爲「泉州循環」的衰落期[32]，此一衰落至16世紀初才告終止。

元代科舉反映了東南沿海經濟滑落的趨勢。整個東南沿海，並無任何一路在科舉中表現高度成功。浙江沿海分區四路，溫州、處州、台州各產生四至九名進士，列成「成功」；而在南宋科舉中名列全國第三位之慶元（宋明州）在元朝僅產生二名進士，表現之差，出人意表。閩分區則已喪失宋時領先全國之優勢地位，南宋時榮居全國第一的福州在元朝產生之進士不過七名，與宋時位列第七之興化並列第十三位。而宋時居第七名之建寧在元朝有八人登科，亦僅位居第十。九龍江分區二路中，泉州在南宋時位列第六，在元朝僅有三人登科，表現平平，漳州更無一人登榜。韓江地區潮、梅、汀三州在宋朝科舉中皆不屬成功之列，元代汀州、漳州路分別有一、二人登科，而梅州路更交了白卷。在四個分區中，浙沿海表現最佳，閩分區較宋時遜色甚多，九龍江分區下降更多，而韓江地區原本落後，元時更無起色。

從書院分布看，東南沿海四個分區中，浙江沿海有二十六所，閩分區有

---

29 傅宗文，〈宋代福建科第盛況試析〉，《福建論壇》1988年第3期（6月），頁47-52。

30 賈志揚，《宋代科舉》，頁219，圖10。

31 Hugh Clark , "Settlement, Trade and Economy in Fu-chien to the Thirteenth Century," in E. B. Vermeer（ed.）, *Development and Decline of Fukien Province in the 17th and 18th Centuries*（Leiden: E. J. Brill, 1990）, pp.34-64.

32 Skinner, "Presidential Address," p.226.

二十一所，九龍江分區五所，韓江分區僅有二所，基本上與各分區之進士數
成正比。

(三)長江中游區

　　長江中游區，除去漢水流域外，尚包括長江走廊、湘江流域與沅江流域
三個分區。長江走廊包括西自宜昌、東至九江的長江兩岸，湘江流域相當湖
南東部，而沅江流域指湖南西部。施堅雅將長江走廊與湘江流域之大部分列
爲區域核心，而將沅江流域及漢水流域列爲外緣，元朝的情形不盡如此。

　　長江走廊分區包括河南行省的峽州路、中興路、沔陽府、德安府、黃州
路、蘄州路、江西行省的江州路、湖廣行省的興國路、岳州路、武昌路、澧
州路。事實上，元朝長江中游江南、江北發展相差甚大，並不構成一個統合
的經濟區，長江南邊江州、武昌、岳州、澧州人口較多，各有十餘萬戶。而
長江北邊各路唯有中興(江陵)戶數多達十七萬，其餘各路戶數多則三萬餘，
少則萬餘，與長江以南諸路相去甚遠。長江以南諸路之書院亦較多，澧州書
院多達五所，武昌亦有三所，江州二所，岳州一所。長江以北各路中唯有中
興書院較多，達三所，蘄州二所，黃州、荊門各一所，其餘各路州皆無書
院，教育顯然落後。

　　上述差異反映於各路所產進士數目上。長江以南各路中，武昌所產進士
多達六名，岳州亦達五名，常德、澧州、江州各有二、三名進士，僅有興國
無人登第。江北諸路中，只有中興路表現較好，產生五名進士。峽州有一人
登第，可見長江走廊中確存有南北差距。

　　湘江流域是宋元時代發展較早，文化較高的地區[33]，但發展並不均衡。
人口較爲稠密的地區，除洞庭湖周圍外，僅限於湘江下游，衡州(衡陽)以北
的地區，特別是湘江東邊各支流沿岸與江西接界的各地如瀏陽、醴陵(以上

33　朱瑞熙、徐建華，〈十到十三世紀湖南經濟開發的地區差異及原因〉，《徐規教
　　授從事教學科研工作五十周年紀念論文集》(杭州：杭州大學出版社，1995)，頁
　　181-197。

屬天臨路)、茶陵等地。衡州以南各路人口稀疏[34]。湘江下游之天臨路(宋潭州，今長沙)在元朝的戶數高達六十萬[35]，在整個湖南戶口中占甚大比例，為一人口高度集中的地區。衡州路亦有十一萬戶。衡州以南、湘江上游之永州、寶慶、郴州、道州、全州(清湘)、桂陽等路之戶數多則六、七萬、少則一、二萬，與天臨路相去甚遠。書院之分布大體與人口相似，天臨路之書院多達八所，衡州路亦有四所，茶陵有二所，其餘各路則或僅有一所，或完全未置。

沅江流域(包括芷江)流域，亦即湘西地區，其發展落後湘江流域甚多。即在明初，沅江流域人口較為稠密的僅有桃源以北、洞庭湖西的地區，在此地區的常德路人口多達二十萬戶，桃源以南的沅州、辰州、靖州等戶口皆不多，且多為少數民族溪洞所在。

湘江、沅江流域的進士分布與上述經濟、文化發展狀態相合。湘江流域之天臨路產生十五名進士並不意外。湘江中上游各路或產生一名進士，或無人登科亦屬合理，但衡州路之僅產生一名進士及茶陵州之進士多達十三人則稍感意外[36]。

沅江流域之常德產生進士三人，而辰州、沅州、靖州皆在科舉中交了白卷，這一結果亦頗合理。

總之，長江中游區經濟、文化尚不發達，亦不均衡，且欠統合。長江走廊區江南、江北發展的程度頗有差異，而湘江、沅江流域之發展亦頗有軒輊，即是較為發達的湘江流域之發展亦僅限於下游地區。以致元代進士多集中於洞庭湖周邊及湘江下游各路。

34　Peter C. Perdue, *Exhausting the Earth: State and Peasant in Hunan,1500-1800* (Cambridge, Mass: Harvard University Press, 1987), p. 44.

35　梁方仲，《中國歷代戶口田地田賦統計》，頁183。

36　茶陵進士甚多，見於記載，〈茶陵州進士題名記〉云：「湖廣一省，湖南得才為最多，茶陵隸湖廣，得才比各郡縣為尤多，……湖廣貢額十有八人，茶陵每舉或四三人，或五六人。由甲寅迨乙亥荐者通二十又一名，升科目者十人。」可見自延祐元年至至元元年科已有十人成進士。此記將茶陵科舉成功歸因於「風俗淳雅，學子尚經術，說古文章」。見《嘉靖茶陵州志》(天一閣明代方志選刊續編)，卷4，頁1005，〈選舉志〉。

(四)贛江盆地

贛江盆地與元朝江西湖東道不盡重疊，除江西各路外，尚包括江東建康道之饒州與信州二路。此二路皆位於鄱陽湖之東側。

贛江盆地的開發於唐末加速，宋代此一地區在經濟、文化皆得到重大發展[37]。有如韓明士所顯示[38]，贛江盆地在宋代已成為統合的社會經濟區。從人口密度看，不但核心與邊緣之區分甚為明顯，而且經過由唐至宋之發展，核心地區業已擴大。唐代僅有鄱陽湖南岸之洪州(南昌)、東岸之饒州與長江、鄱陽之間的江州(九江)可稱之為「原型核心」(proto-core)，至宋代，除上述地區外，贛江中游之吉安、撫州、臨江、袁州及贛江支流信江沿岸的信州、建昌皆成為人口稠密的核心地區。從進士多寡言之，南宋時期贛江流域領先各州軍依次為吉州、饒州、建昌軍、撫州、洪州、臨江、信州。贛江上游山區的虔州(元贛州)、南安等地則居落後地位。即是鄱陽北岸之江州及南康軍登第者亦不多，原是本區發展較早之地區，但因歷經戰亂，屢遭重大破壞，故在宋代江西經濟文化中呈邊緣化之現象[39]。

由宋至元，贛江盆地核心與邊緣地區的進士分布變化不大，科舉中領先八路(吉安、撫州、龍興、信州、饒州、臨江、袁州、建昌)，除信州、建昌外，皆為戶口最多之路，而且八路皆位於贛江中下游及鄱陽湖東岸，亦即宋朝時代的核心地區。而產生三名以下進士之各路中(江州、贛州、南康、瑞州、南安等路及南豐、鉛山等州)中，應屬核心地區者有瑞州路與南豐、鉛山二州。瑞州路(江西高安)位於龍興與臨江二路之間，戶數達十四萬，在贛

37　許懷林，〈試論宋代江西經濟文化的巨大發展〉，收入《宋史研究論文集》(上海：上海古籍出版社，1982)，頁641-675。

38　Robert Hymes, *Statesmen and Gentlemen. The Elite of Fu-Chou, Chiang-hsi in Northern and Southern Sung* (Cambridge, England: Cambridge University Press, 1986), p. 28.

39　許懷林，〈宋元以前鄱陽湖地區經濟發展優勢的探討〉，收入江西師大歷史系編《江西經濟史論叢》(1987)；許懷林，〈關於元代的江西〉，《元史論叢》第7輯(1999)，頁111-121。

江盆地各路中位列第七，卻僅產一名進士，殊為意外。南豐州與鉛山二州皆
為獨立州，其下無轄縣，地域狹小，屬戶亦不過二萬五、六千，皆未產生進
士，並不意外。南康與江州皆為鄱陽湖與長江之間路分，各轄戶八、九萬，
在本區分列第十與十一，屬於人口較少地區。而贛江上游之贛州、南安人口
皆不多，贛州產生二名進士，而南安則無人登科，並不意外。

　　科舉領先各路中，戶數最多者為饒州人口四百萬，戶數為六十八萬，僅
次於福州，居全國各路之冠。饒州產生進士未能與其人口成正比，但產生進
士最多之吉安、撫州、龍興則分居人口次多之三路，吉安便是一個戶數多達
四十四萬，而口數更達220萬的大路。而在科舉中不成功的各路州戶數皆不
滿十萬，有的僅有一、二萬戶，與成功各路戶數相去甚遠，可見各路科舉中
之成敗與人口多寡之間具有一定關係。

　　宋元時代江西已成為全國經濟最發達的地區之一，略次於兩浙。經濟上
最為發達之各州在科舉中亦最為成功。江西經濟是以糧食生產為中心，贛江
中下游饒州亦是糧食生產最多的地區[40]，吉安所在之吉泰盆地的糧食產量尤
其豐盛。棉花之種植在元代得到推廣，主要種植地區為撫州、饒州等。農業
之外，手工業亦是重要經濟支柱，而以製瓷業最為重要；饒州浮梁縣景德鎮
為宋朝最有名之瓷業中心，於元朝在生產技術、製瓷工藝上又有新的突破。
饒州之外，吉州亦為一產瓷中心。

　　宋朝江西教育已極發達，至南宋末，共有州、軍、縣等官學七十九所，
南宋所建書院一七○所以上。吉州一地便曾先後建置三十一所書院[41]，對提
升文化、作育人才的貢獻甚大[42]。元代江西書院數雖不及南宋，但亦多達八
十六所(包括饒州、信州)。產生進士最多之吉安路便有書院二十所，亦為全
國各路之冠。其他在科舉中較為成功的各路之書院亦皆較多，多則十七所，

40　許懷林，《江西史稿》(南昌：江西高校出版社，1988)，頁268-269。

41　李弘祺，〈宋元書院與地方文化——吉州地區學統與民間宗教關係試析〉，《徐
　　規教授從事教學科研工作五十周年紀念論文集》，頁26-49。

42　崔正德等，〈宋明時期江西人才盛況及其原因之探討〉，收入《中國東南地區人
　　才問題國際學術研討會》，頁106。

少則六所，可見江西科舉之成功與書院發達具有關聯。

(五)嶺南地區

　　嶺南地區相當於元朝江西行省的海北廣東道(潮州、梅州除外)與湖廣行省的嶺南廣西道及海北海南道。嶺南地區在宋代一度快速發展，但經濟文化發展的程度仍然顯得相當落後，而且發展未能持續。郝若貝將宋代晚期及元代大部分的時間中的嶺南列入「系統衰落」或「邊疆移殖」時期[43]。在1200年，即是最為繁榮的東部核心地區的人口密度不過每平方公里4.97人，在元朝南人區中幾乎是最低的。

　　嶺南地區之教育尚未發達。海北廣東道七路八州僅有八所書院，而海北海南道僅有四所，而嶺南廣西道更僅有二所，與北方各區相去甚遠[44]。

　　元代嶺南地區產生進士極少[45]，海北廣東道除潮州外，僅有四人登第，而產生進士的四路，除廣州外，南雄(廣東南雄)、韶州(韶關)二路及桂陽州(連縣)皆屬北方外緣。嶺南廣西道僅有容縣產生一名進士，海北海南道更無一人登第[46]。

　　總之，嶺南地區在宋元時期仍很落後，加以在宋季及元代又處於發展停滯時期[47]，以致在元代科舉中表現頗為失敗。此一地區在經濟文化上得到進一步發展並在科舉中力爭上游則有待明朝。

六、元明進士分布的比較

　　何炳棣先生在《明清社會史論》中對明清各省進士分布及科舉中領先各

43　Hartwell, "Demographic, Political and Social Transformations," p. 375, Table 2.

44　王頲，〈元代書院考略〉，《中國史研究》1984年第1期，頁162。

45　郭棐，《粵大記》，卷4記元代廣東有九人登進士第。

46　屈大均，《廣東新語》已指出瓊州(海南海口)「終元之世，郡中無登進士者」。

47　邱樹森，〈論元代嶺南文化衰敗的原因及其特點〉認為：元代嶺南文化衰敗主要由於宋亡之後士人多隱居山林、不肯仕元，不應科舉。

府作出研析[48]，可資與元代比較。

明代繼承元朝的行省制度，但對行省之區劃作出甚大改變，無法與元朝作全盤比較。因而省級的比較，僅能約略言之。

就元代南人區域言之，明初進士分布的大勢與元朝相同，在省的層次有以下幾個趨勢[49]：第一，贛升閩降的確立：在明初七十年(1371-1439)中，江西(包括饒州、信州)科第之盛冠於全國，共產生345名進士。而福建則僅有237名，屈居第三。雖然自整個明朝言之，江西不過居全國第3位，而福建亦僅居第4位，仍在江西之下。第二，江、浙蓄勢待發：明朝南直隸約略相當元朝江浙行省的江東道及浙西道之一部分及河南行省的淮東與淮西二道，在元朝科舉中表現較為參差，在明朝卻升居全國第二位，在清朝更躍居第一。明朝的浙江相當於元朝的浙東道及浙西道之一部分，此一地區在元朝科舉中已極優異，明初表現雖次於江西，屈居第二，但在整個明朝卻高居第一，而在清朝僅略遜於江蘇。第三，湖南之下降：湖南在元朝科舉中表現不惡，在明朝全國各省中卻降為第十四位，可能與大考區制廢除有關。第四，湖北、廣東、廣西表現仍差：廣東較元朝時代略有起色，居全國第八位，而湖北、廣西則分居第十二及十六位。

表九　明代科舉領先江南諸府

名次	1	2	3	4	5	6	7	8	9	10	11	12	13
府名	吉安	紹興	蘇州	南昌	常州	福州	泉州	寧波	嘉興	興化	杭州	松江	廣州
進士	1,020	977	970	713	661	654	627	598	528	524	520	466	437

史源：Ping-ti Ho, The Ladder of Success in Late Imperial China, p. 246, Table 25.

表九顯示明代科舉中領先各府，明代之府與元代之路約略相當。若與表七比較，可以發現以下趨勢：第一，江西優勢明確：吉安保持元代地位，榮居全國第一，而南昌(元龍興路)則由元朝之第五名躍居第四。吉安在明初科

48　Ping-ti Ho, *Ladder of Success*, pp. 222-254，並參何炳棣，〈明清進士與東南人文〉，收入《中國東南地區人才問題國際研討會論文集》，頁216-221。

49　Ping-ti Ho, *Ladder of Success*, p. 227, Table 27.

舉中之地位尤爲崢嶸，往往囊括巍科，封拜大學士者比比皆是[50]。元朝與明初可稱之爲科舉史上吉安獨領風騷的時代。第二，浙東、福建穩居於領先地位：浙東諸府中，紹興由元代之第三名升至第二名，而寧波（元明州）則稍振宋時雄風，躍居第八名。福建則有福州、泉州、興化等三府，分居第六、七、十名，福州、興化在宋元時代皆名列領先諸路中，明時變化不大，而泉州則是恢復其宋時地位，居第七名，或與16世紀時該地海外貿易復興有關。福建內陸之建寧（州）在宋元科舉中表現一貫優越，明時則已不在領先諸府之列。第三，浙西的興起：宋、元時代浙西諸路表現平凡，在明朝卻異軍突起，在領先十三府中占了五名，即蘇州、常州、嘉興、杭州、松江分居第三、五、九、十一、十二名，府數之多，居全國第一，預示明代後期及清朝時代浙西優勢時期的來臨[51]。第四，廣州的上升：廣州在宋、元科舉中表現不佳，在明朝卻位列第十三名，清時更躍居第五名，成爲全國最成功的地區之一。

七、結論

　　本文自空間與時間兩個角度考述了元朝進士的區域分布及其歷史意義。

　　第二節〈配額制的影響〉指出元朝科舉所採行的族群與區域雙重配額制對南人進士的區域分布影響頗大，族群配額造成南人登第的高度困難與激烈競爭。行省配額不利於人口繁稠、文化發達的江浙行省士人，而大考區制則使落後偏遠地區之考生在本省鄉試中處於劣勢。這些制度性的因素對進士區域分布之影響必須列入考慮。

50　至於吉安在明朝科舉上之成功，參看生駒晶〈明初科舉合格者の出身に關する——考察〉，收入《山根幸夫退休紀念明代史論叢》（東京：汲古書院，1987），頁45-69，並參看John Dardess, *A Ming Society, T'ai-ho County, Kiangsi, in the Fourteenth to the Seventeenth Centuries* (Berkeley: University of California Press, 1996), pp.154-160.

51　范金民，〈明清江南進士數量、地域分布及其特色分析〉，《南京大學學報》1997年第2期，頁171-187。

　　第三節〈進士的分布〉係自行政區劃中的省、道、路三級研析進士的分布。自省的層次言之，江浙成績最優，江西次之，湖廣又次之，河南殿後。自道的層次言之，江浙四道表現普遍優異，江西、湖廣各道表現頗有軒輊。自路的層次分析，更證明江浙各路之優越，江西、湖廣各路之不均衡及河南各路之落後。

　　第五節〈經濟與文化的因素〉則借用施堅雅「區域經濟社會體系」並兼顧文化、教育因素，希望能為各區域之進士分布尋求合理的解釋。因而對南人地區之長江下游、東南沿海、贛江盆地、長江中游與嶺南地區逐一探討各大區域中「核心」與「外緣」的經濟文化因素與進士分布的關係。

　　第四、第六二節則討論了宋、元與元、明之間的進士分布的延續與變化，藉以顯示在近世中國人才分布的趨勢及元朝在其中之地位。從宋、元進士分布看來，兩代之間領先地區與落後地區大體相同。但在元朝領先地區中，卻呈現出閩降贛升、浙東穩定發展及吉安、紹興等路在科舉中領先全國的局面。明朝的進士分布一方面延續元朝的趨勢，另一方面則有浙西、廣東之興起的新發展。

　　總之，在中國科舉人才分布史上，元朝具有承先啟後的地位。宋、元與元、明之間，皆有延續，亦有變化。延續固然是由於各該地區經濟、社會、文化等因素所決定，而變化則是由於這些因素的改變所形成，與蒙元統治並無密切的關聯。僅就南方人才分布言之，蒙元統治的影響顯然不大。

　　——原刊於蕭啟慶主編，《蒙元的歷史與文化：蒙元史學術研討會論文集》（台北：學生書局，2001年），下冊，頁571-615。

第八章
元明之際士人的多元政治抉擇：
以各族進士爲中心

一、引言

　　中國歷史上列代鼎革前後，士大夫都面臨嚴峻的考驗，必須作出重大的抉擇：或是爲拯救危亡而不惜殺身成仁，或是爲保全志節而爲故主貞介自守，或是爲傳承斯文而忍辱偷生，或是爲保全身家而改事新朝。面對不可抗拒的環境改變，士大夫皆須根據個人政治理念，道德信仰與實際利益的輕重權衡而採取適當反應。

　　士人在改朝換代時的出處行藏問題自古即已存在，近世以來卻變得更爲嚴峻。一方面，由於忠君觀念在兩宋時代絕對化，國亡之後，爲故主盡忠成爲人臣應盡的義務。另一方面，由於夷、夏王朝的相互更迭，近世以來，既有宋、明等漢族王朝，亦有遊牧及半遊牧民族所肇建的遼、金、元、清等「征服王朝」。除去遼、金、元等朝的更易是以「夷」代「夷」外，其他幾次更革都牽涉到統治族群的變換，不是「由夏入夷」，便是「由夷入夏」。在夷、夏更替時代，士大夫所承受的壓力不僅來自儒家的忠君觀念，亦來自《春秋》「夷夏之辨」。「君臣大義」與「夷夏之辨」相互交參，對世變時代士人的抉擇構成空前的壓力。

　　中外學者對近世以來列次易代之際士人的反應已累積不少研究成果，但對各次易代之變及士人抉擇的各種面向研究的分布卻相差頗大。一方面，學

者對「由夏入夷」的宋元及明清易代的論著頗爲繁夥[1]，而「由夷入夷」的遼金、金元易代及「由夷入夏」的元明與清民鼎革則受到忽視。另一方面，學者對壯烈殉國的「忠義」及守節不仕的遺民較爲重視，而對改仕新朝的「貳臣」則吝於著墨。

元朝是中國史上第一個由北方遊牧民族所肇建而統治全中國的「征服王朝」，而推翻元朝的明朝則爲一漢族王朝。因而，元明易代具有漢族光復全國的重大意義。

元朝爲一多元族群之社會。在元廷所采行的族群等級制度之下，蒙古、色目、漢人、南人等四大族群不僅具有不同的歷史與文化背景，而且各族群的政治、社會身分之高低，權利義務之大小，頗有軒輊，其與元廷的關係及其對元朝覆亡的反應自然不盡相同。

關於士人對元明鼎革的反應，尚少較爲全面的探討。但已有不少論著研析士人反應的個別層面。錢穆〈讀明初開國諸功臣詩文集〉探討明朝開國功臣的心態，指出：元末士人，不論仕明與否，皆不忘故主，對元室依迴思念，「至於其爲胡虜入主，非我族類，已渾焉忘之矣！」而對明朝建國，並無華夏重光的歡忻之情。錢先生因而認爲，明初士人對蒙元「拘君臣之小節，昧民族之大義，距孔子春秋之義尚遠」[2]。美國學者John Dardess在其專著《儒家與專制君主》中認爲：儒士自我界定爲一個以公共服務爲志業的專

1　近年有關宋元之際士人對易代的反應之主要論著有Jennifer W. Jay, *A Change in Dynasties: Loyalism in Thirteeth-century China* (Bellingham: Western Washington University, 1991); Richard Davis, *Wind against the Mountain: The Crisis of Politics and Culture in Thirteenth-century China* (Cambridge, Mass.: Harvard University Press, 1996); 有關明清之際的主要論著則有何冠彪，《生與死：明季士大夫的抉擇》(台北：聯經出版公司，1997)；何冠彪，〈論明遺民之出處〉，收入何氏《明末清初學術思想之研究》(台北：臺灣學生書局，1991)，頁53-124；趙園，《明清之際士大夫研究》，北京：北京大學出版社，1999。

2　此文正續二篇，收入錢氏《中國學術思想史論叢》第六冊(台北：東大圖書公司，1978)，頁 77-171、172-200。勞延煊、鄭克晟的論著也表示類似看法，見勞氏，〈元明之際詩中的評論〉，收入《陶希聖先生八秩榮慶論文集》(台北：食貨出版社，1979)，頁145-163；鄭氏，〈元末的江南士人與社會〉，《南開史學》1989年第1期，頁18-35。

業，對某一政權之取捨是決定該政權能否提供實踐其專業之機會，而不會對朝廷盲目效忠，出仕明朝的浙東諸儒即是在元季推行區域性改革遭遇挫折後而認爲朱元璋能提供實現理想之環境，因而決定棄元投明[3]。林麗月、劉祥光則從道學影響下士人的仕隱觀探討元明之際個別士人的出處問題。林氏認爲吉安士人陳謨的一生反映當時士人大多選擇隱逸生涯，但其不仕明朝並未受到「夷夏大防」的影響，而是基於個人通塞出處是否「合於道」[4]。劉祥光則以徽州士人鄭玉爲例而指出道學家所提倡的「爲己之學」發展出「以道自任」的隱世觀，強調士人以道統爲安身立命的自主性，超然於政治之外[5]。以上幾種論著，各有勝義，但是所討論的重點爲江南士人——主要是浙東——在鼎革時代的心態，不僅未涵蓋蒙古、色目人，甚至不包括北方漢人，不足反映元代多元社會對鼎革的不同反應。

筆者〈元明之際的蒙古色目遺民〉指出蒙古、色目遺民與漢族遺民的異同[6]：相同之處是各族群之遺民皆出於士大夫階層，在思想上所受「君臣大義」的影響大於「夷夏之辨」。相異之處則是：由於蒙古、色目是元朝享受特權的統治族群，與元室可說是同舟一命，安危與共，因而蒙古、色目遺民所表現的亡國之痛、惓懷故國之激情遠強於漢族遺民。雖然此文之範疇擴及於蒙古、色目，但其焦點集中於遺民，無法顯示蒙古、色目士大夫對鼎革的其他反應。

本文擬以各族進士爲中心，探討士大夫對元明鼎革的各種反應。本文之以進士爲中心，一方面可說是筆者多年來重構元朝進士錄的副產品。元代科舉前後十六科，共錄取進士1,139人；現存進士錄不過二種，其他各科則須

3　John W. Dardess, *Confucianism and Autocracy. Professional Elites in the Founding of the Ming Dynasty*(Berkeley: University of California Press, 1983), pp. 9-10。

4　林麗月，〈讀《海桑集》——論元明之際陳謨(1305-1400)的出處及其後世評價〉，收入國立臺灣大學歷史系主編《世變、群體與個人：第一屆全國歷史學學術討論會論文集》(台北：國立臺灣大學歷史系，1996)，頁148-166。

5　劉祥光，〈從徽州文人的隱與仕看元末明初的忠節與隱逸〉，《大陸雜誌》第94卷第1期(1997)，頁32-48。

6　收入蕭氏《元朝史新論》(台北：允晨文化公司，1999)，頁119-154。

重構。筆者重構進士錄現已大體完成，遂成為本文的核心資料[7]。另一方面，在近世以來士人群體中，進士在政治、社會光譜中處於較為核心的地位。一般士人，大多一襲青衫，終身未沾一命，易代之際沒有為故國舊君守節的義務，出處之間，選擇空間較大。而進士不僅享有功名與爵祿，而且各負責任，在抉擇上必須接受較一般士人更為嚴格的考驗。

本文透過廣角的視野探討元明易代之際多元族群士人的多元抉擇。一方面，筆者擬打破過去學者偏重南人的局限，探究蒙古、色目、漢人等族群進士對鼎革反應的異同，展示元明易代的特色。另一方面，筆者亦擬超越仕隱問題的討論而具體考述易代期間各族進士所採取的實際行動，包括殉國忠義、北歸外奔、退隱逸民、出仕群雄、仕明貳臣等類，藉以顯示元明之際士人對易代之反應遠較仕隱問題為複雜。由於文章篇幅及史料性質的局限，對於個別進士行動背後之思想僅能擇要陳述。此外，結論中亦擬以元明易代與近世以來宋元、明清及清民三次全國性易代時士人之反應作一簡單比較，藉以顯示元明易代時士人反應的特色與通性。

二、政治與思想背景

易代之際，士人作出仕隱與生死的抉擇時，必然受到當時政治與思想氛圍的影響。每個時代的政治與思想氛圍皆有或大或小的差異。元明之際各族

7　筆者校注的元進士錄有〈元統元年進士錄校注〉，《食貨月刊》第13卷第1、2期（1983），頁72-90；第13卷第3、4期（1983），頁47-62；〈元至正十一年進士題名記校補〉，《食貨月刊》第16卷第7、8期（1987），頁69-84。重構之進士錄則有：〈元延祐二年與五年進士輯錄〉，《臺大歷史學報》第24期（1999），頁375-426；〈元至治元年進士輯錄〉，《宋旭軒教授八十榮壽論文集》（台北：宋旭軒論文集編委會，2000），頁755-782；〈元泰定元年與四年進士輯錄〉，《蒙古史研究》第6期（2000），頁58-82；〈元至順元年進士輯錄〉，《文史哲學報》第52期（2000），頁175-204；〈元至正前期進士輯錄〉，《燕京學報》新10期（2001），頁173-208；〈元至正中後期進士輯錄〉，《燕京學報》新15期（2003），頁109-139；〈元朝科次不詳進士輯錄〉，《勞貞一先生百歲冥誕紀念論文集》（簡牘學報第19期）（台北：簡牘學會，2006），頁287-372。

進士作出抉擇時受到下列四個因素的影響最大，其中有的因素對各族進士皆產生影響，有的因素對某一族群進士所產生的影響大於對其他族群。

第一、元朝族群政策的不公

族群等級的區分是蒙元統治的重要基石。在族群等級制度之下，蒙古、色目、漢人、南人等四個族群所受待遇具有結構性的不平等，在政治、法律及武裝持有等方面皆是如此，而各族群在政治方面的不平等最爲重要。蒙古人爲「征服族群」，最受優遇，色目人協助統治，因而分享蒙古人的特權，亦可視爲「征服族群」，漢族則爲「被征服族群」，而漢族之中的南人最受歧視，仕進極爲困難[8]。

元代科舉制度即爲當時族群等級制的一種體現，無論錄取機會之大小，考試內容之難易，皆是偏袒蒙古、色目而不利於漢人、南人。就錄取機會之大小言之，元朝科舉分右、左二榜，蒙古、色目合爲右榜，漢人、南人合爲左榜。理論上，四大族群錄取人數相等。但蒙古、色目與漢族人口相較，可能僅有百分之二、三，讀書人口的比例相差更大，四個族群錄取名額卻相等。就考試之內容難易言之，蒙古、色目人的考試較漢人、南人簡易甚多[9]。因而科舉制度具體反映族群等級的不平等。

蒙古、色目人所享特權的維繫端賴蒙元政權之存在，遂與政權形成一「命運共同體」。蒙古、色目人在實際利益及族群認同的考量下，捍衛蒙元政權最爲戮力，自可想像。

漢人，尤其是南人遭受歧視，對元政權自不免發出「內北國而外中國，內北人而外南人」、「貧極江南，富稱塞北」的怨言，反映南人的不滿。對元廷族群政策的不滿應是群雄並起反元的一個因素[10]。但是，漢、南人進士

8　蒙思明，《元代社會階級制度》（北平：哈佛燕京學社，1938），頁25-68。

9　宋濂等，《元史》（北京：中華書局，1976），卷81，頁2018-2023，〈選舉志一〉。

10　蕭啓慶，〈內北國而外中國：元朝的族群政策與族群關係〉，收入蕭氏《元朝史新論》，頁43-60。

皆是元朝體制內的既得利益者，與一般民眾相差很大。而且在君臣大義觀念的影響下，往往選擇為元朝殉國或守節。

第二、忠君觀念的強烈

古代孔孟提倡有條件的忠君觀：「邦有道則仕，邦無道則可惓而懷之。」人臣沒有為一族一姓竭盡愚忠的義務。兩宋時代起，此一相對忠君觀為絕對忠君觀所取代，而後者之形成則與宋代君主專制政體的強化相平行。北宋司馬光首倡尊君之論，認為君尊臣卑，「猶天地之不可易也」[11]。程朱道學將君臣名分提升到近乎宗教境界。二程、朱子皆視君臣關係為人倫綱常中最重要的環節，「君臣父子，定位不移」，是「天下之定理，無所逃於天地之間」。君臣關係一經形成，永不可變。即使朝代變革，亦不可改事他主，程頤所說：「餓死事小，失節事大。」即反映絕對化的忠君觀念[12]，為故國舊主守節遂成為人臣應盡的義務。

道學在南宋已成為一個迅速擴張的政治文化運動，宋末朝廷為政治需要，不得不承認其為官學[13]。而其在南、北廣泛流傳，成為真正的官學則在元朝。而元仁宗以道學作為科舉考試內容的主要基礎，官學始具實質意義。科舉程式主要是根據朱熹〈學校貢舉私議〉之規劃，重經學而輕詩賦。蒙古、色目考生須測試《四書》經問，以朱氏章句集註為根據；漢人、南人考生除《四書》外，又須考《五經》中之一種，亦是根據朱氏章句或宋儒註釋。至正二年(1342)科後，蒙古、色目考生亦須通過「經義」的考試，所用註釋與漢人、南人的規定相同[14]。故無論何族進士皆曾浸潤於道學家註釋的《四書》、《五經》之中，自然不免受到道學君臣大義觀念之影響。

---

11 Anthony W. Sariti, "Monarchy, Bureaucracy, and Absolutism in the Political Thought of Ssu-ma Kuang," *Journal of Asian Studies,* vol. 32,no.1(1972), pp. 53-76.

12 鄭昌淦，《中國政治學說史》(台北：文津出版公司，1995)，頁248-249。

13 James T. C. Liu, *China Turning Inward* (Cambridge, Mass.: Harvard University Press, 1988), pp. 135-140.

14 《元史》，卷81，頁2018-2026，〈選舉志一〉。

第三、夷夏之辨的淡薄

先秦儒家提倡「尊王攘夷」、「嚴夷夏之防」，其區別「夷」、「夏」
之主要標準是文化，而不是種族。此種「文化主義」的夷夏觀是一種開放性
的思想[15]，對異族統治並不強烈排斥，其所關注的重心在於勸說征服者實行
「先王之道」。宋朝道學家大體接受這種思想，於「夷夏之防」並無多大發
揮。

南宋時代，國勢不振，飽受外族欺凌。士大夫之中，愛國思想高漲。少
數學者如功利派的陳亮，發展出類似近代民族意識的觀念，而認爲「中國」
即漢族，對夷狄具有強烈的排斥感，也猛烈批判主張與金朝媾和的道學家。
美國學者田浩(Hoyt C. Tillman)稱陳亮的夷夏觀爲「原型民族主義」(proto-
nationalism)[16]。不過，即在宋朝，與文化主義夷夏觀相較，這種原型民族主
義並不流行；宋末士大夫之成爲「忠義」或「遺民」，主要由於忠君，而不
是爲排夷。

元儒不談「夷夏之防」，而著重「用夏變夷」。大儒許衡有詩云：「光
景百年都是我，華夷千載亦皆人。」[17]可見他認爲區分夷夏並不重要。郝經
則說：「能行中國之道，則中國主也。」[18]意爲「夷」人能行漢法，即爲
「正統王朝」。雖然元朝族群鴻溝並未消失，大多數士人採取文化主義的立
場看待元朝統治，認爲元朝已行「中國之道」，故尊之爲正統王朝，因而元
明之際士人筆下出現「父老歌延祐，君臣憶至元」的詩句[19]，並承認元朝爲

---

15 羅志田，《民族主義與近代中國思想》(台北：東大圖書公司，1998)，頁35-91；
Frank Dikötter, *The Discourse of Race in Modern China*(Stanford: Stanford University Press,1992) , pp.1-30.

16 Hoyt C. Tillman, "Proto-nationalism in Twelfth-century China? The Case of Ch'en Liang," *Harvard Journal of Asiatic Studies*,vol 39, no. 2(1979), pp.403-428.

17 許衡，《魯齋遺書》(北京圖書館古籍珍本叢刊)，卷11，頁9下，〈病中雜言〉。

18 郝經，《陵川文集》(北京圖書館古籍珍本叢刊)，卷38，頁6上-11下，〈與宋國丞相論本朝兵亂書〉。

19 貝瓊，《清江貝先生文集》(四部叢刊)，卷8，頁197上，〈書事二十韻〉。

「百年禮樂華夷主」[20]。明初宋濂等所修《元史》讚揚元世祖忽必烈:「信用儒術,用能以夏變夷,立經陳紀,所以為一代之制者,規模宏遠矣!」[21]可見明朝官方亦承認元朝為一已達致「用夏變夷」標準的正統王朝。因而,甚多士大夫未因元明易代是「由夷入夏」而背元投明。

第四、明太祖政策的變化

明太祖開國前後的政策對士人之出處亦有不小影響:

1.民族政策之疏離

明太祖初起,並無明顯民族意識,但在削平群雄,開始北伐時卻刻意強調「種族革命」[22]。吳元年(1367)遣軍北伐,明白宣示「驅逐胡虜,恢復中華」的目標。明朝建立後,更強力推行同化政策,禁止胡語、胡服、胡姓、辮髮椎髻及本族自相婚姻等。雖然又屢次宣示「華夷無間」、「一視同仁」、「蒙古、諸色人等皆吾赤子,果有材能,一體擢用」[23],並且詔用故官,招撫蒙古將士[24]。但是,明太祖所推行的實際上是一種「內中華而外夷狄」的種族中心主義(ethnocentrism)的民族政策,對當時滯留中原的蒙古、色目人出仕新朝的意願,產生甚大的負面影響。

2.對士大夫態度的轉變

明太祖建國之前,極力延攬士人,待遇優渥,並且能夠知人善任,因才授職,故士人樂為所用,他之能削平群雄,統一天下,善用士人是一重要原因。統一之後,雖仍廣泛訪求賢才,但對上人甚為猜忌[25],並且倚靠暴力樹立權威,採用高壓政策,完全否定士人「有道則見,無道則隱」的自主權。《大誥》中甚至規定:「寰中士夫,不為君用,罪至抄箚。」否定士人之自主與尊嚴,出仕士人,動輒得咎,故士人對出仕明廷,不免疑慮。

---

20 宋訥,《西隱集》(四庫全書),卷3,頁11下,〈壬子秋過故宮十九首〉。

21 《元史》,卷17,頁377,〈世祖紀十四〉。

22 蒙思明,《元代社會階級制度》,頁207-236。

23 譚希賢,《明大政纂要》(光緒廿一年思賢書局本),卷1,頁7上。

24 Henry Serruys, *The Mongols in China during the Hung-wu Period*, Bruxelles:Bruges, 1958.

25 任崇岳,〈論朱元璋對儒士的態度〉,《中州學刊》1982年第4期,頁93-98。

　　總之，元明易代之際，影響士大夫抉擇之因素頗爲弔詭。元朝雖爲征服王朝，道學「君臣大義」的觀念卻是在元朝開始瀰漫南北，而對各族進士影響最大。元朝族群政策雖然極度不公，但「夷夏之辨」的觀念卻甚淡薄。遭受歧視之漢人、南人進士由於身爲既得利益者，而且在「君臣大義」觀念影響下，並未輕易背離蒙元政權。蒙古、色目進士卻因在當時制度下獲利最大而對朝廷具有甚大向心力，而明太祖的絕對專制及族群政策更導致士人，尤其蒙古、色目士人怯於出仕。

三、殉國忠義

　　「忠義」乃指易代之際爲國爲君而犧牲一己生命的忠臣烈士。元末殉國忠義之中，進士所占比率甚高。當時名進士楊維禎說：

> 至正初盜作，元臣大將守封疆者不以死殉，而以死節聞者大率科舉之士也。[26]

而乾嘉大史家趙翼〈元末殉難多進士〉也說：

> 元代不重儒術，⋯然末年仗義死節者，多在進士出身之人，⋯諸人可謂不負科名哉！而國家設科取士亦不徒矣！[27]

趙翼根據《元史・忠義傳》列舉十六位元末殉國進士的案例而得出「元末殉難多進士」的結論。

　　現依進士殉國時的身分，分爲以下三類：

26　楊維禎，《鐵崖先生集》（明萬曆間刊本），卷2，頁9下，〈送王好問赴春官序〉。

27　趙翼著、王樹民校證，《廿二史箚記校證》（北京：中華書局，1984），下冊，頁707-708。

(一)在職盡忠

進士多有官守在身，擔任地方官者尤多，或負責守衛城池，或受命出兵救亂，兵敗城破之日，有的奮戰而死，有的被擒不屈而遭殺害，有的則自盡以報國。

茲將殉國進士按其所屬族群分列於後：

1.蒙古

蒙古進士為國殉職者有：

泰不華(1304-1352)，伯牙吾台氏，貫台州(今浙江臨海)。至治元年(1321)右榜狀元。係由金華大儒王柏之再傳弟子周仁榮教養成人，為一道學家，亦是一位才藝全方位的士人[28]。至正十二年(1352)，不華任台州路達魯花赤，方國珍復叛，不華負責剿撫。自分以死報國，國珍襲之澄江，凡九戰，被殺於舟中。年四十九，可說是書生以死報國的典型[29]。

帖謨補化，蒙古人，至正(1341-1368)間進士，佐余闕守安慶，擢為元帥府都事，至正十八年(1358)，城破，從闕死[30]。

燮理翰，蒙古人，貫成都路什邡(今四川什邡)。至正間進士。歷官雲南儒學提舉，明玉珍取昆明，死之[31]。

月魯不花(1308-?)，蒙古遜都台氏，居紹興(今浙江紹興)。成吉思汗勳臣赤老溫五世孫，元統元年進士(1333)，官至山南道廉訪使。航海遇倭賊，被執，不屈遇害，同舟子姪等遇害者八十餘人[32]。

普顏不花，蒙古氏，居益都(今山東益都)。至正五年(1345)右榜狀元。

28　蕭啟慶，〈元代蒙古人的漢學〉，收入蕭氏《蒙元史新研》(台北：允晨文化公司，1994)，頁95-216。

29　《元史》，卷143，頁3423-3426，〈泰不華傳〉。

30　《元史》，卷143，頁3428，〈余闕傳〉；陳勉修，《弘治桐城縣志》(弘治三年刊)，卷2，頁14上。

31　朱鼎玲，《正德雲南志》(天一閣藏明代方志選刊)，卷17，頁16下，〈名宦二〉。

32　《元史》，卷145，頁3448-3451，〈月魯不花傳〉；蕭啟慶，〈元統元年進士錄校注〉(上)，頁80。

十一年任江西行省郎中，陳友諒犯龍興，固守有功，升本道廉訪副使，江西儒士周霆震作〈普顏副使政績歌〉以頌其功。有句云：「江州李侯死可書，郎中百戰全洪都。」以其與戰死九江之李黼相比擬[33]。後以山東行省平章奉命守益都，至正二十七年(1367)明北伐軍壓境，不花捍城力戰。城破被擒，語明軍主將曰：「我元朝進士，官至極品，臣各爲其主。」不屈，死之。其妻及二位弟媳皆自殺[34]，可說一門忠烈。

2.色目

色目進士殉職者爲：

丑閭(字時中)，元統元年進士，唐兀人(即前西夏人)。至正十二年(1352)任安陸知府，南系紅巾徐壽輝部攻安陸，城破，丑閭不肯屈從，且叱之曰：「吾守土臣，寧從汝賊乎？」乃被斫斷左脅而死。其妻亦自經死[35]。

明安達爾(1304-?)，唐兀人，字士元，貫曹州(今河南菏澤)，元統元年進士。潛江縣達魯花赤，至正十二年，徐壽輝部陷其城，出鬥死，其家皆殉[36]。

塔不台(1308-?)，唐兀人，貫聊城(今山東聊城)，元統元年進士。原任襄陽路錄事司達魯花赤，運餉至汝、亳，馳救魏王，遭敵支解[37]。

普達世理(1308-?)，畏兀人，貫岳州路。元統元年進士，累官湖廣行省參政，徐壽輝部至，兵潰，一門盡節死[38]。

余闕(1303-1358)，唐兀氏，貫廬州路(今安徽合肥)，元統元年進士。幼從大儒吳澄再傳弟子張恒遊[39]。自至正十二年起，先後以淮西宣慰副使兼

33 周霆震，《石初集》(四庫全書)，卷2，頁14下-16上，〈普顏副使政績歌〉。

34 《元史》，卷196，頁4429-4430，〈忠義傳四〉；馮惟訥纂，《嘉靖青州府志》(天一閣藏明代方志選刊)，卷4，頁3上，〈選舉表〉。

35 《元史》，卷195，頁4417，〈忠義傳三〉；〈元統元年進士錄校注〉(上)，頁76。

36 《元史》，卷195，頁4415，〈忠義傳三〉；〈元統元年進士錄校注〉(上)，頁77。

37 《元史》，卷194，頁4398，〈忠義傳二〉；蕭啓慶〈元統元年進士錄校注〉(上)，頁79。

38 〈元統元年進士錄校注〉(上)，頁77；柯紹忞，《新元史》(台北：藝文印書館，1972)，卷232，頁899下，〈忠義傳〉。

39 宋濂著、羅月霞主編，《宋濂全集》，第一冊，頁245-248，〈余左丞後傳〉；陳

副都元帥、淮南行省參政及右丞的身分，率孤軍防守長江中游元軍主要據點安慶。堅守七年，使徐壽輝部無法順流東下。十七年(1357)陳友諒軍圍城，年城陷，闕自刎沉水死。其妻、子皆投水死，部屬從死者千餘人[40]。科舉同年李祁稱余闕「孤忠大節，照映千古，為斯文之光明」[41]。明太祖下詔立廟，歲時致祭[42]。余闕因而成為忠臣典範。

偰列篪，出身畏兀族著名科第世家－高昌偰氏[43]。至順元年(1330)進士，累官河南路經歷[44]。至正十八年，陳友諒攻龍興(今江西南昌)，時列篪家居，受命守東門，囑家人云：「今寇圍城，幾一舍，倘不守，爾等當即赴池井，勿污爾身忝爾祖。」城陷，列篪遂投井死，妻妾子女死者十有一人[45]。

邁里古思(?-1358)，西夏人，漢姓吳，字善卿，居松江(今江蘇松江)。至正十四年(1354)進士。十八年任行樞密院判官，欲出兵討方國珍。行台御史大夫拜住哥與方氏素通賄賂，命左右襲殺邁里古思，可說間接死於方國珍之手[46]。其同年陳高悲其死，有「萬里長城壞，東南保障空」之詩句[47]。

吉雅謨丁，回回氏，字元德，漢名馬元德，為著名詩人丁鶴年從兄，至正十七年進士[48]。元末任昌國知州，攝浙東僉都元帥，死國事[49]。可能死於

(續)

　　　垣，《元西域人華化考》(勵耘書屋本)，卷4，頁53下-54上，71上-71下；卷5，頁78下、84下。

40　朱善，《朱一齋先生文集》(四庫存目叢書)，卷6，頁80上-83上，〈余廷心後傳〉。《元史》，卷143，頁3426-3429，〈余闕傳〉。

41　李祁，《雲陽李先生文集》(四庫全書)，卷3，頁199-200，〈青陽先生文集序〉。

42　《元史》，卷143，頁3429，〈余闕傳〉。

43　蕭啟慶，〈蒙元時代高昌偰氏的仕宦與漢化〉，收入蕭氏，《元朝史新論》，頁243-297。

44　歐陽玄，《圭齋文集》(四部叢刊)，卷11，頁3上-11上，〈高昌偰氏家傳〉。

45　范淶修，《萬曆新修南昌府志》(日本藏中國罕見地方志叢刊)，卷18，頁57上，〈人物志〉。

46　楊維禎，《東維子文集》(四部叢刊)，卷24，頁6上-7下，〈西夏侯邁公墓誌銘〉。戴良，《九靈山房集》(四部叢刊)，卷13，頁9上，〈邁里古思公哀詩序〉。

47　陳高，《不繫舟漁集》(四部叢刊)，卷6，頁5下，〈聞故同年吳善卿書悲傷賦十二韻〉。

48　何愈修，《定海縣志》(天一閣藏明代方志選刊)，卷11，頁891，〈名宦〉。

方國珍軍之手。

3.蒙古或色目

以下二位殉國進士，應爲蒙古或色目人：

達海，至正間進士。十一年任永嘉縣丞，不肯歸附方國珍，國珍沉之於江[50]。故在方國珍初起時即已殉國。

鐵德剛，字德剛。至順元年進士。至正二十年(1360)在浙東任防禦元帥，又曾任嘉定知州[51]。

4.漢人

漢人進士殉職者爲：

李黼(1298-1352)，潁州(今安徽阜陽)人，泰定四年(1327)左榜狀元。至正十二年任江州路總管，禦徐壽輝軍，堅守孤城，城陷被執，不肯降，罵不絕聲，遂被殺[52]。

逯魯曾，修武人(今河南修武)，至順元年進士[53]。至正十二年爲淮東宣慰使兼淮東添設元帥，統所募兩淮鹽丁，討徐州紅巾芝麻李，徐州平，卒於軍[54]。

石普，徐州(今江蘇徐州)人。至正五年進士。十四年右丞相脫脫征張士誠，石普以樞密院都事、權山東義兵萬戶府事從征，奮戰而死[55]。

王士元(?—1357)，恩州(今河北高唐)人。泰定四年進士，官至知濬

(續)

49 《九靈山房集》，卷14，頁204，〈題馬元德伯仲詩後〉。

50 鄧淮修，《弘治溫州府志》(天一閣藏明代方志選刊續編)，卷8，頁301，〈官職〉；卷17，頁823，〈竊據〉。

51 金哈剌，《南遊寓興詩集》(日本內閣文庫藏抄本)頁19下，〈簡德剛元帥〉；頁18下，〈大仁寺見鐵德剛帥相就訪王山長〉；劉仁本，《羽庭集》(四庫全書)，卷2，頁7下，〈挽鐵德剛防禦〉。楊維禎〈嘉定州修學記〉，收入《吳都文粹續編》(四庫全書)，卷6，頁46下。

52 姚廣孝編，《永樂大典》(台北：大化出版公司，1985)，卷6697，頁2698，〈李黼傳〉；《元史》，卷194，頁4392，〈李黼傳〉。

53 《元史》，卷187，頁4292，〈逯魯曾傳〉。

54 權衡著、任崇岳箋證，《庚申外史箋證》(鄭州：中州古籍出版社，1991)，卷上，頁65。

55 《元史》，卷194，頁4404-4405，〈忠義二〉。

州；至正十七年，紅巾北伐中路軍陷城，與其子同被殺[56]。

郭嘉(?-1358)，濮陽(今河北濮陽)人。出身官宦之家。泰定四年進士，官至廣寧路總管。至正十八年，紅巾軍陷上都，攻廣寧。嘉力戰以死[57]。

文允中，成都人。至正十一年左榜進士第一名。仕至四川儒學提舉，歿於難，應指明玉珍軍入蜀時[58]。

布景範，新都縣(今四川新都)人，至正進士。任**芒布**路**益良**州同知。時李顏驢侵掠，景範舉義兵拒之，力戰而死[59]。

楊惠，河南(今河南洛陽)人。泰定四年進士，官至浙東廉訪使。至正十八年朱元璋軍陷婺州，惠戰死[60]。

王得貞，霍州(今山西霍縣)人。登第期次不詳[61]，累官懷慶路總管。為明軍所執，不屈死[62]。

張翶，中原人。登至正二十年(1360)科。二十七年(1367)以吏部尚書至廣西撫綏軍民，明年五月，明兵至，翶正其衣冠北拜曰：「辜負國家涵育之恩。」赴水死[63]。

陳祖仁(1314-1368)，汴梁人(今河南開封)。至正二年(1342)科左榜第一。官至太常禮儀院使。二十八年(1368)，順帝北奔，祖仁留守太廟神主，不能從行。京城破，為亂軍所殺[64]。

5.南人

南人進士殉職者為：

劉耕孫(1296-1355)，茶陵州(今湖南茶陵)人，至順元年進士。至正十

---

56 《元史》，卷194，頁4401，〈忠義二〉；陸釴等纂，《嘉靖山東通志》(天一閣藏明代方志選刊續編)，卷31，頁546，〈人物〉。

57 《元史》，卷194，頁4396-4397，〈忠義二〉。

58 虞懷中修，《萬曆四川總志》(四庫存目叢書)，卷8，頁23上。

59 《萬曆四川總志》，卷50，頁16上。

60 《元史》，卷45，頁946，〈順帝紀八〉。

61 王禮，《麟原前集》(四庫全書)，卷3，頁2上，〈順德路郭推官行狀〉。

62 傅淑訓纂，《萬曆平陽府志》(順治二年修補本)，卷8，頁44下，〈人物〉。

63 《永樂大典》，卷2342，頁10下-11下，引〈古藤志〉。

64 《元史》，卷186，頁4272-4277，〈陳祖仁傳〉。

五年(1355)任寧國路推官，紅巾長鎗軍攻寧國，城陷，勒兵巷戰不勝，死之。弟薰孫，攝州事，亦死之[65]。

朱倬，新城（今江西永修）人，至正二年進士。十二年任遂安縣尹，紅巾至，赴水死[66]。

彭庭堅(1312-1354)，瑞安（今浙江瑞安）人。至正五年進士。任同知福建道宣慰司副都元帥；十四年為叛將所害[67]。

黃紹(字仲先)，臨川(今江西撫州)人，至正八年(1348)進士。十二年任靖安縣尹，起義兵守城抵禦紅巾，被俘，不屈而死[68]。

李廉，安福州（今江西安福）人。至正二年進士[69]，官至信豐縣尹。十二年紅巾至，父老請避之，廉曰：「焉有為國保民而棄之者乎？」兵潰，遂遇害。其子敬襲其官，亦殉難[70]。

舒泰，奉新(今江西奉新)人。至正五年進士，十年(1350)為分宜縣丞。兵難起，泰倡組義兵保境，鄰境殘黨復大至，泰怒罵不屈，遂遇害[71]。

程養全(1299-1354)，德興（今江西德興）人，至正二年進士，仕至鉛山州判官。至正十四年，與紅巾軍戰，死之。曾作文自祭，有云：「年逾五十，為國而死，非正命猶正命也。」[72]

王瑞，臨淮(今安徽盱眙)人，登第科次不詳。知房州(今湖北竹山)，死

65　宋濂，《宋濂全集》，第四冊，頁2103，〈故寧國路推官劉君墓誌銘〉；《元史》，卷195，頁4415-4416，〈忠義三〉。
66　黃文鷟，《正德新城縣志》(天一閣藏明代方志選刊續編)，卷8，頁11上，〈人物〉。
67　《元史》，卷195，頁4419，〈忠義三〉。
68　《元史》，卷195，頁4425，〈忠義三〉。
69　梁寅，《梁石門集》(元人文集珍本叢刊)，卷2，頁1上-1下，〈送李行簡序〉。
70　董天錫，《嘉靖贛州府志》(天一閣藏明代方志選刊)，卷8，頁8下，〈名宦〉；魏瀛等修，《贛州府志》(中國方志叢書)，卷12，頁29上-30上，鐘瓛〈雙節祠記〉。
71　范淶修，《萬曆新修南昌府志》，卷18，頁56下-57上，〈人物志〉。
72　程敏政，《新安文獻志》(四庫全書)，卷66，頁30上-33上，吳維新〈程養全行實〉。

紅巾難，長子福山從死[73]。

湯源，湘鄉(今湖南湘鄉)人，官至信州路同知。陳友諒兵至，不屈死[74]。

傅常，鉛山州(今江西鉛山)人。至正間進士，十一年任餘姚州判官。海上有警，遇賊，死之，當死於方國珍軍之手[75]。

唐元嘉，蘭溪州(今浙江蘭溪)人。至正十四年進士[76]。官至江浙省掾。從丞相答剌罕節制集慶，兵敗被執，不屈而死[77]。

雷杭(1302-?)，建安人，元統元年進士。歷任武平及潮陽縣尹。現僅知「元末死於王事」。究竟死於何軍之手，無法考知[78]。

以上因守土或征討而殉國的進士共三十八人，其中蒙古五人、色目八人、蒙古或色目二人，漢人十一人，南人十二人。

(二)出使全節

戰亂二十年間，群雄對元廷叛服不常。元廷或為消弭禍亂，或為分化群雄，或為取得奧援，常派遣官員，出使群雄。這些使臣往往因群雄之反覆而遭拘留或殺害。其中不惜殺身以全節的進士有以下四人，其中一人為色目，三人為漢人：

色目進士擔任使者而遭殺身者為馬合謀。馬合謀，回回人，至正間進士，二十二年(1362)以郎中的身分，從戶部尙書張昶以江西行省平章銜授朱元璋，朱不受。馬合謀出言抗對，被誅[79]。

73　李景嶧修，《嘉慶溧陽縣志》(中國方志叢書)，卷13，44上，〈人物志〉。

74　薛綱纂，《嘉靖湖廣通志》(明刊本)，卷15，頁84上，〈人物〉。

75　蕭良幹修，《萬曆紹興府志》(中國方志叢書)，卷28，頁29下，〈職官志四〉；杜春生，《越中金石記》(石刻史料新編)，卷10，頁11下，〈餘姚州儒學羨田記〉。

76　《不繫舟漁集》，卷16附錄，頁3下，蘇伯衡〈跋陳子上書〉稱元嘉為本科進士陳高之同年。

77　應廷育，《金華先民傳》(四部分類集成)，卷4，頁6上，〈忠義傳〉。

78　何喬遠，《閩書》(福州：福建人民出版社，1994)，卷92，頁2793，〈英舊志〉。

79　錢謙益撰，張德信、韓志遠點校，《國初群雄事略》(北京：中華書局，1982)，卷1，頁33，〈宋小明王〉。

三名漢人進士皆是在張士誠初起時因出使而殉國：

趙璉，臨潁(今河南臨潁)人，至治元年進士。累官淮南江北行省參知政事。至正十三年(1353)，受命安排張士誠投降事，士誠殺之復叛[80]。

李齊(1301-1353)，廣平(今河北永年)人。元統元年左榜第一，累官高郵知府。至正十三年(1353)受命招降張士誠，被執，士誠迫其跪，齊叱之曰：「吾膝如鐵，豈肯爲賊屈！」遂被殺[81]。

孫撝(1301-1353)，曹州人。至正二年進士。十五年元廷遣使招安張士誠，以撝爲副使，被執，及士誠占平江，撝遣人至鎮南王府，密謀復高郵，士誠殺之[82]。

(三)在鄉守義

在職士大夫固然有爲國殉職的必要，在鄉官員於城陷或國破之際爲保全名節亦有一死之義務。這些官員有的是離職返鄉，有的是辭官歸隱。殉節在鄉進士有以下九人。

1.色目

色目進士爲國殉義者有獲獨步丁兄弟三人。獲獨步丁，回回氏，至順元年進士。官廣東廉訪僉事，廣東陷落後，閑居福州。至正二十七年十二月，明軍下福州城，獲獨步丁曰：「吾兄弟三人，皆系進士，受國恩四十年。今雖無官守，然大節所在，其可辱乎！」投井死[83]。其兄穆魯丁，爲科次不詳之進士，曾官建康[84]。海魯丁，當爲至正間進士，十八年任信州路上饒縣達魯花赤。二人皆於元末死於國難。死于何時何地已不可考。

2.漢人

漢人在鄉進士殉義者爲潘炎。潘炎，扶溝(今河南扶溝)人。登第科次不

80　《元史》，卷194，頁4402-4403，〈忠義二〉。

81　《元史》，卷194，頁4394-4395，〈忠義二〉。

82　《元史》，卷194，頁4403-4404，〈忠義二〉；卷44，頁924，〈順帝紀七〉。

83　《元史》，卷196，頁4434，〈忠義四〉。《國初群雄事略》，卷13，頁292，〈福建陳友定〉。

84　《元史》，卷196，頁4435，〈忠義四〉。

詳。任襄城縣尹，免官歸。北路紅巾將劉大保陷扶溝，遣人辟之爲學士，炎不從，觸柱死[85]。

3.南人：

南人在鄉進士殉義者爲下列五人：

汪澤民(1273-1355)，宣城(今安徽宣城)人。宋端明殿學士汪藻七世孫，延祐五年進士。後以禮部尚書致仕，居鄉讀書自娛。紅巾亂起，澤民領導民眾保衛鄉里。至正十五年(1355)徐壽輝軍陷宣城，被執，大罵不屈。據說遇害前，曾爲詩：「江城欲破竟何爲，獨有孤臣謹自持。罵賊肯教雙膝屈，忠臣不顧一身危。」[86]此詩雖未必爲澤民所撰，但澤民以居鄉老臣身分，卻能壯烈殉國，宋濂爲其所撰〈神道碑〉特別對此加以表揚：「有如先生無城郭封疆之守，或保身於山澤，君子亦未必深議之，先生不以仕止爲間，孜孜汲汲，思衛斯民於危亡之際，遂及於難，非事君無二心者能之乎？」[87]

周鏜，瀏陽(今湖南瀏陽)人，泰定四年進士。累官翰林編修，出爲四川行省儒學提舉。便道還家，南系紅巾軍至瀏陽，鏜謂其兄弟曰：「我受國恩，必死，毋相累也。」城陷，紅巾軍欲推其爲主，抗拒被殺[88]。

陳高(1315-1367)，平陽(今浙江平陽)人。至正十四年進士。授慶元路錄事，未二年，「度時不可爲」，即辭官歸鄉[89]。二十三年方國珍陷平陽，高棄妻子，往來閩浙間，晦其行藏，欲人不知其所在。三年後，明軍陷兩浙，高浮海過山東，謁河南王擴廓帖木兒於懷慶，「論江南之虛實，陳天下之安危，當何以弭已至之禍，何以消未來之憂」[90]。未數月，卒於懷慶。四

85　鄒恩愚修，《嘉靖河南通志》(嘉靖乙卯刊本)，卷27，頁53下，〈人物〉。

86　《元詩選》三集庚，頁326，〈汪文節公澤民〉。

87　《宋濂全集》第一冊，頁382，〈文節汪先生神道碑〉；《元史》，卷185，頁4251-4253，〈汪澤民傳〉。

88　《元史》，卷195，頁4414，〈忠義三〉。

89　《不繫舟漁集》，卷首，頁1上-2下，蘇伯衡〈陳子上先生存稿序〉。

90　《不繫舟漁集》，卷16，頁1上-2下，揭汯〈陳子上先生墓誌銘〉；《弘治溫州府志》，卷13，頁12下。

庫館臣論陳高說：「高當元祚阽危，浮海流離，力圖匡復，其心事與王保保(即擴廓帖木兒)同。」[91]可見陳高是爲匡復大業而死亡。

裴夢霆，清江(今江西清江)人。至正十一年進士，授江浙路儒學提舉，未赴。明年兵興，議集兵備禦，未幾卒[92]。

黎應物，臨江（今江西清江附近)人，至正五年進士。官至漳浦尹。十二年奔父喪，遇紅巾，死於亂中[93]。

以上所列殉國進士共五十一人，遠多於趙翼所舉之十六人。

就進士殉國時所處身分言之，「在職盡忠」者三十八人、「出使全節」者四人、「在鄉守義」者九人。「在職盡忠」及「出使全節」者皆有官職在身，或因守土、或因征討、或因出使，皆爲職責而被殺或自殺，較爲自然。「在鄉守義」者則身無官職，亦爲保全名節而死，可說堅持最高的政治倫理標準。

就進士族群類別言之，蒙古五人、色目十二人、蒙古或色目二人、漢人十五人、南人十七人。亦即非漢族十九人、漢族三十二人。此一數字顯示進士殉國是一超越族群藩籬的現象。不僅各族群皆有進士殉國，而且殉國漢族進士的數目比非漢族超出甚多。當然，上述各數字受到現存有關各族進士記載多寡不同的影響很大，並不一定反映實際比率。元代文獻多出於江浙、江西文人之手，有關蒙古、色目人記載原本不多，明朝方志及其他文獻中更不將蒙古、色目視爲鄉賢而予以記載。蒙古、色目殉國進士的實際人數應遠多於現存文獻所顯示。但整體言之，進士決定是否殉國不在於族群差異，即是政治上最受壓抑之南人進士亦選擇爲蒙元犧牲生命。但是蒙古、色目進士殉國之壯烈較漢人、南人有以過之。蒙古進士普顏不花、色目進士明安達爾、普達世理、余闕、偰列篪皆是全家殉節而死，在殉國的漢、南人進士中則少見其例，反映元朝敗亡對蒙古、色目族群的震撼遠大於漢人、南人。

91　《不繫舟漁集》卷首。
92　徐顥，《臨江府志》(嘉靖十五年刊)，卷50，頁25上，〈選舉表〉；卷22，頁26下。
93　《隆慶臨江府志》，卷12，頁27上。《萬曆漳州府志》，卷19，頁22下。

　　就殉國忠義之意識型態言之，各族群進士並無明顯差異：例如蒙古進士泰不華在進討方國珍曾語眾曰：「吾以書生登顯要，誠慮負所學，今守海隅，賊甫招徠，又復爲變，君輩助我擊之，其克則汝眾功也，不克則我盡死以報國耳！」色目進士余闕生前語其西賓蔣良曰：「今國家多難，授予以兵戎重寄，豈予所堪。然古人有言：『爲子死孝，爲臣死忠。』萬一不幸，吾知盡忠而已。」[94]漢人進士李黼曾說：「爲臣死忠，爲子死孝，在黼之分，唯知盡死守土而已，所謂城存與存，城亡與亡者也。」[95]而南人進士劉耕孫在被紅巾圍城之後對其子說：「吾委質爲臣，誓與此城同死生。」可見四族進士之犧牲生命皆是出於忠君報國之念。

　　忠義之中，狀元所占比率甚高：共有右榜狀元泰不華、普顏不花，左榜狀元李黼、李齊、陳祖仁、文允中等六人。元代科舉十六科，產生左右榜狀元三十二人，殉國者幾近總數五分之一。狀元殉國比例高，乃因榮譽感強，而且政治地位較高，大多肩負方面重任[96]。

四、北歸與外奔

　　北歸與外奔是易代士人在殉國、退隱、出仕之外對鼎革的的兩種反應。亡國遺臣出奔外國在宋末與明末皆曾發生，而北歸塞外則可說是元明之際特殊歷史環境中的產物。

　　在中國史上諸征服王朝中，唯有蒙元能夠撤回塞外本土，重建政權。至正二十八年，明軍逼近大都，元順帝率太子、后妃逃至上都。行時攜走軍民

94　張楺，《康熙安慶府志》（中國方志叢書），卷26，頁19-22，賈良〈余忠宣公死節記〉。

95　《南村輟耕錄》，卷14，頁166，〈忠烈〉。

96　陶宗儀，《南村輟耕錄》，卷15中錄有元末作者不詳之〈弔四狀元〉律詩，該詩乃評價四位狀元在國難中之表現，有句云：「元舉何如兼善死，公平爭似子威高。」元舉指王宗哲，兼善、公平、子威分別指泰不華、李齊、李黼。陶氏之評論爲：「若論其優劣，則江州第一，台州次之，高郵又次之，憲僉不足道矣！」意即李黼表現最好，泰不華次之、李齊又次之，而王宗哲未能克盡臣節，故「不足道矣」！

不多，其中當有少數士人[97]。此後蒙廷繼續與明朝對抗，因而遠在朔漠的蒙廷仍是少數中原士人效忠的對象。

現知追隨順帝北歸之進士有金哈剌與龔友福等二人[98]：

金哈剌，字元素，汪古人，爲著名士人馬祖常族弟。至順元年進士。官至中政院使或樞密院使，元末隨順帝北去，不知所終。善詩能書，著有《南遊寓興詩集》，今存。亦擅長散曲[99]。

龔友福，光山人(今河南光山)。至正十七年進士。拜中書參政，兼丞相事。明軍破大都，隨順帝北去[100]。

元明鼎革之際有兩名進士外遷高麗，則是由於高麗與蒙元的特殊關係。蒙元與高麗維持緊密的翁婿關係，高麗國王與世子往往長侍元廷。高麗士人亦得參與元朝科舉，兩國進士具有師生或同年的關係。高麗君臣與元廷的特殊關係爲元朝士人遷入該國提供條件。現知遷入高麗的兩名進士爲：

拜住，字明善，蒙古遜都思氏，至正二年右榜狀元[101]。官至樞密副使。明洪武三年(1370)，高麗遣李成桂攻遼陽，下兀剌山城(今遼寧新濱東南)，獲之，獻於高麗朝廷[102]。麗廷因其爲元朝狀元，並爲高麗大臣李仁復之科舉同年，善遇之，賜名韓復。從此長留高麗，仕至進賢館大提舉。在高麗期間，與李仁復及至正十四年進士李穡相從唱酬。拜住卒，李穡爲詩哭之。詩云：

97　劉佶，《北巡私記》(雲窗叢刻)(頁1下)云：「百官扈行者，左丞相失列門……等百餘人。」

98　《明太祖實錄》(台北：中央研究院歷史語言研究所，1984，卷110，頁1833)云，蒙廷北歸後，元進士蔡子英自願遣送漠北，太祖允之。據桂栖鵬之考證，蔡子英爲行伍出身，並非進士，見桂栖鵬〈進士誤載舉正〉，收入桂氏《元代進士研究》(蘭州：蘭州大學出版社，2001)，頁216-217。

99　蕭啓慶，〈元色目文人金哈剌及其《南遊寓興詩集》〉，收入蕭氏《元朝史新論》，頁299-322。

100　王家士纂修，《嘉靖光山縣志》(天一閣藏明代方志選刊續編)，卷7，頁17下-18上；《元詩選癸集》己上，頁46。

101　桂棲鵬，〈元代蒙古狀元拜住事跡考略〉，收入桂氏《元代進士研究》，頁163-168。

102　鄭麟趾，《高麗史》(東京：國書刊行會，1904年)，卷112，頁359，〈韓復傳〉。

　　　那知仙遊數日去，最是多生客死怨。

　　　楊柳依依知我痛，低垂門巷截來轅。[103]

李穡對拜住客死他鄉，至表哀痛。

　　　偰伯遼遜(1319-1360)，至正五年進士。畏兀氏，家集慶路溧陽(今江蘇溧陽)[104]；爲前述殉國進士偰列箎之姪。曾任端本堂正字，授皇太子經。因丞相哈麻與其父偰哲篤有怨，伯遼遜遭忌，出守單州，丁父憂，寓大寧(熱河平泉)。至正十八年紅巾軍克上都，逼大寧。伯遼遜爲避亂，挈子弟逃至高麗。高麗恭愍王(1352-1374)曾在元廷侍太子於端本堂，與伯遼遜有舊誼，故對其待遇優渥，封高昌伯，改富原侯，更名偰遜[105]。至正二十年卒於松京典牧洞私第。其家遂定居高麗，子孫先後出仕高麗、朝鮮[106]。其家族綿延至今。

　　　偰伯遼遜現仍有詩集傳世。其〈記夢寄中朝故舊〉則記其在高麗對昔日中朝生活的懷念：

　　　於穆宣文閣，雍容端本堂；夢中猶昨日，覺後是他鄉。

　　　萬事心如鐵，三年鬢已蒼；生還倘能遂，甘老校書郎。[107]

宣文閣、端本堂都是元朝宮廷的文教機構，也是伯遼遜舊日供職之處。流離

---

103 李穡，《牧隱詩稿》(麗季名賢集)，卷8，頁4下，〈兼懷明善先生〉；頁16下，〈七月初八日聽詔征東行省〉。

104 關於偰伯遼遜，詳見蕭啓慶，〈元季色目士人的社會網絡：以偰伯遼遜的青年時代爲中心〉，《中央研究院歷史語言研究所集刊》第74本第1分(2003)，頁65-96。

105 《高麗史》，卷112，頁357上-359上，〈偰遜傳〉。

106 關於偰氏入高麗經過及其子孫在高麗之事跡，參看葉泉宏，〈偰氏家族與元末鮮初之中韓關係〉，《韓國學報》第12期(1993)，頁59-79；黃時鑑，〈元代高昌偰氏入東遺事〉，收入蕭啓慶主編《蒙元的歷史與文化》(台北：學生書局，2001)，下冊，頁541-570。

107 偰伯遼遜著有詩集《近思齋逸稿》，爲其在中國時之舊作。收入《慶州偰氏諸賢實記》(韓國國史編纂委員會藏抄本)，卷上，〈近思齋〉(無頁數)。

異國三年之後，鬢髮已蒼，卻仍望生還中原，甘心以校書郎終老。可見伯遼遜在高麗雖備受優遇，仍是心懷故國，遠遷他鄉原是不得已的決定。

追隨元帝，北歸朔漠，應皆出於自願，是忠君的高度表現。遠適高麗則是迫於戰亂，不得不避亂遠禍，但也可能反映對新政權之抗拒。值得注意的是：遠遷高麗的二名進士，一爲蒙古、一爲色目，甚爲自然。而北歸朔漠的二名進士中卻有一名漢人，可見對漢族士人對元廷的忠心不亞於蒙古、色目者大有其人。

五、退爲逸民

「逸民」乃指元朝亡國之前即已棄官歸隱的士大夫，有別於國亡之後不仕新朝的「遺民」。蒙元時代由於入仕途徑狹隘，社會地位與榮譽大爲降低，士人遁隱成風，或則「以道自任」，以著述、教學爲業，傳承斯文，或則縱情詩酒書畫，享受人生[108]。但是，各族進士原是官場中人，與布衣士人不同。他們於元末自動脫離仕途，主要是受到時局影響。

1.漢人

棄官遁隱的漢人進士爲：

王遵道，垣曲人(今山西垣曲)。至正十七年進士，授翰林編修。元末兵起，致仕歸[109]。

周友常，青州(今山東益都)人。至正五年進士，官至慶元路提舉。方國珍亂起，定居定海[110]。

侯伯正，渭南(今陝西渭南)人，泰定(1324-1327)中進士，任太常博士，因世亂棄官歸隱[111]。

108　汪栢年，《元明之際江南隱逸士人》，國立臺灣師範大學歷史研究所碩士論文，1996。

109　紀弘謨修，《康熙垣曲縣志》(新修方志叢刊)，卷7，頁3下，〈人物志〉。

110　張時徹修，《嘉靖定海縣志》(中國方志叢書)，卷13，頁12下，〈流寓〉。

111　南大吉，《嘉靖渭南縣志》(嘉靖二十年刊本)，卷16，頁16。

費著，成都人，泰定元年(1324)進士，累遷重慶路總管。明玉珍來攻，遁居犍爲而卒[112]。

羅涓，崇寧(今四川郫縣)人，至正二年進士[113]，歷任合州等知州。以母老歸，元末守節死[114]。

2.南人

南人進士因方國珍興起浙東而退隱者爲：

高明(1298-1359)，瑞安(今浙江瑞安)人。至正五年進士，仕至福建行省都事[115]。早年頗有濟世的抱負，亦具吏治才能。但他生性鯁直，屢與上官齟齬，且不滿當時吏治黑暗及元廷對方國珍的招撫，因而萌生退念，反映於其詩句之中：「晚歲仲宣猶在旅，年來伯玉自知非。」[116]既嘆惜自己似王粲身處亂世而懷才不遇，更想以蘧伯玉之悔省與遁世爲榜樣。劉基所贈〈次韻高則誠雨中三首〉有句云：「莫怪賈生偏善哭，從來杞國最多憂。」[117]反映二人當時的共同感受。高、劉二人爲好友，早年際遇也相似，但以後卻走上不同的道路。劉基成爲明朝開國功臣，而高明則退隱著作。至正十八年方國珍欲強留高明於幕下，明不從，辭行省都事。寄居鄞縣之櫟社，以詞曲自娛，寫下著名之傳奇《琵琶記》。明年卒[118]。徐渭《南詞敘錄》說明太祖即位，曾徵召高明，明「佯狂不出，高皇不復強」，當爲誤記。高明是元朝的逸民，而不是遺民。

陳麟(1312-1368)，永嘉人。至正十四年進士。方國珍據慶元，麟以浙

---

112 虞懷忠纂，《萬曆四川總志》，卷8，頁25，〈郡縣志〉。

113 周敷編，《大科三場文選》(日本內閣文庫藏本)，轉引自陳高華，〈兩種《三場文選》中所見元代科舉人物名錄〉，《中國社會科學院歷史研究所學刊》第1集(2001)，頁342-372。

114 馮任修，《天啓成都府志》(中國地方志集成)，卷23，頁351上，〈忠節列傳〉。

115 鄧淮修，《弘治溫州府志》，卷10，頁30，〈人物〉。

116 張憲文、胡雪崗輯校，《高則誠集》(杭州：浙江古籍出版社，1992)，頁40，〈寄屠彥德并簡倪元鎮〉。

117 劉基著、林家驪點校，《劉基集》(杭州：浙江古籍出版社，1999)，卷23，頁482，〈次韻高則誠雨中三首〉。

118 高明之卒年仍有爭議，見徐朔方，〈高明年譜〉，《文史》第39輯(1994)，頁247-262。

東副元帥領慈溪縣事，率義勇抗之，被擒囚居於岱山島，即著道士衣冠，種牧以爲食。元朝屢召用，均不應。後逢易代，遂南遊閩中，未幾卒[119]。

汪文璟，常山(今浙江常山)人，泰定元年進士，仕至嶺南廣西道廉訪副使。元末寓餘姚，以國難憂憤不食卒[120]。

因陳友諒進占江西而隱居者則爲：

吳裕，金溪(今江西金溪)人，出身科第問學世家[121]。至正十一年進士，授永新州同知。十六年隆興破，自是幽居淡食，時頌太白詩以自勵：「夷齊是何人，獨守西山餓。」其時元朝雖未亡，吳裕卻自願守節。二十一年卒，叔父儀狀其行，云有「陶靖節之貞素」[122]。

吳師尹(1303-1366)，永新人(今江西永新)。至正八年進士，仕至江西省掾。世變起，遂歸隱，「遯跡廬陵山谷間，徜徉賦詠，絕意人事」。二十六年卒[123]。其〈宋丞相信國公上巳詩〉有句云：「堂堂忠義行宇宙，白日青天照遺墨。再拜酹公金屈卮，有酒不讀蘭亭詩。」同鄉晚輩解縉稱其：「景仰丞相極至。」[124]可見師尹對文天祥之忠義報國極爲欽佩，但因國事不可爲，不得不遯隱家山。

歐陽衡，吉安吉水人。元末舉進士，不仕，隱居山谷間[125]。

另有劉傑(?-1390)，金溪人。至正二年進士，累官集賢學士。元末上書忤旨而致仕，養病於河南宜陽。洪武二十三年(1390)卒[126]。

以上元末成爲逸民的進士共十二人，其中漢人五人、南人七人，而無蒙

---

119 戴良，《九靈山房集》，卷23，頁160-162，〈秘書監丞陳君墓誌銘〉。
120 沈傑修，《弘治衢州府志》(天一閣藏明代方志選刊續編)，卷9，頁368，〈人物・常山〉。
121 劉曉，〈宋元金溪吳氏研究〉，《中國社會科學院歷史研究所學刊》第1集(2001)，頁320-341。
122 秦鏜，《成化東鄉縣志》(嘉靖三年刊本)，卷下，23上-24上，〈卓異〉。
123 李祁，《雲陽李先生文集》，卷8，頁8上-10上，〈永豐縣丞吳君墓誌銘〉。
124 顧嗣立・席世臣，《元詩選癸集》，上冊，己上，頁773-774，〈宋丞相信國公上巳詩〉。
125 王梓材，馮雲濠輯《宋元學案補遺》(四明叢書)，卷82，頁295下。
126 楊澗纂，《弘治撫州府志》(天一閣藏明代方志選刊續編)，卷23，頁7上，〈人物・鄉賢〉。

古、色目。這些進士在大亂既起之後，或因不滿朝廷征討方針，或因不肯屈身出仕群雄，或因家庭因素而退隱歸田。其退隱時，元朝仍未亡國，故不得稱爲遺民。但其中吳裕、吳師尹等之心跡與後來之遺民頗有相通之處，可稱爲遺民先進。至於爲何在現有記載中不見元末蒙古、色目逸民，主要是由於現存文獻本身的缺漏，也可能由於「逸民」與「遺民」有重疊之處，下節所敘蒙古、色目不少在元末即已退隱成爲逸民，但因其人在明初仍存而又不仕新朝而列爲遺民。

六、出仕群雄

元末群雄爭戰近二十年，或則據地稱王，建立政權，或則表面依附元朝，實際卻是自立割據。士人或迫於環境，或出於自願而出仕群雄。但是，群雄政權性質不一，對士人的政策因而互異。

反元群雄，大體可歸爲二類：紅巾系與非紅巾系。「紅巾系」皆信奉白蓮教，具有強烈「千禧年」宗教色彩與反抗現有政治、社會秩序的意識，對士大夫與地主懷有明顯的排斥性，而士人與地主對其抵拒性自然亦很強烈[127]。但是，二十餘年間，各紅巾政權都經過一個轉化的過程，即是從大陸學者所謂「農民革命政權」轉化爲「封建性政權」。雖然我們不必同意唯物史觀的名詞，卻承認這一轉化確實存在，即是政權之主調由強調貧富對立、排斥地主與士大夫轉變爲包容士大夫及地主[128]。而「非紅巾系」政權雖亦爲農民或遊民所建立，但並不具宗教色彩或強烈階級意識，對元朝皆是屢降屢叛。主要的非紅巾系領袖爲張士誠、方國珍。

127 陳高華，〈元末農民起義中南方漢族地主的政治動向〉，收入陳氏，《元史研究論稿》(北京：中華書局，1991)，頁268-289。

128 王崇武，〈論元末農民起義的發展蛻變及其在歷史上所起的進步作用〉，收入南京大學歷史系元史研究室編，《元史論集》(北京：人民出版社，1984)，頁610-639。

(一)紅巾系政權

　　早期的紅巾政權－韓山童、劉福通所建立的宋政權與徐壽輝所領導的天完－皆具有強烈意識型態，皆未見任用士人之記載。而後期各紅巾政權，包括陳友諒的漢與明玉珍的夏則紛紛進用士人。朱元璋雖然出身於北系紅巾，但很早便具有甚大獨立性[129]，自成一系，在下節再加討論。

1.陳友諒

　　陳友諒系出徐壽輝部，建立漢政權於江西，自至正十八年至二十四年，前後約六年，楊訥認爲：大漢政權「是地主階級的政權」並「把爭取和依靠地主階級知識分子及元故官的支持，作爲政權建設的一個主要目標。」[130]不過，由於陳友諒出身紅巾而又不肯降元，多數著名士人皆抵拒其招徠，如大儒吳澄之孫、江西廉訪使吳當便堅拒友諒之聘[131]。元朝進士拒絕出仕友諒者有延祐五年科韓準(1299-1371)與至正五年科傅箕。韓準，沛縣(今江蘇沛縣)人，時任江西廉訪副使，友諒親往禮聘，但韓準堅拒不受命[132]。傅箕，進賢人(今江西進賢)，至正八年(1348)進士，官至進賢縣尹；陳友諒以書幣徵，箕覆書卻之，求允「不得罪于名教」[133]。韓、傅二人都是因忠於元廷與名教而拒絕出仕友諒。

　　出仕友諒的元進士唯有定住一人。定住應爲蒙古或色目人。至正二年進士[134]，原爲臨江守臣，降友諒軍。友諒任爲臨江鎮帥，抗朱元璋師；死於二十三年鄱陽之役。《游宦餘談》云：「觀其人文雅風流，倘擇賢主而仕，即不得與宋(濂)、劉(基)諸公旗鼓相向，當亦不失爲禮士好文之守也，乃爲群雄所得，身名俱隕，惜哉！」[135]陳友諒任用定住因其爲戰將，而非因其爲進士。

129　邱樹森，〈元末紅巾軍的政權建設〉，《元史論叢》第1輯(1982)，頁91-108。

130　楊訥，〈天完大漢紅巾軍史論述〉，《元史論叢》第1輯，頁109-136。

131　《元史》，卷187，頁4299，〈吳當傳〉。

132　吳海，《聞過齋集》(嘉業堂叢書)，卷5，頁6下-9上，〈侍御史韓公權厝誌〉。

133　范淶修《萬曆新修南昌府志》，卷15，頁54上，〈名宦傳〉。

134　胡行簡，《樗隱集》(四庫全書)，卷4，頁1上，〈晦園記〉。

135　德馨，《同治臨江府志》(中國方志叢書)，卷15，頁16下-17上，〈軼事‧雜類志〉。

　　另有黃昭,樂安(今江西樂安)人,至順元年進士;至正十八年詔除湖廣行省參知政事,命未至,陳友諒已下江西諸郡[136]。晚年居龍興[137]。據宋濂云:「(至正)二十一年陳友諒僭號江西,用黃昭、解觀等薦,以君為太常卿,俾守令,踵門起君,堅臥不赴。」[138]可見黃昭處於陳友諒之統治下,曾向其推薦人材,但並未正式出仕。

2. 明玉珍

　　明玉珍亦系出徐壽輝部,至正十七年引兵入蜀,二十一年建立大夏於其地。對其政權建立貢獻最大者為至順元年進士劉楨(?-1369)。楨,德昌路昌州人(今四川西昌附近),曾任元大名路經歷,罷官歸家。兵興居瀘州,玉珍攻蜀,經其地,往見與語,喜曰:「吾得一孔明也!」用為參謀。楨力勸玉珍據蜀立國,玉珍用其言,封之為宗伯。二十六年,明升繼位,拜楨為右丞相,繼續輔導幼主。洪武元年卒[139]。《明史‧明玉珍傳》稱頌劉楨之功云:「設國子監,教公卿子弟,設提舉司教授,建社稷宗廟,開雅樂,定賦稅,以十分取一,蜀人悉便安之,皆劉楨為之謀也。」[140]劉楨在出仕群雄的元進士中頭角最為崢嶸,影響最大,幾可與劉基比美。

(二)非紅巾系政權

　　出於非紅巾系的群雄,較知吸引士人以擴大政權基礎。錢謙益《列朝詩集小傳》說:「元末張士誠據吳,方國珍據慶元,皆能禮賢下士,而閩海之士,歸干有定,一時文士,遭逢世難,得以苟全者亦群雄力也。」[141]可見張士誠、方國珍、陳有定等非紅巾群雄多曾保全士人於大亂之中。不過陳有定

136 《元史》,卷187,頁4298,〈吳當傳〉。
137 鄭太和,《麟溪集》(四庫存目叢書),巳卷,頁21下,〈題詩〉。
138 《宋濂全集》,第三冊,頁1532,〈故歧寧衛經歷熊府君墓表〉。
139 楊學可,《明氏實錄》(中國野史集成),頁3上;《明太祖實錄》,卷19,頁267-268,〈明玉珍傳〉。
140 《明史》,卷132,頁3702,〈明玉珍傳〉。
141 錢謙益,《列朝詩集小傳》(上海:古典文學出版社,1957),甲前集,頁46,〈陳平章友定〉。

雖據有閩中，卻始終效忠元廷，故不在本文討論之列[142]。

1.張士誠

　　除朱元璋外，群雄之中，張士誠最重延攬士人。士誠於至正十六年攻入平江，不久即控制經濟繁榮、人文薈萃的浙西地區。士誠開館招攬賓客，優遇士人。而且，在至正十七年與二十三年間，士誠奉元朝正朔，受封太尉，給予士人出仕士誠一定程度的正當性。據說當時聚集吳中之客多達七千。出仕士誠較為著名之士人有饒介、陳基等人。

　　出仕士誠的進士現知僅有二人：

　　魯淵(1319-1377)，淳安(今浙江淳安)人，至正十一年進士，原任華亭縣丞。十七年朱元璋入浙東，淵曾與王逢建議士誠北降元廷以拒朱，士誠受元封後，實際控制江浙及淮南行省，魯淵遂成為其下屬，歷任江浙儒學副提舉及提舉。至正二十三年，士誠自立為吳王，淵驚悸出走，而未接受博士之任命[143]。淵顯然自認以元官的身分出仕士誠。

　　錢用壬，廣德(今浙江廣德)人，至正十四年進士[144]，仕元至翰林編修。張士誠據吳，用壬做過太尉參軍，二十二年升任淮南行省參政，佐張士信守淮安[145]，可說是最受士誠重用的元進士。用壬後來又出仕明朝，其對出處之分際，似不嚴謹。

　　泰定四年進士楊維禎(1296-1370)則始終與張士誠維持若即若離的關係，未曾正式出仕。維禎，紹興路諸暨人(今浙江諸暨)，仕元官至江西儒學提舉。維禎早年用世之心頗強，但不獲重用，並遭讒言所傷，又不願「以妾婦之道媚於時」，長期沉淪下僚，晚年遂縱情酒色，行事放蕩。至正八年左

---

142 關於陳有定，參看唐立宗，〈陳有定與元末福建地方政局〉，《大陸雜誌》第100卷第1期(2000年)，頁25-48，第2期，頁12-21。

143 《歧山魯氏宗譜》(原書未見)，引自顧啓等，〈從魯淵劉亮生平和《耐庵遺曲》談〈施耐庵墓志〉的可信性〉，收入張惠仁，《水滸與施耐庵》(延吉：延邊大學出版社，1988)，頁181-192。

144 陳高，《不繫舟漁集》，卷16，頁4下，蘇伯衡〈跋陳子上書〉稱用壬為本科進士陳高之同年，故用壬應為本科進士。

145 《九靈山房集》，卷13，〈送錢參政序〉；《列朝詩集小傳》上冊，頁43。

右即已移居吳中，主要活動於平江、崑山一帶，十九年以後定居松江，仍在
張士誠勢力範圍內。維楨在士人圈中聲譽極高，受業弟子甚多，並且成爲吳
中詩派的領袖，動見觀瞻[146]。張士誠極力拉攏他，「吳王聞其名，欲見之。
維楨不往。繼遣使來言，因獻〈五論〉及復書」。事實上，在張士誠接受元
廷任命後，維楨對他並非完全抗拒，與士誠麾下文臣武將頗多交往，而其弟
子曾出仕士誠者亦有不少。但是維楨於元廷修三史時，曾上〈正統論〉，認
爲元係繼承宋朝的正統王朝，因而忠心元室。他寄望士誠成爲捍衛元朝東南
之干城，因而與其交往[147]。士誠自立爲吳王後，即無雙方互動之記載[148]。

張士誠雖喜延攬士人，但其求賢卻有附庸風雅、妝飾門面的傾向，不能
知人善任，因材授職。士人對其政權多未能發生積極作用。一方面，士誠政
權始終以其淮東遊民集團成員爲核心，對浙西士人並未重用，眞正士人不能
發揮所長。另一方面，浙西士人文化與浙東不同，浙西士人大多屬於文人
型，喜好吟詠，長於遊談，缺少浙東士人的道學與經世之材；因而，士人對
張政權之實際幫助不大。

2.方國珍

方國珍勢力不大，但曾占有浙東溫、台、慶元三路達十一年之久。對元
朝屢服屢叛，至正十六年以後歷任元朝的海道運糧萬戶、浙江行省參政、左
丞相等職。士人出仕方國珍亦有一定程度的正當性。方氏也曾經力圖爭取士
人來附。

但是，方國珍究竟是叛徒出身，著名士大夫對其招攬抗拒頗大。「是時
知向背者以爲國盜也，不可輔，皆匿不出」[149]，前述高明即爲一例。又如至
正二年進士孔暘(1304-1382)，溫州平陽人，官不過同知平陽州事。據蘇伯
衡說：「至正末，方國珍據台、慶、溫，用名士以收人心，凡名士居其地
者，不爲所用，則爲所禍。而其於公不得已而用，亦不得而禍之。四方之

---

146 王忠閣，《吳中詩派論考》(桂林：廣西大學出版社，1998)，頁47-96。
147 《清江貝先生集》，卷2，頁20下，〈鐵崖先生傳〉。
148 孫小力，《楊維楨年譜》(上海：復旦大學出版社，1997)，頁272-292。
149 方孝孺，《遜志齋集》(四部叢刊)，卷21，頁481下，〈詹鼎傳〉。

士，聞而莫不高其風。」[150]可見孔暘並未出仕方氏。

　　錢謙益《列朝詩集小傳》說：方氏盛時，「文人遺老，如林彬、薩都剌輩，咸往依焉」[151]。薩都剌，答失蠻(回回)氏，泰定四年進士[152]，爲元代中期重要詩人。薩氏自至正十三年避地過杭州，赴紹興，不知所終。據說，方國珍「深忌色目人」，以致寄居浙東的回回詩人丁鶴年轉徙逃匿[153]，同爲色目人的薩都剌往依方氏，應係出於誤傳[154]。林彬即林彬祖，麗水人(今浙江麗水)。至正五年進士，官至福建行省檢校[155]。二十五年曾爲國珍姪明善作記[156]，應是以元朝地方官的身分應邀爲之。其出仕方氏之說當不確。

　　從上文看來，出仕朱元璋之外群雄的元進士，可說寥寥無幾。出仕陳友諒的有定住，出仕明玉珍者有劉楨，而張士誠所延攬的士人中唯有魯淵與錢用壬具有進士身分，但是二人身分曖昧，可說是元朝官員，亦可說是士誠下屬。其中，定住爲蒙古或色目人，劉楨爲漢人，魯淵、錢用壬則爲南人。

七、仕明貳臣

　　朱元璋在群雄之中最能重用士人，他雖出身北系紅巾，但其紅巾意識型態不強，與紅巾僅保持若即若離的關係。其延攬士人甚早，而士人對其崛興亦有甚大作用。

(一)建明以前

　　朱元璋起兵之初，便得淮西士人李善長、馮國用兄弟的投效，即知士人

---

150 蘇伯衡，《蘇平仲文集》(四部叢刊)，卷13，頁1上-3下，〈同知平陽州事孔公墓誌銘〉。

151 《列朝詩集小傳》上冊，頁44，〈劉仁本傳〉。

152 楊維楨，《西湖竹枝集》(叢書集成續編)，頁5上。

153 瞿佑，《歸田詩話》(四庫存目叢書)，卷下，頁51上，〈梧竹軒〉。

154 薩兆溈，《薩都剌考》(北京：燕山出版社，1997)，頁300-306。

155 沈翼機纂，《乾隆浙江通志》(四庫全書)，卷129，頁37下-42下，〈選舉七〉。

156 戴咸弼，《東甌金石志》(石刻史料新編)，卷10，頁9上，〈重修溫州路譙樓記〉。

智謀較深，對輔佐他開創基業應有甚大助力。此後訪儒求賢，不遺餘力。至
正十五年渡江後，先後延攬陶安、李習、孫炎等江東著名士人，皆重用之。
陶安等勸他放棄暴力，以圖王業。在江東士人影響下，其集團的性質已發生
甚大變化，而以「仁義之師」爲號召[157]。十八年下婺州後，元璋更收攬了大
批浙東士人爲己用。浙東諸儒，學廣識高，且多富經世的才志及地方行政
的經歷，對朱元璋削平群雄、轉化政權性質及建立國家規模等皆有甚大貢
獻[158]。元璋於二十三年擊潰陳友諒後，又網羅不少江西士人。

　　朱元璋在浙東延攬的士人中，唯有劉基(1311-1375)與程國儒出身進
士。劉基在元璋所網羅的進士中最爲重要。基，青田(今浙江青田)人，元統
元年進士。原任浙東元帥府都事；至正十四年避盜移居紹興。兩年後受行省
任命爲行樞密院經歷，佐石抹宜孫平息境內民變。十九年春夏之交，棄官歸
鄉，結束二十餘年的仕元生涯[159]。劉基的棄官主要由於大勢所迫，因至正十
八年後，元朝對江南的統治已呈全面崩潰的狀態，劉基覺得應該「不爲其所
不可爲」。不少士人紛紛自謀出路。朱元璋軍下青田，劉基曾被執送應天，
當時他並未立即出仕元璋。二十三年朱元璋禮聘「浙東四先生」－劉基、宋
濂、章溢、葉琛－之中，劉基的顧慮遠多於其他三人。據宋濂說，被召之
初，基「自以仕元，恥爲他人用，使者自往返，不起」[160]。後經過孫炎之苦
苦勸說，基始就道赴應天。劉基雖對元朝已無留戀，但對名節與物議，卻不
能完全不顧，因而遲疑不前。即在十年之後，他仍自承「不能無芥於心」。

　　程國儒，鄱陽人，至正十一年進士，十九年任知衢州，朱元璋軍下衢
州，被執赴集慶，曾自盡獲救。授內省都事。二十二年(1362)，除知洪都府

---

157 黃冕堂，〈論朱元璋的起兵及其渡江初的南京政權〉，收入黃氏《明史管見》(濟
　　南：齊魯書社，1985)，頁1-58。
158 陳高華，〈元末浙東地主與朱元璋〉，收入陳氏《元史研究論稿》，頁290-306；
　　唐惠美〈元明之際士人出處之研究：以宋濂爲例〉(清華大學歷史研究所碩士論
　　文，2000)，頁115-133。
159 楊訥，〈劉基事跡七考〉，收入蕭啓慶主編《蒙元的歷史與文化》，上冊，頁17-68。
160 《宋濂全集》第三冊，頁1650，〈孫君墓銘〉。

事，因事被繫，自盡死[161]。可見程國儒係被迫仕朱，而以悲劇終場。

朱元璋平張士誠前後所得元進士有錢用壬。錢用壬原任張士誠麾下之淮南行省參政，應是在至正二十六年徐達率軍攻下淮東時歸順，仕明官至禮部尙書，於洪武元年致仕，賜居湖州[162]。仕明時間不長。

陳友諒覆滅前後，江西進士被朱元璋徵召的有以下三人：

吳彤(1317-1373)，撫州路臨川人(今江西撫州)。至正八年進士，仕元至贛州路治中。二十五年(1365)受荐任朱元璋政權之國子博士，累遷至北平提刑按察副使[163]。

劉丞直，原名宗弼，贛縣(今江西贛州)人。至正十一年進士，元時仕歷不詳。至正二十六年(1366)，朱元璋召見金陵，除國子博士。洪武二年(1369)，拜浙江按察僉事；後以疾辭歸[164]。

朱夢炎，進賢(今江西進賢)人。至正十一年進士，仕元爲金溪縣丞。二十六年受元璋召授國子博士。洪武十三年(1380)，卒於禮部尙書任上。夢炎通歷代文獻之學，稽古禮文，多所預議[165]。

建國之前，唯一出仕朱元璋的漢人進士爲逯永貞。永貞，覃懷人，登第科次不詳。元末任平江路經歷[166]。吳元年(1367)，以按察僉事兼任詳議官，參與定律令[167]。應是在張士誠覆亡時歸降。

開國之前，朱元璋任用的士人主要爲鄉貢及布衣，所得進士亦有七人，在群雄中可算第一。其中，六人爲南人，一人爲漢人，此一漢人進士原亦任

---

161 《列朝詩集小傳》，甲集，頁119；蕭良幹修，《萬曆紹興府志》(中國方志叢書)，卷28，29下，〈職官志〉。

162 《明史》，卷136，頁3927，〈錢用壬傳〉；《明太祖實錄》，卷37，頁1。

163 《宋濂全集》第二冊，頁796-799，〈吳府君墓誌銘〉。

164 焦竑輯，《國朝獻徵錄》(四庫存目叢書)，卷84，頁94上-95下，黃佐〈浙江按察司僉事劉公丞直傳〉；《宋濂全集》第二冊，頁669，〈崆峒雪樵賦〉。

165 《國朝獻徵錄》，卷33，頁3上-3下，黃佐〈禮部尙書朱公夢炎傳〉；《明太祖實錄》，卷21，頁7下；卷128，頁1上；《列朝詩集小傳》，甲集，頁90。

166 嚴觀，《江蘇金石志》(石刻史料新編)，卷23，頁16上，〈重修平江路儒學記〉。

167 《明太祖實錄》，卷26，頁389。

官江南。此一事實反映明朝以江南政權興起的背景[168]。所用進士中，劉基深受重視，為最重要的謀臣。其他進士或掌教國學，或議定律令，為明朝建國奠立基石。

(二)開國之後

明太祖朱元璋於至正二十八年正月建立明朝，並於同年秋攻陷大都，此後雖有元朝殘餘勢力據隅反抗，但全國大體已經統一。此後必須在蒙元廢墟之上，重構華夏政權。因而需有大量行政官員，鞏固統治，又需宿學儒士，制禮作樂，編史釋經，加強政權的正統性。因此，屢次在全國範圍內訪求賢才。

士人在明朝統一政權建立後，已無其他出仕的管道可供選擇，加以太祖強制出仕，士人面臨空前的出仕壓力。但各族群之士人的反應卻有頗大的差異。

1.蒙古、色目

現知出仕明朝的蒙古進士僅有答祿與權一人，而色目進士更無人出仕明室。

答祿與權，系出蒙古名門答祿乃蠻氏[169]。貫汴梁路陳州(河南淮陽)。至正二年進士，累官河南江北道廉訪僉事[170]。元末隱居永寧山中。入明，以元朝故官受徵，但並未受到重用，他在元朝已官拜正五品，但明朝於洪武六年授以秦王府紀善，不過正七品，其後一度因「不修職」而降為從八品之翰林典籍，最後於洪武十一年(1378)以翰林應奉致仕，仍不過正七品。仕明前後五年，他曾力求表現，一度上疏建議太祖崇祀堯、舜、孔、孟及舉行禘

---

168 檀上寬，〈明王朝成立的軌跡──洪武朝的疑獄與京師問題〉，收入劉俊文主編《日本中青年學者論中國史‧宋元明清卷》(上海：古籍出版社，1995)，頁329-368。

169 關於答祿與權，參看楊鐮，《元西域詩人群體研究》，頁445-463，〈乃蠻詩人答祿與權〉。

170 《明史》，卷136，頁3932，〈答祿與權傳〉；蕭啟慶，〈元代蒙古人的漢學〉，頁136、164。

祀。故司律思神甫(Rev. Henry Serruys)認爲與權屢次建言興復古禮，旨在與漢儒爭勝[171]。他又曾建議修北平三關屯田，對付北元，可見他的儒家文化意識超過蒙古族群意識，這或許是他甘心仕明的原因。與權在元末已是躋身名流的中層官員，在明朝卻是沉淪下僚，與其蒙古族群背景應不無關聯。

記載中未見其他蒙古、色目進士出仕明朝，可能是由於現存文獻的缺失；但也可能反映易代之際蒙古、色目或因對元廷之忠心較漢族更爲強烈，或由於對明廷政策之疑慮，因而怯於出仕，自甘退隱。

2.漢人、南人

漢人、南人出仕明朝主要有下列方式：

(1)徵用故官

徵用元朝故官，是明太祖在滅元之後解決官員不足最快速有效的辦法。被徵故官之中不少爲進士，雖然拒絕受命者爲數不少，但亦有很多接受任命，成爲新朝的中上級官員。

洪武元年明軍攻入大都，元朝官員不得不歸順新朝，明廷多以「故官」名義錄用。據《明太祖實錄》記載：

> 洪武二年春正月乙卯，故元翰林學士承旨危素、學士張以寧、王時、編修雷煥、刑部侍郎程徐、太常博士孫吾與、胡益、禮部員外郎曾堅、主事黃肅等自北平至京，詔以新製衣冠賜之。尋以素及時爲翰林侍讀學士、堅爲禮部員外郎、徐爲刑部侍部、肅爲禮部主事。[172]

上述諸人顯然是大都陷落後歸順明朝較爲重要的漢族官員。其中，王時爲漢人進士出身，張以寧、曾堅則爲南人進士。

王時，大寧路(今河北大寧)人，出身官宦世家。登第科次不詳，仕元官

---

171 Henry Serruys, *The Mongols in China during the Hung-wu Period*, pp. 262-274.
172 《明太祖實錄》，卷38，頁12上。

至翰林學士承旨。洪武二年授翰林侍講學士[173]，三年，置弘文館，與劉基等並為學士[174]。可見頗受重視。

張以寧(1301-1370)，古田人(今福建古田)。 泰定四年進士，仕元官至翰林直學士。洪武二年復授侍讀學士，奉使安南，明年返朝時卒於道。《明史‧文苑傳》說：「元故官來京者，(危)素及以寧名尤重。」[175]但時人對其改仕明朝頗有譏評[176]。

曾堅，金溪(今江西金溪)人。至正十四年進士，仕元官至翰林直學士。洪武二年春，以元故官徵至金陵，授禮部員外郎，以疾辭[177]。三年(1370)，會感符璽事而作〈義象歌〉，處死[178]。

此外，個別進士以元故官之身分被徵出仕者尚有下列漢人：

秦裕伯(1296-1373)，大名(今河北大名)人，曾為國子生，登第科次不詳，仕元官至福建行省郎中[179]。亂起辭官，客居揚州、上海，張士誠招之，不就。明太祖亦屢招之，洪武元年授為翰林侍讀學士，固辭不允，二年起為待制，旋升治書侍御史，後不知因何事得罪而出知隴州，卒於官[180]。據說其後太祖宣稱裕伯「生不為我臣，死當衛吾土」，敕封為上海城隍，至今仍受

---

173 《明太祖實錄》，卷38，頁11下-12上。

174 《明太祖實錄》，卷51，頁9下。

175 《明史》，卷285，頁7316，〈張以寧傳〉；程敏政編，《明文衡》(台北：世界書局，1962)，卷82，頁2-3，〈朝列大夫張公墓碑〉。

176 張以寧，〈焦雞廟題壁〉詩中有「神雞不逐雲山去，啼殺清秋月滿山」之句，遭時人改為：「神雞忍誣雲山去，羞殺清秋月滿山。」見陳田，《明詩紀事》(台北：鼎文書局，1971)，卷3，頁107-108，〈張以寧焦雞廟題壁〉。張以寧之下場仍有待發之覆。

177 《明太祖實錄》，卷34，頁12上；卷38，頁11下-12上。

178 《金華文集》，卷32，頁331，〈金溪曾君墓誌銘〉；許應鑅，《光緒撫州府志》(中國地方志集成，南京：江蘇古籍出版社，1996)，卷59，〈人物志〉，頁21上-21下。楊淵修，《弘治撫州府志》(天一閣藏明代方志選刊續編)，卷23，頁7下，〈科第‧進士〉；卷19，頁3上-下，〈人物‧鄉賢〉。

179 吳海，《聞過齋集》，卷1，頁6下，〈雙谷序贈秦景容〉；顧清修，《正德松江府志》(中國方志叢書)，卷31，頁8上，〈人物‧游寓〉。

180 《明太祖實錄》，卷39，頁8-9；《明史》，卷285，頁7317，〈文苑〉；秦錫田，《秦景容先生事跡考》，轉引自楊訥、陳高華編，《元代農民戰爭史料》下編，頁330。

膜拜[181]。

　　李吉，濟南(今山東濟南)人，至正十四年進士，仕元官至國子助教。洪武元年以元故官授起居注，仕至晉王傅[182]。

　　魏元禮，肅寧(今河北肅寧)人。至正二十年左榜第一，授翰林修撰。明初徵爲翰林修撰，升禮部侍郎[183]。

　　王鈍(1336-1406)，太康(今河南太康)人，至正二十六年進士，授猗氏縣尹，元亡，退隱教授[184]。洪武六年(1373)徵至京師，除禮部主事，在明仕途甚長。永樂二年(1404)以浙江布政使致仕。歸二載卒[185]。

　　宋訥(1311-1390)，滑州白馬(今河南滑縣)人，出身元官宦世家[186]。至正二十三年進士，授鹽山縣尹；元末因亂隱居。洪武二年，被召至金陵參修禮書，書成，不仕歸。十三年受詔至京師，授國子助教，官至太學祭酒，教授官貴子弟，師道嚴正，深受太祖敬重[187]。

　　南人進士則有張元志。元志，臨海人(今浙江臨海)，至正八年登第，官至浙江廉訪僉事，入明仍授前職。

　　以元故官身分被明廷起用的元進士共九人，其中漢人六人、南人三人。漢人故官的進用顯示明朝由南人政權向全國政權轉化的起步。但是這些元朝故官大多以翰苑、國子、禮部等文教之職任用，處於權力圈外。

(2)編書授官

　　明太祖即位之初，屢次下詔編纂書籍。一方面是由於「稽古立制」爲其

181　秦家驄著，舒遜、曼予譯，《秦氏千年史》(台北：遠流出版公司，2001)，上冊，頁65-84。

182　《宋濂全集》第一冊，頁463，〈送晉王傅李君思迪之官序〉。《明太祖實錄》，卷122，頁4下-5上；王贈芳，《濟南府志》(道光二十年刊)，卷49，頁1上-1下，〈人物〉。

183　郜相修，《嘉靖河間府志》(天一閣藏明代方志選刊)，卷22，頁17上，〈人物志〉；卷28，頁31上，〈藝文志〉，李時〈狀元魏公復葬記〉。

184　安都纂，《嘉靖太康縣志》(天一閣藏明代方志選刊續編)，卷8，473，〈人物〉。

185　焦竑，《國朝獻徵錄》，卷28，頁5上-5下，〈户部尚書王公鈍傳〉；《明史》，卷151，頁4177，〈王鈍傳〉。

186　《明史》，卷137，頁3952，〈宋訥傳〉。

187　宋訥，《西隱集》(四庫全書)，附錄，頁10-12上，〈國子祭酒宋先生墓誌銘〉。

建國主要方針，廣收儒者，考稽古典，有其必要。另一方面則是爲懷柔前朝及在野士大夫，消除其對新政權的抵制與敵視[188]。

徵儒修書自建國以前即已開始，並已有元進士參與[189]。建國以後，徵用儒士最多的兩次則爲《元史》與《大明集禮》的纂修。

《元史》於洪武二年八月及三年二月兩次纂修。由於纂修擇人的標準是「起山林遺逸之士」[190]，兩次開館所用纂修三十人中並無元朝進士；但卻有危於與夏以忠二人曾於洪武二年夏奉詔爲《元史》尋訪史料，以備續修之用[191]。危於，金溪人，元嶺北行省左丞危素之子。至正二十年進士，累官大都路同知薊州事。受命至平灤、燕南地區采史[192]；後授安慶府儒學教授[193]。夏以忠，宜春人(今江西宜春)。至正十七年進士[194]，官至太史院都事。明軍克燕，明廷強之赴江廣收集史料，至番禺卒，未曾出仕。

《大明集禮》係於洪武二年八月開局纂修，三年九月完成。徵召至京的儒士多達三十餘人，其中不乏進士；但有人在參與編纂之前已有官職在身，有人則在編纂完成後，堅拒官職，不肯出仕。因受召編書而初度接受明廷祿位的唯有漢人張昌及南人董彝：

張昌，臨汾人。進士科次不詳[195]，登第後不求顯職，乞任晉山書院山長。洪武初，聘至禮部，講究禮儀。後除國子助教，九年(1376)以病致仕[196]。

董彝(1313-？)，樂平人。至正八年進士，官瑞州路錄事。禮書修

---

188 羅仲輝，〈論明初議禮〉，收入王春瑜編《明史論叢》(北京：中國社會科學出版社，1997)，頁74-92。

189 李晉華，《明代敕撰書考》，北平：燕京大學圖書館，1932。

190《宋濂全集》第二冊，頁627，〈呂氏采史目錄序〉。

191 方齡貴，〈元史纂修雜考〉，載於張寄謙編《素馨集》(北京：北京大學出版社，1993)，頁36-81。

192《宋濂全集》第二冊，頁627，〈呂氏采史目錄序〉。

193 貝瓊，《清江貝先生文集》，卷20，頁7下，〈送危於懀赴安慶教授序〉。

194 徐璉修，《正德袁州府志》(天一閣藏明代方志選刊)，卷8，頁12，〈人物〉。

195 劉榮修，《平陽府志》(稀見中國地方志匯刊)，卷21，頁6上，〈選舉〉。

196《清江貝先生文集》，卷29，頁4上-5下，〈送國子助教張思廣歸平陽序〉。李維楨，《萬曆山西通志》(稀見中國地方志匯刊)，卷19，頁34下，〈人物〉。

成後[197]，所授官職不詳[198]。

以上因編書而受官的進士有漢人、南人各一人。其中一人授國子助教，另一人所授職位不見記載。

(3)受薦入官

不少元進士在明朝建國之初未有以故官或編書而任官的機會，而經由薦舉入仕新朝。

受薦入仕的元漢人進士有：

任昂，河陰(今河南成皋)人，登科年次不詳，授寧晉知縣，不受，隱居山林。洪武初，以儒士薦舉，授襄垣學訓導，後累遷至禮部尚書，署吏部事，以年老致仕[199]。

范濟，祥符(今河南開封)人，至正十四年進士。元季閒居不仕。洪武四年，以儒士起用，授江西廣信知府[200]。

吳顒，歸德(今河南商丘)人，至正十一年進士。累官元河南行省儒學提舉，官位不低。洪武十四年(1381)，以儒士舉薦至京，命爲國子祭酒。二年後因對學生管教不嚴而免職還鄉[201]。

張敏行，長安(今陝西西安)人，至正二十三年進士。入明受荐爲翰林典籍、甘肅衛經歷[202]。

受薦入仕的南人進士有：

孔克表，平陽(浙江平陽)人，孔子五十五代孫。至正八年進士，官至永嘉尹。元末隱居崑山。明初薦爲翰林修撰，洪武六年(1373)承詔編纂《群經

---

197 劉策修，《正德饒州府志》(天一閣明代方志選刊續編)，卷2，頁4下，〈進士〉。《明太祖實錄》，卷44，頁10上。

198 《明太祖實錄》，卷56，頁14下。

199 雷禮，《國朝列卿紀》(明代傳記叢刊)，卷23，頁7下，〈國初吏部尚書年表〉；《明史》，卷136，頁3936，〈任昂傳〉。

200 張俊哲修，《順治祥符縣志》(稀見中國地方志匯刊)，卷5，頁34上，〈人物〉。

201 《明太祖實錄》，卷147，頁1上；卷151，頁2下；《國朝列卿紀》，卷158，頁21上-22上。

202 《宋濂全集》，第二冊，頁807，〈送甘肅衛經歷張敏行之官序〉。

類要》[203]。

蔣宮，真州(今江蘇儀徵)人。至正初登進士，元末任崇明州判官，攝州事。洪武初以史材薦爲翰林修撰，改蘭陽縣丞[204]。

受薦入仕的進士共六人，其中漢人四、南人二。這六人多以「儒士」、「史才」被薦，所授亦多爲國子、翰苑之職。

(4)途徑不明

不少元朝進士雖曾改仕明朝，但其出仕明朝的途徑不見記載，難以考究。

途徑不明的漢人進士有：

牛繼志，武強(今河北武強)人，至正十四年左榜第一，官至刑部郎中[205]。元季改名諒，字士良，避亂流寓吳興[206]。入明，洪武二年時任翰林典簿，偕張以寧出使安南，七年任禮部尚書[207]。

傅公讓，益都(今山東益都)人。至正十四年進士[208]，官至中書左司都事[209]。明洪武二年授中書左司郎中，遷浙西按察副使，似死於非命[210]。

鍾黎獻，寧海州(今山東牟平)人，至正二十三年進士，授河南路清州判官。入明，任福建按察司僉事[211]。

袁渙，豐縣(今江蘇豐縣)人，登第科次不詳[212]，仕元位至中書左丞，

---

203 鄧淮修，《弘治溫州府志》(天一閣藏明代方志選刊續編)，卷10，頁42上，〈人物志〉。廖道南，《殿閣詞林記》(明代傳記叢刊)，卷8，頁2上，〈修撰孔克表〉。

204 楊士奇，《東里文集》(北京：中華書局，1998)，卷7，頁95-96，〈蔣氏族譜序〉；《國朝獻徵錄》，卷21，頁1上，〈翰林院修撰蔣公傳〉。

205 劉仁本，《羽庭集》，卷2，頁29下，〈餞刑部郎中牛繼志回京〉。

206 關於牛諒即牛繼志及元季避地吳興，參看蕭啓慶，〈元至正後期進士輯錄〉。

207 《宋濂全集》，第一冊，頁466，〈南征錄序〉；卷23，頁5上，〈送黃贊禮莅視閩省詩序〉。

208 傅公讓爲本科進士，見《不繫舟漁集》，卷16，頁4下，蘇伯衡〈跋陳子上書〉。

209 李繼本，《一山文集》(叢書集成續編)，卷4，頁735-736，〈傅子敬紀行詩序〉。

210 《明太祖實錄》，卷45，頁2上；馮惟訥，《嘉靖青州府志》(天一閣藏明代方志選刊)，卷14，頁24下，〈人物〉。

211 李光先，《嘉靖寧海州志》(天一閣藏明代方志選刊續編)，卷6，頁29上，〈選舉〉。《元詩選癸集》，下冊，癸下，頁1763。

212 尹耕修，《隆慶豐縣志》(隆慶三年刊本)，卷上，頁41下。

官職甚高[213]。入明為翰林應奉[214]。

出仕明朝的方式不見記載的南人進士則有：

徐恢，常山(今浙江常山)人，泰定元年進士，仕歷不詳。後仕明，洪武元年十四年任戶部尚書，因罪下獄[215]。

張兌(1304-？)，慈利州人，元統元年進士，官至辰州路總管。入明，任翰林編修[216]。

尋适，何以歸南人？至正十一年進士，元時官歷不詳。明洪武元年拜黃州知府。累遷為廣西按察使，卒於官[217]。

潘從善，黃岩(今浙江黃岩)人，至正十一年進士。官至福建儒學提舉[218]。明初曾出仕，官職不詳[219]。被謫，後宥還。

鄒奕，吳江(今江蘇吳江)人，至正八年進士，登第後授饒州錄事[220]。明初任贛州知府，坐事謫甘肅二十餘年。永樂初，召還[221]。

林溫(1317-?)，永嘉(今浙江溫州)人，至正十四年進士，官至福建左右司郎中。入明，仕至秦王府紀善[222]。

胡季安，南昌(今江西南昌)人，至正十七年進士。入明為祭酒[223]。

楊萬鑑，安鄉(今湖南安鄉)人，至正十七年進士，授湘鄉知州。仕明為

---

213 《元史》卷113，頁2859、2862，〈宰相年表〉；《庚申外史箋證》，卷下，頁137。

214 《明太祖實錄》，卷39，頁8下。

215 楊準修，《嘉靖衢州府志》，卷10，頁15下。

216 余闕，《青陽先生文集》，卷7，頁2下-3上，〈張同知墓表〉；徐學模，《湖廣通志》(萬曆十七年刊)，卷51，頁67下。

217 《明太祖實錄》，卷54，頁3上。

218 袁應祺修，《萬曆黃岩縣志》(天一閣藏明代方志選刊)，卷10，頁25上。

219 喻長霖纂，《臺州府志》(中國方志叢書)，卷117，頁2上，〈考異〉。

220 《列朝詩集小傳》乙集，頁240-241。

221 陳基，《夷白齋稿》(四部叢刊)，卷18，頁1上，〈送鄒掾史還江西序〉；葉盛，《水東日記》(北京：中華書局，1980)，卷13，頁1上-6下，〈鄒奕等詩文〉。

222 《宋濂全集》，第二冊，頁1008，〈林伯恭詩集序〉。《弘治溫州府志》，卷13，頁22下，〈人物·科第〉；卷10，頁31上，〈人物·藝文〉。

223 《萬曆南昌府志》，卷17，頁24上，〈科第〉。

國子司業[224]。

雷燧，建安(今福建建甌)人，至正二十三年進士，爲延祐五年進士雷機之子，授大都路香河縣尹。入明，授翰林編修[225]。

薛彌充，莆田(今福建莆田)人。至正二十三年進士，授上都路興州判官[226]。明初以閑良官留京師。

曾仰，金溪人，至正二十三年進士，任雲州判官。仕明爲中衛經歷[227]。

梅溢，廣濟(今湖北廣濟)人。進士科次不詳，任溫州府知府[228]。明洪武五年時任平陽知州[229]。

出仕方式不明的元朝進士共十六人，其中漢人四人、南人十二人。其中將近二分之一以翰苑、國子職位及王府教職入仕。其餘諸人則多以中央或地方行政及監察官職入仕。

總之，太祖建國之前，已網羅元進士七名，收爲己用；開國之後更有三十四名元朝進士入仕明朝。兩期合計爲四十一人。

建國前，太祖徵用的元進士中六人爲南人，一人爲漢人，反映當時其所領導的爲一南方區域政權。建國以後所任用者南人十八人、漢人十五人、蒙古一人，而無色目人。自地域觀點言之，南、北人之任用開始走向平衡。但自族群觀點言之，明朝無疑爲一漢族政權，現知出仕明朝的蒙古、色目進士唯有答祿與權一人。

元進士出仕明廷的原因自然很複雜，有人迫於生計，有人想維持權力，有人可能認爲在漢族政權之下更能實現經世濟民的理想，也有人是被脅迫而改仕，現已不易一一深究。但大多數的仕明的元進士與甘爲遺民的進士一

---

224 王基鞏纂，《康熙安鄉縣志》(日本藏中國罕見地方志叢刊)，卷6，頁2下，〈選舉志〉。

225 《閩書》，卷93，頁2802，〈英舊志〉。

226 宮兆麟修，《同治莆田縣志》(中國方志叢書)，卷12，頁43上，〈選舉〉。

227 《宋濂全集》，第二冊，頁598，〈曾學士文集序〉。

228 盧希哲修，《弘治黃州府志》(天一閣藏明代方志選刊)，卷5，頁106上，〈人物〉。

229 《宋濂全集》，第三冊，頁1534，〈故歧寧衛經歷熊府君墓誌銘〉。

樣，都曾考慮過名節問題，但兩者由於不同因素的權衡而作出迥異的決定。劉基固然爲名節及物議問題作過考量；宋訥更經過十餘年之長考才決定出仕明朝。他在洪武二年參修禮書後拒絕受官，乃因當時仍然心懷元室。三年後所作〈壬子秋過故宮十九首〉顯露強烈的遺民情結，其第十八首云：

> 事事傷心亂若絲，宮前重詠黍離詩。
> 百年禮樂華夷主，一旦干戈喪亂師。
> 鳳詔用非麟閣老，雉門降是羽林兒。
> 行人莫上城頭望，惟有山河似舊時。[230]

宋訥詩中，一方面認爲蒙元是「百年禮樂華夷主」的正統王朝，另一方面爲元朝亡國表達澈骨之痛。但經過多年觀察，看到明朝「寬慈愛民」的措施，值得效忠，乃接受國子助教的任命。在其出仕後所作〈春朝賦〉以「天開大明，聖主龍興，文修武偃，治定功成」爲開端[231]。比較其前後兩篇作品，從不忘元朝爲「百年禮樂華夷主」到歌頌「天開大明，聖主龍興」，宋訥經歷了長年與痛苦的朝代認同之轉化，其他改仕明朝的元進士也應經驗過相似的心路歷程。

　　出仕的元進士是否受到明廷的優遇而能落實其心志？從仕明的起官與終仕的品級及職位性質看來，這些前朝進士似未受到優待。在上述四十一人中，以五品以上之中上職位起仕者爲十三人，以三品以上之高職入仕者僅有劉基等六人。而進士初受明職爲翰林、國學、地方學校者超過一半以上，其餘則以地方行政及監察長官爲主。至於終仕的官職，仕明的元進士達三品以上者有十一人。其中有爲學士者，有爲王傳者，有爲各部尙書者，有爲地方行政及監察大員者。但出仕明廷的元朝進士主要被用於翰苑、國學及禮部，其重要貢獻在於制定典章、禮儀及教育後進。

230　宋訥，《西隱集》，卷3，頁11下。
231　《西隱集》，卷1，頁23下。

　　不少仕明元進士的下場反映了當時一般士大夫遭遇。明太祖對待群臣之酷烈，是大家所習知的。仕明進士中被殺者有曾堅、傅公讓，被迫自殺者有程國儒。錢用壬似亦未得善終。遭下獄者有徐恢，被貶謫者有潘從善，而鄒奕更因坐事而謫至甘肅二十餘年，秦裕伯雖是在太祖一再恩威並施下出仕，最後卻下放邊州。仕明進士不得善終者之比例似又超過一般士大夫。

　　元進士在明廷未得良好待遇與太祖態度的轉變及朝中情勢具有密切關聯。一方面，建國以前，太祖爲張大聲勢而盡力拉攏元朝士大夫改變立場，收爲己用。但在其坐上皇帝寶座之後不得不提倡忠節，不僅爲元朝殉國諸臣立廟封祀，而且對改仕本朝的前朝士大夫加以壓抑。明黃佐《廣州人物傳》云：「時上方以道德風厲天下，凡元朝降叛之臣，始雖遇榮，終必擯辱，名士如危素、張以寧輩皆有所不免，蓋亦漢祖戮丁公之意。」[232]可見元朝降臣成爲提倡忠節的反面教材。另一方面，開國之初，太祖的立國基本政策是右武抑文及淮西本位主義[233]；在名爵的給予上，武臣遠超過文臣，而人事任命上淮西人士又有主控權。降明進士中，浙東劉基雖爲文人功臣之首，所受不過是一伯爵，其他進士自然等而下之。

　　蘇伯衡〈跋陳子上書〉顯示仕明元進士的困境，也反映當時士人的一種看法。子上即爲元朝匡復奔走而死的陳高，跋云：

> 錢用壬、傅子敬、趙時泰、唐元嘉皆子上同年也。彼惟重所重而不重其所不可不重，愛所愛而不愛其所不可不愛…。卒之殞身亡家，墳墓無主而爲鄉里羞。然則子上之不幸，固未若彼四人之不幸也。[234]

乃指上述四人未能如陳高爲拯救國家危亡而殞身。在現有記載中，四人中的唐元嘉兵敗被執而死，恐有隱諱，而趙時泰之下場不明。但在蘇伯衡看來，

---

232 黃佐，《廣州人物傳》（廣州：廣東高等教育出版社，1991），卷11，頁279。
233 黃冕堂、劉鋒，《朱元璋評傳》（南京：南京大學出版社，1991），頁300。
234 《不繫舟漁集》，卷16，頁3上-4下。

這四人皆因不能保全忠節而致身敗名裂。實際上，元朝進士及一般士人所受「華夏光復」之利有多少的問題，應有甚多商榷空間。

仕明貳臣之中，即是劉基也不免受到時人及後世之疵議。與劉基、余闕爲科舉同年的李祁所作余闕《青陽文集序》云：

> 廷心(余闕)之孤忠大節，足以照映千古，燁然爲斯文之光，而何喪
> 之有焉？使皆爲世之貪生畏死、甘就屈辱，而猶靦然以面目視人
> 者，則斯文之喪，蓋掃地盡矣，豈非廷心之罪人哉？[235]

序中所說「貪生畏死、甘就屈辱」、斯文喪盡之「罪人」，雖然不是專指劉基，卻包含劉基在內。成化時代的禮部左侍郎劉定之爲其吉安同鄉前輩王禮的文集作序，序中對劉基的出處及其仕明之後的詩文也有嚴厲的抨擊：

> 有與子讓(王禮)同出自科目，佐舒穆魯(石抹宜孫)主帥定吳越，幕
> 府唱和，其氣亦有掣碧海弋蒼旻之奇，後攀附龍鳳，自擬留文成，
> 然有作嘻喑欝伊，捫舌駢顏，曩昔氣漸泯無餘矣！[236]

李祁爲一堅貞遺民，對其變節同年嚴詞加以指責，並不意外。而身爲明朝高官的劉定之卻也對開國元勳的劉基公開批評，不免令人吃驚。這種論調可能代表當時很多人對貳臣的看法[237]。

八、守節遺民

「遺民」乃指易代之後，仍然心懷元室，不願改仕新朝的士人。

明太祖即位之後，雖採用種種手段脅迫士人出仕，但是堅拒不出者仍然

---

235 《雲陽李先生文集》，卷3，頁199-200，〈青陽先生文集序〉。

236 王禮，《麟原文集》(四庫全書)，卷首，頁2下，〈原序〉。

237 楊訥，〈劉基事跡七考〉，頁56-57。

比比皆是。趙翼認爲「明初人多不仕」的原因是「明祖懲元季縱弛，一切用重典，故人多不樂仕進……可見當時用法之嚴也，武臣被戮者固不具論，即文人學士，一授官職，亦罕有善終者」[238]。太祖的雄猜與嚴酷固然是士人視出仕爲畏途的一個原因，但就故元進士而言，忠於故國，「不事二主」的忠節觀念才是不願出仕新朝、甘爲遺民的直接原因。

美國漢學前輩牟復禮(F. W. Mote)曾將元代隱逸分爲二類，一爲「自願的隱逸」，即指根據早期儒家思想中「無道則隱」原則而退隱的士人；另一類則爲「強迫的退隱」，則指受理學忠君思想而不得不歸隱山林的士大夫[239]。明初各族遺民多屬第二類的隱逸。

1. 蒙古、色目

現見於記載的蒙古、色目遺民，共有五人：

蒙古進士一人，即和里互達(1308-?)，燕只吉台氏，貫建德(今浙江建德)，元統元年進士，仕至南台御史。洪武初，欲復其官，力辭不就而任教[240]。

色目進士有以下三人：

合珊沙，回回人，貫永嘉，字可學，漢名沙可學[241]。至正二年進士。曾任江浙行樞密院都事，與高明、葛元哲共事，楊維禎稱「三人者用而浙省稱治」[242]。今存其詩〈詠懷〉，有句云：「萬里朔雲沙漠漠，六宮禁御草離離。金輿玉輅無消息，腸斷西風白雁飛。」[243]蓋憶順帝北狩而作，其人於明初當仍存。

馬速忽，字子英，回回氏，爲著名遺民詩人丁鶴年族兄。至正八年

---

238 趙翼，《廿二史箚記校證》，下冊，頁741-742，〈明初人多不仕〉。

239 F. W. Mote, "Confucian Eremitism in the Yuan Period,"in Arthur F. Wright(ed.), *The Confucian Persuasion* (Stanford: Stanford University Press, 1960), pp. 202-240.

240 陳通聲修，《宣統諸暨縣志》(中國地方志集成)，卷21，頁19上，〈職官表〉；陶元藻輯，《全浙詩話》(台北：廣文書局，1992)，卷24，頁22上。

241 龔嘉儁，《光緒杭州府志》(中國方志叢書)，卷56，頁22下，〈選舉志〉。

242 《東維子文集》，卷5，頁4下-5下，〈送沙可學序〉；《不繫舟漁集》，卷12，頁22上，〈瑞榴記〉。

243 《元詩選癸集》，辛集上，頁1154-1155，〈沙省掾可學〉。

(1348)進士。歷官福建行省員外郎，後退寓晉江、漳州，卒年不詳[244]。王翰(1333-1378)〈和馬子英見寄韻〉云：「十年流落向炎州，判與劉伶作醉游。望國孤忠徒自憤，持身直道何所求？」[245]王翰，西夏氏，元末任潮州路總管；元亡後屏居不出，為一激烈派的色目遺民[246]。馬速忽應為同屬漳州地區遺民群體中的一員。

張吉，貫杭州，西夏氏。原名長吉彥忠(一作「中」)，改姓張，以張吉之名登至正十四年第[247]；授宣城錄事，因亂棄官，奉母教授華亭[248]。與寄居當地之著名遺民王逢為友，王逢〈儉德堂懷寄〉二十二首，皆為懷念遺民友人所作，其懷寄張吉之作有句云：「甲子書茅屋，庚申夢紫宸。」乃指張吉於元亡後不肯承認明朝正朔，仍然奉元順帝(庚申帝)為正主[249]。

另有至順元年科進士鐵穆(公毅)，應為蒙古人，曾於至正十年任吳江州判[250]。王逢〈儉德堂懷寄〉之四小題作：「鐵穆公毅，由進士屢遷通顯，今隱居教授海上。」[251]其詩云：「府倅今梅福，詞場老益豪。自戕悲二俊，遠引慕三高。」可見鐵穆精於詩歌，元亡後隱居上海，以教學維生，而以遺民自居。

以上蒙古、色目進士五人於元末仕宦江南，皆未出仕新朝，除和里互達外，是否曾拒絕徵召，則不見於記載。但多與潮州、上海、松江地區之遺民相唱和，並表現出明顯的遺民意識。

2.漢人、南人

以遺民自居的漢人、南人進士甚多。但其抗拒出仕則有方式的不同：

---

244 陽思謙修，《萬曆泉州府志》(萬曆四十年刻本)，卷22，頁3下，〈寓賢〉。

245 王翰，《友石山人遺稿》(四庫全書)，頁16下，〈和馬子英見寄韻〉。

246 蕭啟慶，〈元明之際的蒙古色目遺民〉，頁131-135。

247 陳善，《萬曆杭州府志》(中國方志叢書)，卷56，頁23上，〈選舉志〉。

248 王逢，《梧溪集》(北京圖書館古籍珍本叢刊)，卷5，頁546上，〈儉德堂懷寄〉之第四首小注；卷4，頁489上，〈贈張俊德教諭彥中錄事〉。

249 《梧溪集》，卷5，頁546上。

250 朱德潤，《存復齋續集》(叢書集成續編)，頁21上-21下，〈山谷圖序〉。

251 《梧溪集》，卷5，頁286，〈儉德堂懷寄〉；卷4下，頁225，〈同前進士鐵穆公毅張林泉夜宿朱良佐梅雪寓〉。

(1)拒應徵召：

漢人進士中堅拒明廷徵召而見於記載者唯有王茂。茂，曹州(今河南菏澤)人。順帝時進士，累官福建行省左丞。明初居憂，明太祖令其奪憂並任為刑部尚書，力辭不就，安置安慶，未幾以老疾放還，號「東村老人」[252]。

南人進士中拒應徵召者有以下四人：

李祁(1299-?)，茶陵人，元統元年左榜進士第二。累官江浙儒學副提舉，以母憂解職返鄉。入明，力避徵辟，隱居江西永新山中，自稱「不二心老人」，又號「危行翁」。永新千戶俞茂館之，並刻其集，年七十餘而歿[253]。族孫明大學士李東陽所撰墓表稱其「雖在艱難，不忘忠愛，其與李公平、余廷心科名相垺，宜矣」[254]！以其志節與壯烈殉國的同年進士李齊、余闕相比擬。

方道叡，淳安(今浙江淳安)人，至順元年進士，著名道學家方逢辰(1221-1291)之曾孫[255]。道叡仕至江西行省員外郎，引疾歸。洪武初，兩被招，俱不赴。結廬於龍山之陽珠珮峰下，名軒曰「寫易」[256]。

孔暘(1304-1382)，溫州平陽人。至正二年科進士，十九年授同知平陽州事。明軍占平陽，乃退隱。明初兩度不應徵召，「士益以是高之」[257]。

陳介，金溪人。為至正五年進士陳異子，二十三年進士，授漯州同知。大都破，母、妻俱赴井死。介南歸，終生不娶。洪武初徵之，介易姓名以避[258]。

以上五人對明廷徵召抗拒甚力，李祁自號的「不二心老人」似乎反映他們的遺民心態。

252 佟企聖修，《曹州志》(稀見中國地方志匯刊)，卷15，頁871，〈選舉〉。

253 李祁，《雲陽李先生文集》，卷3，頁298-299，〈墓表〉。

254 李東陽，《懷麓堂集》(四庫明人文集叢刊)，卷44，頁15下-17上，〈族高祖希蘧先生墓表〉；錢謙益，《列朝詩集小傳》，甲前集，頁17。

255 方逢辰，《蛟峰外集》(四庫全書)，卷3，頁20上-29，〈蛟峰先生阡表〉；〈阡表〉亦見《金華黃先生文集》，卷30，頁1上-6下。

256 黃宗羲，《宋元學案》，卷74，頁49下；《元詩選癸集》，辛上，頁1150，〈方員外道叡〉。

257 《蘇平仲文集》，卷13，頁1上-3下，〈同知平陽州事孔公墓誌銘〉。

258 《弘治撫州府志》，卷19，頁3下-4上，〈科第〉；卷23，頁8下，〈人物〉。

(2)應召拒仕：

有的進士或因迫於明廷威勢，有的意在傳承斯文，接受明廷編書或諮詢的徵召，但在任務完成後即請辭返鄉，不肯任官。此類進士包括：

魯淵，吳元年，朱元璋召見，參修禮樂書，先後任命爲起居注、江西按察司僉事，淵皆懇辭。洪武元年(1368)恩赦還鄉，以教授童蒙爲業[259]。王逢贈詩云：「相期文苑傳，獨立義熙年。」[260]即是以遺民相期許。

許汝霖，嵊縣(今浙江嵊縣)人。至正十一年進士，授諸暨州判官，入南臺。明初被迫至京，以「余先朝進士，春秋又高矣，不足以辱明時」爲辭，請求還鄉。宋濂贈序送行云：「時用之歸也，有繫於名節甚大。」可見身爲明廷大臣的宋濂亦肯定汝霖之重視名節[261]。

魏俊民，平江(今江蘇蘇州)人，至正十四年進士，曾任台州臨海縣丞[262]。洪武三年應詔參修《大明志》書成後，俊民等各獲賞賜[263]。似未任官。

胡行簡，新喻(今江西新餘)人，出身至正二年科，官至江西廉訪司經歷。洪武二年(1369)奉召至京修禮書，書成以老病辭歸，不肯出仕[264]。《四庫全書提要》序其《樗隱集》云：「其詩傳者無多，〈墨竹〉一章，於故君舊國之思，再三致意，亦頗可見其節操。」[265]蕭飛鳳，吉水(今江西吉水)人。至正十一年進士，元時仕歷不詳。吳元年(1367)，飛鳳蒙召，朱元璋欲官之，以老疾辭，賜帛還[266]。

---

259 《列朝詩集小傳》，甲前集，頁50；姚鳴鸞修，《嘉靖淳安縣志》(天一閣藏明代方志選刊)，卷12，頁2下-3上。

260 《梧溪集》，卷5，頁286，〈儉德堂懷寄〉。

261 《宋濂全集》，第一冊，頁485，〈送許時用還越中序〉；蕭良翰纂，《萬曆紹興府志》(中國方志叢書)，卷28，頁29下；卷32，頁4上；卷33，頁2下；卷46，頁9下。

262 王鏊修，《正德姑蘇志》(天一閣藏明代方志選刊續編)，卷5，頁42上，〈科貢〉。

263 《明太祖實錄》，卷59，頁2上。

264 管大勳，《嘉靖臨江府志》(天一閣藏明代方志選刊)，卷5，頁24下，〈選舉表六〉；《樗隱集》，〈附錄〉。

265 胡行簡，《樗隱集》，卷首，〈提要〉；〈墨竹〉詩見於該集卷1，頁9下。

266 《明太祖實錄》，卷24，頁10上；余之楨修，《萬曆吉安府志》(中國方志叢書)，卷5，頁31。

　　馬翼，至正十一年進士，元時仕歷不詳。洪武三年(1370)正月，明太祖召元之舊臣，詢其得失，翼對以「元有天下，以寬得之，亦以寬失之」[267]。

　　何淑，樂安(今江西樂安)人，亦至正十一年進士，授武岡縣丞，阻於兵，未就任。洪武四年(1371)召爲太子賓客，奉詔至京，以老疾辭歸[268]。

　　在接受徵召而又拒絕受官者之中，有的是由於年老，有的是不願仕明，具有明顯的「故君舊國之思」。最待辨明的是楊維禎的未受官而返鄉，過去學者認爲維禎不接受任命乃是以元朝遺老自居。這種說法是錯誤的。錯誤來源是《珊瑚木難》所載維禎的〈老客婦謠〉及詹周〈老客婦傳〉；兩者皆說維禎對使者以行將就木之老婦自比，不忍再嫁。孫小力《楊維禎年譜》已辨明兩者皆爲僞作。舊說所根據的又有《珊瑚木難》卷八所載宋濂〈送楊維禎還吳淞詩〉，其中有句云：「不受君王五色詔，白衣宣至白衣還。」以證明維禎不願臣明之心志。此詩雖爲《明史‧文苑傳》所引用，但宋濂詩文集各版皆無此詩，且此詩所述與史實不符，亦屬杜撰[269]。事實上，自明朝擁有浙西後，維禎與地方官員及來往使者交往頗密。在其抵達金陵後的詩作反映其當時的政治觀點，「願效華封歌聖壽，萬年王氣與天齊」固屬應詔之作[270]；但其〈舟次秦淮河〉應係出於自由意志：

　　　舟泊秦淮近晚晴，遙觀瑞氣在金陵。
　　　九天日月開洪武，萬國山河屬大明。
　　　禮義再興龍虎地，衣冠重整鳳凰城。
　　　鶯花三月春如錦，萬姓歌謠祝太平。[271]

---

267 《明太祖實錄》，卷38，頁3上。
268 《弘治撫州府志》，卷23，頁534。
269 孫小力，《楊維禎年譜》，頁307-309。
270 楊維禎著、鄒志方點校，《楊維禎詩集》(杭州：浙江古籍出版社，1994)，卷7，頁387，〈鍾山應詔〉。
271 楊維禎，《鐵崖楊先生詩集》(民國十一年董氏誦芬室刊本)，卷上，頁9下，〈舟次秦淮河〉。

他顯然認為大明是一重整衣冠、禮義的太平政權，對元朝已無可留戀。他之不願受任明職，一方面由於他在當時高齡七十五歲，早已超過致仕之年。另一方面則是由於「肺疾作」，無法久留朝中，返鄉一月後即逝世[272]。故其去留與政治立場關係不大。「不受君王五色詔，白衣宣至白衣還」一說不確，但其未仕明朝則是事實。

(3) 退隱於鄉

下述四位進士，都在元亡後退隱於鄉，是否曾抵拒明室徵召，未見記載，但其未曾仕明則與上述遺民相同。

其中一位為漢人：

韓準(1299-1371)，沛縣(今江蘇沛縣)人，延祐五年進士，官至江西省參政，曾拒仕陳友諒，後告老寄居福州。明軍至，準以喪禮自處。明廷推行新冠服之制，準著帽終日，不肯去首。病甚，拒絕服藥而亡，洪武四年(1371)卒。死後，布衣遺民吳海所作〈權厝志〉稱之為「純臣」[273]！可見韓準為一殉節的遺民。

下列三位皆為南人：

童梓，蘭谿(今浙江蘭溪)人。至正二十年(1360)進士，官至河間路治中。元亡，以母老歸養[274]。未仕明。

王彰，金溪人。至正二十年進士[275]，吳澄弟子，官至國子博士。大都破，被遷於金陵，以年老得歸鄉，守節不渝[276]。

黃伯遠，與王彰為同鄉及同年，亦仕至國子博士，元亡歸隱故山而卒[277]。

---

272 孫小力，《楊維楨年譜》，頁310-311。

273 吳海，《聞過齋集》，卷5，頁6下-9上，〈侍御史韓公權厝志〉。

274 張丁，《白石山房逸稿》(四部分類叢書集成)，卷上，頁5下-6上，〈送童良仲歸金華〉；鄭柏，《金華賢達傳》(四部分類叢書集成)，卷10，頁10上，〈儒學〉。

275 鄭爾垣編，《義門鄭氏奕葉文集》(四庫存目叢書)，卷1，頁26，鄭濤〈送王伯達還江右序〉。

276 徐良傳，《嘉靖撫州府志》(中國方志叢書)，卷12，頁26下。

277 楊淵，《弘治撫州府志》，卷23，頁8下-9上，〈人物志〉。

上列四人中，韓準、王彰都確爲元朝守節。

(4)任教掌考

　　前朝士大夫出仕新朝，往往爲清議所不容，擔任教職及考官則不會受到批評。講經授徒可以傳承文化薪火，亦可解決生計問題。宋元及明清鼎革之後都有大量遺民從事講學活動，元明之際亦是如此。而擔任鄉試考官是以先進學者身分，品第人材，並不表示出仕新朝，不失忠節。

　　明初擔任教師而見於記載的進士共有六人。其中四人爲漢人：

　　滕叔顏，祥符人（今河南開封），至正八年(1348)進士。曾任安慶路司獄。洪武三年(1370)縣丞延之於學，教授生徒[278]。

　　李炳奎，堂邑人（今河北聊城），授翰林編修。元末避兵翼城，洪武三年，縣丞延之於學，以授生徒[279]。

　　李延興，大都（今北京）人，爲翰林學士承旨士瞻之子[280]。至正十七年(1357)進士，授太常奉禮兼翰林檢討。元末隱寓雄縣，成爲河朔名師[281]。入明，河朔諸邑聘爲教官，洪武二十七年猶存。

　　王幼學，祥符人，至正二十六年(1366)進士。洪武三年設學校，爲府學訓導，以疾辭。十五年復原職，終於家[282]。

　　南人則有下列二人：

　　徐宏，閩縣人，至正二十三年進士。元時仕歷不詳。洪武中爲府學教授[283]。

　　蔣允文，侯官（今福建福州）人，亦至正二十三年進士[284]。元時仕歷不

278　胡謐等修，《成化河南總志》（成化十二年刊本），卷4，頁86上。

279　楊公汝纂，《嘉靖翼城縣志》（天一閣藏明代方志選刊續編），卷4，頁6下，〈人物志〉。

280　李士瞻，《經濟文集》（叢書集成續編）附錄，頁32上-33上，李繼本〈元翰林承旨楚國李公壙志〉；頁33下-37下，〈翰林承旨楚國李公行狀〉，

281　馮惟敏修，《萬曆保定縣志》（日本藏中國罕見地方志叢刊），卷36，頁28上。

282　張俊哲修，《順治祥符縣志》，卷5，頁33，〈人物〉。

283　林燫，《萬曆福州府志》（日本藏中國罕見地方志叢刊），卷46，頁97上，〈選舉志〉。

284　《萬曆福州府志》，卷46，頁97上，〈選舉志〉。

詳。明初任溫州府學經師，洪武二十二年(1389)授溫州府學訓導[285]。

明初出任考官而見於記載的元進士共有四人。其中漢人二位爲：

滕克恭，祥符人，爲前述滕叔顏之叔，至順元年進士，累官集賢學士。元末避亂錢塘。及明兵定河南，歸故里，歎曰：「吾得至北，豈非天哉？人民非故，天地自如，足以老矣！」壽百餘歲終於家，謂其子禮曰：「耕足矣！萬弗仕。」[286]明初兩爲河南鄉試考官[287]。克恭與楊維禎、沈夢麟被明人並尊爲「國初三遺老」[288]。

趙翶，靈寶(今河南靈寶)人。至正中進士。兵興隱居，自號「桃林隱逸」。洪武初陝西聘爲考官[289]。

南人二位則爲：

林以順，莆陽(今福建莆田)人。至治元年進士，至元元年(1335)以福州路同知致仕[290]。洪武四年(1371)任福建鄉試考官[291]。

傅箕，進賢(江西進賢)人，洪武三年任江西鄉試考官[292]。

上列進士出身的遺民共有三十二人。從族群觀點言之，蒙古一人、色目三人、蒙古或色目一人、漢人八人、南人十九人。可見拒絕出仕明朝的遺民遍布四大族群，而且在現存記載中，漢族進士遺民之數目遠多於蒙古、色目。這一統計之重要性在於反映漢族進士於國亡後甘爲遺民者爲數甚多，而不在於顯示蒙古、色目遺民少於漢族。漢族在政治上雖受歧視，願爲故國舊君守節者仍然甚多，是一值得注意的現象；南人更是如此。蒙古、色目進士拒絕出仕明朝的實際人數應超過上述數字甚多，因其對蒙元政權的認同與其對明朝的疑懼皆超過漢族士人甚多，大多數之蒙古、色目遺民在現存史料中

---

285 《弘治溫州府志》，卷10，頁20下-21上，〈人物志〉。

286 傅維麟，《明書》(成都：巴蜀書社，1993)，卷169，頁9下，〈滕克恭傳〉。

287 焦竑，《國朝獻徵錄》，卷115，頁11，李濂〈滕克恭先生傳〉。

288 王士貞，《弇山堂別集》(中國史學叢書)，卷3，頁153，〈國初三遺老〉。

289 苟汝安修，《嘉靖靈寶縣志》(嘉靖十五年刊本)，卷上，頁41上，〈鄉賢〉。

290 林以順〈永春平賊記〉自署銜，收於盧琦，《圭峰集》(四庫全書)附錄，頁6上-6下。

291 《宋濂全集》，第二冊，頁837，〈黃仁淵靜字辭〉。

292 曾作舟纂，《同治南昌府志》(清同治十二年刊本)，卷40，〈人物志〉。

皆未留下記錄。

自意識型態言之，在現有記載中，蒙古、色目遺民所透露的都是不忘故國舊主的忠節之思。族群觀念在現存文獻中可惜未留有痕跡。漢人、南人遺民之抵拒明朝主要亦是由於忠節思想。李祁之自號「不二心老人」，許汝霖之以「余先朝進士」為由拒絕任官，韓準之抗拒新衣冠之制，以不同方式表達了他們對元朝的忠節，夷夏之辨與漢唐衣冠都不在考量之中。秦裕伯拒絕朱元璋徵召時的〈再上丞相書〉說到他的理由：「匪獨服病，廉恥繫焉。士無廉恥，棄君如荃。女無廉恥，棄夫如鈿。廉恥道喪，國用何旃？」[293]他認為士大夫背棄舊君，即是無恥，而廉恥是立國的根本。雖然，裕伯在朱元璋一再脅迫下，不得不出仕明朝，未能維持遺民的身分，但他拒絕改仕的理由卻反映遺民的心聲。

九、結論

元朝進士對於易代巨變，反應甚為複雜，由於進士的成分不僅包括征服族群的蒙古、色目，也蘊含被征服族群的漢人、南人，各族群所處地位頗有軒輊，因而對易代之變所作的抉擇，固然有相同之處，亦有相異之處。

本文共臚列易代之際作出不同抉擇的進士共一四四人次[294]，據其抉擇差異分為六類。為便於分析計，這六類抉擇，依抉擇者對元室的態度之不同，進而整合為三型：

(1)「忠元」型：包括「忠義」、「遺民」及「北歸外奔」。殉國的忠義與守節的遺民固然是為元朝盡忠，追隨元帝北歸朔漠當然亦是忠臣，自我流放外國則是一種變相的遺民，故三者皆屬「忠元」型。前列忠義五十一人，占總數的35.4%，遺民三十二人，占22.2%，而北歸外奔者四人，占2.8%。三者合計八十七人，比率高達60.4%。

---

293 《秦景容先生事跡考》，轉引自楊訥、陳高華編，《元代農民戰爭史料彙編》(北京：中華書局，1985)下編，頁330。

294 實為一四二人，魯淵、錢用壬皆先列入出仕張士誠者，後又分別列為遺民及貳臣。

　　（2）「背元」型：出仕群雄與明朝者皆是變節改仕二主，可稱爲「背元」型的抉擇。出仕明朝者四十一人，占28.5％。出仕群雄四人，占2.8％。二者合計四十五人，比率爲31.3％。

　　（3）「隱遁」型：乃指前述在元亡之前退爲「逸民」者，共十二人，占8.3％。

　　因而，「忠元」的進士遠多於「背元」者。事實上，即在「隱遁」型及「背元」型中，出仕明朝的若干進士心中仍忠於元室。逸民於元亡之前即已退隱，表面上看來，其人既非忠元，亦非背元；實際上，不少逸民因處於群雄統治下而遁居山林，但自認爲是爲元廷守節。即是改仕朱明的進士之中，有少數是出於被迫，心中可能長懷元室。可見易代之際的進士多數忠於元朝。

　　元明之際進士的政治抉擇或可與宋元之際略作比較。陳得芝教授〈論宋元之際士人的思想與政治動向〉對宋季理宗、度宗二朝三二八名進士在宋元之際的政治動向作出統計：以身殉國者七十一人（21.65％），入元退隱不仕者一七四人（53.05％），歸降及出仕元朝者八十三人（25.3％）[295]。雖然兩次易代時的時代氛圍大不相同，而本文與陳教授的統計類別也頗有差異，但可看出宋末殉國進士之比率不高於元末，改仕新朝者低於元明之際亦不多，唯有宋元之際退爲遺民者的比率遠高於元明之際不少[296]。至於明清之際，忠義與遺民之多皆居列次易代之冠[297]，但其中進士占有多大比例，而貳臣與忠義及遺民之比例又是如何，至今未見較爲全面的統計，故無法與元明之際作一比較。

　　自族群差異言之，「忠元」型進士中，四大族群皆各占一定比率。殉國

---

[295] 《南京大學學報》1997年第2期，頁147-161。

[296] 日本學者植松正曾分析南宋進士入元後的政治動向與陳得芝的結果略有不同：宋季進士現有傳記資料可供稽考的一五一人中，退隱不仕者八十四人（55.6％），出仕元朝者五十七人（37.8％），動向不明者十人（6.6％），而在出仕元朝的宋進士五十七人中，二十二人僅擔任學職。見〈元代江南地方官之任用〉，收入氏著《元代江南社會史研究》（東京：汲古書院，1997），頁222-270。

[297] 何冠彪，《生與死：明季士大夫的抉擇》，頁13-19；趙園，《明清之際士大夫研究》，頁273。

進士五十一人中，非漢族十九人(蒙古五、色目十二、蒙古或色目二)，占總數的37.3%、漢族三十二人(漢人十五、南人十七)，占62.7%。遺民三十二人中，非漢族五人(蒙古一、色目三、蒙古或色目一)，占總數的15.6%，漢族二十七(漢人八、南人十九)，占84.4%。北歸外奔四名進士中，非漢族三人(色目二、蒙古一)，占75%，漢族一人(爲漢)，占25%。上述各數字受到現存有關各族進士記載的多寡影響很大，可能低估作出「忠元」抉擇者蒙古、色目的數目。但是上列數字仍然顯示元末進士殉國或守節是一超越族群藩籬的現象。一方面，不僅不少蒙古、色目進士作出「忠元」的抉擇，甚多漢人，尤其是最受歧視的南人，也爲元朝殺身或守節，是一極堪注意的現象。

在「背元」及「隱遁」型的進士中極少蒙古、色目人。出仕群雄的四名進士中，漢族三人(南人二、漢人一)，占總數的75%，另一名爲蒙古或色目人，占25%。改仕朱明的四十一名進士中，漢族四十(南人二十四、漢人十六)，占總數的97.6%；蒙古一人，而無色目人。而逸民十二人皆爲漢族(南人七，漢人五)，無蒙古、色目。可見蒙古、色目進士極少變節，也無人在亡國之前自甘遯隱。

易代之際，多數進士作出「忠元」的抉擇，主要是由於道學「君臣大義」觀念的影響。由於元代各族進士皆深受道學薰陶，「君臣大義」的名節觀念深入其心。各族進士爲國犧牲往往都以「爲臣死忠，爲子死孝」來表白其決心。而遺民大多數以對故國舊君保持「不二」的忠節來自勵。忠君觀念在當時可說是一超越族群藩籬的普世價值，而「夷夏之辨」的觀念則在漢人、南人中顯然未起作用。

蒙古、色目進士作出「忠元」型抉擇的比率尤高，背棄故國舊主者極少，而蒙古、色目進士殉國時往往極爲壯烈，一門皆死者甚多。這種現象和當時的族群認同、元朝及明初的族群政策皆有關係。

蒙古、色目進士不願出仕明朝，甚爲自然。爲何甚多的漢族進士亦是如此？「君臣大義」的影響是主要原因，有如錢謙益稱頌布衣遺民王逢所說：「士君子生逢夷狄之世，食其毛而履其土，君臣之義，雖國亡社屋，猶不忍

廢。」[298]君臣大義超越夷夏之辨。而明太祖對士大夫態度的轉變也是一個因素。明太祖建國之後，對士人，尤其對於元朝降臣的疑忌，導致甚多士人不願出仕，包括元進士在內。

各族進士不願仕明者固然甚多，但出仕群雄，尤其改仕新朝的漢人、南人進士亦占甚大比率，遺民比率則小於宋朝。進士改仕明廷的原因自然很複雜，有人迫於生計，有人想保持權力，有人可能認爲出仕本族政權乃屬順理成章。但也有不少是被明廷強力脅迫而改仕，明初士人的出處抉擇的自主性較元初大爲減少。當時及後世對改仕新朝的進士往往從名節的觀點予以疵議，並不因元明易代是「由夷入夏」而有所不同。

在中國近世以來四次全國性的易代之變中，宋元與明清的鼎革皆是「由夏入夷」，而元明與清民易代則是「由夷入夏」[299]。過去學者對宋元與明清易代之際忠義及遺民的人數之繁多及其行爲的壯烈及貞節，多加稱頌。本文則顯示：元明易代之際忠義及遺民－至少進士之中－的比率與行爲與宋元、明清二次「由夏入夷」時代頗爲類似。決定三次鼎革時代士人政治抉擇的公約數是「君臣大義」的觀念；而「夷夏之辨」思想在宋元、元明兩次易代之際並未發酵，所起作用不大。唯有在明清之際「夷夏之辨」觀念產生較大影響，乃因明代中葉以後由於韃靼威脅，種族中心夷夏觀較爲興盛[300]。但是，宋元與明清兩次「由夏入夷」時代有一項因素卻是元明易代所欠缺的，即是士人對斯文絕續的焦慮及遺民以延續漢族文化爲己任，這在元明之際的相關文獻中看不出痕跡。

士人在元明鼎革中的反應與宋元、明清兩次易代之際的表現相同之處頗多，主要差異則是不同族群士人對易代的不同反應。宋朝進士全爲南人，明朝進士幾乎全爲漢族，而元朝進士則兼有征服族群與被征服族群。雖然征服

---

298 錢謙益，《牧齋初學集》(四部叢刊)，卷84，頁883，〈跋王原吉梧溪集〉。

299 辛亥革命雖號稱「全民革命」，實際是以排滿民族主義爲主要動力。而其結果的「五族共和」是以漢族爲主體，恢復「多數統治」。

300 Jennifer W. Jay, *A Change in Dynasties*, pp. 260-264；趙園，《明清之際士大夫研究》，頁281。

族群與被征服族群皆受「君臣大義」觀念的影響，大多作出「忠元」的抉擇，但蒙古、色目對元朝忠貞的強烈顯然超過漢人、南人。在征服族群之中，蒙古、色目進士的抉擇頗為近似，顯示兩者皆與元廷同舟一命。而在被征服族群中，漢人、南人在元朝所處地位原不相同，但其對易代的反應相差卻不大，主要因為皆受「君臣大義」觀念的影響，因此南人進士對元朝的忠貞並不下於漢人。不過由於朱明原為一南方政權，南人進士出仕明朝較早，但在統一之後大量北方士人接受明廷徵召出仕，南北人之間的平衡已經開始。

　　從統治族群的變化著眼，元明易代與清末民初的革命較為相似，皆是「由夷入夏」。因而民初的滿清遺民對元朝遺民倍感親切，出身光緒二十年(1894)進士的東莞張其淦輯有《元八百遺民詩詠》，著名藏書家吳興劉承幹為其作序，反映清遺民對元遺民的看法。他首先強調「綱常」為「國之元氣」[301]，其次，從文化觀點肯定元朝為一正統王朝及士人為其守節之正當性：

> 元承宋代理學昌明之後，用夏變夷，……故雖末世，盜賊蜂起，有
> 亂民而無亂臣，士君子益以節概彪炳史冊，豈非學術之足繫人心，
> 而收效久且益著邪？抑又聞之，古君子冥行孤往，以求心之所安
> 宜，不以情勢之稍殊而曲為自恕。

最後他抨擊近代民族主義興起後強調種族差異而忽略君臣大義，而元代遺民的表現則符合當時的綱常標準：

> 自後世種族之說興，靦顏兩姓者得以自遂其趨避之私。學術不昌，
> 四維滅亡，豈知君臣之分，無所逃於天地。春秋大義，諸侯用夷禮
> 則夷之，夷而用於中國則中國之。故以明太祖之雄驚，猶以危素依

---

301 張其淦，《元八百遺民詩詠》(明代傳記叢刊)，頁3下-4上，〈序〉。

違兩朝，謫守余闕廟，益知元代遺民雖其擇義甚嚴，要亦風尚所趨，有不容自已者。

　　張其淦以詩歌詠頌元遺民原是以古人酒杯澆自己的塊壘，而劉承幹之序也正確反映元遺民的心跡。但是清季民族主義與共和觀念的勃興導致「民族」與「國家」觀念的改變，傳統「君臣大義」與文化主義夷夏觀皆已成爲歷史的逆流。張、劉二氏以元代遺民之先例來證實自己爲滿清守節的正當性，可謂引喻失義。這種論述的時代錯誤足以反映元明之際與清末民初間巨大的時代變化。

　　回到本文開始時所徵引有關元明易代時士人反應的幾種論著。錢穆的大作中對明初開國功臣頗多故國舊主之思而昧於春秋大義的觀察，甚爲正確。但是錢先生以明清之際盛行的種族主義夷夏觀及近代崛興的民族主義觀點對明初諸臣的心態大肆譴責，不盡公平，而且令人有時空倒置的遺憾。以錢先生與張其淦、劉承幹二氏相較，兩種看法顯然犯了不同方向的時空錯誤。錢先生是以後世之標準去批評前人的心態不當，而張、劉二位前輩則是以早已過時的規範證明自己行爲之正當，都不合乎歷史的公平。John Dardess教授將儒學視爲現代觀念中的一個「專業」，而認爲士人之出處取決於一個政權能否提供實踐其專業理想的機會，此一說法不免引起爭議。士人固然以得君行道爲己任，得君行道卻不是士人出處考量的唯一因素，「君臣大義」與「夷夏之辨」在不同時代士人的出處之道上占有不同的比重。他顯然低估君臣大義觀念對元明之際士人出處的影響。至於林麗月、劉祥光所說儒者「以道自任」的隱世觀可能較爲適用於布衣士人之抉擇，用之於進士則不盡相宜。

　　各族進士對易代之變的反應固然不足以代表全體士人，卻可以反映一般趨勢。以上論述足以顯示：元明易代雖然是中國史上第一次全面的「由夷入夏」，但眞正影響士人對生死與仕隱抉擇的因素是「君臣大義」，而不是「夷夏之辨」。

　　——原刊於《臺大歷史學報》第32期(2003年)，頁77-138。

第九章
元朝的區域軍事分權與政軍合一：
以行院與行省為中心

一、引言

軍權是歷朝皇權的一個重要支柱。歷朝開國靠武力，維護皇權亦靠武力。緊密掌控軍權是鞏固皇權最重要的手段，漢族王朝如此，征服王朝亦是如此[1]。但在征服王朝時代，因其政權性質及所處政治情勢與漢族王朝時代不同，故其軍力的分布與軍權的分配往往與漢族王朝具有相當的差異。

漢族所建各王朝為防阻方鎮大員擁兵自重而造成軍事割據的威脅，皆採取居重馭輕與政軍分離的政策。一方面，中央政府乃至皇帝本人直接掌握大量精兵，以求有效制衡與威懾地方離心勢力。唐朝實行關中本位政策，集中全國三分之一的軍府於關中[2]，其構想即是「舉關中之眾，以臨四方」。宋朝鑑於唐季、五代的方鎮割據，更屬行「強幹弱枝」的基本國策，集中全國精兵於禁軍，國軍的禁軍化構成宋代皇權的重要保障[3]。明朝則以精銳為京營，在全國兵馬總數中占有很大比重，足以制衡各地的外衛及邊兵[4]。總之，各主要漢族王朝的軍力分布充分反映內重外輕的政策。

另一方面，歷代朝廷力求分割地方大員的各項權力，宋朝以後尤其如

1 關於歷代維護皇權之政策，參看白鋼，《中國皇帝》（天津：天津人民出版社，1993）；周良霄，《皇帝與皇權》（上海：上海古籍出版社，1999）。
2 陳寅恪，《唐代政治史述論稿》（台北：臺灣商務印書館，1957），頁38-39。
3 王曾瑜，《宋朝兵制初探》（北京：中華書局，1983）。
4 黃冕堂，〈論明代的京營〉，《史學集刊》第3期(1992)，頁18-24。

此。宋朝的最高地方政府單位為路，各路掌管軍事的安撫司，與分掌行政、刑獄與財政的轉運、提點刑獄及提舉常平等司並立，互不統屬，而又彼此監督。北宋初多以文臣兼安撫使、經略使，統轄屯駐禁兵，貫徹以文制武的政策。明朝承襲元制設立行省，為地方最高軍政單位，卻師法宋朝的地方政軍分治的精神，各省分設布政使、都指揮使及提刑按察使等「三司」，互不統屬。都指揮使司為地方最高軍事領導機構，率領所屬衛所以隸於五軍都督府，而聽命於兵部，自成指揮系統，獨立於一般行政系統之外。總之，宋、明兩個漢族王朝皆採取地方政軍分治的建置，以防阻方鎮大吏的坐擁大權。

征服王朝時代的國內政治情勢與漢族王朝時代不同。征服王朝以異族入主中原，實行「少數統治」(minority rule)。族群問題在漢族王朝時代主要是一個邊疆地區的少數民族問題，而在征服王朝時代則成為一個全國性的多數民族問題。如何迅速並有效敉平層出不窮的各地民變，成為征服王朝統治者迫切關心的問題。征服王朝常以任命其「國人」為封疆大員來消彌地方官專權的潛在禍害，採取地方政軍權合一的建置，以求有效統治。遼朝統治漢人地區不大，內在主要威脅係來自遊牧各部族，而非來自中原百姓，南面(管漢人)各方州皆設節度使，兼管軍、民政。金朝統治華北半壁山河，各路總管府既兼理民政，又是軍事機構，各路屯駐的猛安謀克歸總管府指揮[5]。清朝繼承元明二朝的行省制度，督撫則享有較為全面的政軍權。除駐防各地的八旗直轄中央外，總督、巡撫有權綜制一省或數省的行政與軍事，對轄區內的提督、總兵等軍將有明確的節制與監督權，並可統轄本省綠營[6]。

元朝是中國史上第一個統治全國的征服王朝，幅員之廣大遠超過以前各朝。管轄漢民之多在諸征服王朝之中亦是空前。而且元朝首創行省制度，實行大區域統治，各行省擁有豐沛資源，足以構成對中央的嚴重威脅。因而，元朝行省政軍權力之分配為一值得注意的問題。

過去學者對元朝行省之性質及其與中央之權力關係的看法頗多歧異。錢

5 三上次男著、金啓琮譯，《金代女真研究》(哈爾濱：黑龍江人民出版社，1984)，頁297；王曾瑜，《金朝軍制》(保定：河北大學出版社，1996)，頁15-44。
6 羅爾綱，《綠營兵志》(北京：中華書局，1984)，頁241。

穆認爲行省是元朝推行中央集權的工具，「行中書省就是一個行動的中央政府，宰相府的派出所，分駐在這個地方來管事，如是則地方絕無權，權只在中央」[7]。近年來的學者——尤其是國外——則多主張行省自主性甚高，而元朝政府之權力結構傾向於地方分權。日本學者前田直典認爲元代之行省與宋代之路的性質全然不同，朝廷賦與各省甚大權力，行省不過是圍繞腹裏的「域外(原作外地)統治最高機構」，有如「合成國家(composite state)」中之一國[8]。美國學者David Farquhar[9]、德國東方學前輩傅海波(Herbert Franke)基本上皆贊同此一看法[10]。他們認爲中央各機構主管的僅爲腹裏事務，權力不及於各省，各省與中央關係鬆懈，導致元朝覆亡之離心力即由此而生。另一美國學者Elizabeth Endicott-West在其研究元朝地方政府的專著中也認爲元廷在政、軍兩方面皆傾向於於地方分權[11]。這些說法值得細加檢證。

　　關於元代中央與區域(地方)的軍權分配，筆者曾寫道：

> 元代鎮戍軍的統率系統，傾向於地方分權，與漢族王朝的制度稍異。漢族王朝時代，或由中央政府直接統率各地駐軍，或將地方軍政之權分開。元代除屯駐黃河流域及其他各地區的蒙古軍直轄於樞密院外，分駐各省之漢軍及新附軍等皆歸於行中書省管轄指揮，換言之，各省軍政之權合一[12]。

7　錢穆，《中國歷代政治得失》（台北：東大圖書公司，1977），頁108-109。

8　前田直典，〈元代行省の成立過程〉，收入前田氏《元朝史の研究》（東京：東京大學出版會，1973），頁145-202。

9　David Farquhar, "Structure and Function in the Yuan Imperial Government," in John D. Langlois(ed), *China under Mongol Rule*(Princeton: Princeton University Press, 1981), pp.52-55; David Farquhar, *The Government of China under Mongolian Rule*(Stuttgart: Steiner,1990), p. 6.

10　Herbert Franke, "The Role of the State as a Structural Element in Polyethnic Societies," in Stuart Schram(ed), *Foundations and Limits of State Power in China* (London: University of London, 1987), pp. 87-112.

11　Elizabeth Endicott-West, *Mongolian Rule in China: Local Administration in the Yuan Dynasty*(Cambridge, Mass: Harvard University Press, 1989), p.126.

12　蕭啓慶，〈元代的鎮戍制度〉，收入蕭氏《元代史新探》（台北：新文豐出版公

這段話是Endicott-West立論的根據之一，也是李治安討論元朝中央與地方軍權分配的一個起點[13]。在筆者寫下這段文字的三十年後已有重加檢討之必要。檢討可分二方面言之：第一，各省在軍權方面是否享有自主權？第二，各省政、軍之權是分立抑是合一？整體言之，元朝在軍事方面是否趨於區域分權？這便是本文所要探討的主要問題。這個問題的探討應該有助於了解元朝行省與中央之間的整體權力關係。

二、元朝軍力分布與軍權分配

(一)影響分配的因素

元朝軍力分布與軍權的分配取決於當時的政治生態與情勢。元朝以異族入主中原，統治民族－蒙古人移民中原之人口甚為罕少，可能不過三、四十萬人，與主要被統治民族相比少於百分之一，可說是真正的「少數統治」。元廷為求永保以貴族階層為中心的蒙古族統治權，遂實行「族群等級制」，優遇蒙古、色目，壓制漢人、南人，族群間的對立在所難免。據馬可波羅（Marco Polo）之觀察：「所有漢人（Cathaians）都厭惡大汗的統治，因為他所任命的大官吏都是韃靼人，尤其是薩拉森人（Saracens，即回回）。他們把漢人當奴隸看待，這使漢人無法忍受。你看，大汗取得漢地的統治，不是由於世襲的權利，而是由於征服，因而不信任當地人，又把一切權力都交給韃靼人、薩拉森人或基督教徒。這些人都是忠心於他的家臣，但他們在漢人眼裏都是異族人。」[14]可見漢人對蒙元統治頗為不滿，南人應該更是如此。在蒙

（續）──────────────

司，1983），頁113-139；Ch'i-ch'ing Hsiao, *The Military Establishment of the Yuan Dynasty*(Cambridge, Mass: Harvard University Press, 1978), pp. 60-61.

13　李治安，《唐宋元明清中央與地方關係研究》（天津：南開大學出版社，1996），頁214。

14　A.C. Moule and Paul Pelliot(ed. and trans.), *Marco Polo .The Description of the World* (2 vols..London, 1935-1938),vol. I, p. 215.

古平宋之前，南人從未經歷異族統治，而南人對趙宋之忠心亦高於漢人之對金廷，故南人對元朝南侵抵抗甚烈。宋亡之後，士人甚多甘爲遺民，拒仕新朝，一般民眾則將反抗付之於行動。元朝平宋之初，江南「盜賊」蠡起，使元軍疲於奔命[15]。

元朝版圖遼闊，「北踰陰山，西極流沙，東盡遼左，南越海表」[16]。各地區多與京師相隔遙遠。如各省發生叛亂，欲求遣自京師的大軍在其蔓延之前，迅速敉平，甚爲困難，亦如馬可波羅所言：「若期望自漢地一省之軍隊（抵至華南），須時二月，故敉平叛亂爲一曠日持久之事。」[17]元廷因而不能過分集中兵力於中央，而須在各地屯駐適當兵力。

總之，特有的征服情勢及遼闊疆域迫使元廷不能完全襲用漢族王朝的強幹弱枝、集中軍力、軍權於中央的政策，必須將軍力、軍權適量下放至區域性政府－行中書省。

(二)軍力分布

元朝整體的軍力結構，據《元史・兵志》說：「宿衛諸軍在內，而鎮戍諸軍在外，內外相維，以制輕重之勢。」[18]換言之，按功能差異，元朝軍隊有宿衛與鎮戍兩大系統，相互制衡。

在宿衛系統之內，又有怯薛(Kesig)與衛軍兩個起源不同、性質互異的組織[19]。怯薛原是草原社會的產物，家產制(patrimonialism)國家的遺存。怯薛成員——怯薛歹(kesigdei)——皆爲高官子弟，通過入充「質子」的方式延續家臣與皇室之間的世代私屬主從關係。怯薛兼具皇家護衛、家務機構、質子營及軍政幹部學校的功能，其政治意義遠大於軍事意義。衛軍則是基於中原「居重馭輕」之傳統而設置，仿傚唐朝的衛率，用以保衛皇室及制衡地

15　黃清連，〈元初江南的叛亂〉，《中央研究院歷史語言研究所集刊》第49本第1分(1978)，頁37-76。

16　〈地理志〉，宋濂等，《元史》(北京：中華書局，1976)，卷58，頁1345。

17　A. C. Moule and Paul Pelliot, *Marco Polo*, vol. I , p.348.

18　〈兵志〉，《元史》，卷99，頁2523。

19　蕭啓慶，〈元代宿衛制度〉，收入蕭氏《元代史新探》，頁59-111。

方武力，駐守兩都及其附近地區，並且不時奉派出征各方。怯薛歹是以蒙古人為主，以一萬人為標準編制，而衛軍則係一多元族群部隊組成的混合體，前後成立三十餘衛[20]。據估計，衛軍的實力在世祖朝約為十萬人左右，至文宗朝已擴張為二十至三十萬人[21]。其中蒙古、色目士兵約占30％，漢人、南人約占65％左右[22]。因而衛軍是一支包擁各族軍人的精兵，其軍事意義大於政治意義。

至於鎮戍軍的布置，〈經世大典序錄〉中有自相矛盾的記載，有待釐清。〈經世大典序錄・屯戍〉說：

> 以蒙古軍屯河洛、山東，據天下腹心。漢軍、探馬赤軍戍江淮以南，以盡南海，而新附軍亦間廁焉。[23]

〈經世大典序錄・軍制〉則說：

> 大率蒙古軍、探馬赤軍戍中原，漢軍戍南土，亦間廁新附軍。[24]

---

20 關於侍衛親軍，參看史衛民，〈元代侍衛親軍建置沿革考述〉，《元史論叢》第4輯(1992)，頁84-109；史衛民，〈元代侍衛親軍組織的職能〉，《中國史研究》1987年第3期，頁97-105；井戶一公，〈元朝侍衛親軍の成立〉，《九州大學東洋史論集》第10輯(1982)，頁26-58；〈元代侍衛親軍の諸衛について〉，《九州大學東洋史論集》第12輯(1983)，頁50-78；〈元代侍衛親軍について——軍の構成・軍官を中心に〉，《元明清朝における國家「支配」と民眾像の再檢討》(福岡市：九州大學文學部東洋史學研究室，1984)，頁27-37；大葉昇一，〈元朝侍衛親軍について——とくに蒙古、色目人を主體とするもの〉，《史觀》第100期(1979)。
21 元朝總軍數當在90-120萬之間。見陳高華、史衛民，《中國政治制度史》第8冊(北京：人民出版社，1997)，頁211。
22 史衛民，〈元代軍隊的兵員體制與編制系統〉，《蒙古史研究》第3輯(1989)，頁65-79；軍事科學院編，《中國軍事史》第14卷(北京：軍事科學出版社，1998)，頁225-226。
23 〈經世大典序錄・屯戍〉，蘇天爵編，《國朝文類》(四部叢刊)，卷41，頁64上。
24 《國朝文類》，卷41，頁60下。

《元史‧兵志‧鎮戍》則係根據〈經世大典序錄‧軍制〉而改寫：

> 世祖之時，海宇混一，然後命宗王鎮邊徼襟喉之地，而河洛、山東
> 據天下腹心，則以蒙古、探馬赤列大府以屯之。淮河以南，地盡南
> 海，則名藩列郡又各以漢軍及新附等軍戍焉。[25]

上述各記載的矛盾之處是：第一，〈經世大典序錄‧屯戍〉認為鎮戍中原者
為蒙古軍，駐守江南的則為漢軍、探馬赤軍與新附軍。〈經世大典序錄‧軍
制〉及《元史‧兵志》則認為：鎮戍中原者不僅有蒙古軍，亦有探馬赤軍，
而戍守江南的則為漢軍與新附軍，而無探馬赤軍。

　　事實上，鎮守中原者為蒙古軍與探馬赤軍。探馬赤軍指原自各蒙古千戶
中抽調改編而成的軍隊，用為先鋒或鎮戍，實亦蒙古軍[26]。平宋之後，原來
開赴江南參與征宋戰爭之蒙古、探馬赤軍即已調回中原，組成兩大蒙古軍
團（見下文）。戍守江南者則以漢軍、新附軍為主。但是江南戰略要地多駐有
少量蒙古軍、探馬赤軍，而遇有重大叛亂時朝廷亦常遣調蒙古軍、探馬赤軍
南下平亂[27]。故前引三記載皆有正確之處，亦皆有錯誤之處。總之，元廷將
京畿以外的漢地(指華北)、江南劃分為兩大鎮戍軍區，以淮水為分界線，蒙
古軍隊－蒙古軍、探馬赤軍鎮守淮水以北[28]，而漢族軍隊－漢軍、新附軍駐
於淮水以南，但在江南亦有蒙古探馬赤軍屯戍，但是數量不大。

　　鎮戍軍的分配顯然基於兵力與地理的雙重考量。自兵力方面言之，蒙古
軍原本兵力不大，既需保留甚大兵力捍衛京師及留守草原地區，可以用為鎮
戍軍的蒙古軍士人數不多，不足以均勻分布全國。自地理方面言之，漢地地
形平坦，無礙於蒙古騎兵之運動，而江南則多丘陵、河渠、湖泊，利於步

25　〈兵志‧鎮戍〉，《元史》，卷99，頁2538。
26　有關探馬赤軍之論著甚多，參看楊志玖，《元史三論》（北京：人民出版社，
　　1985），頁1-66。
27　〈兵志‧鎮戍〉，《元史》，卷99，頁2542。
28　蕭啟慶，〈元代的鎮戍制度〉，頁113-139。

兵,而不利於騎兵。而且,漢地氣候乾冷,江南較爲濕熱,蒙古人較能適應漢地氣候。由於上述兩點原因,元廷將蒙古大軍留戍於黃河流域,退可保衛京師,進可征討南方叛亂,而將廣大之江南地區交由漢軍、新附軍戍守,但亦派遣探馬赤軍出征江南,以助鎮壓。

黃河流域之蒙古鎮戍軍共有兩大軍團[29]:一、山東河北蒙古軍都萬戶府,先以沂州(山東臨沂)爲大本營,後移濮州(山東濮縣)。二、河南淮北蒙古軍都萬戶府,以洛陽爲中心[30]。兩都萬戶府最初各統軍四萬戶,至文宗初年(1329)山東河北都萬戶府擴張至六萬戶。這兩個都萬戶府構成鎮戍中原的蒙古軍之主力。

除黃河流域外,西北兩邊境亦有蒙古鎮戍軍之配置:一、陝西蒙古軍都萬戶府,置府於鳳翔,防守陝西、吐蕃等地區[31]。二、四川蒙古軍都萬戶府,置府於成都,下轄六萬戶。三、東路蒙古軍都萬戶府,置於遼陽行省境內[32]。

各都萬戶府所轄軍隊之任務,一方面負責防守所轄境內,另一方面則輪番出戍各行省,大體言之,山東都萬戶府所轄部隊輪戍江浙,河南都萬戶府屬下部隊出鎮湖廣,四川都萬戶府所屬部隊出鎮雲南,而陝西都萬戶府部隊輪戍甘肅及宣政院所轄地區[33]。因而,各都萬戶府不僅是鎮戍的主力,也是四出征戰的重要機動部隊。

江南三省(江浙、江西、湖廣)及河南行省南部主要係由漢軍及新附軍所組成的萬戶府擔任鎮戍。漢軍原係中原漢軍世侯的軍隊,後經屢次簽軍

---

29 史衛民,〈蒙古軍都萬戶府的建置及其作用〉,《甘肅民族研究》1988年第3.4期。

30 河南淮北蒙古軍都萬戶府亦含漢軍,故亦稱「四萬戶蒙古漢軍」、「四萬戶蒙古軍馬并諸翼漢軍」,參看松田孝一,〈河南淮北蒙古軍都萬戶府考〉,《東洋學報》第68卷第3·4期(1987),頁39-65。

31 〈兵志〉,《元史》,卷99,頁2549。

32 據史衛民估計,山東河北蒙古軍都萬戶府之軍力大約在15,050至21,070人之間,河南淮北蒙古軍都萬戶府之軍力則在11,750至16,450人之間,陝西、四川兩府大體相似。各蒙古軍都萬戶府之總軍力「應當不少于五萬,最多不會超過八萬」(見史衛民,〈元代軍隊的兵員體制與編制系統〉,頁67)。

33 史衛民,〈元代軍隊的兵員體制與編制系統〉,頁76。

補充[34]。平宋之後，漢軍萬戶皆經改編，留戍江南各省。新附軍則為南宋降軍，原有二十萬人左右。但在歸附之後，皆經分散編入侍衛親軍各衛及地方鎮戍諸軍中[35]，故各省鎮戍軍是以漢軍萬戶為主。如至順(1330-1333)時期鎮守鎮江者為來自北方的漢軍各千戶[36]，而至正初年戍守建康則為來自山東的益都萬戶[37]，而撫州萬戶則是「移漢軍合撫州新附之軍」而組成[38]。

　　江南各省鎮戍軍的分布，是在至元十九年(1282)所議定[39]。當初主要係「相地之勢，制事之宜，然後安置軍馬」，選定鎮兵屯所六十三處。後來經過屢次調整。實際上，各行省因地區重要性之不同，所轄軍府及軍人數量頗有軒輊。在軍事、政治及經濟上皆具重要性的河南行省的兩淮地區及江浙行省的兩浙地區皆置有重戍，如揚州、建康及鎮江地區駐有七萬戶，杭州設有四萬戶，而浙東也置有五萬戶[40]。江西行省(今江西省及廣東之一部分)及湖廣行省(今湖南、貴州、廣西的大部分及湖北省南部，廣東雷州半島及海南島)之戍軍遠少於河南、江浙，兩省戍軍主要屯駐於北部地區——江西之龍興(南昌)及湖廣之鄂州(武昌)、潭州附近。至於南方少數民族聚居的「蠻夷」地區及瘴癘地區，多係由土兵戍守。元朝對南方之武力配置顯然受到軍力的局限，而以保障運河及長江沿線之安全為重點目標[41]。華南、西南駐軍不多，以致叛亂層出不窮[42]。凡在此二地區發生叛亂，元廷皆需自江浙、河

34　關於漢軍，參看蕭啟慶，〈元代幾個漢軍世家的仕宦與婚姻〉，收入蕭氏《蒙元史新研》(台北：允晨文化公司，1994)，頁265-348。

35　王曉欣，〈元代新附軍考略〉，《南開學報》1992年第1期，頁52-62。

36　〈司屬〉，俞希魯，《至順鎮江志》(宋元方志叢書)，卷17，頁17上-28下。

37　〈地理圖〉，張鉉，《至正金陵新志》(宋元方志叢書)，卷1，頁26上-28下。

38　虞集，〈撫州萬戶府重修公宇記〉，《道園類稿》(元人文集珍本叢刊)，卷26，頁13上下。

39　〈經世大典序錄‧屯戍〉，蘇天爵編，《國朝文類》，卷41，頁64下。

40　蕭啟慶，〈元代的鎮戍制度〉，頁119-120。〈兵制〉，《元史》，卷99，頁2544。

41　史衛民估計：河南、江浙、湖廣三個行省的戍軍約為二十餘萬人，似為低估。見史衛民，《元代軍事史》(軍事科學院編，《中國軍事史》第14卷)，頁289。

42　大島立子，〈元朝の湖廣行省支配〉，《東洋學報》第66卷1‧2‧3‧4期(1985)，頁131-156。

南調軍平亂。

(三)軍權分配

　　宿衛中的怯薛、衛軍與鎮戍軍中的蒙古軍萬戶及漢軍萬戶，功能不同，統率歸屬亦相互歧異。怯薛直屬皇帝，超越中原式官僚制政府，不受最高軍政機構樞密院的節制。

　　樞密院雖無權指揮怯薛，卻有權直接或間接節制其他各軍。元朝樞密院之權力大於其在宋、金兩朝的前身。在軍權方面，宋朝樞密、三衙與帥臣相互制衡。樞密掌管全國軍事，有發兵之權；三衙統領全國禁軍，有統兵之權；帥臣主征伐，有指揮之權；兵權三分，大權集中於皇帝。金朝樞密院的權力與宋朝相類似，有調兵權而無統兵權。元朝樞密院代表皇帝，掌握軍隊管理訓練與征伐調遣之權[43]，「掌天下兵甲機密之務，凡宮禁宿衛，邊庭軍翼，征討戍守，簡閱差遣，舉功轉官，調制節度，無不由之」[44]。中央各衛軍及擔任鎮戍的蒙古軍固然直屬樞密院，而樞密院對分屬各行省的漢軍各萬戶亦有監督與調動之權。

　　總之，自軍力分布言之，元朝並未完全沿襲漢族王朝「內重外輕」的政策。宿衛諸軍固然強大，各省鎮戍軍亦維持可觀的實力，而元廷利用各軍之族群差異來達到內外制衡的效果。但就統率關係言之，衛軍固然為中央軍，鎮戍軍中的各蒙古都萬戶皆直屬樞密院，亦是中央軍，即是分屬各行省的漢軍萬戶，因受樞密院之調遣與監督，亦不能完全視之為地方軍[45]。中央政府透過對各軍的直接或間接的掌握達到集權而又包容分權的效果。

43　李涵、楊果，〈元樞密院制度考略〉，《蒙古史研究》第3輯(1989)，頁43-64；丹羽友三郎，〈元代の樞密院行樞密院について〉，《名古屋商科大學論集》第12期(1967)，頁1-17。

44　〈百官志二〉，《元史》，卷86，頁2155。

45　李治安，《唐宋元明清中央與地方關係研究》，頁211。

三、行樞密院的置廢

　　欲探究元朝中央與地方軍權分配問題，行省是一個甚好的切入點。行省面積既大，而又掌握甚為龐大的人力、物力，足以構成對朝廷之威脅[46]，因而行省權力之大小與獨立性值得特別注意。

　　元朝各行省政、軍權力的劃分經歷過從軍政分立到合一的過程。軍政分立時，軍權係由行樞密院執掌，與行中書省相平行。

　　關於行樞密院，《元史・百官志》說：

> 國初有征伐之事，則置行樞密院。大征伐，則止曰「行院」，為一方一事而設，則稱某處「行樞密院」。或與行省代設，事已則罷。[47]

行樞密院確為「征伐之事」而設置，但並未因征伐規模之大小而有名稱的差異，「行院」不過是行樞密院的簡稱，日本元史學前輩箭內亙早已指出：「行樞密院之外無行院，行院之外無行樞密院也。」[48]《元史・兵志》則說：「遇方面有警，則置行樞密院，事已則廢，而移都鎮撫司，屬行省。」[49]

　　行樞密院本係因應戰爭需要而設置的戰區最高指揮機構，其設置前後共有六波：

46　關於元代行省制度，參看青木富太郎，〈元初行省考〉，《史學雜誌》第51卷4・5期(1930)，頁480-502、614-645；丁崑健，《元代行省制度的形成及其職權》，台北：中國文化學院史學研究所博士論文，1977；李治安，〈元代行省制的特點與歷史作用〉，《歷史研究》1997年第5期，頁82-99。

47　〈百官志〉，《元史》，卷86，頁2156。

48　箭內亙，〈元代之官制與兵制〉，收入箭內亙著，陳捷、陳清泉譯，《元朝制度考》(台北：臺灣商務印書館，1963)，頁1-50。

49　〈兵志〉，《元史》，卷98，頁2509。

設置最早的爲四川行樞密院，係於中統四年(1263)建立於成都[50]。四川行樞密院不僅統率東、西川都元帥府，而且「管四川軍民課稅、交鈔、打捕鷹房人匠及各投下應管公事，節制官吏諸色人等並軍官遷授、征進等事」，可見行院總攬四川地區政、軍大權[51]。但在至元三年(1266)四川行院改爲四川行中書省，綜理四川政、軍事務[52]。

第二波之行樞密院的設置是在大舉滅宋之前。至元十年(1273)正月元軍攻陷漢水流域的宋軍重鎮襄樊，打開南宋大門。元廷乃積極準備滅宋。乃於該年四月設置下列四處行院：

淮西行樞密院：係改山東行樞密院而設置[53]，以正陽(安徽壽縣、潁上)爲基地，以合丹、劉整、塔出、董文炳知院事[54]，負責東路攻宋軍事。

荊湖行樞密院：係由原來負責進攻襄樊的河南行中書省所改置。以襄陽爲基地，由史天澤、阿朮、阿里海牙知院事[55]，負責攻宋中路軍事。

東川及西川行樞密院：東西兩院皆係由原有之四川行省改置。西川行院由鞏昌漢軍將領汪良臣負責；東川行院則由合刺與王仲仁負責，征討四川未附之地[56]。

這四個行樞密院成爲元朝滅宋戰爭三個戰區的主要軍事指揮單位。其中，四川是一個獨立戰區，與攻滅宋朝首都臨安並無直接關係。而中、東兩路則爲滅宋的主力。至元十一年(1274)三月，荊湖、淮西行樞密院一度皆改爲行中書省[57]；但在五個月後，即已發現二省互不相下的弊病。當時之荊湖行省左丞相的史天澤上奏云：

50　〈世祖紀〉，《元史》，卷5，頁93。
51　〈百官志〉，《元史》，卷86，頁2156。
52　〈世祖紀〉，《元史》，卷6，頁112。
53　關於山東行樞密院，見〈世祖紀〉，《元史》，卷7，頁139。
54　〈世祖紀〉，《元史》，卷8，頁149。元明善〈藁城董氏家傳〉，《國朝文類》，卷70，頁8上。
55　〈世祖紀〉，《元史》，卷8，頁149。
56　〈世祖紀〉，《元史》，卷8，頁149。
57　〈世祖紀〉，《元史》，卷8，頁154。

今大師方興，荊湖、淮西各置行省，勢位既不相下，號令必不能一，後當敗事。[58]

由於史天澤之建言，荊湖行院遂改爲荊湖行中書省，而淮西仍爲行院，地位低於荊湖行省。在理論上言之，「行省」與「行院」屬於不同統率系統。行省應歸中書省管轄，行院則歸樞密院指揮，兩者應爲平行。但此時元朝官制仍未有嚴格之劃分，「省」與「院」在職權上並無區分，皆爲戰區指揮機構。而荊湖行省爲淮西行院之上級指揮機構。一省、一院即爲元朝平宋的指揮架構。

在平宋過程中及完成以後，各行院相繼裁撤，併入各行省，如至元十二年(1275)即已罷廢淮西行樞密院[59]。至元十五年(1278)，全蜀平，廢東西川行樞密院[60]。而行省亦由戰區指揮機構轉變爲區域統治機構。

第三波行院之設立則是在江南民變蜂起之時。元朝平宋之後，江南民變迭起，如至元十七年(1280)漳州陳弔眼、建寧黃華、南康杜聖人相繼聚眾反元，二十年又有黎德器之亂。元廷疲於應付。至元十九年(1282)遂立行樞密院於揚州、鄂州[61]，兩年後又置江淮、荊湖、江西、四川行樞密院，分別立治於建康、鄂州、撫州及成都四地[62]，揚州、鄂州的行院併入江淮與荊湖。原屬宋境的四省皆有行院的設置，與行省相平行。二十二年(1285)正月，中書左丞盧世榮上奏：「江南行中書省事繁，恐致壅塞，今隨行省立行樞密院總兵，以分其務。」[63]他的建議是隨行省所在設立樞密院，而忽必烈的反應是：「行省之事，前日以議，由阿合馬任智自私，欲其子忽辛行省兼兵柄而

58　〈世祖紀〉，《元史》，卷8，頁156。

59　〈世祖紀〉，《元史》，卷8，頁168。

60　〈世祖紀〉，《元史》，卷10，頁198。

61　〈世祖紀〉，《元史》，卷12，頁244。

62　〈世祖紀〉，《元史》，卷13，頁263。《元史・百官志》則作「(至元)二十二年(1285)立江西行院，馬軍戍江州，步軍戍撫州」(卷86，頁2157)。

63　〈世祖紀〉，《元史》，卷13，頁271。

止。汝今行之，於事為宜。」[64]可見忽必烈同意在各省普遍設置行院。但在三個月之後，盧世榮因罪伏誅。明年二月，「併江南行樞密院四處入行省」[65]。行院的此次廢止或是受到世榮的牽連，但因戰事需要，江西行院直至至元二十七年(1290)始行廢止[66]。事實上，江南民變仍熾，至元二十八年(1291)二月又恢復江淮、湖廣、江西、四川等四省行院，分別治於廣德軍(後徙建康)、岳州(後徙鄂州)、汀州(後徙贛州)及嘉定(後徙成都)[67]。

　　至元二十八年設置四行院後，行院之行廢引起頗大爭議，以致該年十月，行院一度全部廢除[68]；但不久湖廣、江西行院又因苗亂興起而復置。主張設置行院之理由是：「養兵力，分省權而免橫役。」[69]而反對設置行院者認為政、軍權力之分立不利於治安之維護。湖廣行省平章政事哈剌哈孫於至元二十八年(1291)在其朝覲時便曾力陳：行院的設置造成「兵民政分，勢不相營，姦寇伺發，溪洞以鬩」[70]。也有人認為：江南平定後已無設置行院之必要[71]。大抵各行省長官皆主張廢行院以一事權。終忽必烈之世，對行院是否應為常態的組織，未作決定。成宗即位後，此一爭議仍未平息；成宗徵詢平宋大將、顧命大臣伯顏之意見，伯顏說：

　　內而省、院各置為宜，外而軍、民分隸不便。[72]

64　〈姦臣傳〉，《元史》，卷205，頁4567。
65　〈世祖紀〉，《元史》，卷14，頁286。
66　〈世祖紀〉，《元史》，卷15，頁311、313；卷16，頁334。
67　〈世祖紀〉，《元史》，卷16，頁344、346、348、350。
68　〈世祖紀〉，《元史》，卷16，頁351。
69　王惲，〈上世祖皇帝論政事書〉，《秋澗大全集》(元人文集珍本叢刊)，卷35，頁11下-12上。
70　劉敏中，〈太師順德忠獻王碑〉，《中菴先生劉文簡公文集》(北京圖書館古籍珍本叢刊)，卷4，頁296。《元史·哈剌哈孫傳》(卷136，頁3292)則云：「初樞密置行院於各省，分兵民為二，奸人植黨自蔽，後因入覲，極陳其不便，帝為罷之。」
71　虞集，〈中書平章張公墓誌銘〉，《道園類稿》，卷46，頁13上下。
72　《伯顏傳》，《元史》，卷127，頁3116；元明善，〈丞相淮安忠武王碑〉，《國朝文類》，卷24，頁17上。

換言之，伯顏認為在中央政府中，中書省與樞密院分掌軍、政二權頗為適宜，而在地方則二權宜於合一，雖然他的理由已無法知曉。成宗採納了伯顏之意見，遂於至元三十一年(1294)十一月下詔「以軍民不相統一，罷湖廣、江西行樞密院，併入行省」[73]。此後二十餘年間，僅於至大四年設置甘肅行樞密院，「提調西路軍馬」[74]。此外更無常設行樞密院的企圖。

　　第四波的行院則是元文宗於其奪位戰爭中所設置。致和元年(1328)泰定帝(1323-1328)卒後，其子阿剌吉八(天順帝，1328)即位於上都，武宗(1307-1311)之子和世㻋(即明宗，1329)、圖帖穆爾(即文宗，1328-1332)與阿剌吉八爭位。文宗圖帖穆爾在取得皇位過程中，先後設置四個行院，皆為臨時應變的軍事指揮措施：1、河南行院：係文宗於天曆元年(1328)自江陵北上爭位時設置於汴梁，由也速台兒任知行樞密院事，其目的乃是西拒陝、川擁護阿琜吉八的軍隊[75]。2、四川行樞密院：天曆二年(1329)設置，旨在統率湖廣、河南二省軍隊平定四川，亦以也速台兒任知院事[76]。其時原四川行省平章擁戴和世㻋，據蜀稱王。3、雲南行院：至順元年(1330)設置，河南行省平章政事徹里鐵木兒任知行院事，統軍進剿阿剌吉八在雲南支持者禿堅、伯忽[77]。上述三個行院皆於事平後裁撤。4、嶺北行樞密院：天曆二年(1329)設，由也兒吉尼與都列捏並知院事[78]；其目的在於控制漠北諸王，「掌邊庭軍務，凡大小事悉從裁決」[79]。嶺北行院延續至元末，前後達三十九年，是元代唯一的常設行院。

　　元末順帝時代又有二波行樞密院的設置：

　　第一波是在權臣右丞相蔑兒乞氏伯顏執政時代。伯顏秉政達七年之久，

73　〈成宗紀〉，《元史》，卷18，頁388。

74　〈百官志〉，《元史》，卷86，頁2157。

75　〈文宗紀〉，《元史》，卷32，頁708；虞集，〈曹南王勳德碑〉，《道園學古錄》(四部叢刊)，卷24，頁1上-6下。

76　〈文宗紀〉，《元史》，卷33，頁731。馮承鈞，〈元代的幾個南家台〉，收入馮氏《西域南海史地考證論著彙輯》(香港：中華書局，1976)，頁200-216。

77　〈文宗紀〉，《元史》，卷34，頁758。

78　〈文宗紀〉，《元史》，卷33，頁740。

79　〈百官志〉，《元史》，卷86，頁2157。

「變亂祖宗成憲」，壓抑漢人，濫發紙幣，社會開始動盪不安。湖廣、江西、四川、江浙等行省民變此起彼落，層出不窮。伯顏一方面對漢人、南人實行禁軍器、刷馬匹等防範措施，另一方面則積極鎮壓民變。至元三年(1337)奏准設置四川、湖廣江西及江浙等三處行樞密院，「以鎮遏奸亂之民」[80]。亂事平定後，明年二月，各處行院皆告撤銷[81]，仍以行省官負責治安。

第二波行院之設置則是紅巾之亂爆發後的救亡措施之一。至正十四年(1354)十二月，元軍圍攻張士誠於高郵，諸軍潰敗，精銳盡失。元廷不得不重新布置防禦體制，遂再度設置甚多行院：1. 四川行院：至正十四年三月已存在，由四川行省平章答失八都魯兼行樞院事，總荊襄諸軍[82]。2. 淮南行院：至正十五年十月，立於揚州[83]。3. 江浙行院：至正十六年三月，置於杭州，以江浙行省左丞達識帖睦爾兼知院事[84]。4. 河北行院：至正十六年九月，察罕帖木兒以功由兵部尚書陞僉河北行樞密院事[85]。5. 陝西行院：罷廢於至正十七年六月[86]。6. 膠東行樞密院：至正二十三年立[87]。7. 福建江西等處行院：至正二十六年立[88]。

元朝末期，又有多處所謂樞密分院的設置。《元史‧百官志》云：「至正兵興，四郊多壘，中書、樞密俱有分省、分院。」[89]實際上，分院是元代末期設置的各地行樞密院的分支機構，而不是中央的樞密院的分支[90]。如至正十五年設置的衛輝、彰德、直沽等樞密分院[91]，十六年設置的濟寧、沂州

80 〈順帝紀〉，《元史》，卷39，頁842；〈百官志〉，《元史》，卷92，頁2333。
81 〈順帝紀〉，《元史》，卷39，頁843。
82 〈順帝紀〉，《元史》，卷43，頁914；〈答失八都魯傳〉，《元史》，卷142，頁3396。
83 〈順帝紀〉，《元史》，卷44，頁927。
84 〈順帝紀〉，《元史》，卷44，頁930；〈達識帖睦爾傳〉，《元史》，卷140，頁3374。
85 〈順帝紀〉，《元史》，卷44，頁932；〈察罕帖木兒傳〉，《元史》，卷141，頁3385。
86 〈順帝紀〉，《元史》，卷45，頁937。
87 〈順帝紀〉，《元史》，卷46，頁962。
88 〈百官志〉，《元史》，卷92，頁2334。
89 〈百官志〉，《元史》，卷92，頁2327。
90 史衛民，《元代軍事史》，頁416。
91 〈百官志〉，《元史》，卷92，頁2334。

分院[92]，及十八年設置的潯州分院[93]。分院的任務在於掌管轄區的軍屯與防禦，而不在於調兵遣將，用以作戰。

元末設置的行院往往透過兼職而與行省形成區域政、軍權力合流的情形。如至正十四年四川行省平章事答失八都魯兼知樞密院事，「總荊、襄軍，從宜調遣」[94]。又如至正十六年江浙行省左丞相達識帖睦爾兼知行院事，「節制諸軍，省院等官並聽調遣，凡賞功、罰罪、招降、討逆，許以便宜行事」[95]。答失八都魯、達識帖睦爾皆因兼任省、院長官而擁有一省大權。雖然，行省、行院並立，實際上，二權卻是合一。

總之，元朝因軍事需要而有六波行院的設置。忽必烈平宋後，行院與行省並立，區域政、軍分離曾有常規化之可能。但因政、軍之對立，不便於統治征服地區而使行樞密院常規化之構想未能實現。而在屢次置廢過程中，行院之功能不盡相同，在一般情況下，行院之地位低於行省，僅能指揮軍隊，而不能干涉一般政務。但忽必烈初年設置之四川行樞密院及大舉伐宋初期之淮西及荊湖行院皆為戰區最高長官，綜理軍民二政。而元末設立的各行院長官往往係由行省長官兼任，亦達到政軍合一之目的。

四、行省的軍權及其局限

(一)行省治軍

元朝行中書省自都省的臨時性派出機構演變為區域最高統治機構，在忽必烈後期即已定型，擁有甚為廣泛的權力。「凡錢糧、兵甲、屯種、漕運、軍國重事，無不領之。」[96]「挈兵、民二枋而臨制於閫外，事任至重。」[97]

92　〈順帝紀〉，《元史》，卷44，頁931、933。
93　〈百官志〉，《元史》，卷92，頁2334。
94　〈順帝紀〉，《元史》，卷43，頁914；〈答失八都魯傳〉，《元史》卷142，頁3396。
95　〈順帝紀〉，《元史》，卷44，頁930；〈達識帖睦爾傳〉，《元史》，卷140，頁3375-3376。
96　〈百官志〉，《元史》，卷91，頁2305。

這種集合大區域中政、軍、財大權於單一機構的情形,在中國史上各朝的常規時代可說前所未見。

忽必烈廢止行院之後,逐漸發展出行省治軍的制度。元朝行省之組織,有如其他機構,採取長官合議制,即「圓座制」。行省之宰執共有丞相、平章政事、右、左丞及參知政事等職。但唯有長官二員可配金虎符,總督本省軍馬,由於丞相不常設,通常是由二員平章政事掌管軍事[98]。但平章之提調軍馬權須由朝廷頒給金虎符予以確認,反映出行省長官之提調軍馬的權力係來自朝廷[99]。唯一的例外為雲南省,雲南由於「掌邊務」,「凡事涉軍旅者,自平章至僚佐須同署押」[100],維持合議制的原則,其他各省則非如此。

兼管軍事的行省長官之主要工作是提調本省軍隊,措置省內鎮戍與屯田、籌畫軍事裝備、撫卹軍人以及鎮壓省內叛亂。行省長官對境內宣慰司及各萬戶府屬下之軍隊擁有指揮權。元朝中後期保留各道宣慰司二十餘個,「掌軍民之務,分道以總郡縣。…有邊陲軍旅之事,則兼都元帥府」。行省可調動宣慰司屬下的軍隊[101]。各萬戶府多直接受行省調度,與各路總管府相平行,總管府不統兵,而萬戶府不治民,軍民分治。

行中書省之下,設有都鎮撫司,設都鎮撫二員(從四品)。都鎮撫的職掌為「與夫訓練、調遣、巡邏軍事皆所領治」,「上承大帥方略,指授諸將,諸軍有所關白,必因以上達」[102],故都鎮撫司應為行省之下的主要軍事行政機構[103]。而在各萬戶之下設鎮撫,千戶之下設彈壓,百戶之下設軍司,皆具相同功能。

中央政、軍二權分屬中書省與樞密院,在地方則分屬總管府與萬戶府,

(續)
97 黃溍,〈江浙行中書省題名記〉,《金華黃先生文集》(四部叢刊),卷8,頁16下。
98 〈成宗紀〉,《元史》,卷18,頁390。
99 李治安,〈元代行省制的特點與歷史作用〉,頁89。
100 〈兵志〉,《元史》,卷98,頁2512。
101 〈百官志〉,《元史》,卷91頁2308。
102 王惲,〈千戶張君家傳〉,《秋澗大全集》,卷48,頁2下。
103 村上正二,〈元朝の行中書省と都鎮撫司について〉,《加藤博士還曆記念東洋史集說》(東京:富山房,1941),頁821-840。

唯有行省一級以政軍合一爲常規。

　　平宋之後十五年，亦即至元二十八年(1291)左右，南人出身的著名士大夫程鉅夫在〈論行省〉一文中對於行中書省兼擁政、軍二權曾嚴辭批評：

> 今天下疏遠去處亦列置行省，此何義也？…今江南平定已十五餘年，尚且因循不改，名稱太過，威權太重。凡去行省者皆以宰相自負，驕倨縱橫，無敢誰何。所以容易生諸姦弊，錢糧羨溢則百端欺隱，如同己物；盜賊生發則各保界分，不相接應。甚而把握兵權，伸縮由己。然則有省何益，無省何損？[104]

程氏顯然主張中央集權，故認爲應廢行省，而代以轄境較小之宣撫司與元帥府，由宣撫司管行政，而由元帥府「管諸萬戶以下軍官，專一討滅盜賊」，即是恢復忽必烈初年的制度。但在平宋以後，疆域擴大，情勢與當初已有很大不同，縮小區域行政單位及政軍分離皆不足以因應征服地區的新形勢。故程氏之意見實在扞格難行，未被採納。但元廷在此後建立了若干中央控制機制，減少行省兼擁政、軍二權可能引起的危害。

(二)中央控制機制

　　從表面上看來，行中書省獨攬本省政、軍大權，就省的層面言之，元朝政治體制傾向地方分權。實際並非如此。

　　實際上，行省長官的軍權受到中央的種種節制：

　　第一，軍隊部署及調遣權歸中央：全國鎮戍的部署與調整皆係由中央主導。江南各省鎮戍軍最初的部署係由樞密院官玉昔帖木兒、孛羅等與平宋大將伯顏、阿朮、阿塔海等所商定[105]。經過至元十五年(1278)與十九年(1282)兩次的布置與修正始告形成[106]。以後，由於情勢變化之需要，樞密院往往主

---

104 程鉅夫，《程雪樓文集》(陶氏涉園本)，卷10，頁11下-12上。
105 〈經世大典序錄・屯戍〉，《國朝文類》，卷41，頁64。
106 〈兵志〉，《元史》，卷99，頁2540-2542、2545。

動奏請調整各地之戍兵，如元貞二年(1296)奏言：「江南近邊州縣，宜擇險
要，合群戍為一屯。」[107]得到皇帝批准。二年之後，此一建議付諸實行，各
省遂合併鎮守軍，福建合為53所、江浙合為227所、江西合為64所[108]。行省
長官有時亦根據本省情勢的需要，請求改變戍軍部署，但如未得樞密院之支
持，很難得到皇帝批准。如泰定四年(1327)河南行省以該省所轄之地遼闊，
請求建立萬戶府，由於樞密院之反對而遭否決[109]。

　　省際之間較大規模的部隊調動皆由中央決定，如至元二十五年(1288)調
江淮行省所屬揚州駐軍赴湖廣行省的鄂州，而調湖廣黃州、蘄州、壽昌駐軍
至江淮[110]。有如李治安教授所說：「定期不定期地調換各地戍軍，似乎也是
朝廷防止行省掌軍官員與所屬戍軍間統屬關係的固定化、私人化的一項有效
舉措。」[111]至於大規模的征伐，自然由樞密院規劃，行省官員並無置喙的餘
地。如元末討伐紅巾，元廷往往任命官員為「總兵官」，便宜行事，指揮數
省軍隊。這些總兵官中，固然不乏行省長官，但亦多中樞大臣[112]。

　　即是行省內軍隊的調度，行省長官的權力亦有局限。軍隊之調動必須得
到朝廷之批准。元貞二年(1296)，有詔「命諸行省非奉旨毋擅調軍」[113]。不
過，由於各省距離中樞地理遙遠，無法事事請求批准，因而元廷在至順元年
(1330)准許各省「凡遇邊防有警，許令便宜發兵，事緩則驛聞」[114]。但在原
則上行省仍不能擅自調兵。

　　第二，軍官詮選與獎懲權主要歸中央：元代樞密院享有詮選軍官的權
力，不必經由中書省。至元十二年(1276)即規定：「管民及理財之官由中書

107 〈成宗紀〉，《元史》，卷19，頁407。
108 〈兵志〉，《元史》，卷99，頁2547。
109 〈兵志〉，《元史》，卷99，頁2550。
110 〈兵志〉，《元史》，卷99，頁2543。
111 李治安，《唐宋元明清中央與地方關係研究》，頁219。
112 松田孝一，〈紅巾の亂初期陝西元朝軍の全容〉，《東洋學報》第75卷1·2期
　　(1993)，頁1-30。
113 〈成宗紀〉，《元史》，卷19，頁404。
114 〈文宗紀〉，《元史》，卷34，頁770。

詮調，軍官由樞密院定議。」[115]軍人之襲職、升降皆由樞密院決定：「樞密院所轄都元帥府、萬戶府、各衛並屯田等司官吏，俱從本院定奪，遷調。」[116]軍人功罪獎懲決定權在樞密院。延祐五年(1318)曾規定：「軍官犯罪，行省咨樞密院議擬，毋擅決遣。」[117]可見行省對犯罪軍官雖有權報告，但需樞密院核准。此一規定後來略為放寬：「諸各處行省所轄軍官，軍情怠慢，從提調軍馬長官斷遣，其餘雜犯，受宣官以上咨稟，受敕官以下就斷。」[118]可見犯罪較輕而職位較高之軍官如犯罪仍不能由行省決斷。

　　第三，軍隊管理由樞密院監督：各行省雖具有對屬下諸萬戶的統率、管理責任，但皆由樞密院負責監督。據《經世大典》說：

　　　天子新即位，則分遣樞密院臣僚，乘傳行諸省，泊列郡，考戍將所
　　　典之士壯若懦，校其籍之數，觀馬匹之肥若瘠與兵之利鈍……大閱
　　　行賞罰，還奏吏文，曰「整點」，……此常制也。餘則或有征伐，
　　　亦閱所當遣之卒。……[119]

可見天子即位之時樞密院遣官至各省「整點」人員、兵馬之良窳為一「常典」，而在征伐時，亦有類似的措施。現在見之於記錄的「整點」有元貞二年(1296)「遣樞密院整飭江南諸戍軍，凡將校勤怠者，奏實以聞」[120]，至大四年(1311)，仁宗即位後命樞密院閱各省軍馬[121]，延祐七年(1320)十一月，英宗即位後「遣使閱實各行省戍兵」[122]，至治元年(1321)十月又「命樞密遣

115　〈世祖紀〉，《元史》，卷9，頁186；參看李涵、楊果：〈元樞密院制度考略〉，頁51。
116　〈選舉志〉，《元史》，卷84，頁2103。
117　〈仁宗紀〉，《元史》，卷26，頁586。
118　〈百官志〉，《元史》，卷91，頁2616。
119　〈經世大典序錄・整點〉，《國朝文類》，卷41，頁62上。
120　〈成宗紀〉，《元史》，卷19，頁407。
121　〈仁宗紀〉，《元史》，卷24，頁546。
122　〈英宗紀〉，《元史》，卷27，頁607。

官整視各郡軍馬」[123]。可見各省軍馬之管理是由樞密院監督。

　　第四，統兵權、徵兵權的分割：各行省長官雖有統轄權，而其徵兵權則遭受分割。元朝實行世襲兵制，軍士皆自軍戶徵發[124]。各省鎮戍士卒，除去鎮守黃河流域的蒙古軍「即營以家」外，漢軍的戍守地點皆非其家庭所在的州縣。漢軍戍守江南，而其家庭則在中原，軍士都是歲時踐更，更期長短因戍地而異。管理軍戶及徵發士卒的機構稱作奧魯（a'urugh）[125]，奧魯官皆由所在地方官兼任，「軍出征戍，家在鄉里，曰『奧魯』，州縣長官結銜兼奧魯官以蒞之」[126]。各省鎮戍士卒之徵發必須得到奧魯所在的中原地方長官之配合，因而各行省長官甚難擁兵自重[127]。

　　第五，出鎮宗王的監督：宗王出鎮是元朝控馭邊徼襟喉的重要手段。忽必烈建立元朝後，相繼分封諸皇子出鎮西北、西南一帶，如北平王那木罕、寧遠王闊闊出戍守漠北，安西王忙哥剌鎮守京兆，西平王奧魯赤總軍吐蕃，雲南王忽哥赤則出鎮雲南。其後，皇子脫歡、諸王阿只吉、尤伯、皇孫甘麻剌、鐵穆爾等分鎮江淮、河西、漠北與遼東。此一制度為以後各帝所沿用，成為元代政治制度別具一格的組成部分。據李治安之研究，宗王出鎮制度的「特殊性在於：封藩不治藩，重在軍事鎮戍，且與官僚制相補充」[128]。出鎮諸王與行省分權而治，互相約制。宗王的地位雖然高於行省，卻無權干涉轄區行省的行政、財政與司法權，而軍事為其權力的核心。遇有征伐，宗王享有軍事指揮權。平時軍隊由行省、行院管轄，宗王未奉朝廷命令，不能調動軍隊；緊急狀況可以便宜行事。宗王有權監督行省、行台，而行省官員土要聽命於朝廷，有權限制與監視宗王之行為，上報朝廷。宗王與行省的互相牽

---

123 同上，頁614。

124 關於軍戶，參看Hsiao, *Military Establishment*, pp.17-25；陳高華，〈論元代的軍戶〉，《元史論叢》第1輯（1982），頁72-90。

125 村上正二，〈元朝兵制史に於ける奧魯の制〉，《東洋學報》第30卷第3期（1943），頁1-49。

126 〈經世大典序錄‧軍制〉，《國朝文類》，卷41，頁61。

127 蕭啓慶，〈元代的鎮戍制度〉，頁127-128。《大元聖政國朝典章》（台北：故宮博物院，1973），卷34，頁18上，〈兵部一‧拯治軍官軍人條畫〉。

128 李治安，《元代分封制度》（天津：天津古籍出版社，1992），頁194。

制有利於朝廷對地方的控制。

　　除去上述中央控制的機制外，朝廷以特定標準任用行省長官亦減少區域分權與軍政合一可能造成的威脅。元朝用人行政對族群差異最爲重視。重要官職之任命，蒙古人享有優先權，此外則依色目、漢人、南人之族群順序而有很大的不同[129]，有關軍事者尤其如此。漢人、南人難以參與軍機要務，也不能掌握軍事大權，在中央及行省皆是如此。樞密院實際任事的長官知樞密院事，除一特例外，其餘的都由蒙古、色目人擔任，而副長官同知樞密院事主要亦是由蒙古、色目人擔任[130]。行省長官有權掌管軍事者唯有丞相及二員平章政事，據丁崑健教授之統計，蒙古、色目人占行省丞相的98%，平章政事的85%[131]。雖有少數漢人、南人位至丞相與平章，但不得掌管軍務，因爲元朝的成規是：「漢人不得與軍政。」[132]「以兵籍係軍機重務，漢人不聞其數」[133]。不僅漢人、南人遭受排除於軍政之外，有時色目人亦是如此。至順二年(1331)，甘肅行省平章月魯帖木兒便因「既非蒙古族姓，且闇於事機，使總兵柄，恐非所宜」[134]，而被剝奪提調兵馬權。可見行省兵權係緊握於「蒙古族姓」之手。

　　掌握行省兵權的丞相、平章不僅皆爲蒙古人，而且多是皇室親信家臣。這些親信家臣，多爲功臣家族的子弟，並透過服役怯薛而更新與皇帝之間的私屬主從關係，往往出任高官。行省丞相、平章具有這類皇帝家臣身分者比例甚高。植松正〈元江南行省宰相考〉中之〈江南行省宰相表〉[135]，臚列江南各省丞相與平章149人，由於其中族群不詳者爲數甚多，現可認定爲蒙古

129 蒙思明，《元代社會階級制度》(北平：哈佛燕京學社，1938)，頁36-52。

130 李涵、楊果，〈元樞密院制度考略〉，頁53。

131 丁崑健，《元代行省制度之形成及其職權》，頁225。又據劉汝臻之統計，江浙行省丞相蒙古、色目人占89.9%，漢人占7.6%，南人占1.3%(劉氏統計略有錯誤，總百分比並非100)。見〈元代江浙行省研究〉，《元史論叢》第6輯(1997)，頁105。

132 〈王克敬傳〉，《元史》，卷184，頁4235。

133 〈兵志〉，《元史》，卷98，頁2509。

134 〈文宗紀〉，《元史》，卷35，頁794。

135 植松正，〈元代江南行省宰相考〉，收入《元代江南社會經濟史研究》(東京：汲古書院，1997)，頁190-209。植松教授原表僅列資料，統計係由筆者所作。

人者有46人。46人中,其出身為世臣(官)者37人,出身宿衛者3人,勳臣之子2人、外戚1人,共43人。這43人皆可視為皇室之家臣。色目丞相、平章之背景與蒙古頗為相似,多為家臣。這些家臣與皇室之淵源甚深,而且同舟一命,對朝廷忠誠度甚高,元廷以其掌握區域軍政大權自然較為放心。

五、結論

　　元朝是中國史上第一個統治全國的征服王朝,也是首創行省制度,施行大區域統治的時代。過去學者對元朝行省之性質及其與中央之權力關係看法頗多歧異。或認為行省是元朝推行中央集權的工具,或主張行省享有甚大權力並具甚高自主性,是一種地方分權的政治體制。本文自軍權的角度檢視元朝行省的權力問題。

　　本文第二節〈元朝軍力分布與軍權分配〉討論元朝整體的軍力與軍權結構。首先指出影響分配軍力與軍權的若干因素,特別強調征服情勢及幅員廣大的影響。其次顯示在軍力分布上,元朝軍隊有宿衛與鎮戍兩大系統,宿衛軍為一多元族群的集合體,而鎮戍軍中則有蒙古軍與漢軍的差異。元廷巧妙利用各軍的族群差異來達致內外制衡的效果而未完全襲用漢族王朝時代「內重外輕」的政策。而在軍權分配方面,宿衛軍及鎮戍軍中之蒙古軍皆直屬中央之樞密院,固然是中央軍,而鎮戍軍中之漢軍則歸行省管理與指揮,卻受中央之監督,也不算地方軍。

　　第三節〈行樞密院的置廢〉顯示元朝因軍事需要而有六波行院的設置。忽必烈平宋後,行院與行省並立,區域政、軍分離曾有常規化之可能。但因政、軍之對立,不便於統治征服地區而使行樞密院常規化之構想未能實現。

　　第四節〈行省的軍權及其局限〉指出行省兼擁政軍二權,表面上看來,元朝政體屬於區域(地方)分權體制。實際上,行省之軍權所受局限甚大,軍隊之布置、調動與整點,軍官之銓選與獎懲,軍士之徵發與補充,皆由中央控制或監督,行省之軍事指揮權亦受到出鎮宗王之牽制。此外,由於掌握兵權的行省長官多由出身皇室家臣的蒙古人充任,區域分權所可能造成的威脅

更減少。總之，行省雖享有軍隊之提調權，卻只能在中央的監督下執行中央委付之任務，並不擁有甚大裁量權與自主性。

　　與宋、明等朝相較，元朝行省享有較大權力。自全國的觀點言之，可說是區域分權，自行省的觀點言之，則是政軍合一。這種區域分權與政軍合一的體制乃是元朝的特殊征服形勢所造成。漢族王朝不需仿效，也不易仿效。後來明朝雖然承襲了元朝的行省制度，卻捨棄區域分權與行省政軍合一的原則，即因兩朝形勢不同，權力分配的方法自然相互歧異。

　　中央集權與地方分權原是一個政治連續體中的兩個極端。在現實政治中，原無絕對的中央集權與地方分權，任何政體都混合這兩種因素。從元朝軍權分配看來，政府透過區域分權來達到控制地方之目的，亦即是看似分權，實則集權。政治學者區分兩種分權，一種是「分割性的分權」（decentralization），另一種是「分工性的分權」（deconcentration）。前者指中央與地方政府之權力各有其獨立的範圍，地方政府在權限範圍內，具有高度之裁量權與適度之自主性。後者則指中央機構將部分權力委付地方機構，中央握有最終的決定權，地方政府是中央政府的代理者。分割性分權的目的在於地方自治，分工性分權的目的則是加強中央的統治，以利對地方的控制[136]。李治安應用此一區分於元朝中央與地方政府關係之研究，認為元朝行省所代表的是「分工性的分權」，而不是「分割性的分權」[137]，確是不錯。軍權的分配證實了此一說法。從這一觀點言之，錢穆所說元朝「地方絕無權，權只在中央」，固然不盡正確，而前田直典、David Farquhar等將行省視為半獨立王國的看法距離事實顯然更為遙遠。筆者以前所說：「元代鎮戍軍的統率系統，傾向於地方分權，與漢族王朝的制度稍異」亦有修正的必要。元朝與漢族王朝是以不同的方法達致共同的目的——集權。

136 Harold F. Alderfer, *Local Government in Developing Countries*（New York：McGraw Hill, 1964), pp.1-10；張劍寒，〈地方分權〉，楊亮功等編《雲五社會科學大辭典》第3冊(台北：臺灣商務印書館，1973)，頁109-110。

137 李治安，《唐宋元明清中央與地方關係研究》，頁2、224。

——原刊於《中華民國史專題第五屆討論會：國史上的中央與地方》（台北：國史館，2000年12月），頁745-771。

後 記

　　數十年來，我的健康頗為平穩、甚少病痛，幾乎不涉足醫院。最近半年卻意外受到重病的襲擊，經歷了一生最大的健康危機。《元代的族群文化與科舉》及其姐妹篇《內北國而外中國：蒙元史研究》的出版不免遭受病痛的干擾。

　　這兩部書都編成於本年初夏，分別交由台北聯經出版公司及北京中華書局出版。七月初我的身體卻顯露了病狀。經由臺北醫大附屬醫院的檢查，發現血液中細菌感染，導致心臟內膜炎，必須開刀。此後在北醫療養，注射抗生素四十餘日，然後轉移至振興醫院開刀及復健達兩個月之久。兩書出版的清理工作便是在病中完成。

　　北醫住院期間，收到中華書局寄來的《內北國而外中國》的三校稿，我在研究助理洪麗珠、陳志銘、徐維里及劉燿君的協助下完成校對的工作，並且撰寫了後記，此書遂得以在10月初出版。10月6日由振興出院返家後，見到聯經寄來的《元代的族群文化與科舉》校稿，我在一週之內作了初校，現正由洪麗珠、許正弘等同學作最後的清理，相信不久即可寄返聯經出版。

　　由於老友李敖先生的推介，黃進興教授的鼓勵，有幸得到振興魏崢醫師及其團隊為我開刀；魏醫師為我更換了兩個瓣膜，修補了另外一個。醫療過程甚為繁難。魏大夫不愧為台灣最著名的心臟外科專家，手術極為成功，在開刀及療養期間皆無痛苦可言，心理上亦未感到不適。因此我的清稿工作並未因醫療而中輟。

　　此次生病百餘日，得到無數親朋、友生的慰問與鼓舞，極為感念，在此

無法一一提及。內人國瓔自然是我最應感激的。除了心理上承受無比壓力外，住院期間她每日到院陪伴，備極辛勞。三姐蘭孫同樣奔波於她住家及醫院之間與姐夫世祥一起送菜送湯。二姐姿孫及姐夫伯承更遠自美專程返國探望，大姐娛孫亦每日自高雄來電關懷，均令我感謝不已。親情友誼在病中都溫情盈懷，增加了我今後做人的勇氣。

由於林載爵先生的邀約，本書得以由聯經出版。沙淑芬小姐不僅精工編校，而且編纂了詳細的索引，方便讀者使用，都令我深感謝忱。

心臟疾病的復健是一個漫長的過程。承蒙清大歷史所的關切，免除了我在這學期的課業負擔。返家一個月來，我能安心養病，體力日漸恢復。有如本書序論所說：今後當繼續努力學問，但會放慢腳步，從容前進。

蕭啟慶

2007年11月9日謹記於台北

參考書目

一、傳統文獻

《一山文集》，〔元〕李繼本，叢書集成續編(上海：上海書店，1994)。

《九靈山房集》，〔明〕戴良，四部叢刊(台北：臺灣商務印書館，1965)。

《八閩通志》，〔明〕黃仲昭修(福州：福建人民出版社，1990)。

《大元聖政國朝典章》，〔元〕(台北：故宮博物院，1973)。

《大金國志校證》，〔宋〕宇文懋昭撰，崔文印校證(北京：中華書局，1986)。

《大學衍義補》，〔明〕丘濬(海口：海南書局，1931)。

《二十二史箚記校證》，〔清〕趙翼著，王樹民校證(北京：中華書局，1984)。

《不繫舟漁集》，〔元〕陳高撰，元人文集珍本叢刊(台北：新文豐出版公司，1985)。

《中菴先生劉文簡公文集》，〔元〕劉敏中，北京圖書館古籍珍本叢刊(北京：書目文獻出版社，1988)。

《元八百遺民詩詠》，張其淦，明代傳記叢刊(台北：明文書局，1991)。

《元代農民戰爭史料彙編》，楊訥、陳高華編(北京：中華書局，1985)。

《元史》，〔明〕宋濂等撰(北京：中華書局，1976)。

《元好問全集》，〔金〕元好問著，姚奠中主編(太原：山西人民出版社，1990)。

《元統元年進士錄》，王頲點校，收入《廟學典禮‧外二種》(杭州：浙江古籍出版社，1992)。

《元詩選》，〔清〕顧嗣立編(北京：中華書局，1987)。

《元詩選癸集》，〔清〕顧嗣立、席世臣編(北京：中華書局，2001)。

《元遺山先生集》，〔金〕元好問，四部叢刊。

《友石山人遺稿》，〔元〕王翰，文淵閣四庫全書(台北：臺灣商務印書館，1986)。

《天啓成都府志》，〔明〕馮任修，中國地方志集成(南京：江蘇古籍出版社，1991)。

《水東日記》，〔明〕葉盛 (北京：中華書局，1980)。

《王徵士詩》，〔元〕王沂，宛委別藏。

《北巡私記》，〔元〕劉佶，雲窗叢刻。

《古今圖書集成》，〔清〕蔣廷錫、陳夢雷等編纂 (鼎文書局影刊本)。

《平陽府志》，〔清〕劉棨修，稀見中國地方志匯刊(北京：中國書店，1992)。

《弘治桐城縣志》，〔明〕陳勉修 (國立中央圖書館典藏國立北平圖書館善本)。

《弘治黃州府志》，〔明〕盧希哲修，天一閣藏明代方志選刊(上海：上海書店，1985)。

《弘治溫州府志》，〔明〕鄧淮、王瓚、蔡芳編，天一閣藏明代方志選刊續編(上海：上海書店，1990)。

《弘治撫州府志》，〔明〕楊淵纂，天一閣藏明代方志選刊續編。

《弘治徽州府志》，〔明〕彭澤、汪舜民纂修，弘治十五年刊本。

《弘治衢州府志》，〔明〕沈杰修，天一閣藏明代方志選刊續編。

《正德大名府志》，〔明〕唐錦纂，天一閣藏明代方志選刊。

《正德姑蘇志》，〔明〕王鏊修，天一閣藏明代方志選刊續編。

《正德松江府志》，〔明〕顧清修，中國方志叢書(台北：成文出版社，1983)。

《正德袁州府志》，〔明〕徐璉修，天一閣藏明代方志選刊。

《正德雲南志》，〔明〕周季鳳編，天一閣藏明代方志選刊續編。

《正德新城縣志》，〔明〕黃文鸞，天一閣藏明代方志選刊續編。

《正德饒州府志》，〔明〕劉策修，天一閣藏明代方志選刊續編。

《永樂大典》，〔明〕姚廣孝(北京：中華書局，1986)。

《申齋文集》，〔元〕劉岳申，元代珍本文集彙刊(台北：國立中央圖書館，

1970）。

《白石山房逸稿》，〔明〕張孟兼，四部分類叢書集成（台北：藝文印書館，
　　　1970）。

《石田先生文集》，〔元〕馬祖常撰，李叔毅、傅瑛點校（鄭州：中州古籍出版社，
　　　1991）。

《石初集》，〔元〕周霆震，文淵閣四庫全書。

《石渠寶笈續編》，〔清〕阮元等編（台北：故宮博物院，1971）。

《伊濱集》，〔元〕王沂，文淵閣四庫全書。

《光緒杭州府志》，〔清〕龔嘉儁，中國方志叢書。

《光緒撫州府志》，〔清〕許應鑅，中國地方志集成。

《全浙詩話》，〔清〕陶元藻輯（台北：廣文書局，1992）。

《全遼文》，陳述輯校（北京：中華書局，1982）。

《列朝詩集小傳》，〔清〕錢謙益（上海：古典文學出版社，1957）。

《危太樸文集》，〔元〕危素，元人文集珍本叢刊。

《危太樸文續集》，〔元〕危素，元人文集珍本叢刊。

《同治南昌府志》，〔清〕曾作舟纂，清同治十二年刊本。

《同治莆田縣志》，〔清〕宮兆麟修，中國方志叢書。

《同治臨江府志》，〔清〕德馨，中國方志叢書。

《圭峰集》，〔元〕盧琦，文淵閣四庫全書。

《圭塘小稿》，〔元〕許有壬，文淵閣四庫全書。

《圭齋文集》，〔元〕歐陽玄，四部叢刊。

《夷白齋稿》，〔元〕陳基，四部叢刊。

《存復齋續集》，〔元〕朱德潤，叢書集成續編。

《安雅堂集》，〔元〕陳旅，文淵閣四庫全書。

《安默庵先生文集》，〔元〕安熙，元人文集珍本叢刊。

《式古堂書畫彙考》，〔清〕卞永譽，文淵閣四庫全書。

《成化河南總志》，〔明〕胡謐，成化十二年刊本。

《成都氏族譜》，〔元〕費著，適園叢書。

《朱一齋先生文集》，〔明〕朱善，四庫全書存目叢書(台南：莊嚴文化事業，
　　1997)。

《江南野史》，〔宋〕龍袞，文淵閣四庫全書。

《江蘇金石志》，〔清〕嚴觀，石刻史料新編(台北：新文豐出版公司，1979)。

《羽庭集》，〔元〕劉仁本，文淵閣四庫全書。

《至正四明續志》，〔元〕王元恭，宋元地方志叢書(台北：大化書局，1980)。

《至正直記》，〔元〕孔克齊(北京：中華書局，1987)。

《至正金陵新志》，〔元〕張鉉纂修，宋元地方志叢書。

《至正集》，〔元〕許有壬，元人文集珍本叢刊。

《至順鎮江志》，〔元〕俞希魯，宋元地方志叢書。

《西湖竹枝集》，〔元〕楊維楨，叢書集成續編。

《西隱集》，〔明〕宋訥，文淵閣四庫全書。

《吳下塚墓遺文》，〔明〕都穆編(台北：臺灣學生書局，1969)。

《吳中人物志》，〔明〕張昶，隆慶長洲刊本。

《吳文正集》，〔元〕吳澄，文淵閣四庫全書。

《宋元學案補遺》，〔清〕王梓材、〔清〕馮雲濠輯，四明叢書(台北：新文豐出版
　　公司，1988)。

《宋文憲公全集》，〔明〕宋濂，四部備要。

《宋史》，〔元〕脫脫等(北京：中華書局，1990)。

《宋濂全集》，〔明〕宋濂著，羅月霞主編(杭州：浙江古籍出版社，1999)。

《李東陽集》，〔明〕李東陽(長沙：岳麓書社，1984)。

《見素集》，〔明〕林俊，文淵閣四庫全書。

《坦齋文集》，〔明〕劉三吾，道光七年刊本。

《始豐稿》，〔明〕徐一夔，武林往哲遺書。

《定海縣志》，〔明〕何愈修，天一閣藏明代方志選刊續編。

《宛陵群英集》，〔元〕汪澤民、張師愚編，文淵閣四庫全書。

《庚申外史箋證》，〔元〕權衡著，任崇岳箋證(鄭州：中州古籍出版社，1991)。

《明大政纂要》，〔明〕譚希賢，元明史料叢編(台北：文海出版社，出版年不詳)。

《明太祖實錄》，〔明〕胡廣等修(台北：中央研究院歷史語言研究所，1962)。

《明文衡》，〔明〕程敏政編(台北：世界書局，1962)。

《明氏實錄》，〔明〕楊學可，中國野史集成(成都：巴蜀書社，1993)。

《明史》，〔清〕張廷玉等(北京：中華書局，1976)。

《明代登科錄彙編》，臺灣學生書局編(台北：臺灣學生書局，1969)。

《明書》，〔清〕傅維麟，中國野史集成。

《明詩紀事》，〔清〕陳田(台北：鼎文書局，1971)。

《東里文集》，〔明〕楊士奇(北京：中華書局，1998)。

《東里續集》，〔明〕楊士奇，文淵閣四庫全書。

《東泉文集》，〔明〕姚鏌，嘉靖二十六年刊。

《東維子文集》，〔元〕楊維楨，四部叢刊。

《東甌金石志》，〔清〕戴咸弼，石刻史料新編。

《松鄉文集》，〔元〕任士林，文淵閣四庫全書。

《析津志輯佚》，〔元〕熊夢祥(北京：北京古籍出版社，1983)。

《武溪集》，〔宋〕余靖，文淵閣四庫全書。

《牧隱文稿》，〔高麗〕李穡，麗季名賢集(漢城：成均館大學校，1959)。

《牧齋初學集》，〔清〕錢謙益，四部叢刊。

《玩齋集》，〔元〕貢師泰，文淵閣四庫全書。

《近思齋逸稿》，〔元〕偰伯遼遜，收入《慶州偰氏諸賢實記》，韓國國史編纂委
員會藏抄本。

《金史》，〔元〕脫脫等(北京：中華書局，1975)。

《金石萃編未刻稿》，〔清〕王昶、羅振玉編，石刻史料新編。

《金華先民傳》，〔明〕應廷育，四部分類集成。

《金華黃先生文集》，〔元〕黃溍，四部叢刊。

《金華賢達傳》，〔明〕鄭柏，四部分類叢書集成(台北：藝文印書館，1973)。

《青陽先生文集》，〔元〕余闕，四部叢刊。

《南村輟耕錄》，〔元〕陶宗儀(北京：中華書局，1997)。

《南遊寓興詩集》，〔元〕金哈剌，日本內閣文庫藏抄本。

《契丹國志》，〔宋〕葉隆禮(上海：上海古籍出版社，1985)。

《宣統諸暨縣志》，〔清〕陳遹聲修，中國地方志集成。

《建寧府志》，〔明〕夏玉麟纂，天一閣藏明代方志選刊。

《後村先生大全集》，〔宋〕劉克莊，四部叢刊。

《柳待制文集》，〔元〕柳貫，四部叢刊。

《洪武四年登科錄》，藝海珠塵。

《秋澗先生大全文集》，〔元〕王惲，四部叢刊。

《弇山堂別集》，〔明〕王士貞，中國史學叢書(台北：臺灣學生書局，1964)。

《乘軺錄》，〔宋〕路振撰，王民信點校，收入王氏《沈括熙寧使虜圖抄箋證》(台北：學海出版社，1976)。

《書史會要》，〔明〕陶宗儀，武進陶氏逸園影印明洪武九年刊本。

《桐江續集》，〔元〕方回，文淵閣四庫全書。

《秘書監志》，〔元〕王士點、商企翁編，高榮盛點校(杭州：浙江古籍出版社，1992)。

《秘殿珠林石渠寶笈續編》，〔清〕張照等纂修(台北：故宮博物院，1971)。

《草木子》，〔明〕葉子奇(北京：中華書局，1959)。

《草堂雅集》，〔元〕顧瑛，玉海堂影刊元本。

《郝文忠公集》，〔元〕郝經，乾坤正氣集本。

《高則誠集》，〔元〕高明著，張憲文、胡雪崗輯校(杭州：浙江古籍出版社，1992)。

《高麗史》，〔朝鮮〕鄭麟趾(東京：國書刊行會，1904)。

《乾隆浙江通志》，〔清〕沈翼機纂，文淵閣四庫全書。

《國初群雄事略》，〔清〕錢謙益(北京：中華書局，1982)。

《國朝文類》，〔元〕蘇天爵編，四部叢刊。

《國朝列卿紀》，〔明〕雷禮纂輯，明代傳記叢刊。

《國朝獻徵錄》，〔明〕焦竑纂輯，明代傳記叢刊。

《崇禎松江府志》，〔明〕方岳貢修，日本藏中國罕見地方志叢刊(北京：書目文獻出版社，1992)。

《常山貞石志》，〔清〕沈濤，石刻史料新編。

《康熙安鄉縣志》，〔清〕王基鞏纂，日本藏中國罕見地方志叢刊。

《康熙安慶府志》，〔清〕張楷，中國方志叢書。

《康熙垣曲縣志》，〔清〕紀弘謨修，新修方志叢刊(台北：臺灣學生書局，1968)。

《掖垣人鑑》，〔明〕蕭彥纂輯(台北：文海出版社，1970)。

《曹州志》，〔清〕佟企聖修，稀見中國地方志匯刊。

《梁石門集》，〔明〕梁寅，元人文集珍本叢刊。

《梧溪集》，〔元〕王逢，北京圖書館古籍珍本叢刊。

《清江貝先生文集》，〔明〕貝瓊，四部叢刊。

《清容居士集》，〔元〕袁桷，四部叢刊。

《陵川文集》，〔元〕郝經，北京圖書館古籍珍本叢刊。

《欽定全唐文》，〔清〕董誥等，嘉靖十九年原刊本。

《湛然居士文集》，〔元〕耶律楚材(北京：中華書局，1985)。

《湖廣總志》，〔明〕徐學模纂，明萬曆十九年刊。

《滋溪文稿》，〔元〕蘇天爵，陳高華點校(北京：中華書局，1997)。

《程雪樓集》，〔元〕程鉅夫，陶氏涉園影刊洪武本。

《蛟峰文集》，〔宋〕方逢辰，文淵閣四庫全書。

《費文憲公摘稿》，〔明〕費宏，嘉靖三十四年刊。

《越中金石記》，〔清〕杜春生，石刻史料新編。

《隆慶臨江府志》，〔明〕管大勳，天一閣藏明代方志選刊。

《隆慶豐縣志》，〔明〕尹耕修，國立中央圖書館典藏國立北平圖書館善本。

《雁門集》，〔元〕薩都剌著，殷孟倫點校(上海：上海古籍出版社，1982)。

《雲陽李先生文集》，〔元〕李祁，北京圖書館古籍珍本叢刊。

《順治祥符縣志》，〔清〕張俊哲修，稀見中國地方志匯刊。

《新元史》，〔清〕柯紹忞(台北：藝文印書館，1972)。

《新安文獻志》，〔明〕程敏政纂輯，文淵閣四庫全書。

《楊維楨詩集》，〔元〕楊維楨著，鄒志方點校(杭州：浙江古籍出版社，1994)。

《殿閣詞林記》，〔明〕廖道南纂輯，明代傳記叢刊。

《瑞州府志》，〔明〕陶履中纂，崇禎元年刊。

《萬曆山西通志》，〔明〕李維楨修，稀見中國地方志匯刊。

《萬曆四川總志》，〔明〕虞懷中修，四庫全書存目叢書。

《萬曆平陽府志》，〔明〕傅淑訓纂，順治二年修補本。

《萬曆吉安府志》，〔明〕余之楨修，中國方志叢書。

《萬曆杭州府志》，〔明〕陳善修，中國方志叢書。

《萬曆保定府志》，〔明〕馮惟敏修，日本藏中國罕見地方志叢刊。

《萬曆泉州府志》，〔明〕陽思謙修，萬曆四十年刻本。

《萬曆紹興府志》，〔明〕蕭良幹修，中國方志叢書。

《萬曆黃巖縣志》，〔明〕袁應祺修，天一閣藏明代方志選刊。

《萬曆新修南昌府志》，〔明〕范淶修，日本藏中國罕見地方志叢刊。

《萬曆漳州府志》，〔明〕袁業泗，明代方志選(台北：臺灣學生書局，1965)。

《萬曆福州府志》，〔明〕林烴修，日本藏中國罕見地方志叢刊。

《粵大記》，〔明〕郭棐撰，黃國聲、鄧貴忠點校(廣州：中山大學出版社，1998)。

《經濟文集》，〔元〕李士瞻，叢書集成續編。

《義門鄭氏奕葉文集》，〔清〕鄭爾垣編，四庫全書存目叢書。

《群玉樓稿》，〔明〕李默，隆慶六年刊。

《詩淵》，〔明〕佚名(北京：書目文獻出版社據北京圖書館藏明稿本影印，1984)。

《誠意伯文集》，〔明〕劉基，四部叢刊。

《資治通鑑》，〔宋〕司馬光，四部叢刊。

《道園學古錄》，〔元〕虞集，四部叢刊。

《道園類稿》，〔元〕虞集，元人文集珍本叢刊。

《僑吳集》，〔元〕鄭元祐，北京圖書館古籍珍本叢刊。

《嘉靖山東通志》，〔明〕陸釴等纂，天一閣藏明代方志刊續編。

《嘉靖內黃縣志》，〔明〕張古修，天一閣藏明代方志選刊

《嘉靖太康縣志》，〔明〕安都纂，天一閣藏明代方志選刊續編。

《嘉靖光山縣志》，〔明〕王家士纂修，天一閣藏明代方志選刊。

《嘉靖定海縣志》，〔明〕張時徹修，中國方志叢書。

《嘉靖東鄉縣志》，〔明〕秦鎰修，嘉靖三年刊本。

《嘉靖河南通志》，〔明〕鄒恩愚修，嘉靖三十四年刊本。

《嘉靖河間府志》，〔明〕郜相修，天一閣藏明代方志選刊。

《嘉靖青州府志》，〔明〕馮惟訥修，天一閣藏明代方志選刊。

《嘉靖建寧府志》，〔明〕范嵩修，天一閣藏明代方志選刊。

《嘉靖茶陵州志》，〔明〕張治纂修，天一閣明代方志選刊續編。

《嘉靖淳安縣志》，〔明〕姚鳴鸞修，天一閣藏明代方志選刊。

《嘉靖湖廣通志》，〔明〕薛綱纂，日本藏中國罕見地方志叢刊。

《嘉靖渭南縣志》，〔明〕南大吉修，嘉靖二十年刊本。

《嘉靖寧海州志》，〔明〕李光先，天一閣藏明代方志選刊續編。

《嘉靖撫州府志》，〔明〕徐良傅修，中國方志叢書。

《嘉靖翼城縣志》，〔明〕楊公汝纂，天一閣藏明代方志選刊續編。

《嘉靖衢州府志》，〔明〕楊準修，北平圖書館藏善本。

《嘉靖靈寶縣志》，〔明〕苟汝安修，嘉靖十五年刊本。

《嘉靖贛州府志》，〔明〕董天錫修，天一閣藏明代方志選刊。

《嘉慶松江府志》，〔清〕孫星衍纂，中國方志叢書。

《嘉慶溧陽縣志》，〔清〕李景嶧修，中國方志叢書。

《嘉慶增修宜興縣志》，〔清〕李先榮原本、阮升基增修，中國地方志集成。

《滿洲金石志》，羅福頤校錄(台北：藝文印書館，1976)。

《聞過齋集》，〔元〕吳海，元人文集珍本叢刊。

《臺州府志》，〔民國〕喻長霖纂，中國方志叢書。

《蒲室集》，〔元〕釋大訢，文淵閣四庫全書。

《趙孟頫集》，〔元〕趙孟頫著，任道斌校點(杭州：浙江古籍出版社，1986)。

《遜志齋集》，〔明〕方孝孺，四部叢刊。

《閩中金石志》，〔清〕馮登府輯，石刻史料新編。

《閩中理學淵源考》，〔清〕李馥，文淵閣四庫全書。

《閩書》，〔明〕何喬遠(福州：福建人民出版社，1995)。

《劉基集》，〔明〕劉基著，林家驪點校(杭州：浙江古籍出版社，1999)。

《廟學典禮·外二種》，王頲點校(杭州：浙江古籍出版社，1992)。

《廣州人物傳》，〔明〕黃佐(廣州：廣東高等教育出版社，1991)。

《廣東新語》，〔清〕屈大均(北京：中華書局，1985)。

《慶州偰氏諸賢實記》，〔明〕偰秉洙編纂，韓國國史編纂委員會藏抄本。

《鄱陽仲公李先生文集》，〔元〕李存，北京圖書館古籍珍本叢刊。

《魯齋遺書》，〔元〕許衡，北京圖書館古籍珍本叢刊。

《樗隱集》，〔元〕胡行簡，文淵閣四庫全書。

《儒林公議》，〔宋〕田況，叢書集成初編。

《學言稿》，〔元〕吳當，文淵閣四庫全書。

《寰宇訪碑錄》，〔清〕孫星衍，石刻史料新編。

《燕石集》，〔元〕宋褧，北京圖書館古籍珍本叢刊。

《興化府志》，〔清〕陳效修，同治十年重修明弘治本。

《遼史》，〔元〕脫脫等(北京：中華書局，1974)。

《遼史拾遺》，〔清〕厲鶚，叢書集成初編。

《遼漢臣世系表》，〔民國〕羅繼祖，愿學齋叢刊本。

《濟南府志》，〔清〕王贈芳修，清道光二十年刊本。

《濬縣金石錄》，〔清〕熊象階，石刻史料新編。

《臨江府志》，〔明〕徐顥修，嘉靖十五年刊。

《歸田詩話》，〔明〕瞿佑修，四庫全書存目叢書。

《舊唐書》，〔後晉〕劉昫撰(北京：中華書局，1975)。

《懷麓堂集》，〔明〕李東陽，四庫明人文集叢刊(上海：上海古籍出版社，
　　1991)。

《類編歷舉三場文選》，〔元〕劉貞等編，日本靜嘉堂文庫藏至正元年建安務本書
　　堂刊本。

《蘇平仲文集》，〔明〕蘇伯衡，四部叢刊。

《蘇東坡集》，〔宋〕蘇軾，國學基本叢書(台北：臺灣商務印書館，1968)。

《續資治通鑑長編》，〔宋〕李燾(台北：世界書局，1961)。

《鐵崖先生集》，〔元〕楊維禎，明萬曆間刊本。

《鐵崖楊先生詩集》，〔元〕楊維禎，董氏誦芬室刊本，1922。

《麟原文集》，〔元〕王禮，文淵閣四庫全書。

《麟溪集》，〔明〕鄭太和，四庫全書存目叢書。

《贛州府志》，〔清〕魏瀛等修，中國方志叢書。

鍾嗣成著，王鋼校訂，《校訂錄鬼簿三種》（鄭州：中州古籍出版社，1991）。

二、現代論著

(一)中文

丁國範，〈關於大龍翔集慶寺的舊址問題〉，收入南京大學元史研究室編《內陸亞
　　洲歷史文化研究》（南京：南京大學出版社，1996），頁342-353。

丁崑健，〈元代的科舉制度〉，《華學月刊》， 124期(1982)，頁46-57；125期
　　(1982)，頁28-51。

———，《元代行省制度的形成及其職權》（台北：中國文化學院史學研究所博士論
　　文，1977）。

三上次男著，金啓孮譯，《金代女眞研究》（哈爾濱：黑龍江人民出版社，1984）。

么書儀，《元人雜劇與元代社會》（北京：北京大學出版社，1997）。

———，《元代文人心態》（北京：文化藝術出版社，1993）。

中央研究院中國文哲研究所籌備處編，《陳垣先生往來書札》（台北：中央研究院中
　　國文哲研究所籌備處，1992）。

方建新，〈宋代婚姻論財〉，《歷史研究》，1986年第3期，頁178-190。

方若文編，《東筦方氏族譜》（香港：方樹福堂，1965）。

方豪，〈與勵耘老人往返書札殘謄稿(二)〉，《傳記文學》，第20卷第4期(1971)，
　　頁44-54。

方齡貴，〈元史纂修雜考〉，收入張寄謙編《素馨集》（北京：北京大學出版社，
　　1993），頁36-81。

毛漢光，〈唐代大士族的進士第〉，收入毛氏《中國中古社會史論》（台北：聯經出
　　版公司，1988），頁339-363。

牛潤珍，《陳垣學術思想評傳》（北京：北京圖書館出版社，1999）。

王乃棟〈康里子山的族屬及其書法藝術的探索〉，《新疆社會科學》，1985年第4
　　期，頁117-121。

王民信，〈遼史韓知古傳及其世系證補〉，收入王氏《契丹史論叢》（台北：學海出
　　版社，1973），頁118-135。

王汎森，〈「主義崇拜」與近代中國學術社會的命運：以陳寅恪為中心的考察〉，
　　收入王氏《中國近代思想與學術的系譜》（台北：聯經出版公司，2003），頁
　　463-488。

───，〈思想史與生活史有交集嗎？讀傅斯年檔案〉，收入王氏《中國近代思想
　　與學術的系譜》，頁30-53。

王佑夫、周紹祖，〈馬祖常及其詩歌創作〉，《新疆大學學報》，1988年第4期，頁
　　89-95。

王忠閣，《元末吳中詩派論考》（桂林：廣西大學出版社，1998）。

王明蓀，〈略論遼代的漢人集團〉，收入王氏《宋遼金史論文稿》（台北：明文書
　　局，1981），頁69-71。

王明澤編，〈陳垣事蹟著作編年〉，北京師範大學編，《紀念陳垣校長誕生110周年
　　學術論文集》（北京：北京師範大學，1990），頁454-528。

王崇武，〈論元末農民起義的發展蛻變及其在歷史上所起的進步作用〉，南京大學
　　元史研究室編《元史論集》（北京：人民出版社，1984），頁610-639。

王梅堂，〈元代內遷畏兀世家──廉氏家族考述〉，《元史論叢》，第7輯（1999），
　　頁123-136。

───，〈元代維吾爾族的宗教信仰及文化演變考述〉，收入北京師範大學古籍研究
　　所編《元代文化研究》第1輯（北京：北京師範大學出版社，2001），頁38-60。

王晴佳，〈論二十世紀中國史學的的方向性轉折〉，《中華文史論叢》，第62輯
　　（2000），頁1-83。

王曾瑜，《宋朝兵制初探》（北京：中華書局，1983）。

───，《金朝軍制》（保定：河北大學出版社，1996）。

───，〈宋代的奴婢人力女使和金朝奴隸制〉，《文史》，第29輯（1988），頁

154-165。

王德毅，〈宋代成都宇文氏族系考〉，收入聯合報文化基金會國學文獻館編《第五屆亞洲族譜學術研討會會議記錄》（台北：聯經出版公司，1991），頁157-172。

王曉欣，〈元代新附軍考略〉，《南開學報》，1992年第1期，頁52-62。

王頲，〈元代書院考略〉，《中國史研究》，1984年第1期，頁162。

包弼德(Peter K. Bol)，〈唐宋轉型的反思：以思想的變化爲主〉，《中國學術》，2000年第3輯，頁63-87。

北村高，〈關於孟速思家族供養圖〉，《元史論叢》，第5輯(1993)，頁9-12。

北京市文物工作隊，〈北京西郊遼壁畫墓發掘〉，《北京文物與考古》第1輯(北京：北京燕山出版社，1983)，頁28-47。

———，〈遼韓佚墓發掘報告〉，《考古學報》，1984年第3期，頁361-381。

史金波，《西夏文化》(吉林：吉林文史出版社，1986)。

史衛民，〈元代侍衛親軍建置沿革考述〉，《元史論叢》，第4輯(1992)，頁84-109。

———，〈元代侍衛親軍組織的職能〉，《中國史研究》，1987年第3期，頁97-105。

———，〈元代軍隊的兵員體制與編制系統〉，《蒙古史研究》，第3輯(1989)，頁65-79。

———，《元代軍事史》，軍事科學院編《中國軍事史》第14卷(北京：軍事科學出版社，1998)。

———，〈蒙古軍都萬戶府的建置及其作用〉，《甘肅民族研究》，1988年第3、4期。

外山軍治著、李東源譯，《金朝史研究》(牡丹江：黑龍江朝鮮民族出版社，1988)。

田立坤、馮文學，〈張公墓誌跋〉，《遼金史論集》(北京：書目文獻出版社，1989)，第4輯，頁176-179。

田浩(Hoyt C. Tillman)，〈金代的儒教——道學在北部中國的印跡〉，《中國哲學》，第14輯(1988)，頁107-141。

白壽彝，〈要繼承這份遺產〉，收入白壽彝等編，《勵耘書屋問學記》(北京：三聯書店，1982)，頁1-7。

白鋼，《中國皇帝》(天津：天津人民出版社，1993)。

白濱，〈西夏的學校與科舉制度〉，《西夏文史論叢》，第1輯(1992)，頁17-31。

石守謙，〈有關唐棣(1287-1355)及元代李郭風格發展之若干問題〉，收入石氏《風格與世變：中國繪畫史論集》(台北：允晨文化公司，1996)，頁131-180。

亦鄰眞，《亦鄰眞蒙古學論文集》(呼和浩特：內蒙古人民出版社，2001)。

伊藤道治等著、吳密察等譯，《中國通史》(台北：稻鄉出版社，1990)。

任崇岳，〈元濬州達魯花赤追封魏郡伯墓碑考釋〉，《寧夏社會科學》，1995年第2期，頁19-22。

———，〈論朱元璋對儒士的態度〉，《中州學刊》，1982年第4期，頁93-98。

匡裕徹、任崇岳，〈河南蒙古族調查報告〉，《民族研究動態》，1984年第3期，頁64-70。

———，〈河南蒙古族來源試探〉，〈中南民族學院學報〉，1986年第2期，頁70-77。

吉川幸次郎著、鄭清茂譯，《元明詩概說》(台北：幼獅文化公司，1986)。

向南、楊若薇，〈論契丹族的婚姻制度〉，《歷史研究》，1980年第5期，頁141-160。

朴現圭，〈回紇人偰遜《近思齋逸稿》之發掘、分析〉，《民族文學研究》，1996年第2期，頁89-93。

朱子方，〈從出土墓誌看遼代社會〉，《社會科學輯刊》，1979年第2期，頁57-78。

———，〈對〈遼代耿氏三墓誌考釋〉的一點補充意見〉，《瀋陽師範學院學報》，1979年第1、2期，頁93-95。

———，〈遼代耿氏三墓誌考釋〉，《遼寧第一師範學院學報》，1978年第3期，頁42-63。

———，〈遼代進士題名錄〉，《黑龍江文物叢刊》，1983年第4期，頁24-34。

———、徐基，〈遼耿氏墓誌考略〉，《考古學集刊》，1983年第3期，頁196-204。

朱文長，〈筆下的厚道〉，《傳記文學》，第48卷第3期(1986)，頁97。

朱紹侯，〈試論《述善集》的學術價值〉，收入何廣博主編《《述善集》研究論集》(蘭州：甘肅人民出版社，2001)，頁1-14。

朱瑞熙、徐建華，〈十到十三世紀湖南經濟開發的地區差異及原因〉，收入楊渭生編《徐規教授從事教學科研工作五十周年紀念文集》(杭州：杭州大學出版社，1995)，頁181-197。

朱維幹，《福建史稿》(福州：福建教育出版社，1984)。

牟潤孫，〈發展學術與延攬人才〉，收入牟氏《海遺雜著》（香港：中文大學出版
　　社，1990），頁85-92。

———，〈錢大昕著述中論政微言〉，收入牟氏《注史齋叢稿》（台北：臺灣商務印
　　書館，1990），頁486-509。

———，〈勵耘書屋問學回憶〉，白壽彝等編，《勵耘書屋問學記》，頁84-90。

何天明，〈遼代西南面招討司探討〉，《內蒙古社會科學》，1990年第6期，頁66-70。

何冠彪，〈論明遺民之出處〉，收入何氏《明末清初學術思想之研究》（台北：臺灣
　　學生書局，1991），頁53-124。

———，《生與死：明季士大夫的抉擇》（台北：聯經出版公司，1997）。

何炳棣，〈明清進士與東南人文〉，收入繆進鴻、鄭雲山編《中國東南地區人才問
　　題國際研討會論文集》（南京：東南大學出版社，1995），頁216-221。

何茲全，〈中國社會史中元朝的地位〉，《北京師範大學學報》，1992年第5期，頁
　　39-46。

何惠鑑，〈元代文人畫序說〉，《新亞學術集刊》，1983年第4期，頁243-257。

何廣棪，〈從陳垣先生之一通函牘談起〉，《傳記文學》，第48卷第3期(1986)，頁
　　31-35。

佐竹靖彥，〈唐宋期福建の家族與社會——閩王朝の形成から科舉體制的展開〉，
　　《中國近世家族與社會學術研討會論文集》（台北：中央研究院歷史語言研究
　　所，1998），頁371-474。

余英時，〈中國史學的現階段：反省與展望〉，收入余氏《史學與傳統》（台北：時
　　報文化公司，1982），頁1-29。

———，〈試述陳寅恪的史學三變〉，收入余氏《陳寅恪晚年詩文釋證》（台北：東
　　大圖書公司，1998），頁331-377。

吳天墀，《西夏史稿》（成都：四川人民出版社，1982）。

吳光、陳雲漢，〈衢州孔氏南宗述略〉，《孔子研究》，第9期(1988)，頁118-121。

吳松弟，《中國人口史——遼宋金元時期》（上海：復旦大學出版社，2000）。

吳懷祺，〈《通鑑胡注表微》在中國近代史學史上的價值〉，《紀念陳垣校長誕生
　　110周年學術論文集》，頁121-135。

宋德金，〈金代女眞漢化、封建化與漢族士人的歷史作用〉，《宋遼金史論叢》，第2輯(1991)，頁315-325。

李弘祺，〈宋元書院與地方文化─吉州地區學統與民間宗教關係試析〉，《徐規教授從事教學科研工作五十周年紀念文集》，頁26-49。

李伯重，《多視角看江南經濟史(1250-1850)》(北京：生活・讀書・新知三聯書店，2003)。

李治安，〈元代行省制的特點與歷史作用〉，《歷史研究》，1997年第5期，頁82-99。

───，《元代分封制度》(天津：天津古籍出版社，1992)。

───，《唐宋元明清中央與地方關係研究》(天津：南開大學出版社，1996)。

───，〈元代蒙古人的等級結構〉，收入李氏《元代政治制度》(北京：人民出版社，2003)，頁624-660。

李晉華，《明代敕撰書考》(北平：燕京大學圖書館，1932)。

李涵，〈金初漢地樞密院試析〉，《遼金史論集》(北京：書目文獻出版社，1989)，第4輯，頁180-195。

───、楊果，〈元樞密院制度考略〉，《蒙古史研究》，1989年第3輯，頁43-64。

李符桐，〈回鶻與元朝建國之關係〉，收入李符桐論著全集編輯委員會編《李符桐論著全集》(台北：臺灣學生書局，1992)，第3冊，頁161-270。

───，〈畏吾兒人對於元朝建國之貢獻〉，收入李氏《李符桐論著全集》，第3冊，271-338。

李幹，《元代社會經濟史》(武漢：湖北人民出版社，1985)。

李瑚，〈中國歷史考證學與陳垣先生對他的貢獻〉，暨南大學編《陳垣教授誕生百一十周年紀念文集》(廣州：暨南大學出版社，1994)，頁10-49。

李劍農，《宋元明經濟史稿》(北京：三聯書店，1957)。

李錫厚，〈試論遼代玉田韓氏家族的歷史地位〉，《宋遼金史論叢》，第1輯(1985)，頁251-266。

───，〈論遼朝的政治體制〉，《歷史研究》，1988年第3期，頁119-136。

李鑄晉，〈趙孟頫的〈鵲華秋色圖〉〉，收入上海書畫出版社編《趙孟頫研究論文

集》（上海：上海書畫出版社，1995），頁261-377。

杜正勝，〈無中生有的志業：傅斯年的史學革命與史語所的創立〉，中央研究院歷史語言研究所編《新學術之路：中央研究院歷史語言研究所七十週年紀念文集》（台北：中央研究院歷史語言研究所，1998），上冊，頁1-42。

杜維運，〈民國史學與西方史學〉，收入杜氏《憂患與史學》（台北：東大圖書公司，1992），頁149-165。

———，〈清代乾嘉時代之歷史考據學〉，收入杜氏《清代史學與史家》（台北：東大圖書公司，1984），頁291-315。

———，〈傅孟眞與中國新史學〉，《當代》，第116期（1995），頁54-63。

———，〈趙翼之史學〉，收入杜氏《清代史家與史學》，頁369-390。

———，《趙翼傳》（台北：時報文化公司，1985）。

———，〈顧炎武與清代歷史考據學派之形成〉，收入杜氏《清代史學與史家》，頁95-156。

汪栢年，《元明之際江南隱逸士人》（台北：國立臺灣師範大學歷史研究所碩士論文，1996）。

汪榮祖，《史家陳寅恪傳》（台北：聯經出版公司，1997）。

那木吉拉，〈元代漢人蒙古姓名考〉，《中央民族學院學報》，1992年第2期，頁10-14。

———，《中國元代習俗史》（北京：人民出版社，1994）。

周予同，〈五十年來中國之新史學〉，收入周氏《周予同經學史論著選集》（上海：上海人民出版社，1983），頁513-573。

周良霄，《皇帝與皇權》（上海：上海古籍出版社，1999）。

———，〈元和元以前的基督教〉，《元史論叢》，第1輯（1982），頁137-163。

———，〈程朱理學在南宋金元時期的傳播及其統治地位的確立〉，《文史》，第37輯（1993），頁139-168。

周清澍，《元蒙史札》（呼和浩特：內蒙古大學出版社，2001）。

———，〈汪古部事輯〉，《中國蒙古史學會成立大會紀念集刊》（呼和浩特：中國蒙古史學會，1979），頁147-206。

周篤文，〈藝苑奇珍十詠圖〉，《文學遺產》，1996年第4期，頁42-48。

孟楠，〈元代西夏遺民婚姻研究〉，《寧夏社會科學》，1992年第2期，頁67-74。

林麗月，〈科場競爭與天下至公：明代科舉區域配額問題的一些考察〉，《國立臺
　　　灣師範大學歷史學報》，第20期(1992)，頁43-74。

———，〈讀《海桑集》——論元明之際陳謨(1305-1400)的出處及其後世評價〉，
　　　《世變、群體與個人：第一屆全國歷史學學術討論會論文集》(台北：國立臺
　　　灣大學歷史系，1996)，頁148-166。

河北省博物館，〈河北遷安上蘆村遼韓相墓〉，《考古》，1973年第5期，頁276-
　　　278。

邱樹森，〈元末紅巾軍的政權建設〉，《元史論叢》，第1輯(1982)，頁91-108。

———，《中國回族史》(銀川：寧夏人民出版社，1997)。

———，〈朱思本和他的《輿地圖》〉，收入邱氏《賀蘭集》(南京：江蘇古籍出版
　　　社，1997)，頁120-132。

———，〈論元代嶺南文化衰敗的原因及其特點〉，收入蕭啓慶主編《蒙元的歷史
　　　與文化》(台北：臺灣學生書局，2001)下冊，頁617-634。

姜一涵，《元代奎章閣及奎章人物》(台北：聯經出版公司，1981)。

姚大力，〈元朝科舉制度的行廢及其社會背景〉，《元史及北方民族史研究集
　　　刊》，第6輯(1982)，頁25-69。

姚從吾，〈忽必烈平宋以後的南人問題〉，收入《姚從吾先生全集》，第7冊(台
　　　北：正中書局，1982)，頁1-86。

———，〈從宋人所記燕雲十六州淪入契丹後的實況看宋遼關係〉，收入《姚從吾
　　　先生全集》，第5冊，頁135-152。

———，〈說阿保機時代的漢城〉，收入姚氏《東北史論叢》(台北：正中書局，
　　　1959)，頁193-215。

———，〈說遼朝契丹人的世選制度〉，收入姚氏《東北史論叢》，頁285-338。

———，〈鐵函心史中的南人與北人問題〉，收入《姚從吾先生全集》，第7冊，頁
　　　161-200。

柳立言，〈何謂「唐宋變革」？〉，《中華文史論叢》，81期(2006)，頁125-141。

洪金富，〈元代的收繼婚〉，收入中央研究院歷史語言研究所編《中國近世社會文化史論文集》（台北：中央研究院歷史語言研究所，1992），頁279-314。

———，〈元代漢人與非漢人通婚問題初探〉，《食貨》（復刊），第6卷第12期（1977），頁1-19；第7卷第1、2期，頁11-61。

———，〈元代監察官吏的出巡日期問題〉，《新史學》，第13卷第2期（2002），頁157-175。

———，《元代蒙古語文的教與學》（台北：蒙藏委員會，1990）。

胡其德，〈元代畏兀人華化的再檢討——一個新的詮釋〉，收入蒙藏委員會編《中國邊疆史學術討論會論文集》（台北：蒙藏委員會，1995），頁169-201。

胡適，〈介紹幾部新出的史學書〉，《古史辨》（上海：上海古籍出版社，1982）第2冊，頁331-333。

———，〈共產黨統治下決沒有自由：跋所謂陳垣給胡適的一封公開信〉，《自由中國》，第2卷第3期(1950)，頁75-76。

———，《胡適的日記手稿本》（台北：遠流出版公司，1989-1990）。

———，〈校勘學方法論〉，《胡適文存》（台北：遠東圖書公司，1953），第4集，頁135-148。

范金民，〈明清江南進士數量、地域分布及其特色分析〉，《南京大學學報》，1997年第2期，頁171-187。

范德(Edward Farmer)，〈朱元璋與中國文化復興〉，收入張中正編《明史論文集》（合肥：黃山書社，1993），頁379-389。

英千里，〈鐵窗回憶〉，《傳記文學》，第2卷第4期(1963)，頁13-16。

倪士毅，〈宋代宗室士大夫在學術和文藝上的成就〉，收入常紹溫主編《陳樂素教授(九十)誕辰紀念文集》（廣州：廣東人民出版社，1992），頁177-201。

唐立宗，〈陳有定與元末福建地方政局〉，《大陸雜誌》，第100卷第1、2期(2000)，頁25-48、12-21。

唐統天，〈遼代仕進補議〉，《社會科學輯刊》，1990年第3期，頁84-89。

唐惠美，《元明之際士人出處之研究：以宋濂為例》（新竹：國立清華大學歷史研究所碩士論文，2000）。

孫小力，《楊維禎年譜》(上海：復旦大學出版社，1997)。

孫克寬，〈江南訪賢與延祐儒治〉，收入孫氏《元代漢文化之活動》(台北：臺灣中華書局，1968)，頁345-363。

孫國棟，〈唐宋之際門第之消融〉，《新亞學報》第4期(1959)，頁211-304。

徐建融，《元代書畫藻鑑與藝術市場》(上海：上海書店出版社，1999)。

徐朔方，〈高明年譜〉，《文史》，第39輯(1994)，頁247-262。

徐桂香，《元代的集慶路》(台北：國立政治大學邊政研究所碩士論文，1986)。

徐梓，〈陳垣先生史學的總結性特徵〉，收入《紀念陳垣校長誕生110周年學術論文集》，頁86-109。

徐規等，〈試論宋仁宗時期朝中人才的北南移置〉，收入《中國東南地區人才問題國際學術研討會論文集》(南昌：江西教育出版社，1993)，頁113-122。

桂棲鵬，《元代進士研究》(蘭州：蘭州大學出版社，2001)。

―――，〈談明初中朝交往的兩位使者――偰長壽、偰斯〉，《民族研究》，1995年第5期，頁65-69。

烏逸人，〈陷後北平教授群〉，《自由中國》，第2卷5期(1950)，頁160-161。

秦家驄(Frank Ching)著，舒遜、曼予譯，《秦氏千年史》(台北：遠流出版公司，2001)。

秦錫田，《秦景容先生事跡考》，1933年鉛印本。

馬建春，〈元代東傳回回地理學――兼論札馬剌丁對中國地理學的歷史貢獻〉，《西北史地》，1998年第2期，頁69-74。

馬肇曾，〈《懷寧馬氏宗譜》及歷代主要人物考〉，《回族研究》，1998年第3期，頁19-30。

馬積高，《宋明理學與文學》(長沙：湖南師範大學出版社，1989)。

高樹林，《元代賦役制度研究》(石家莊：河北大學出版社，1997)。

崔正德等，〈宋明時期江西人才盛況及其原因之探討〉，收入繆進鴻、鄭雲山編《中國東南地區人才問題國際研討會論文集》，頁23-82。

張中復，〈論元朝在當代回族形成過程中的地位〉，收入蕭啟慶主編《蒙元的歷史與文化》下冊，頁833-864。

張元，〈胡三省史學新探：簡論《通鑑胡注》與《胡注表微》〉，《中國學報》，
　　　第35輯(1995)，頁61-69。

張旭光，〈薩都剌生平仕履考辨〉，收入白壽彝主編《回族人物志‧元代》(銀
　　　川：寧夏人民出版社，1985)第1冊，頁372-405。

張博泉，《金代經濟史略》(瀋陽：遼寧人民出版社，1981)。

梁方仲，《中國歷代戶口田地田賦統計》(上海：上海人民出版社，1980)。

梁庚堯，〈宋代南北經濟地位——評程民生《宋代地域經濟》〉，《新史學》，第4
　　　卷第1期(1993)，頁109-132。

———，《宋代社會經濟史論集》(台北：允晨文化公司，1997)。

畢任庸，〈遼韓瑜韓橁墓銘考證〉，《人文月刊》，第7卷第3期(1936)，頁1-12。

許凡(王敬松)，《元代吏制研究》(北京：勞動人事出版社，1987)。

許冠三，《新史學九十年》(香港：中文大學出版社，1986)。

許紀霖，〈沒有過去的史學危機〉，《讀書》，1999年第5期，頁64-70。

許懷林，《江西史稿》(南昌：江西高校出版社，1988)。

———，〈試論宋代江西經濟文化的巨大發展〉，收入《宋史研究論文集》(上海：
　　　上海古籍出版社，1982)，頁641-675。

———，〈關於元代的江西〉，《元史論叢》，第7輯(1999)，頁111-121。

郭旃，〈全真道的興起及其與金王朝的關係〉，《世界宗教研究》，1983年第3期，
　　　頁99-107。

———，〈金元之際的全真道教〉，《元史論叢》，第3輯(1986)，頁205-218。

都興智，〈有關遼朝科舉的幾個問題〉，《北方文物》，1991年第2期，頁56-60。

陳世松，〈寓居江南的元代蜀籍士人〉，《獨協經濟》第60號(1993)，頁5-22。

———、史樂民(Paul J. Smith)，〈宋末元初蜀士流寓東南問題探討〉，《元史論
　　　叢》，第5輯(1993)，頁97-112。

陳其泰，〈全祖望對清代學術的貢獻〉，收入陳氏《史學與中國文化傳統》(北京：
　　　書目文獻出版社，1992)，頁191-204。

———，〈陳垣學術思想的昇華〉，收入陳氏《中國近代史學的歷程》(開封：河南
　　　人民出版社，1994)，頁346-365。

———，〈傳統史學向近代史學的轉變〉，收入陳氏《史學與中國文化傳統》，頁177-190。

———，〈錢大昕：歷史考證學的精良方法及其影響〉，收入陳氏《史學與民族精神》（北京：學苑出版社，1999），頁352-383。

陳垣，〈〈論科學的考據與舊考據的不同〉一文審查意見〉，《陳垣學術論文集》（北京：中華書局，1982），第2集，頁471-472。

———，《元也里可溫考》（上海：商務印書館，1932）。

———，《元西域人華化考》（勵耘書屋本）。

———，《通鑑胡注表微》，收入劉夢溪編《中國現代學術經典·陳垣卷》（石家庄：河北教育出版社，1996）。

———，《陳垣早年文集》（台北：中央研究院中國文哲研究所，1992）。

———，《陳援庵先生全集》（台北：新文豐出版公司，1993）。

陳昭揚，《征服王朝下的士人——金代漢族士人的政治、社會、文化論析》（新竹：清華大學歷史所博士論文，2007）。

陳珍幹，〈陳垣先生晚年的政治思想及其遺著〉，《陳垣教授誕生百一十周年紀念論文集》，頁206-214。

陳美延、陳流求編，《陳寅恪詩集》（北京：清華大學出版社，1993）。

陳述，〈遼史賜姓名考〉，鄧珂編《鄧之誠學術紀念文集》（北京：北京大學出版社，1991），頁202-211。

———，《契丹政治史稿》（北京：人民出版社，1986）。

陳高華，〈元代的地方官學〉，《元史論叢》，第5輯（1993），頁160-189。

———，〈元代的哈剌魯人〉，《西北民族研究》，1988年第1期，頁145-154。

———，〈元代詩人迺賢事跡考〉，《文史》，第32期（1990），頁247-262。

———，《元史研究新論》（上海：上海社會科學院出版社，2005）。

———，《元史研究論稿》（北京：中華書局，1991）。

———，〈元末浙東地主與朱元璋〉，收入陳氏《元史研究論稿》（北京：中華書局，1991），頁290-307。

———，〈元末農民起義中南方漢族地主的政治動向〉，收入陳氏《元史研究論

稿》，頁268-289。

———，〈元泰定甲子科進士考〉，收入南京大學元史研究室編《內陸亞洲歷史文化研究》，頁148-164。

———，〈兩種《三場文選》中所見元代科舉人物名錄〉，《中國社會科學院歷史研究所學刊》第1集(2001)，頁342-372。

———，〈忽必烈修《本草》〉，收入陳氏《元史研究論稿》，頁447-449。

———，〈《述善集》碑傳兩篇所見元代探馬赤軍戶〉，《慶祝何茲全先生九十歲論文集》(北京：北京師範大學出版社，2001)。

———，〈論元代的軍戶〉，《元史論叢》，第1輯(1982)，頁72-90。

———，〈讀《伯顏宗道傳》〉，收入陳氏《元史研究論稿》，頁450-453。

———、史衛民，《中國政治制度史》(北京：人民出版社，1997)，第8冊。

———、史衛民，《中國經濟通史‧元代經濟卷》(北京：經濟日報出版社，2000)。

陳寅恪，〈《明季滇黔佛教考》序〉，《陳寅恪先生全集》(台北：九思出版社，1988)，上冊，頁685-686。

———，〈記唐代之李武韋楊婚姻集團〉，《歷史研究》，1954年第1期，頁33-51。

———，〈重刻《元西域人華化考》序〉，收入劉夢溪編《中國學術經典：陳垣卷》，頁50-51。

———，《陳寅恪魏晉南北朝史講演錄》(合肥：黃山書社，1987)。

———，《唐代政治史述論稿》(台北：臺灣商務印書館，1957)。

———，〈崔浩與寇謙之〉，《金明館叢稿初編》(上海：上海古籍出版社，1980)，頁107-140。

陳得芝，〈元代江南之地主階級〉，《元史及北方民族史研究集刊》，1983年第7輯(1983)，頁86-91。

———，〈略論元代的「詩禪三隱」〉，《禪學研究》，第1輯(1992)，頁88-101。

———，〈論宋元之際士人的思想與政治動向〉，《南京大學學報》，1997年第2期，頁147-161。

———，《蒙史研究叢論》(北京：人民出版社，2005)。

陳智超，〈史學二陳的友誼與學術〉，《紀念陳寅恪教授國際學術討論會文集》（廣州：中山大學出版社，1989），頁245-263。

———，〈胡適與陳垣〉，收入李又寧編《胡適與他的朋友》（紐約：天外出版社，1997），頁85-152。

———編，《陳垣來往書信集》（上海：上海古籍出版社，1990）。

———，〈陳垣與中研院史語所〉，收入中央研究院歷史語言研究所編《新學術之路：中央研究院歷史語言研究所七十週年紀念文集》，上冊，頁233-238。

———編，《陳垣學術論文集》。

陳煒，〈陳垣先生「陷共」前後之真實情況〉，《傳記文學》，第48卷第3期（1986），頁95。

陳樂素，〈陳垣〉，收入陳清泉編《中國史學家評傳》（開封：中州古籍出版社，1985），下冊，頁1244-1269。

———，〈陳垣同志的史學研究〉，收入陳氏《求是集》（廣州：廣東人民出版社，1984），第2集，頁199-227。

———、陳智超編，《陳垣史學論著選》（上海：上海人民出版社，1981）。

陳遵媯，《中國古代天文學簡史》（台北：木鐸出版社，1982）。

陸峻嶺、何高濟，〈元代的阿速、欽察、康里人〉，《文史》，第16輯（1982），頁117-130。

陸發春，〈陳垣與胡適國學研究之比較〉，《安徽大學學報》，1998年第1期，頁5-9。

陸鍵東，《陳寅恪的最後20年》（北京：三聯書店，1995）。

陶晉生，《女真史論》（台北：食貨出版社，1981）。

———，《宋遼關係史研究》（台北：聯經出版社，1984）。

———，〈金代女真統治中原對中國的政治制度的影響〉，收入陶氏《邊疆史研究集：宋金時期》（台北：臺灣商務印書館，1971），頁111-126。

———，〈金代的政治衝突〉，《中央研究院歷史語言研究所集刊》，第43本第1分（1971），頁135-161。

陶禮天，〈文學與地理——中國文學地理略說〉，《北大中國文學》，第1期（1998），頁178-196。

傅申，《元代皇室書畫收藏史略》（台北：故宮博物院，1981）。

傅宗文，〈宋代福建科第盛況試析〉，《福建論壇》，1988年第3期，頁47-52。

傅斯年，〈歷史語言研究所工作之旨趣〉，《傅斯年全集》（台北：聯經出版公司，1980），第4冊，頁1301-1314。

———，〈《史料與史學》發刊詞〉，《傅斯年全集》，第4冊，頁1402-1404。

———，〈清代學問的門徑書幾種〉，《傅斯年全集》，第4冊，頁1454-1463。

傅樂成，〈唐型文化與宋型文化〉，收入傅氏《漢唐史論集》（台北：聯經出版公司，1977），頁339-382。

傅樂煥，〈遼史複文舉例〉，收入傅氏《遼史叢考》（北京：中華書局，1984），頁287-288。

勞延煊，〈元明之際詩中的評論〉，收入《陶希聖先生八秩榮慶論文集》（台北：食貨出版社，1979），頁145-163。

彭明輝，〈民族主義史學的興起：以考據與經世為主軸的討論(1919-1949)〉，收入魏格林(S. Weigelin-Schwiedrzik)、施耐德(Axel Schneider)編，《中國史學史研討會：從比較觀點出發論文集》（台北：稻鄉出版社，1999），頁249-295。

朝陽地區博物館，〈遼寧朝陽姑營子耿氏墓發掘報告〉，《考古學集刊》第3期（1983），頁168-195。

焦進文、楊富學，〈元代西夏遺民《龍祠鄉約》探析〉，收入何廣博主編《《述善集》研究論集》（蘭州：甘肅人民出版社，2001），頁42-55。

———，《元代西夏遺民文獻《述善集》校注》（蘭州：甘肅人民出版社，2001）。

程民生，《中國北方經濟史》（北京：人民出版社，2004）。

程溯洛，〈高昌回鶻王國〉，收入程氏《唐宋回鶻論集》（北京：人民出版社，1993），頁236-260。

舒連景，〈六朝之門閥婚姻〉，《勵學》，第1卷第2期(1943)，頁73-82。

隋樹森，〈略論元人散曲由北而南〉，收入隋氏《元人散曲論集》（濟南：齊魯書社，1986），頁109-120。

馮永謙，〈遼史外戚表補證〉，《社會科學輯刊》，1979年第3、4期，頁134-144、96-102。

馮承鈞，〈元代的幾個南家台〉，收入馮氏《西域南海史地考證論著彙輯》（香港：中華書局，1976），頁200-216。

馮家昇，〈遼史源流考〉，收入馮氏《遼史證誤三種》（北京：中華書局，1959），頁50-51。

黃卉，《元代戲曲史稿》（天津：天津古籍出版社，1995）。

黃兆強，《清人元史學探討——清初至清中葉》（台北：稻鄉出版社，2000）。

黃時鑑，〈元代的對外政策與中外文化交流〉，收入黃氏《東西交流史論稿》（上海：上海古籍出版社，1998），頁65-66。

———，〈元代的禮俗〉，《元史及北方民族史研究集刊》，第11輯(1987)，頁19-28。

———，〈元代高昌偰氏入東遺事〉，收入蕭啓慶主編《蒙元的歷史與文化：蒙元史學術研討會論文集》，下冊，頁541-569。

黃冕堂，〈論朱元璋的起兵及其渡江初的南京政權〉，收入黃氏《明史管見》（濟南：齊魯書社，1985），頁1-58。

———，〈論明代的京營〉，《史學集刊》，1992年第3期，頁18-24。

———、劉鋒，《朱元璋評傳》（南京：南京大學出版社，1991）。

黃清連，《元代戶計制度研度》（台北：國立臺灣大學文學院，1977）。

———，〈元初江南的叛亂〉，《中央研究院歷史語言研究所集刊》，第49本第1分(1978)，頁37-76。

黃寬重，〈南宋兩浙路社會流動的考察〉，收入黃氏《宋史叢論》（台北：新文豐出版公司，1993），頁73-104。

逯耀東，〈把胡適當成個箭垛〉，收入逯氏《史學危機的呼聲》（台北：聯經出版公司，1987），頁115-149。

楊志玖，〈元史三論〉（北京：人民出版社，1985）。

———，《元代回族史稿》（天津：南開大學出版社，2003）。

———，〈古速魯氏非回回辨〉，收入楊氏《元代回族史稿》，頁53-55。

———，〈陳垣先生對元史研究的貢獻〉，收入《紀念陳垣校長誕生110周年紀念學術論文集》，頁110-120。

———，《馬可波羅在中國》(天津：南開大學出版社，1999)。

楊亮功等編，《雲五社會科學大辭典》(台北：臺灣商務印書館，1973)。

楊若薇，〈遼代科舉制度的幾個問題〉，收入楊氏《契丹王朝政治軍事制度研究》(北京：中國社會科學出版社，1989)，頁273-285。

楊訥，〈天完大漢紅巾軍史論述〉，《元史論叢》，第1輯，頁109-136。

———，〈劉基事跡七考〉，收入蕭啓慶主編《蒙元的歷史與文化》上冊，頁17-68。

———，〈關於《元統元年進士錄》的版本與校勘〉，收入《祝賀楊志玖教授八十壽辰中國史論集》(天津：天津古籍出版社，1994)，頁329-333。

楊新，〈張先《十詠圖》：失而復得的國寶〉，《文物天地》，1996年第1期，頁2-4。

楊鐮，《元西域詩人群體研究》(烏魯木齊：新疆人民出版社，1998)。

———，〈答祿與權事跡勾沉〉，《新疆大學學報》，1993年第4期，頁97-103。

葉泉宏，〈偰氏家族與元末鮮初之中韓關係〉，《韓國學報》第12期(1993)，頁59-79。

葛兆光，〈唐宋抑或宋明——文化史和思想史研究視域變化的意義〉，《歷史研究》，2004年第1期，頁18-32。

葛金芳，《宋遼夏金經濟研析》(武漢：武漢出版社，1991)。

賈志揚(John Chaffee)，《宋代科舉》(台北：東大圖書公司，1995)。

鄒兆澄等，《新時期中國史學思潮》(北京：當代中國出版社，2001)。

漆俠，《宋代經濟史》(上海：上海人民出版社，1987)。

———、喬幼梅，《遼夏金經濟史》(保定：河北大學出版社，1994)。

蒙思明，《元代社會階級制度》(北平：哈佛燕京學社，1938)。

趙多暉，〈金代科舉制度研究〉，《遼金史論集》，第4輯(1989)，頁212-235。

趙光賢，〈回憶我的老師援庵先生〉，收入《勵耘書屋問學記》，頁155-162。

趙伯陶，《市井文化與市民心態》(武漢：湖北教育出版社，1996)。

趙園，《明清之際士大夫研究》(北京：北京大學出版社，1999)。

趙維江，《金元詞論稿》(北京：中國社會科學出版社，2000)。

趙鐵寒，〈燕雲十六州的地理分析〉，《大陸雜誌》，第17卷第11、12期(1958)，

頁3-7、18-22。

齊心，〈金代韓譓墓誌考〉，《考古》，1984年第8期，頁752-758。

───，〈遼丁氏兩方墓誌考〉，《考古》，1988年第7期，頁650-654。

───，〈遼代《漢臣世系表》補正──略論遼金幽燕地區韓延徽世系〉，《首都博物館叢刊》，1982年第1期，頁18-22。

齊裕焜，《中國古代小說演變史》（蘭州：敦煌文藝出版社，1990）。

劉乃和，〈書屋而今號勵耘〉，收入《勵耘書屋問學記》，頁133-154。

───，〈陳垣同志已刊論著目錄繫年〉，收入《勵耘書屋問學記》，頁177-222。

───，〈陳垣對元史研究的重要貢獻〉，《中國的典籍與文化》，1996年第2期，頁54-64。

───，〈重讀《通鑑胡注表微》札記〉，收入劉氏及宋衍申主編《《資治通鑑》叢論》（鄭州：河南人民出版社，1985），頁352-374。

───，《勵耘承學錄》（北京：北京師範大學出版社，1992）。

───、周少川編著，《陳垣年譜配圖長編》（瀋陽：遼海出版社，2000）。

劉子健，《兩宋史研究彙編》（台北：聯經出版公司，1987）。

劉元珠，〈元代儒吏關係：延祐之開科與抑吏〉，《慶祝王鍾翰先生八十壽辰學術討論會論文集》（瀋陽：遼寧大學出版社，1993），頁432-440。

劉法林，〈阿剌伯天文學對我國天文學發展的影響〉，《史學月刊》，1985年第6期，頁82-88。

劉祥光，〈從徽州文人的隱與仕看元末明初的忠節與隱逸〉，《大陸雜誌》，第94卷1期(1997)，頁32-48。

劉浦江〈金代土地問題的一個側面──女真人與漢人的土地爭端〉，收入劉氏《遼金史論》（瀋陽：遼寧大學出版社，1999），頁177-194。

劉海峰，《科舉考試的教育視角》（武漢：湖北教育出版社，1996）。

劉紹唐，〈寫在有關陳垣三文之後〉，《傳記文學》，第48卷第3期(1986)，頁41。

劉曉，〈宋元金溪吳氏研究〉，《中國社會科學院歷史研究所學刊》，2001年第1集，頁320-341。

歐陽光，《宋元詩社研究叢稿》（廣州：廣東高等教育出版社，1996）。

箭內亙，〈元代之官制與兵制〉，收入箭內亙著，陳捷、陳清泉譯，《元朝制度考》（台北：臺灣商務印書館，1963）。

蔡美彪，〈讀陳垣編《道家金石略》書後〉，收入暨南大學編《陳垣教授誕生百一十周年紀念文集》，頁9-18。

———，〈南戲《錯立身》與北曲之南傳〉，《元史論叢》，第5輯(1993)，頁218-231。

鄭天挺，〈自傳〉，收入《鄭天挺紀念文集》（北京：中華書局，1990），頁12。

———，〈關於徐一夔《織工對》〉，《歷史研究》，1958年第1期，頁65-76。

鄭克晟，〈元末的江南士人與社會〉，《南開史學》，第1期(1989)，頁18-35。

鄭昌淦，《中國政治學說史》（台北：文津出版社，1995）。

鄧紹基主編，《元代文學史》（北京：人民出版社，1991）。

鄧寶學等，〈遼寧朝陽遼趙氏族墓〉，《文物》，1983年第9期，頁30-38。

魯琪，〈北京出土遼韓資道墓誌〉，《文物資料叢刊》，第2輯(1978)，頁176-179。

盧仁龍，〈陳垣的宗教史學特徵及方法——兼與陳寅恪之比較〉，《原道》，第5輯(1999)，頁303-316。

蕭啟慶，《元代史新探》（台北：新文豐出版公司，1983）。

———，〈元代各族士人間的文化互動：書緣〉，收入中華簡牘學會編《勞貞一先生百歲冥誕紀念論文集》（台北：中華簡牘學會，2006），頁349-379。

———，〈元代蒙古色目士人群體的形成與發展〉，北京大學傳統文化研究中心編，《文化的饋贈——漢學研究國際會議論文集·史學卷》（北京：北京大學出版社，2000），頁168-183。

———，〈元至正十一年進士題名記校補〉，《食貨月刊》，第16卷第7、8期(1987)，頁69-84。

———，〈元至正中後期進士輯錄〉，《燕京學報》，2003年新15期，頁109-139。

———，〈元至正前期進士輯錄〉，《燕京學報》，2001年新10期，頁173-208。

———，〈元至治元年進士輯錄〉，《宋旭軒教授八十榮壽論文集》（台北：國史館，2000），頁755-782。

———，〈元至順元年進士輯錄〉，《文史哲學報》，第52期(2000)，頁175-204。

────，〈元延祐二年與五年進士輯錄〉，《臺大歷史學報》，第24期(1999)，頁375-426。

────，〈元泰定元年與四年進士輯錄〉，《蒙古史研究》，2000年第6期，頁58-82。

────，《元朝史新論》(台北：允晨文化公司，1999)。

────，〈元朝多族士人的雅集〉，(香港中文大學)《中國文化研究所學報》，新第6期(1997)，頁179-203。

────，〈元朝科次不詳進士輯錄〉，收入中華簡牘學會編《勞貞一先生百歲冥誕紀念論文集》，頁283-368。

────，〈元統元年進士錄校注〉，《食貨月刊》(復刊)，第13卷第1.2期(1983)，頁72-90；第3.4期，頁47-62。

────，《蒙元史新研》，(台北：允晨文化公司，1994)。

錢大昕，《元進士考》，收入《嘉定錢大昕全集》(南京：江蘇古籍出版社，1997)，第5冊，頁1-137。

錢穆，〈讀明初開國諸功臣文集〉，《中國學術思想史論叢》(台北：東大圖書公司，1978)，第6冊，頁77-171、172-200。

────，《中國歷代政治得失》(台北：東大圖書公司，1977)。

閻萬章，〈遼史公主表補證〉，收入《遼金史論集》(上海：上海古籍出版社，1987)，頁30-31。

檀上寬，〈明王朝成立的軌跡—洪武朝的疑獄與京師問題〉，收入劉俊文主編《日本中青年學者論中國史·宋元明清卷》(上海：上海古籍出版社，1995)，頁329-368。

薄樹人，〈札馬魯丁〉，收入陳得芝主編，《中國通史》(上海：上海人民出版社，1997)，第14冊，頁493-510。

韓茂莉，《遼金農業地理》(北京：社會科學文獻出版社，1999)。

韓儒林，〈元代詐馬宴新探〉，收入《韓儒林文集》(南京：江蘇古籍出版社，1991)，頁294-301。

簡杏如，《宋代莆田方氏家族》(台北：國立臺灣大學歷史研究所碩士論文，

1996）。

薩兆溈，《薩都剌考》（北京：北京燕山出版社，1997）。

羅仲輝，〈論明初議禮〉，《明史論叢》（北京：中國社會科學出版社，1997），頁74-92。

羅志田，〈胡適世界主義思想中的民族主義關懷〉，《民族主義與近代中國思想》（台北：東大圖書公司，1998），頁192-221。

———，〈乾嘉傳統與九十年代中國史學的主流〉，《二十世紀中國的思想與學術掠影》（廣州：廣東教育出版社，2001），頁220-238。

———，〈新舊文明過渡之使命：胡適反傳統思想的民族主義關懷〉，《民族主義與近代中國思想》，頁222-237。

———，《民族主義與近代中國思想》（台北：東大圖書公司，1998）。

羅爾綱，《綠營兵志》（北京：中華書局，1984）。

羅賢佑，《元代民族史》（成都：四川民族出版社，1996）。

羅繼祖，〈讀《遼代耿氏三墓誌考釋》〉，《瀋陽師範學院學報》，1979年第1、2期，頁91-92。

嚴耕望，〈史學二陳〉，《大陸雜誌》，第68卷第1期(1984)，頁1-3。

蘇東國，〈我也一談陳垣其人〉，《傳記文學》，第48卷第3期(1986)，頁96。

顧啓等，〈從魯淵劉亮生平和《耐庵遺曲》談《施耐庵墓誌》的可信性〉，收入張惠仁編《水滸與施耐庵》（延吉：延邊大學出版社，1988），頁181-192。

(二)日文、韓文、西文論著

三上次男，〈金朝前期に於ける漢人統治政策〉，《東亞研究所報》，第21期(1943)，頁223-294。

大島立子，〈元朝の湖廣行省支配〉，《東洋學報》，第66卷1.2.3.4期(1985)，頁131-156。

大葉昇一，〈元代の江南デルタ地帶における屯戌〉，《栃木史學》，第4期(1990)，頁129-158。

———，〈元朝の侍衛親軍について——とくに蒙古人・色目人を主體とするも

の〉，《史觀》，第100期(1979)。

大澤正昭，《唐宋變革期農業社會史研究》(東京：汲古書院，1996)。

丹羽友三郎，〈元代の樞密院と行樞密院について〉，《名古屋商科大學論集》，
　　　第12期(1967)，頁1-17。

井戶一公，〈元代侍衛親軍について——軍　構成・軍官を中心　〉，《元明清朝
　　　における国家"支配"と民衆像の再検討——支配の中国的特質》，(福岡：
　　　九州大學文學部東洋史學研究室，1984)，頁27-37。

───，〈元代侍衛親軍の諸衛について〉，《九州大學東洋史論集》，第12輯
　　　(1983)，頁50-78。

───，〈元朝侍衛親軍の成立〉，《九州大學東洋史論集》，第10輯(1982)，頁26-
　　　58。

內藤虎次郎，《支那近世史》，收入《內藤湖南全集》(東京：筑摩書房，1969)，
　　　第10卷。

日本東亞研究所，《異民族の支那統治史》(東京：大日本雄辯會講談社，1945)。

片山共夫，〈元代の士人について〉，載於九州大學文學部東洋史研究室編《元明清
　　　朝における国家"支配"と民衆像の再検討——支配の中国的特質》，
　　　(1984)，頁17-26。

───，〈元代の郷先生について〉，《モンゴル研究》，第15期(1984)，頁15-28。

───，〈怯薛と元朝官僚制〉，《史學雜誌》，第92卷第12期(1980)，頁1-37。

外山軍治，《金朝史研究》(京都：東洋史研究會，1964)。

生駒晶，〈明初科舉合格者の出身に関する一考察〉，收入《山根幸夫教授退休記
　　　念明代史論叢》(東京：汲古書院，1990)，頁45-69。

田村實造，《中國征服王朝の研究》，上冊(京都：東洋史研究會，1967)。

───，〈遊牧民族と農耕民族との歷史的關係〉，收入田村實造《中國征服王朝
　　　の研究》，中冊(京都：東洋史研究會，1971)，頁642-655。

伊原弘，〈宋代の士大夫覚え書——あらたな問題の展開のために〉，宋代史研究
　　　會編《宋代の社会と宗教》(東京：汲古書院，1985)，頁257-296。

吉川幸次郎，〈元の諸帝の文學〉，收入吉川氏《吉川幸次郎全集》(東京：筑摩書

房，1967)，第15卷，頁232-311。

安部健夫，《西ウィグル國史の研究》（京都：彙文堂，1955）。

有高巖，〈元代奴隸考〉，收入石橋五郎編《史學地理學論叢：小川博士還曆記念》（東京：弘文堂書房，1930），頁323-378。

池內功，〈元朝における蒙漢通婚とその背景〉，載於《アジア諸民族における社會と文化・岡本敬二先生退官記念論集》（東京：國書刊行會，1984），頁218-238。

羽田亨，〈元朝の漢文明に對する態度〉，收入羽田氏《羽田博士史學論文集——歷史篇》（京都：東洋史研究會，1957），頁670-696。

村上正二，〈元朝兵制史上的奧魯制〉，《東洋學報》，第30卷第3期(1943)，頁1-49。

———，〈元朝の行中書省と都鎮撫司について〉，《加藤博士還曆記念東洋史集說》（東京：富山房，1941），頁821-840。

松田光次，〈遼朝漢人官僚小考——韓知古一族の系譜とその事跡〉，《小野勝年博士頌壽記念東方學論叢》（京都：龍谷大學東洋史學研究會，1982），頁301-315。

松田孝一，〈河南淮北蒙古軍都萬戶府考〉，《東洋學報》，第68卷第3、4期(1987)，頁39-65。

———，〈紅巾の亂初期陝西元朝軍の全容〉，《東洋學報》，第75卷1、2期(1993)，頁1-30。

牧野修二，〈元代生員の學校生活〉，《愛媛大學法文學部論集・文學科編》，第13期(1980)，頁1-23。

竺沙雅章，〈陳垣與桑原騭藏〉，收入《陳垣教授誕生百一十週年紀念論文集》，頁215-229。

青木富太郎，〈元初行省考〉，《史學雜誌》，第51卷4、5期(1930)，頁480-502、614-645。

前田直典，《元朝史の研究》（東京：東京大學出版會，1973）。

島田正郎，《遼朝官制の研究》（東京：創文社，1978）。

桑原騭藏，〈陳垣氏の《元西域人華化考》を讀む〉，收入《桑原騭藏全集》(東京：岩波書店，1963)，第2卷，頁361-369。

植松正，《元代江南社會史研究》(東京：汲古書院，1997)。

礪波護，〈士大夫の成立〉，收入小倉芳彥編《中國文化史叢書》，《文化史》卷8(東京：大修館書店，1968)，頁193-210。

金成洙，《韓國姓名發展史》(漢城：光復出版社，1988)。

周采赫，《元朝官人層研究》(漢城：正音社，1986)。

Abu-Lughod, Janet L., *Before European Hegemony: The World System, A.D. 1250-1350*(Oxford: Oxford University Press, 1989).

Alderfer, Harold F., *Local Government in Developing Countries* (New York：McGraw Hill, 1964).

Allsen, Thomas T., " The Yuan Dynasty and the Uighurs of Turfan in the 13th Century," in M. Rossabi(ed.), *China among Equals* (Berkeley：University of California Press, 1983), pp. 243-280.

Barthold, V. V., *Four Studies on the History of Central Asia*, vol. I. (Leiden: E.J. Brill, 1956).

Bol, Peter K., *This Culture of Ours: Intellectual Transition in T'ang and Sung China* (Stanford: Stanford University Press, 1992) .

Brose, Michael., "Strategies of Survival: Uyghur Elites in Yuan and Early Ming China," Ph. D. Dissertation, Ph. D. Dissentation, University of Pennsylvania, 2000.

Cahill, James, *Hills beyond a River: Chinese Painting of the Yuan Dynasty* (New York: Weather Hill, 1976) .

Ch'en Yuan, *Western and Central Asians in China under the Mongols* (trans and anno. by Ch'ien Hsing-Hai and L. C. Goodrich , Los Angeles: Monumenta Serica, 1966).

Chaffee, John W., *The Thorny Gates of Learning in Sung China* (Cambridge, England: Cambridge University Press, 1985) .

Clark, Hugh, "Settlement, Trade and Economy in Fu-chien to the Thirteenth Century," in

E. B. Vermeer (ed.), *Development and Decline of Fukien Province in the 17th and 18th Centuries* (Leiden: E. J. Brill, 1990), pp. 34-64.

Dardess, John, *A Ming Society, T'ai-ho County, Kiangsi, in the Fourteenth to the Seventeenth Centuries* (Berkeley: University of California Press, 1996).

———, *Confucianism and Autocracy. Professional Elites in the Founding of the Ming Dynasty* (Berkeley: University of California Press, 1983).

———, *Conquerors and Confucians: Aspects of Political Change in Late Yuan China* (New York: Columbia University Press, 1973).

Davis, Richard L., *Court and Family in Sung China, 960-1279* (Durham: Duke University Press, 1986).

———, *Wind against the Mountain: The Crisis of Politics and Culture in Thirteenth-Century China* (Cambridge, Mass.: Harvard University Press, 1996).

de Bary, William T., *Neo-Confucian Orthodoxy and the Learning of the Mind-and-Heart* (New York: Columbia University Press, 1981).

de Rachewiltz, Igor, *Papal Envoys to the Great Khans* (London: Faber and Faber, 1971).

Dikötter, Frank, *The Discourse of Race in Modern China* (Stanford: Stanford University Press, 1992).

Ebrey, Patricia, "The Dynamics of Elite Domination in Sung China," in *Harvard Journal of Asiatic Studies,* vol. 48 (1989), pp. 493-519.

Elvin, Mark, *The Pattern of the Chinese Past* (Stanford: Stanford University Press, 1973).

Endicott-West, Elizabeth, "Aspects of Khitan Liao and Mongolian Yuan Imperial Rule: A Comparative Perspective," in Gary Seaman and Daniel Marks (eds.), *Rulers from the Steppe: State Formation on the Eurasian Periphery* (Los Angeles: Ethnographics Press, 1991), pp. 199-222.

———, *Mongolian Rule in China: Local Administration in the Yuan Dynasty* (Cambridge, Mass.: Harvard University Press, 1989).

F. W. Mote, "Confucian Eremitism in the Yuan Period," in Arthur F. Wright (ed.), *The Confucian Persuasion* (Stanford: Stanford University Press, 1960), pp. 202-240.

Fang, Lienche Tu, "Hsieh Ssu," in L. C. Goodrich ed., *Dictionary of Ming Biography, 1368-1644* (New York: Columbia University Press, 1976), pp. 559-561.

Farquhar, David, "Structure and Function in the Yuan Imperial Government," in John Langlois, D.(ed.), *China under Mongol Rule* (Princeton: Princeton University Press, 1981), pp. 52-55.

———, *The Government of China under Mongolian Rule* (Stuttgart: Steiner,1990).

Fong, Wen C., *Beyond Representation: Chinese Painting and Calligraphy, 8th-14th Century* (New York: Metropolitan Museum, 1992).

Franke, Herbert, "Introduction," in Denis Twitchett and Herbert Franke(eds.), *Cambridge History of China*, vol. 6 (New York: Cambridge University Press, 1994), pp. 1-42.

———, "Sino-Western Contacts under the Mongol Empire," in Herbert Franke, *China under Mongol Rule* (Brookfield: Variorum, 1994), ch.7, pp. 47-72.

———, "The Chin Dynasty," in Denis Twitchett and Herbert Franke(eds.), *Cambridge History of China*, vol. 6, pp. 215-320.

———, "Tibetans in Yuan China," in John D. Langlois(ed.), *China under Mongol Rule*, pp. 296-328.

———, "Could the Mongol Emperors Read and Write Chinese?" *Asia Major*, vol.3(1952), pp. 28-41.

———, "A Sino-Uighur Family Portrait: Notes on a Woodcut from Turfan," in Franke, *China under Mongol Rule*, Ch. 13.

———, "The Role of the State as a Structural Element in Polyethnic Societies," in Stuart Schram(ed.), *Foundations and Limits of State Power in China* (London: University of London, 1987), pp. 87-112.

Fu, Marilyn Wong, "The Impact of the Reunification: Northern Elements in the Life and Art of Hsien-yu Shu(1257?-1302) and Their Relation to Early Yuan Literati Culture, " in John D. Langlois, *China under Mongol Rule,* pp. 370-433.

Gabain, A. von, *Das Leben im uighurischen Konigreich von Qocho, 850-1250.* (Wiesbaden: Otto Harrasowitz, 1973)

Hartner, W., "The Astronomical Instruments of Cha-ma-lu-ting," *ISIS,* 41(1950), p. 184.

Hartwell, Robert M., "A Cycle of Economic Change in Imperial China: Coal and Iron in Northeast China, 750-1350," *Journal of Social and Economic History of the Orient,* 10(1967), pp. 102-159.

———, "Demographic, Political, and Social Transformations of China, 750-1550," *Harvard Journal of Asiatic Studies,* 42:2(1982), pp. 365-442.

Ho, Ping-ti, *The Ladder of Success in Late Imperial China: Aspects of Social Mobility, 1368-1911* (New York: Columbia University Press, 1962).

Holmgren, J., " Marriage, Kinship and Succession under the Ch'i-tan Rulers of the Liao Dynasty, 907-1125, " *T'oung Pao, 72*(1986), pp. 44-91.

Hsiao, Ch'i-ch'ing, *The Military Establishment of the Yuan Dynasty* (Cambridge, Mass: Harvard University Press, 1978).

———, "Lien Hsi-hsien," in Igor de Rachewiltz, et al. (eds.), *In the Service of the Khan* (Wiesbaden: Harrasowitz, 1993), pp. 480-499.

Huang, Ray, *China: A Macro History* (New York: N. E. Sharpe, 1990).

Hymes, Robert P., *Statesmen and Gentlemen: The Elite of Fu-chou, Chiang-hsi in Northern and Southern Sung* (Cambridge: Cambridge University Press, 1986).

Jay, Jennifer W., *A Change in Dynasties: Loyalism in Thirteeth-century China* (Bellingham: Western Washington University, 1991).

Kracke, Edward A., "Sung Society: Change within Tradition," *The Far Eastern Quarterly,* 14(1955), pp. 479-488.

———, "Family versus Merit in Chinese Civil Service Examinations under the Empire," *Harvard Journal of Asiatic Studies* vol.10(1947), pp. 103-121.

———, "Region, Family and Individual in the Chinese Examination System," in John K. Fairbank (ed.), *Chinese Thought and Institutions* (Chicago: University of Chicago Press, 1967), pp. 251-268.

Lam, Yuan-chu，"On Yuan Examination System: The Role of Northern Ch'eng-Chu Pioneering Scholars," *Journal of Turkish Studies*, vol. 9 (1985), pp.15-20.

Lee, Thomas H. C., *Government Education and Examinations in Sung China* (New York: Chinese Universuty Press, 1985).

Liu, James T. C., *China Turning Inward: Intellectual-Political Changes in the Early Twelfth Century* (Cambridge, Mass.: Harvard University Press, 1988).

Liu, Kwang-ching, "Socioethics as Orthodoxy: A Perspective," in Kwang-ching Liu (ed.), *Orthodoxy in Late Imperial Chinca* (Berkeley: University of California Press, 1990), pp. 53-102.

Mote, Frederick, "Social Structure under Mongol Rule," in Denis Twitchett and Herbert Franke(eds), *Cambridge History of China* , vol. 6, pp. 616-664.

Moule, A.C. and Paul Pelliot(eds. and trans.), *Marco Polo. The Description of the World* (2 vols. London, 1935-1938)

Needham, *Science and Civilization in China,* vol. 4 (Cambridge: Cambridge University Press, 1959).

Perdue, Peter C., *Exhausting the Earth: State and Peasant in Hunan,1500-1850* (Cambridge, Mass: Harvard University Press, 1987).

Rossabi, Morris, *Khubilai Khan: His Life and Times* (Berkeley: University of California Press, 1988).

———, "The Muslims in the Early Yuan Dynasty," in John D. Langlois(ed), *China under Mongol Rule*, pp. 257-295.

Sariti, Anthony W., "Monarchy, Bureaucracy, and Absolutism in the Political Thought of Ssu-ma Kuang," *Journal of Asian Studies,* vol. 32,no.1(1972), pp. 53-76.

Saunders, J.J., *History of the Mongol Conquest* (London: Routledge and Kegan Paul, 1971).

Serruys, Henry, "Some Types of Names Adopted by the Mongols during the Yuan and Early Ming Periods," *Monumenta Serica ,*vol. 17(1958), pp. 353-360.

———, *The Mongols in China during the Hung-wu Period.* Bruxelles: Bruges, 1959.

———, "Remains of Mongol Customs in China during the Early Ming Period," *Monumenta Serica* , vol.16(1957), pp. 137-190.

Shiba, Yoshinobu, *Commerce and Society in Sung China* (trans. by Mark Elvin, Ann Arbor: Center for Chinese Studies, University of Michigan, 1970).

Skinner, G. William (ed.), "Introduction: Urban Development in Imperial China," in Skinner (ed.), *The City in Late Imperial China* (Stanford: Stanford University Press, 1977), pp. 3-31.

———, "Mobility Strategies in Late Imperial China: A Regional Systems Analysis," in Carol A Smith (ed.), *Regional Systems* (New York: Academic Press, 1976), pp. 327-364.

———, "Presidential Address: The Structure of Chinese History," *Journal of Asian Studies*, vol. 44 (1985), pp. 271-292.

Smith, Paul J., "Family, Landsmann, and Status-group Affinity in Refugee Mobility Strategies," *Harvard Journal of Asiatic Studies*, vol.52 (1992), pp. 665-708.

———and Richard von Glahn eds., *The Song-Yuan-Ming Transition in Chinese History* (Cambridge, Mass.: Harvard University Press, 2003).

Tillman, Hoyt C., "Proto-nationalism in Twelfth-century China? The Case of Ch'en Liang," *Harvard Journal of Asiatic Studies*, vol. 39, no. 2(1979), pp. 403-428.

Wallace, Anthony F. C., *Culture and Personality* (New York: Random House, 1962).

Weidner, Marsha, *Painting and Patronage at the Mongol Court of China, 1260-1368,* Ph. D. thesis (University of California at Berkeley, 1982).

Wittfogel, K. A., "Public Office in the Liao and the Chinese Examination System, " *Harvard Journal of Asiatic Studies*, vol.10(1947), pp.13-40.

———and C.S. Feng, *History of Chinese Society. Liao (907-1125)* (Philadelphia: American Philosophical Society, 1949).

Wood, Frances, *Did Marco Polo Go to China* (London: Westview Press, 1995).

Zurndorfer, Harriet T., *Change and Continuity in Chinese Local History* (Leiden: E. J. Brill, 1989).

錄附一
漢人世家與邊族政權：
以遼朝燕京五大家族為中心*

一

　　中國史上由遊牧民族或半遊牧民族肇建的各王朝自然以其本族為統治主體，「民族」為用人行政的主要評準。但是，這些王朝為達到鞏固其政權之目的，不得不適應漢地環境而與當地社會勢力密切結合，六朝時代北方胡族政權大多承認漢人士族既有特權，並大量加以任用，協助統治。北魏孝文帝(471-499)施行漢化，更欲使鮮卑貴族接受漢人士族文化，與冠冕世家融為一體[1]。雖然魏孝文帝的漢化政策引起不少反動，但胡、漢統治階層的合流卻是當時政治與社會的主流，其影響及於隋、唐。十三世紀蒙古征服全中國，端賴崛起於金元之際的漢軍世家之協力，這些漢軍世家遂成為蒙古人統治中國的重要支柱，也享受到與蒙古貴族相近似的優遇[2]。金、清二朝皆與漢人紳士階層密切結合，大開科舉，使漢人士大夫甘為所用，奠定長治久安的基礎。

---

* 本文係根據1992年5月4日於國立台灣大學歷史學系所作演講講辭增訂而成。承蒙該系邀約及中華民國行政院國家科學委員會之資助，得以完成本文。謹向上述二機構敬致謝忱。

1 陳寅恪，〈崔浩與寇謙之〉，載陳氏，《金明館叢稿初編》(上海：上海古籍出版社，1980)，頁107-140；毛漢光，《中國中古社會史論》(台北：聯經出版事業公司，1988)，頁16-21。

2 蕭啓慶，〈元代幾個漢軍世家的仕宦與婚姻〉，載中央研究院歷史語言研究所編，《中國近世社會文化史論文集》(台北：中央研究院歷史語言研究所，1992)，頁213-277。

　　遼朝與其他邊族王朝一樣，不得不重用漢人；但是，遼朝的政治社會結構與當時漢人統治下的中原不同。唐季以降，中原社會正自「門第社會」轉變爲「科第社會」，菁英徵募係以科舉爲主，社會流動大爲增加，「世胄躡高位，英俊沉下僚」的現象大爲減少[3]。遼朝由於爲一邊疆民族所肇建的征服王朝，社會層化仍較嚴格，種族與家世爲政治及社會地位決定的主要評準。契丹貴族憑藉「世選」入官，代代攫朱奪紫[4]；少數幾個漢人世家的子弟亦倚恃恩蔭而屢世高官。遼朝世家子弟憑藉門第而屢代獲致重用的現象，與近世以降中原漢人憑藉科舉以維持門楣的方法大不相同。

　　本文研究的主要對象爲遼朝燕京地區的幾個漢人世家。本文所謂燕京，廣義言之，即燕、雲十六州之東部，遼朝爲南京道，又稱燕京，乃是遼朝經濟最發達，人才最集中的漢人地區[5]。本文所研究的幾個家族大多於唐季、五代已爲幽燕地區的官宦盛族。遼初歸順之後，乃成爲漢人中仕宦最盛的家族。金代遼興，宦業仍盛。元朝人稱之爲「燕四大族」，如元初王惲(1227-1304)說：「迄今故老，談勳閥富盛，照映前後者，必曰：『韓、劉、馬、趙四大族焉』！」[6]此外元人關於「燕四大族」的記載甚多，如郝經(1223-1275)〈房山先生墓誌〉說：

3　關於唐宋社會變化與科舉制興起的關係，參看Kracke, E. A. "Family versus Merit in Chinese Civil Service Examinations under the Empire." *Harvard Journal of Asiatic Studies,* 10(1947), pp.105-123；孫國棟，〈唐宋之際門第之消融〉，《新亞學報》，第四期(1959)，頁211-304；Hymes, R. *Statesmen and Gentlemen:The Elite of Fu-chou, Chiang-hsi in Northern and Southern Sung* (Cambridge: New York Cambridge University Press), 1986.

4　姚從吾，〈說遼朝契丹人的世選制度〉，載姚氏，《東北史論叢》上冊(台北：正中書局)，頁285-338；Wittfogel, K. A. "Public Office in the Liao and the Chinese Examination System," *Harvard Journal of Asiatic Studies*, 10(1947), pp.13-40.

5　關於遼人統治下之燕雲十六州之情況，參看姚從吾，〈從宋人所記燕雲十六州淪入契丹後的實況看宋遼關係〉，載《姚從吾先生全集》，第五冊(台北：正中書局，1981)，頁135-152。關於十六州之地理，參看趙鐵寒，〈燕雲十六州的地理分析〉，《大陸雜誌》第17卷第11期(1958)，頁3-7；第17卷第12期，頁18-22。

6　〈題遼太師趙思溫系後〉，王惲，《秋澗先生大全文集》(四部叢刊)，第73卷，頁7下-8上。

(昌平劉氏)自忭有幽州，傳姓授節數世。入契丹，爲王公數十人，
如劉六符等尤貴顯者也，始終契丹二百餘年。入金源氏，爲「燕四
大族」，號劉、韓、馬、趙氏。其宗黨在仕塗者嘗數十百人。[7]

王惲〈盧龍趙氏家傳〉說：

趙氏自五季迄今三百餘年，子孫繁衍，幾於千人。忠傳學繼，世濟
其美，越不事宦遊者，學術行義，亦昭晰於時，與韓、劉、馬共稱
爲「燕四大族」，至比唐李、鄭、崔、盧。[8]

而蘇天爵(1294-1352)〈工部尙書韓公神道碑〉也說：

韓氏世居漁陽上谷，遼、金以來，族大而盛，位列公卿將相，富貴
奕奕，與劉六符、馬人望、趙思溫等號四大族。昏因門閥，時人
比唐崔、盧。[9]

可見韓、劉、馬、趙四姓自五代以迄遼、金，仕宦與婚姻皆盛極當世，歷久
不衰。世人以之與唐朝李、鄭、崔、盧等閥閱世家相比擬。

　　「韓、劉、馬、趙」爲遼、金燕京四大族姓應無疑問。但此四姓究竟指
何家族而言，仍有探討餘地。馮家昇認爲韓、劉、馬、趙乃指韓知古、劉六
符(?-1055)、馬得臣及趙思溫(881-939)等四人之家族[10]。王明蓀則主張韓、
劉、馬、趙應爲四姓六族，即韓知古、韓延徽(882-959)、劉景(922-988，六
符之祖)、馬保忠、馬人望等六人之家族[11]。而羅繼祖著《遼漢臣世系表》

7　郝經，《郝文忠公集》(乾坤正氣集)，第22卷，頁3上-4下。
8　《秋澗集》，第84卷，頁4下-11上。
9　蘇天爵，《滋溪文稿》(適園叢書)，第20卷，頁1上-5下。
10　馮家昇，〈遼史源流考〉，載馮氏，《遼史證誤三種》(北京：中華書局，1959)，頁50-51。
11　王明蓀，〈略論遼代的漢人集團〉，載王氏，《宋遼金史論文稿》(台北：明文書局，1981)，頁69-71。

則認為韓氏乃指知古,「然安次(即韓延徽家族)、漁陽(即韓知白家族)兩族同籍燕,亦多顯者」[12]。諸家所見頗有出入。

筆者認為「燕四大族」之考證,應以前引蘇天爵文為主要依據而加以修正。蘇氏所言之四大族為漁陽韓氏及劉六符、馬人望、趙思溫等家族。其中劉、趙二氏名列四大族,王惲、郝經二文亦加證實,應無疑問,而劉氏籍昌平(河北昌平)、趙氏貫盧龍(河北盧龍),二地皆在遼朝南京道境內,地望不錯。至於馬人望一族原籍不詳,遼初迫徙醫巫閭山(遼寧北鎮縣西),地屬東京道,但人望及其曾祖皆曾官於南京,可能徙家於燕,因而得列於「燕四大族」,而且人望之先已數世仕遼,官爵不低,非馬保忠族僅崛興於遼朝中期者可比[13]。至於漁陽韓氏(遼南府宰相韓知白之裔)亦僅興起於遼朝中期,族屬、仕宦之盛遠遜於韓知古、韓延徽二家[14]。知古、延徽二族無疑為遼代漢人中最煊赫之家族,而且至金朝仕宦仍盛(見下文第六節),名列四大族,皆應無疑問。蘇天爵為漁陽韓沖(1250-1332)撰碑,推崇其先人而忽略知古、延徽二族,亦屬常情。因此,筆者認為「燕四大族」應為四姓五家:即玉田韓氏(韓知古家族)、安次韓氏(韓延徽家族)、昌平劉氏、醫閭馬氏及盧龍趙氏。

本文旨在藉此四姓五族的歷史,具體研析漢人世家與邊族政權之間的共生關係,並希望藉此研析反映出遼朝政權的性質及其統治對華北漢人社會——尤其是菁英階層的影響。本文第二節將闡釋遼朝任用漢人,尤其是重用漢人世家的原因。第三節考述漢人世家的背景及其對遼朝建國的貢獻。第四節研析世家子弟入仕途徑,世家仕宦之普遍性與持續性及世家在政治上之重要性。第五節考述世家的婚姻與政治的關係。第六節則簡述各世家在金朝之延續,藉以說明漢人世家之地位並未因遼金鼎革而有所陵夷。因而本文雖以五大家族在遼朝的歷史為重心,但亦觸及其在金朝的興衰。

---

12 羅繼祖,《遼漢臣世系表》(愿學齋叢刊本),頁3上。

13 葉隆禮撰,賈敬顏、林榮貴點校,《契丹國志》(上海:上海古籍出版社,1985),第19卷,頁180-181。

14 蘇天爵,《滋溪文稿》,第20卷,頁1上-5下。

二

　　遼朝的出現可說是契丹遊牧部族聯盟與中原漢人社會加強接觸的結果，而契丹由部落聯盟轉變爲君主專制國家乃至雄跨草原與農耕地區的帝國，漢人出力甚大。五大家族便是其中之佼佼者。

　　耶律阿保機(遼太祖，r. 907-916-926)自其早年擔任迭剌部夷離菫起，便利用唐末、五代中原混亂情勢，大量吸收漢人。這些漢人中有俘奴、有流人、有覉使，也有降官、降將。阿保機最初利用漢人，於草原上建立了不少漢城[15]，這些漢城遂成爲阿保機個人的政治、經濟基盤，形成半獨立於遙輦契丹的一種「特區」[16]。以此爲憑藉，阿保機遂於907年取代遙輦氏而成爲契丹部族聯盟的可汗。此後並受漢人知識分子之影響，接受漢人君主世襲觀念，漠視契丹三年選汗的舊傳統，拒不受代。916年阿保機完全打破部族聯盟舊慣習而仿照中原王朝體制，採用皇帝尊號，建元神冊，並進一步改編部族，創立法制、營建皇都、制定文字，都有賴漢人知識分子的策劃。

　　此後，阿保機及其繼承人耶律德光(遼太宗，r. 926-947)在中原的擴張更增強了漢人在遼帝國的重要性。耶律德光於936年援晉滅唐，938年取得燕雲十六州之地。947年更攻滅石晉，奄有中原。雖因治理無方，不得不舉兵北撤，但已吸收大量漢族人材，並仍據有燕雲及平、灤、營、易、東勝等漢人州縣。遼朝的疆域及其統治政策乃趨於安定。

　　遼朝境內，種族繁多，文化複雜，不得不採取「因俗而治」的基本國策。簡言之，遼朝境內包擁兩個生態、種族、文化互不相同的區域，一面是「畜牧畋魚以食，皮毛以衣，轉徙隨時，車馬爲家」的遊牧地區，一面是

15　姚從吾，〈說阿保機時代的漢城〉，載姚氏，《東北史論叢》，上冊，頁193-215；田村實造，《中國征服王朝の研究》，上冊(京都：東洋史研究會，1964-1985)，頁124-136、274-313。
16　陳述，《契丹政治史稿》(北京：人民出版社，1986)，頁110。

「耕稼以食，桑麻以衣，宮室以居，城廓以治」的農業地區[17]。與其他征服王朝不同，遼朝始終將其政治中心置於遊牧地區，並且繼續以部族制度統治契丹及其他遊牧部族。但是，同一制度無法施行於以漢人爲主的農業地區，而漢人農業地區卻在遼帝國中占有甚大重要性。據估計，遼朝總人口爲380萬，其中漢人占63.16%，如加上同爲定居民族的渤海人則達75%[18]。而漢人所聚居的南京、西京二道更是遼朝的經濟、文化重心，遼廷無法忽視。故自取得燕雲十六州後，即逐漸制定「以國制治契丹，以漢制待漢人」[19]、「番不治漢，漢不治番，番漢不同治」[20]的政策，設立二元政治制度，以北面官制統治契丹及諸遊牧民族，而以南面官制管理漢人。南面官自然以具有治理農業社會能力及經驗的漢人爲主—尤其在遼朝前期契丹人對漢制尚未熟悉時—，而在漢人社會中具有影響力的世家大族更受重用。

遼朝雖然實行二元制度，漢人擔任之官職不以南面爲限。過去學者多過份強調了南北兩面官劃分的絕對性，陳述稱遼代二元制度爲聯邦制[21]，而島田正郎則認爲在二元體制之下遼朝實行了「由漢人自行管理的原則」，非常強調漢人的自主性[22]。實際上，二元制度不過是君主專制單一政體下的二種治理方式，南北二面既不享有獨立的主權，也不具有中共現在所承諾的「一國二制」之下的「港人治港」、「台人治台」的原則，不僅擔任南面官者有契丹人，也有不少漢人膺任北面官職及超越南北二面的中央官職[23]。總之遼朝之建國，漢人貢獻甚大。治理南面固須倚重兼具經營漢地能力及在漢地具有影響力的漢人世家子弟，即在北面官系統中亦有借重漢人之處。

17　《遼史・營衛志》（北京：中華書局，1974），第3卷，頁373。

18　Wittfogel, K.A. and C.S. Feng（馮家昇）*History of Chinese Society: Liao (907-1125）*（Philadelphia: American Philosophical Society, 1949), p. 58.

19　《遼史・百官志》，第45卷，頁685。

20　龍袞，《江南野史》（文淵閣四庫全書本），第2卷，頁4上。

21　陳述，前引書，頁107-108。

22　島田正郎，《遼朝官制の研究》（東京：創文社，1979），頁3-30。

23　李錫厚，〈論遼朝的政治體制〉，《歷史研究》，1988，第3期，頁119-136。

三

　　五大家族大多出身中原—尤其是燕京地區—的仕宦階層，雖然其歸順契丹之時間與方式不盡相同，但對遼朝之建國卻各有貢獻。

　　五大家族中，唯有玉田韓氏原有家庭背景不明；但是此一家族卻是歸遼最早，而且與皇室關係最為親密[24]。〈韓瑜墓誌〉稱韓知古之父「為大司馬」，可能係遼廷於知古歸順後對其父之封贈，而非原有之官職[25]。韓知古係以俘奴身分歸遼。阿保機早年攻打薊州，知古為述律平(即太祖淳欽皇后，879-953)之兄欲穩所俘，成為述律氏之私奴，此事當係發生於唐光化二年(899)之前[26]，後述律平下嫁阿保機，知古以媵臣身分追隨。知古入遼之初，未受重視，一度「挺身逃庸保」。後因其子匡嗣(?-981)以「宮分人」之身分得以親近阿保機，知古始受注意，因其「善謀，有識量」而得以參與謀議。神冊建元(916)之前，知古已屢膺重任。907年阿保機首任可汗前後，知古受命於古柳城址(遼寧朝陽)營建新城，稱霸州彰武軍，以安頓俘獲奚及漢人人戶，知古受任為彰武軍節度使。不久，阿保機設置漢人樞密院前身之漢兒司，即由知古主之，總知漢人一切事務。同時任左僕射，「兼主諸國禮儀，時儀法疏闊，知古援據古典，參酌國俗，與漢儀雜就之，使國人易知而行」[27]。天顯(926-935)中升任中書令，為漢人最高官員。總之，知古之獲重

24　關於玉田韓氏之歷史，過去研究者有：王民信，〈遼史韓知古傳及其世系證補〉，載王氏，《契丹史論叢》(台北：學海出版社，1973)，頁118-135；李錫厚，〈試論遼代玉田韓氏家族的歷史地位〉，《宋遼金史論叢》，1985，第一輯，頁251-266；松田光次，〈遼朝漢人官僚小考——韓知古一族の系譜とその事跡〉，載《小野勝年博士頌壽記念東方學論叢》(京都：龍谷大學東洋史學研究會，1982)，頁301-315。其中李錫厚文甚為精闢，以下討論玉田韓氏時，採用其意見不少。

25　〈韓瑜墓誌〉，見羅福頤校錄，《滿洲金石志》(台北：藝文印書館，1976)，第1卷，頁33上-35下；陳述輯校，《全遼文》(北京：中華書局，1982)，第5卷，頁98-101；畢任庸，〈遼韓瑜韓橁墓誌銘考證〉，《人文月刊》1936，第7卷，第3期，頁1-12。

26　見註24引李錫厚文，頁252-253。

27　《遼史・韓知古傳》，第74卷，頁1233-1235。

用,與其「宮分人」之身分有甚大關聯。其子匡嗣,也因具有宮分人之身分,「以善醫直長樂宮,皇后視之猶子」,爲其家族之騰達,奠定基礎[28]。

安次韓延徽出身於唐季仕宦之家,父夢殷任薊、魯、順三州刺史[29]。延徽則仕於幽州節度使劉仁恭(?-914)、劉守光(?-914)父子,官至幽州觀察度支使。913年晉王李存勗(r. 923-926)軍攻燕,守光遣延徽求救於契丹,爲契丹所留。因其「有智略,頗知屬文」,而得賞識,成爲阿保機的早期得力謀臣。在奠定制度方面,貢獻最大。《資治通鑑》說:「延徽始教契丹建牙府,築城郭,立市里以處漢人,使各有配偶,由是漢人各安生業,逃亡者益少,契丹咸服諸國,延徽有助焉。」[30]《遼史‧韓延徽傳》也說:「凡營都邑,建宮殿,正君臣,定名分,法度井井,延徽之力也。」[31]而《遼史‧食貨志》將定賦稅、制國用之功亦歸之於延徽[32]。總之,在阿保機將契丹由一草原部族聯盟改建爲兼統漢地與草原之君主專制國家的過程中,延徽是貢獻最大的漢人文臣;因此阿保機時代延徽已官爲守政事令、崇文館大學士,「中外事悉令參決」。以後又歷事太宗(927-947)、世宗(947-951)二朝,除續任政事令外,又受命爲南府宰相。南府宰相爲北面高官,例由皇族預其選,延徽是最早集南北二面高官於一身的漢人。

盧龍趙思溫之父元遂曾爲宦於燕,乃爲盧龍人[33]。思溫初爲劉仁恭麾下偏將,晉王李存勗滅劉氏,思溫降,授平州刺史兼平、營、薊三州都指揮使,鎮守抵抗契丹之前線。922年耶律德光(遼太宗)攻平州,城中糧盡,思溫被迫降附,阿保機用之爲漢軍都團練使,「寵遇殊渥」。契丹平渤海、攻後唐、滅後晉,思溫皆率漢軍從征。938年契丹取得燕雲十六州後,即以思溫爲南京留守、盧龍軍節度使兼管內觀察處置使,思溫乃成爲燕京地區第一

28　同上,頁1234。

29　《遼史‧韓延徽傳》,第74卷,頁1231-1233。

30　《資治通鑑‧後梁紀》(四部叢刊本),第269卷,頁19下。《契丹國志‧韓延徽傳》全襲《通鑑》文。

31　《遼史‧韓延徽傳》,第74卷,頁1231-1233。

32　《遼史‧食貨志》,第59卷,頁926。

33　〈盧龍趙氏家傳〉,頁4下。

任最高長官[34]。契丹騎兵長於野戰，拙於攻城，進攻農業地區，端賴漢軍助戰。思溫與盧文進及趙德鈞、趙延壽(?-948)父子都是歸順遼朝的重要漢軍將領[35]。盧文進於926年奔降後唐，而德均父子則因野心太大，圖謀自主中原而受到壓抑；思溫父子卻是奉事契丹最爲忠心之漢軍將領。

表一　玉田韓氏世系

I　知古

II　匡嗣(?-981)　　匡美　　匡胤

III
- （匡嗣）德源(?-979)、德讓(耶律隆運)(941-1011)、德威、德沖(崇)、德凝
- （匡美）瑜(946-981)、瑘、□、□
- （匡胤）琬

IV
- 雱金、制心(直心，遂貞)(971-1024)、郭三、越、孫寶、神奴、楢、四哥、高神奴、□、相(972-1013)
- 阿骨兒、福孫(三哥)、骸里、栲栳(?-1036)

V
- 謝十、滌魯(1000?-1079)、高家奴、高十、齊家奴、貽孫、貽訓、奴子、大鉶
- 燕五

IX(?)　企先(1082-1146)

X(?)　鐸

史源：《遼史》74.1233-1235, 82.1289-1292；《金史》78.1777-1779；《全遼文》5.98-101, 6.116-117, 120-123；《滿洲金石志》1.32b-35b. 2.1b-12a；河北省博物館，〈河北遷安上蘆村遼韓相墓〉，《考古》1973, 5, 276-278；王民信，《契丹史論叢》，118-133；松田光次，〈遼漢人官僚小考〉，《小野勝年博士頌壽記念東方學論叢》，301-315。

34　同上，頁4下-5下；《遼史・趙思溫傳》，第67卷，頁1250-1251。

35　《遼史・趙延壽傳》，第76卷，頁1247-1249；《契丹國志・盧文進傳》，第18卷，頁173-174。

表二　安次韓氏世系

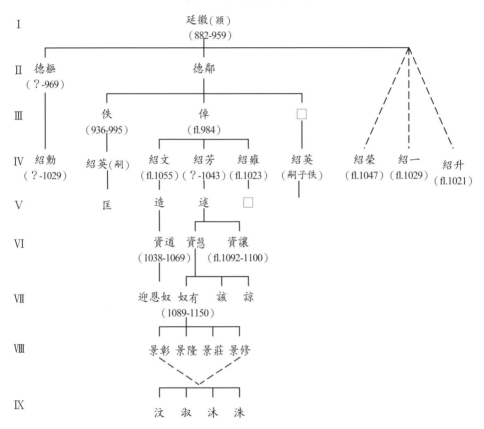

史源：《遼史》74.1231-1233；《契丹國志》16.160-161；《全遼文》8.190-191；《續資治通鑑長編》97.14；魯琪，〈北京出土遼韓資道墓誌〉，《文物資料叢刊》2（1979），176-179；北京市文物工作隊，〈遼韓佚墓發掘報告〉，《考古學報》1984, 3, 361-381；北京市文物工作隊，〈北京西郊遼墓壁畫墓發掘〉，《北京文物與考古》（北京：北京燕山出版社，1981），28-47；齊心，〈金代韓誧墓志考〉，《考古》1984, 8, 752-758；齊心，〈遼代《漢臣世系表》補正——略論遼金幽燕地區韓延徽世系〉，《首都博物館叢刊》1982, 1, 18-22。

　　昌平劉氏、醫閭馬氏歸附遼朝較晚，早年事功較不顯著。劉氏為唐朝後期河北藩鎮世家，歸遼最早者為劉守敬(?-959)，其高祖怦(726-785)於貞元間(785-804)初任盧龍軍節度使。怦子濟(756-810)、孫總分別任幽州節度

使、天平軍節度使；曾孫礎亦曾任州刺史[36]。守敬降遼前官拜何職？何時降
遼？皆無紀錄可稽；或係於936年隨後唐盧龍節度使趙德鈞、延壽父子歸順
遼朝。守敬歸附後任南京副留守，當係在趙延壽任南京留守之時。守敬子景
(京)「好學能文」，延壽辟爲「幽都府文學」，顯係延壽麾下之文人[37]；景
宗朝始獲大用。總之，劉氏雖然原爲河北重要藩鎮世家，卻是以文人身分出
仕遼朝。守敬、景(京)爲劉氏在遼朝的政治地位奠立基礎，但其家事業於第
三、四代始達到巔峰。

　　醫閭馬氏降遼最晚，早年事跡亦最隱晦。馬氏最早歸順契丹者爲馬胤
卿，胤卿原爲石晉青州刺史。944年契丹伐晉，城破被執；其族被徙於醫巫
閭山，其子孫遂仕遼朝[38]。

　　總之，五大家族歸遼之前，多係官宦世家，屬於漢人社會之統治階層。
五家之中，二韓一趙歸順遼朝最早，對遼朝建國貢獻亦最大。韓延徽、韓知
古皆爲阿保機最早亦爲最重要之漢人顧問，對遼朝制度之建立貢獻最大。趙
思溫則爲遼朝初期最重要漢軍將領之一，汗馬功勞最多。劉、馬二氏歸順最
晚，對遼朝建國貢獻不甚明顯，爲後起的官僚家族。

四

　　研究各世家在政治上之發展與延續，自須分析其成員之仕進狀況。但研
究各家仕進狀況，不免受到史料局限。第一，《遼史‧百官志》雜亂殘缺，
不過是摘抄本紀及列傳而成篇，既無系統敘述，更缺少官職品秩之記載。因
此，筆者無法將各家族任官者之品級加以統計，以顯示仕宦之盛衰。第二，
五大家族現存史料多寡不一，但皆不齊備。各家子孫現知人數及仕宦人數與

36　《舊唐書‧劉怦傳》(北京：中華書局，1975)，第143卷，頁3898-3903；〈劉濟墓
　　志〉，《欽定全唐文》(嘉靖十九年原刊本)第505卷，頁9下-13上。
37　《遼史‧劉景傳》，第86卷，頁1322；按劉景即劉京，所撰趙德鈞妻种氏墓誌末
　　署：「門吏翰林學士……劉京。」可見劉景爲趙德鈞父子之部下，見《全遼
　　文》，第4卷，頁77。
38　《遼史‧馬人望傳》，第105卷，頁1461-1463。

實際人數定有相當差距，而差距之大小決定於各該家族現存史料之多寡。盧龍趙氏、玉田韓氏現存史料最多，現知人數及仕宦人數亦最多，醫閭馬氏之情形則反是。

表三　盧龍趙氏世系

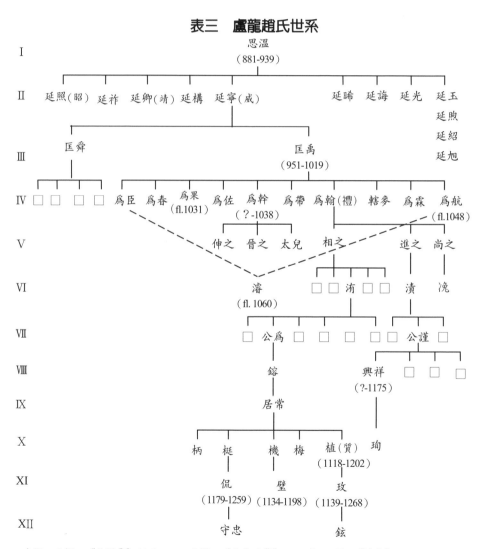

史源：王惲，《秋澗集》49.4b-11a；吳澄，《吳文正集》58.11上-13下；《遼史》76.1250-1251；《金史》91.2026,127.2749；《續資治通鑑長編》81.17,110.18, 164.15；《全遼文》13.373-375；鄧寶學等，〈遼寧朝陽趙氏族墓〉，《文物》1983,9, 30-38。

表四　昌平劉氏世系

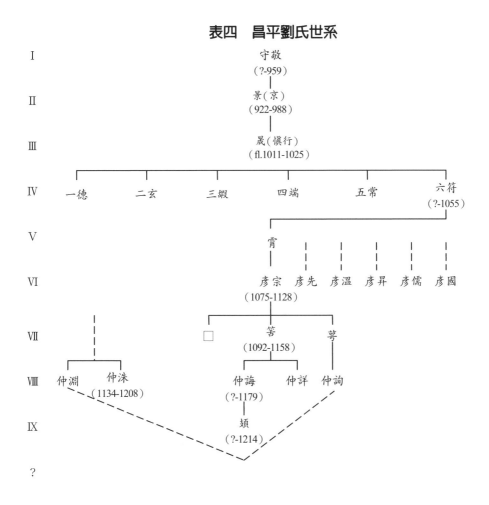

史源：王惲，《秋澗集》49.4b-11a；吳澄，《吳文正集》58.11a-13b；《遼史》76.1250-1251；《金
　　　史》91.2026,127.2749；《續資治通鑑長編》81.17,110.18, 164.15；《全遼文》13.373-375；鄧
　　　寶學等，〈遼寧朝陽趙氏族墓〉，《文物》1983,9, 30-38。

　　研析世家子弟的仕進，首先須考述入仕途徑。漢人世家子弟與契丹人的
入仕途徑有何不同？與一般漢人又有何不同？皆為值得注意的問題。遼朝選
官著重貴族及仕宦階層的世襲權利，契丹人入官主要由世選，其事甚明。漢
人如何入官？卻無明白記載。須綜合各種資料加以研析始可探明真相。

表五　醫閭馬氏世系

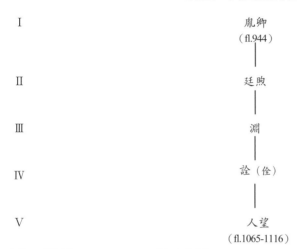

I	胤卿 （fl.944）
II	廷煦
III	淵
IV	詮（佺）
V	人望 （fl.1065-1116）

史源：《遼史》105.1461-1463；《契丹國志》10.108。

　　「蔭子」無疑爲漢人世家子弟的主要入仕途徑。遼朝繼承漢唐官宦蔭子之法，《契丹國志》說：「若夫任子之令，不論文武並奏，蔭亦有員數。」[39]可見文武官皆可蔭子入官，但每官可蔭幾人卻缺明確記載。魏復光(Karl A. Wittfogel)認爲：由於契丹人重視官職之世襲性，遼朝蔭子之制的施用遠較漢族王朝時更爲普遍，應屬不錯[40]。世家子弟承蔭入官而具記載者共有安次韓資道(1038-1069)[41]、韓祐[42]、盧龍趙公爲[43]、趙興祥(?-1175)[44]、昌平劉筈(1092-1158)、劉蕚等人[45]。世家子弟以此途徑入官者必然甚多，不過史

39　《契丹國志・試士科制》，第23卷，頁227。
40　Wittfogel, op. cit., pp. 460-461.
41　〈韓資道墓誌〉，見於《全遼文》，頁190；魯琪，〈北京出土遼韓資道墓誌〉，載文物編輯委員會編，《文物資料叢刊》，第2輯(北京：文物出版社，1978)，頁176-179。
42　見〈韓譒墓誌〉。齊心，〈金代韓譒墓志考〉，《考古》，1984，第8期，頁752-758。
43　〈盧龍趙氏家傳〉，頁7上。
44　《金史・趙興祥傳》(北京：中華書局，1975)，第91卷，頁2026。
45　《金史・劉彥宗傳》，第78卷，頁1769-1775。

料中缺乏明白記載。一般之蔭子所予者僅爲「閤門舍人」之類的閒職小官，而世家子弟往往驟以高官入仕，如韓德樞(?-969)未冠即任爲左羽林大將軍[46]，而韓佚(936-995)「以名家子特授遼興軍節度使」[47]，顯然都是特旨恩授。這是一般漢人子弟無法希冀的特權。

契丹貴族子弟甚多係由擔任近侍——即皇宮中的著帳官、宿衛等——而入仕，往往平步青雲，與元朝之怯薛(Kesig)所起作用相似[48]。漢人由此入仕者較爲少見；但是玉田韓德源(?-979)、韓德讓(耶律隆運，941-1011)皆是經此而進入仕途。

五大家族子弟於遼朝中期以後頗有自科舉入仕者。遼初科舉專爲燕雲漢人而設，規模極小，作用不大；但自988年擴大舉行以後，名額大爲增加。而遼代中後期漢人大臣不少皆出身進士[49]。五大家族中昌平劉氏共有六人登進士第(三嘏、四端、六符、霄、彥宗、筈)，而玉田韓企先(1082-1146)、醫閭馬人望亦皆由科舉入仕，都兼具閥閱與科第雙重身分。世家子弟經由科舉登仕者增多是否意味科舉取代門第而成爲遼代漢人入仕之主要途徑？事實上並非如此。遼朝之科舉並未嚴格依客觀標準錄取進士，不少進士係由皇帝特旨恩賜，考試不過是象徵性的，功臣子弟往往因此得利，錦上添花[50]。而且在科舉擴大舉行之後，世家子弟官宦仍盛，並未因擴大科舉而削弱。安次韓氏、盧龍趙氏皆無人登進士第，但此兩家在政治上之聲華並未因而稍衰。唐朝中期以後科舉已極重要，但科第之士仍多出身「士族」；毛漢光以士

46　《遼史・韓延徽傳》，第74卷，頁1232。

47　〈韓佚墓誌〉，見北京市文物工作隊，〈遼韓佚墓發掘報告〉，《考古學報》，1984第3期，頁361-381。

48　唐統天，〈遼代仕進補議〉，《社會科學輯刊》，1990第3期，頁84-89；島田正郎，《遼朝官制の研究》，頁327-392。

49　關於遼朝之科舉制度，參看：楊若薇，〈遼代科舉制度的幾個問題〉，載楊氏，《契丹王朝政治軍事制度研究》(北京：中國社會科學出版社，1991)，頁273-285；都興智，〈有關遼朝科舉的幾個問題〉，《北方文物》1991第2期，頁56-60。而朱子方則對遼朝進士題名作了重建工作，見所撰，〈遼代進士題名錄〉，《黑龍江文物叢刊》，1983第4期，頁24-34。

50　見上註引都興智文。

族之間的「圈內競爭」加以解釋,即是世家子弟由於人口繁衍,無法人人入官,必須另闢徯徑以求入仕[51]。遼朝漢人世家的情形,似亦近此。科舉之擴大舉行使若干具有學術傳統的世家子弟取得另一入仕途徑,昌平劉氏即為顯例。兼具閥閱與科第雙重身分的世家子弟如劉六符、劉霄等在仕途上享有莫大利便。魏復光認為:遼代漢人與契丹權力源頭及生活方式愈接近者愈無參加科舉之必要,而昌平劉氏由科舉出身者官位皆不高[52]。事實並非如此。

世家子弟由於入仕較易,故仕宦甚為普遍,而且各家仕宦之持續性亦甚強。茲根據各家子孫仕宦之資料(見表七至表十一)製作表六以顯示每家列代子孫仕宦之普遍性及延續性。表中所謂「人數」乃指現尚知其名的各家列代男性成員之人數,而「仕宦」則指現知曾出任官職者之人數。此表顯示:五家現尚知名之子孫共為一二四人(以遼朝為限,金朝未計),其中曾任官職者則為九十九人,比率達79.84%。實際上,現尚知其名而無官歷可稽者,史料中多明白記載為「早逝」、「廢疾」或「年幼」,換言之,各家無仕歷者多係由於生理原因未能任官或是史料撰寫時因年幼尚未入仕,而非缺少覓取爵祿之機會。

各家仕宦之持續性皆強。盧龍趙氏九代仕遼,玉田韓氏、安次韓氏、昌平劉氏皆為七代,而醫閭馬氏亦有五代。每家列代少則有一人入仕,多則有十餘人。而每家最後一代皆已在遼末,故其仕宦都可說是與遼朝相終始。

雖然五大家族仕宦之普遍性及持續性皆甚強,但各家子孫官職之高低與性質、政治影響之大小及盛衰不盡相同,現對各家政治地位之演變略加考述:

51　毛漢光,〈唐代大士族的進士第〉,載毛氏,《中國中古社會史論》,頁339-363。

52　Wittfogel, op. cit., p. 461.

表六　五大家族仕宦變遷

代次	玉田韓氏		安次韓氏		劉　氏		馬　氏		趙　氏		合　計	
	人數	仕宦	人數	仕宦	人數	仕宦	人數	仕宦	人數	仕宦	人數	仕宦
I	1	1	1	1	1	1	1	1	1	1	5(100)	5(100)
II	3	3	2	1	1	1	1	1	12	12	19(100)	18(94.74)
III	8	8	3	3	1	1	-	-	2	2	15(100)	15(100)
IV	13	5	8	7	6	5	1	1	11	10	39(100)	28(71.79)
V	9	6	3	2	1	1	1	1	6	1	20(100)	11(55.00)
VI	1	1	3	3	6	6	-	-	4	2	14(100)	12(85.71)
VII	1	1	4	2	2	2	-	-	2	2	9(100)	7(77.98)
VIII	-	-	-	-	-	-	-	-	2	2	2(100)	2(100)
IX	-	-	-	-	-	-	-	-	1	1	1(100)	1(100)
合計	36(100)	25(69.44)	24(100)	19(79.17)	18(100)	17(94.44)	5(100)	5(100)	41(100)	33(80.49)	124(100)	99(79.84)

（一）玉田韓氏

　　玉田韓氏是遼代前期及中期漢人勢力最大的家族。韓氏之得勢，不僅倚恃恃知古的庇蔭，亦是由於匡嗣及其子德讓的貴盛。匡嗣以宮分人之身分，自幼親近宮掖，深得淳欽皇后之寵愛，「視之猶子」[53]。後則成為景宗(r. 969-982)潛邸密友，景宗之獲立即是倚靠匡嗣及契丹大臣蕭思溫(?-970)及漢人大臣高勳(？-978)之扶持。景宗即位後，匡嗣深得景宗及睿智皇后蕭燕燕(954-1009)之愛寵，地位蒸蒸日上，以南京留守攝樞密使，封燕王，並賜有領地，晚年雖因缺乏政治軍事材能而失寵，但其諸弟及子姪多已在其蔭護下步入仕途。

　　韓氏之貴盛在第三代達到巔峰。匡嗣次子德讓是遼代漢人中成就最大、權位最高的政治家。德讓之顯赫，原因有三：

　　第一，扶持聖宗及承天太后(即景宗睿智皇后)有功：德讓於景宗晚年已

53　《遼史‧韓知古傳》，第74卷，頁1233-1235。

成為主持南面軍政的南院樞密使。後受景宗顧命，在遼廷「母寡子弱，族屬雄強，邊防未靖」的局面下[54]，擁立年僅十二歲的聖宗(r. 982-1031)，並支持太后攝政，鞏固聖宗之統治地位。

第二，太后之愛寵：德讓與承天太后雖無婚姻之名，卻有婚姻之實，出入成雙，毫不避人耳目，記載甚多[55]。《契丹國志》說：德讓「有辟陽侯之幸，寵榮始終，朝臣莫及焉」[56]！可見他的顯赫與其「辟陽侯」角色不無關係。

第三，政治家之才能：德讓才能過人，《遼史》稱其「重厚有智略，明治體，喜建功立事」[57]。聖宗前期近三十年間實際上係由德讓主政。在其主持下，對內施行種種改革，加速中央集權及漢化；對外則與宋朝締結澶淵之盟，造成南北和平競爭的局面[58]。聖宗朝為遼之盛世，而此盛世之形成，德讓功不可沒。其在遼廷之角色，時人比之為「曹公(參)輔漢」，「伊尹匡殷」[59]，推譽極高。

德讓權位之高，遼朝漢人中無與倫比。一人身兼北南二院樞密使、大丞相，集北南二面大權於一身。此外，他又封為晉王、出宮籍，賜姓耶律，先後賜名德昌、隆運、昌運，列於皇族，建有王府，並且是皇族及外戚之外唯一擁有頭下者。聖宗對其極為優禮：「見則盡敬，至父事之。」「賜以几仗，入殿不拜，上殿不趨」[60]。德讓在遼廷中無疑是位極人臣。

由於德讓之煊赫，兄弟子姪皆蒙其惠。《契丹國志》描述其家之貴盛說：

---

54 《遼史‧后妃傳》，第71卷，頁1201-1203。

55 例如：路振，《乘軺錄》，王民信校點本，載王氏，《沈括熙寧使虜圖抄箋證》(台北：學海出版社，1976)，頁164-165。

56 《契丹國志‧后妃傳》，第13卷，頁143。

57 《遼史‧耶律隆運傳》，第82卷，頁1289-1291。

58 同上；陶晉生，《宋遼關係史研究》(台北：聯經出版公司，1984)，頁75-79。

59 〈耿延毅妻耶律氏墓誌銘〉，《全遼文》，第5卷，頁113。

60 《契丹國志‧耶律隆運傳》，第174卷，頁174-176。關於韓德讓之賜姓、賜名，參看陳述，〈遼史賜姓名考〉，載鄧珂編，《鄧之誠學術紀念文集》(北京：北京大學出版社，1991)，頁202-211。

隆運(即德讓)兄弟九人,緣翼載恩,起授官爵,皆封王。諸姪三十
餘人,封王者五人,餘皆任節度使、部署官等。[61]

其嫡從兄弟現尚知名者七人。其中德威、德凝貢獻較大,二人皆曾任西南面
招討使,負責經營西夏[62]。西南面招討使向由契丹人擔任,匡嗣及德威昆弟
為僅有之例外[63]。

德讓子姪輩三十餘人,現知名者十三人。但韓瑜(946-981)九子中,八
人早逝,未及出仕[64]。其餘諸人中,以制心(直心,耶律遂貞,971-1024)功
業最顯。制心官權知行宮都部署事、惕隱、南院大王、四十萬兵馬都總管、
南京留守,亦是集北南二面高官於一身[65]。德讓孫輩現尚知名者九人,六人
曾入仕,而以滌魯(1000?-1079?)為最顯[66],官至南府宰相,先後封為漆水郡
王、混同郡王、鄧王、漢王。滌魯子燕五官至南京步軍都指揮使,為現知韓
氏第六代唯一任官者。

韓氏聲勢在景宗、聖宗二朝達到高峰。宋人路振於1008年出使遼廷,據
其觀察:「耶律、蕭、韓三氏恣橫,歲求良家子以為妻妾。」[67]可見韓氏在
當時之氣燄比美皇室及外戚。韓氏之權勢端賴德讓之威權及承天太后、齊
天皇后之扶持(詳見第五節)。及至興宗即位後,政治情勢大變,制心之家
竟遭籍沒[68]。道宗(r. 1055-1100)以後韓氏已寂然無聞。韓企先雖以進士登
仕,終遼之世卻未能得志,至金朝始得大顯,反映出韓氏在遼季之衰敗。

61　見上註引《契丹國志‧耶律隆運傳》。
62　《遼史‧韓知古傳》,第74卷,頁1233-1235;《遼史‧耶律隆運傳》,第82卷,
　　頁1289-1291。
63　何天明,〈遼代西南面招討司探討〉,《內蒙古社會科學》,1990,第6期,頁
　　66-70。
64　〈韓瑜墓誌〉,見羅福頤校錄,《滿洲金石志》(台北:藝文印書館,1976),第1卷,
　　頁33上-35下;陳述輯校《全遼文》(北京:中華書局,1982),第5卷,頁98-101;
　　畢任庸,〈遼韓瑜韓橁墓銘考證〉,《人文月刊》1936,第7卷,第3期,頁1-12。
65　《遼史‧耶律隆運傳》,第82卷,頁1289-1291、1292。
66　同上,頁1291。
67　例如:路振,《乘軺錄》,王民信校點本,頁164-166。
68　《遼史‧耶律隆運傳》,第82卷,頁1289-1292。

表七　玉田韓氏仕進資料

代次	人名	入仕方式	初任官職	終任官職	史源
I	韓知古	媵臣	彰武軍節度使	中書令	《遼史》74.1233
II	匡嗣	近侍	太祖廟詳穩	攝樞密使、秦王、檢校太師兼政事令、鄴王	《遼史》74.1234
	匡美	不詳	不詳	鎮安軍節度使、判戶部院事	〈韓瑜墓誌〉
	匡胤	不詳	不詳		〈韓相墓誌〉
III	德源	近侍	崇義興國軍節度使	保寧軍節度使、大丞相、北南二院樞密使、晉王	《遼史》74.1235
	德讓	近侍	東頭承奉官		《遼史》82.1289-1291
	德威	不詳	上京皇城使	北院宣徽使、西南面招討使	《遼史》82.1291
	德崇	不詳	不詳	武定軍節度使	《遼史》82.1292
	德凝	不詳	護軍司徒	大同軍節度使	《遼史》74.1235
	瑜	不詳	天雄軍管內都指揮使	權涿州刺史、內客省使	〈韓瑜墓誌〉
	瑪	不詳	不詳	左監門衛將軍	〈韓瑪墓誌〉
	琬	不詳	不詳	遼興軍節度使	〈韓相墓誌〉
IV	霧金	不詳	不詳	彰國軍節度使	《遼史》82.1291
	制心	不詳	歸化州刺史	惕隱、南京留守、南院大王	《遼史》82.1292
	郭三	不詳	不詳		《遼史》74.1235
	越孫	無	早亡未仕	天德軍節度使	〈韓瑜墓誌〉
	阿骨兒	無	早亡未仕	無	〈韓瑜墓誌〉
	駿里	無	早亡未仕	無	〈韓瑜墓誌〉
	寶神奴	無	早亡未仕	無	〈韓瑜墓誌〉
	福孫	無	早亡未仕	無	〈韓瑜墓誌〉
	栲栳	無	早亡未仕	無	〈韓瑜墓誌〉
	楠	不詳	西頭供奉官	無	〈韓瑪墓誌〉
	四哥	無	亡未仕	宣徽南院使	〈韓瑜墓誌〉
	高神奴	無	亡未仕	無	〈韓瑜墓誌〉
	相	不詳	不詳	無	〈韓相墓誌〉
				遼興軍衙內馬步軍都指揮使	

代次	人名	入仕方式	初任官職	終任官職	史源
V	韓謝十	不詳	不詳	惕隱	《遼史》82.1291，22.264
	滌魯	近侍	小將軍	南府宰相、漢王	
	高家奴	不詳	不詳	南院宣徽使	《遼史》82.1291
	高十	不詳	不詳	遼興軍節度使	《遼史》74.1235
	齊家奴	未仕	未仕(廢疾)	未仕(廢疾)	《遼史》74.1234
	貽孫	不詳	左丞邸閣門祇侯	四方館使、寧州防禦使	〈韓橚墓誌〉
	貽訓	不詳	不詳	右班殿直、閣門祇侯	〈韓橚墓誌〉；《續資治通鑑長編》193.12
	奴子	不詳	不詳	不詳	《陳襄使遼語錄》〈韓相墓誌〉
	大鉌	不詳	不詳	不詳	〈韓相墓誌〉
VI	韓燕五	不詳	不詳	南京步軍都指揮使	《遼史》82.1292
IX (?)	韓企先	進士	仕遼官職失載	(金)尚書右丞相、濮王	《金史》78.1777
X (?)	韓鐸	(金)恩蔭進士	(金)武義將軍	(金)順天軍節度使	《金史》78.1778

(二)安次韓氏

遼代安次韓氏現尚知名者共有七代二十四人，十九人曾任官(79.17%)，聲勢雖不及玉田韓氏顯赫，但直至遼末，每代皆有顯宦。韓延徽二子中，次子德鄰少亡，未及入仕，而長子德樞(?-969)未冠即任左羽林大將軍，後任遼興軍節度使，坐鎮漢人聚居之東平(遼寧開原)，官至政事令，封趙國公，爵祿甚崇[69]。韓氏第三代現知三人，即韓佚(939-995)、韓倬及韓偉，皆爲德鄰子，卻都仰賴德樞蔭護[70]。其中韓佚曾任上京副留守，而韓倬官至宣徽北院使。

韓氏仕宦以第四代爲最盛。其中紹勳爲德樞孫，官至東京戶部使，負責渤海地區財政[71]。德鄰四孫中，除紹英官職不詳外，紹文、紹芳(？-1043)、

69　《遼史‧韓延徽傳》，第74卷，頁1232。
70　見〈韓佚墓誌〉及〈韓資道墓誌〉。
71　《遼史‧韓延徽傳》，第74卷，頁1232，頁1231。

紹雍皆任高官。紹文於道宗朝任上京留守，後以守太子太師、同中書門下平章事、魯國公致仕[72]。紹芳於興宗初期爲參知政事，與劉六符、杜防（？-1056）共主南面[73]。紹雍曾官行宮都部署、樞密使[74]。另有系次不明的紹榮、紹升分別官至南府宰相及南院樞密使，官職皆不低[75]。

　　韓氏第五、六兩代現知有五人入仕。第五代之韓造、韓述分別官至諸宮制置使及諸行宮都部署，都是行宮官中之高職[76]。第六代現知三人皆曾任官，其中資道（1038-1069）、資慤官職皆不高；而資讓則爲韓氏最後一位顯宦，官至知樞密院事。1100年因有司案牘誤書宋帝嗣位爲「登寶位」而左遷崇義軍節度使[77]。其時已是遼末。其子韓譖（1089-1150）、韓諒雖以蔭授閤門舍人，但在遼朝已無法大顯[78]。總之，安次韓氏累代多任南北二面文職高官，與遼代相終始。

表八　安次韓氏仕進資料

代次	人名	入仕方式	初任官職	終任官職	史源
I	韓延徽	扣留	參軍事	南府宰相、政事令	《遼史》74.1231
II	韓德樞	不詳	左羽林大將軍	南院宣徽使、政事令、趙國公	《遼史》74.1232；〈韓佚墓誌〉
	德鄰	未仕	少亡未仕	無	〈韓佚墓誌〉
III	韓佚	不詳	東平衛內都指揮使	上都副留守、始平軍節度使	〈韓佚墓誌〉
	倬	不詳	不詳	宣徽北院使、鎮安軍節度使	〈韓佚墓誌〉；〈韓資道墓誌〉
	偉	不詳	不詳	檀州刺史	〈韓佚墓誌〉

---

72 〈韓資道墓誌〉。

73 《遼史・韓延徽傳》，第74卷，頁1233；《遼史・百官志》，第47卷，頁774。

74 《契丹國志・番將除授職名》，第19卷，頁186；齊心，〈遼丁氏兩方墓誌考〉，《考古》，1988，第7期，頁650-654。

75 《遼史・興宗紀》，第20卷，頁238；《契丹國志・番將除授職名》，第19卷，頁186。

76 〈韓資道墓誌〉、〈韓佚墓誌〉、〈王師儒墓誌〉；《全遼文》，第10卷，頁290-292。

77 《遼史・道宗紀》，第26卷，頁313；《遼史・韓延徽傳》，第74卷，頁1233。

78 見〈韓譖墓誌〉。齊心，〈金代韓譖墓誌考〉，《考古》，1984，第8期，頁752-758。

代次	人名	入仕方式	初任官職	終任官職	史源
IV	韓紹英	不詳	不詳	不詳	〈韓佚妻王氏墓誌〉
	紹文	不詳	不詳	守太子太師、同中書門下平章事、魯國公	〈韓資道墓誌〉
	紹芳	不詳	樞密都承旨	參知政事、侍中	《遼史》74.1233,47.774
	紹雍	不詳	不詳	行宮都部署、樞密使	《契丹國志》19.186〈丁文道墓誌〉
	紹勳	不詳	不詳		《遼史》74.1231
	紹榮	不詳	不詳	東京戶部使	《遼史》20.338
	紹昇	不詳	利州觀察使	南府宰相宣徽南院使	《續通鑑長編》97.14《契丹國志》19.186
	紹一	不詳	不詳	賓州防禦使、賀宋正旦副使	《遼史》17.203
V	韓造	不詳	不詳	同中書門下平章事、判三司事、諸宮置制使	〈韓資道墓誌〉；〈王師儒墓誌〉
	述	不詳	不詳	諸行宮都部署	〈韓諭墓誌〉
	韓匡	不詳	不詳	不詳	〈韓佚妻王氏墓誌〉
VI	韓資道	蔭授	右衛率府副率	六宅副使、市買都監	〈韓資道墓誌〉
	資憼	不詳	不詳	安州團練使	〈韓諭墓誌〉
	資讓	不詳	中書侍郎	知樞密院事	《遼史》74.1233,26.313
VII	韓迎恩奴	不詳	不詳	不詳	〈韓資道墓誌〉
	諭	蔭授	閤門舍人	(金)威州同知事	〈韓諭墓誌〉
	詼	不詳	不詳	(金)寧邊州同知	〈韓諭墓誌〉
	諒	不詳	閤門舍人	不詳	〈韓諭墓誌〉

(三)昌平劉氏

　　昌平劉氏崛興較晚。且因缺乏碑志，所知人物較少。現知十八人中，除一人早逝外，餘皆曾入仕(94.44%)。此家子孫以文學見長，多以科舉進身。守敬子劉景，「好學能文」，官至南京戶部使，開遠軍節度使[79]。景子愼行(晟)[80]，爲聖宗後期大臣，歷任翰林學士、參知政事、南院樞密使、北府宰

79　《遼史·劉景傳》，第86卷，頁1322；按劉景即劉京，所撰趙德鈞妻种氏墓誌末署：「門吏翰林學士……劉京。」可見劉景爲趙德鈞父子之部下，見《全遼文》，第4卷，頁77。

80　劉愼行原名晟，見傅樂煥，〈遼史複文舉例〉，載傅氏，《遼史叢考》(北京：中

相等北、南面高職[81]。愼行六子，除長子一德早逝，其餘五人皆曾任官，而
其中三嘏、四端、六符皆登進士第。三嘏曾獻〈一矢斃雙鹿賦〉，甚爲贍麗
[82]，而六符更是「年十五，究通經史，兼綜百家之言」[83]，可見其學識優長。
六符於聖宗朝以著作郎起仕，早年所任皆爲翰苑文職如詹事、國子祭酒、翰
林學士等。劉氏昆季又以折衝尊俎見長。遼朝重視對宋外交，因而愼選使
材，「尤異聰敏知文史者，以備南使」[84]；六符兄弟常在其選，而六符尤爲
遼朝著名外交家，1041至1042年之「增幣交涉」即由其策劃並執行，不僅爲
遼朝爭取到實利與名分，亦爲防阻一觸即發之宋遼戰爭作出貢獻[85]。故在增幣
交涉立功後升任樞密使、禮部侍郎，後官至中書政事令，爲南面宰相之職[86]。

　　《契丹國志》說：六符「子孫顯貴不絕，爲節度、觀察者十數人」[87]。
但六符子姪一輩中今僅知其子霄。霄爲1074年狀元[88]，曾使宋，官至中京留
守[89]。霄子彥宗(1075-1128)，擢進士乙科，於遼亡前夕任簽書樞密院事[90]。
彥宗子筈於遼末登進士，授尚書左右司員外郎。其弟蕚以蔭授閤門祇侯。此
外有劉彥先、彥溫、彥昇、彥國均不知出於劉氏何支，而皆以使宋而得留名
史籍[91]。

（續）────────────────────
　　　華書局，1984)，頁287-288。
81　《遼史·劉景傳》，第86卷，頁1322；按劉景即劉京，所撰趙德鈞妻种氏墓誌未
　　　署：「門吏翰林學士……劉京。」可見劉景爲趙德鈞父子之部下，見《全遼
　　　文》，第4卷，頁77。《乘軺錄》，頁175。
82　《遼史·劉六符傳》，第86卷，頁1323。
83　《契丹國志·劉六符傳》，第18卷，頁177。
84　《乘軺錄》，頁175。
85　《遼史·劉六符傳》，第86卷，頁1323及《契丹國志·劉六符傳》，第18卷，頁
　　　177；陶晉生，《宋遼關係史研究》，頁75-79。
86　《契丹國志·劉六符傳》，第18卷，頁177。
87　同上。
88　元好問，〈吳君阡表〉，《元遺山先生集》(四部叢刊本)，第29卷，頁1上；厲
　　　鶚，《遼史拾遺》(叢書集成本)，第10卷，頁187。
89　《金史·劉彥宗傳》，第78卷，頁1769-1775；蘇軾，〈德威堂銘〉，《蘇東坡
　　　集》(國學基本叢書本)，第8卷，頁11。
90　《金史·劉彥宗傳》，第78卷，頁1769-1775。
91　李燾，《續資治通鑑長編》(台北：世界書局，1961)，第303卷，頁13；第393
　　　卷，頁26；第419卷，頁14；第445卷，頁4；第468卷，頁18。

表九　昌平劉氏仕進資料

代次	人名	入仕方式	初任官職	終任官職	史源
I	劉守敬	歸順	不詳	南京副留守	《遼史》86.1322
II	劉景	辟用	幽都府文學	戶部使、開遠軍節度使	《遼史》86.1322
III	劉慎行	不詳	膳部員外郎	北府宰相、彰武軍節度使	《遼史》86.1323
IV	劉一德	未仕	早逝未仕	無	《遼史》86.1323
	二玄	不詳	不詳	上京留守	《遼史》86.1323
	三嘏	進士	不詳	駙馬都尉	《遼史》86.1323
	四端	進士	不詳	禮部尚書、參知政事、簽書樞密院事	《遼史》86.1323；《契丹國志》19.186
	五常	不詳	不詳	三司使、武定軍節度使	《遼史》86.1323
	六符	進士	著作郎	中書政事令、樞密使	《遼史》86.1323；《契丹國志》18.177
V	劉霄	不詳	不詳	中京留守	《金史》78.1769
VI	劉彥宗	進士	留守判官	(金)知樞密院事	《金史》78.1769-1770
	劉彥先	不詳	不詳	太常少卿、乾文閣待制	《續長編》303.13
	彥溫	不詳	不詳	客省使、廣州防禦使	《續長編》393.26
	彥昇	不詳	不詳	東上閤門使、海州防禦使	《續長編》419.14
	彥儒	不詳	不詳	太常少卿、乾文閣待制	《續長編》445.4
	彥國	不詳	不詳	東上閤門使、廣州防禦使	《續長編》418.18
VII	劉筈	蔭授	閤門祇侯	(金)尚書右丞相兼中書令、曹王	《金史》78.1771-1773；《大金國志》5.84
		進士		(金)濟南尹	
	筊	蔭授	閤門祇侯		《金史》78.1770
VIII	劉仲海	(金)進士	(金)應奉翰林文字	(金)太子少師兼御史中丞	《金史》78.1773
	仲詳	不詳		(金)涇州節度副使	〈韓有墓誌〉
	仲詢	(金)進士	不詳	不詳	《金史》78.1771
	仲淵	不詳	不詳	(金)官萊州	《金史》97.2155
	仲沫	(金)進士	不詳	(金)定海軍節度使	《金史》97.2154
			(金)龍門主簿		
IX？	劉頍	(金)恩蔭	(金)閤門祇侯仕	(金)太子少師	《金史》78.1774
	劉伯熙	(金)國子學		無	《郝文忠公集》22.3a-4a

表十　醫閭馬氏仕進資料

代次	人名	入仕方式	初任官職	終任官職	史源
Ⅰ	馬胤卿	不詳	(晉)青州刺史	仕遼，官職失載	《遼史》105.1461
Ⅱ	馬廷煦	不詳	不詳	南京留守	同上
Ⅲ	馬淵	不詳	不詳	中京副留守	同上
Ⅳ	馬詮	不詳	不詳	中京文思使	同上
Ⅴ	馬人望	進士	松山縣令	南院樞密使、守司徒、兼侍中	同上 105.1462-1463

(四)醫閭馬氏

　　馬氏二世以下資料最爲貧乏。今僅知胤卿之子廷煦、廷煦子淵、淵子詮分別任南京留守、中京副留守及中京文思使，可說在仕途每下愈況，而其事跡皆不可考[92]。詮子人望於咸雍(1065-1074)中登進士第，爲遼季能吏，尤善理財。1113年拜參知政事、判南京三司使事，位爲南面副相[93]。因其理財得法，使奸人黠吏無由取巧而受攻擊，於1116年以「昏謬，不能裁決」而去職，後復任南院宣徽使及南院樞密使等要職，已在遼亡前夕[94]。與其他世家相比，馬氏最爲隱晦。

(五)盧龍趙氏

　　趙氏「九世皆仕於遼」[95]，現知名者四十一人，入仕者三十三人(80.49%)，爲五大家族中現知入仕人數最多者。但其家之貴顯及政治上之影響不及二韓氏及劉氏。思溫十二子皆曾任官，以長子延照(昭)、次子延祚及十子延煦爲最顯[96]。延照早年事晉[97]，歸遼後官至永清軍節度使。延祚仕至南京留守，延煦則累官同平章事[98]。趙氏三代以下，現知名者皆爲思溫第五

92　《遼史‧馬人望傳》，第105卷，頁1461-1463。
93　《遼史‧天祚紀》，第27卷，頁238。
94　《契丹國志‧天祚皇帝》，第10卷，頁110。
95　吳澄，〈題盧龍趙氏家譜後〉，《吳文正集》(四庫全書)，第58卷，頁12下。
96　《秋澗集》，第84卷，頁4下-11上。
97　《資治通鑑》，第281卷，頁146。
98　《秋澗集》，第84卷，頁4下-11上；《遼史‧聖宗紀》，第10卷，頁113。

子延寧(威)之後，其他各支已無可稽考。延寧官至保靜軍節度使；有子二人，長子匡舜，官至左千牛衛大將軍，為禁軍帥職；次子匡禹(951-1019)，累官至知臨海軍節度使事[99]。趙氏第四代現知其名者共十一人，除趙為箕支派不詳外[100]，餘皆為匡禹之後，其中九人曾任官。任地方官者有為果、為航，皆任節度使，為臣官西南面安撫副使，為幹(?-1038)官沂州刺史[101]。任軍職者有為佐，官至神武左廂都指揮使、為翰(禮)累官保遂州團練都統使。

　　趙氏第五代以下現尚知其名皆是為幹、為翰之後。為翰三子仕歷皆不詳，其孫趙濬曾官秘書省校書郎[102]。為翰後裔中官至節度使者有趙漬、趙公謹，官至禁軍上將軍者則有趙鎔及趙居常。公謹之子興祥於遼末任閤門祇侯之後歸順金朝[103]。第九代之居常為其從姪，任官自亦在遼末；可見趙氏子孫仕宦之持續性甚強。不過自第二代以下多任軍職及地方官，不能參與中樞大政。

　　由上述看來，五大家族子弟仕宦之普遍性及持續性皆甚強，而且所任官職兼及南、北二面。漢人世家子弟之任官自然以南面官職為主，擔任南面高職者如樞密南院使、政事令、大丞相、同政事(中書)門下平章事、參知政事及南京、中京留守者可說比比皆是，但擔任北院樞密使、北南府宰相、惕隱等北面高官者也有不少。更有若干世家子弟膺任超越南北面系統之官職如行宮都部署等職。總之，遼朝北南二系官職的限制並不嚴格，而漢人世家子弟更已打入遼朝統治階層的核心。但是五大家族成員所任官職性質及其影響不盡相同。五大家族中，玉田韓氏與安次韓氏無疑最為顯赫。玉田韓氏情形最為特殊，由契丹帝后之私奴而成為與帝室、外戚結納最為緊密的家族，因而仕宦最盛。安次韓氏與帝室關係不及玉田韓氏親密，但其子孫擔任文職高官

99　〈趙匡禹墓誌〉，《全遼文》，第13卷，頁373-375；鄧寶學等，〈遼寧朝陽遼趙氏族墓〉，《文物》，1983，第9期，頁30-38。

100　《續資治通鑑長編》，第81卷，頁17。

101　趙為幹之墓誌見註99引鄧寶學等文，頁37。

102　《全遼文》，第13卷，頁375。

103　《金史‧趙興祥傳》，第91卷，頁2026。

者甚多。劉、馬二氏則是崛興稍晚的文官家族。劉氏以文學見勝，在點綴翰苑、折衝尊俎方面甚爲出色。馬氏事跡現知無多，其家最顯者馬人望以經理財政見稱。而盧龍趙氏基本上爲一漢軍家族，其角色與其他四家大不相同。

表十一　盧龍趙氏仕進資料

代次	人名	入仕方式	初任官職	終任官職	史源
I	趙思溫	降附	漢軍都團練使	南京留守、臨海軍節度使、開國公	〈盧龍趙氏家傳〉
II	趙延照	不詳	不詳	永清軍節度使	同上
	延祚	不詳	不詳	燕京留守	同上
	延卿	不詳	不詳	大同軍節度使	同上
	延構	不詳	不詳	供奉官、東西班都點檢	同上
	延寧	不詳	不詳	保靜軍節度使、開國侯	同上；〈趙匡禹墓誌〉
	延晞	不詳	不詳	飛龍院使	
	延海	不詳	不詳	保靜軍馬步軍都指揮使	〈盧龍趙氏家傳〉
	延光	不詳	不詳	順義軍節度使	同上
	延玉	不詳	不詳	彰國軍節度使	同上
	延煦	不詳	不詳	點檢、同平章事	同上
	延紹	不詳	不詳	同州兵馬使	同上；《遼史》10.113
	延旭	不詳	不詳	内庫提點	〈盧龍趙氏家傳〉 同上
III	趙匡舜	不詳	不詳	左千牛衛大將軍	同上
	匡禹	不詳	西宮使	遂州觀察使、知臨海軍節度使事	〈趙匡禹墓誌〉
IV	趙爲臣	不詳	不詳	西南面安撫副使	同上
	爲春	不詳	不詳	永豐庫副使	同上
	爲果	不詳	左監門衛大將軍	天德軍節度使	同上；《續資治通鑑長編》110.18；《遼史》18.213
	爲佐	不詳	不詳 監察御史	神武左廂都指揮使	〈趙匡禹墓誌〉
	爲幹	不詳	不詳	沂州刺史	〈趙爲幹墓誌〉
	爲帶	不詳	不詳	隨駕儀鸞副使	〈趙匡禹墓誌〉
	爲翰	不詳	早卒未仕	保遂州團練都統使	〈盧龍趙氏家傳〉
	轄麥	未仕	不詳	無	〈趙匡禹墓誌〉

代次	人名	入仕方式	初任官職	終任官職	史源
	爲霖 爲航 爲箕	不詳 不詳 不詳	寧州觀察使 起居舍人	右班殿直 保靜軍節度使 不詳	同上 同上；《續資治通鑑長編》164.5 《續資治通鑑長編》81.17
V	趙伸之 晉之 太兒 相之 進之 尚之	不詳 不詳 不詳 不詳 不詳 不詳	不詳 不詳 不詳 不詳 不詳 不詳	不詳 不詳 不詳 不詳 永豐庫使 不詳	〈趙爲幹墓誌〉 同上 同上 〈盧龍趙氏家傳〉 同上 同上
VI	趙濬 洶 潰 滗	不詳 不詳 不詳 不詳	不詳 不詳 不詳 不詳	秘書省校書郎 寧昌軍節度使 不詳	〈趙爲幹墓誌〉 〈盧龍趙氏家傳〉 同上 同上
VII	趙公爲 公謹	嗣 不詳	管內觀察使 不詳	不詳 靜江軍節度使	同上 同上
VIII	趙鎔 興祥	不詳 父任	不詳 閤門祇侯	鎮國上將軍 (金)左宣徽使、鉅鹿郡王	同上 同上；《金史》91.2026
IX	趙居常	不詳	不詳	驃騎衛上將軍	〈盧龍趙氏家傳〉
X	趙柄 梃 機 梅 質 珣	不詳 不詳 選充 不詳 無 (金)蔭授	不詳 不詳 尚醫 不詳 無(隱士) (金)閤門祇侯	不詳 (金)靈台司正郎 (金)保宜大夫 (金)監謝邮鎮酒 無 不詳	同上 同上 同上 同上 同上；《金史》127.2749 《金史》91.2027
XI	趙侃 璧 玫	(金)中試 (金)武舉 (金)門資	(金)工師副正 不詳 (金)遵化三司使	(蒙)大樂丞 (金)廣威將軍 隱居	〈盧龍趙氏家傳〉 同上 同上
XII	趙守忠 鉉	(金)進士 無	不詳 無	(金)尚書省承發司管勾 名士	同上 同上；《秋澗集》66.26b

五

在傳統東亞及北亞社會中，婚姻是一個家族社會地位與政治權力的指標。中國中古時代，婚姻締結，最尚門第，形成「門閥婚姻」[104]。五代以降，由於客觀環境的變化，姻婭的聯結，門第觀念較前淡薄[105]。

遼朝漢人世家的婚姻卻仍著重門第。這種對門第的重視，一方面可能是承襲唐朝遺風，一方面則是受契丹統治階層的影響。契丹統治階層婚姻的政治意義極大[106]。遼朝皇權乃是建構於耶律氏與蕭氏述律家族的世婚關係之上，有如《遼史·外戚傳》所說：「宗室、外戚，勢分力敵，相爲唇齒，以翰邦家。」[107]婚姻既然爲鞏固皇權及維持政治社會秩序的主要工具，朝廷因而管制甚嚴，大族小姓不能通婚。如1028年聖宗詔：「橫帳三房，不得與卑小族帳爲婚，凡婚嫁必奏而後行。」[108]

北亞遊牧民族在中原建立王朝後，往往與漢人膏粱華族結聯姻婭。魏孝文帝大力提倡胡漢通婚，旨在藉血緣的結合，加強鮮卑貴族與漢人士族的聯合[109]。遼朝雖因耶律、蕭氏世代聯姻而無法與漢人世家全面通婚，但由於政治上之需要，契丹統治家族仍與漢人世家以婚姻相結納。自漢人世家觀點言之，與契丹統治家族聯姻，在政治上自然具有莫大利便。據說契丹與漢人通婚便是出於安次韓紹芳(？-1043)之建議，余靖(1000-1064)《契丹官

---

104 舒連景，〈六朝之門閥婚姻〉，《勵學》，1943，第1卷第2期，頁73-82；陳寅恪，〈記唐代之李武韋楊婚姻集團〉，《歷史研究》，1954，第1期，頁33-51。

105 方建新，〈宋代婚姻論財〉，《歷史研究》，1986，第3期，頁178-190。

106 關於契丹人的婚姻制度及其政治意義，參看：朱子方，〈從出土墓誌看遼代社會〉，《社會科學輯刊》，1979，第2期，頁57-78；向南、楊若薇，〈論契丹族的婚姻制度〉，《歷史研究》，1980，第5期，頁141-160；島田正郎，《遼朝史の研究》(東京：創文社，1980，頁113-135；Holmgren J., (1986), "Marriage, Kinship and Succession under the Ch'i-tan Rulers of the Liao Dynasty, 907-1125," *T'oung Pao,* 72, p. 44-91。

107 《遼史·外戚表》，第67卷，頁1027。

108 《遼史·聖宗紀》，第16卷，頁186。

109 陳寅恪，《陳寅恪魏晉南北朝史講演錄》(合肥：黃山出版社，1987)，頁261。

儀》說：

> 胡人東有渤海，西有奚，南有燕，北據其窟穴。四姓雜居，舊不通
> 婚。謀臣韓紹芳獻議，乃許婚焉。[110]

韓紹芳活躍時代是在聖宗後期。事實上，早在940年遼廷即曾「詔契丹人授
漢官（即南面官）者從漢儀，聽與漢人婚姻」[111]。

五大家族中，昌平劉氏、玉田韓氏及盧龍趙氏分別與皇族及外戚家族聯
姻。劉愼行於聖宗中期甚具權勢，其子三嘏、四端相繼尚公主；三嘏娶聖宗
第九女八哥，而四端所娶則爲聖宗十一女擘失[112]。這種兄弟皆尚公主的現
象，遼代漢人中僅得一見。此外，三嘏、四端之兄二玄奉詔與聖宗皇弟耶律
隆慶（973-1016）遺孀秦晉國妃蕭氏（1001-1069）結褵。蕭氏父爲樞密使、北府
宰相蕭曷寧，母爲景宗之女、聖宗之妹魏國公主長壽奴。隆慶卒後，其子宗
政奉命收繼；公主下嫁二玄，已是三醮。爲一典型之政治婚姻[113]。

玉田韓氏則與外戚蕭氏維持極爲密切之婚媾關係，此一婚媾關係形成於
匡嗣在景宗朝得勢之後。就現存紀錄看，韓氏自第二代起，四代之間共娶蕭
氏八女，而韓氏女入嬪蕭家者則有三人。其中在政治上較具重要性者先後
有：

(1)韓匡美共納蕭氏二女爲繼室。〈韓橁墓誌〉說：「又以壽昌恭順昭
簡皇帝失愛之嬪妻之（匡美），封鄴王妃，即聖元神睿貞列皇后之猶女
也。……後娶魏國夫人鄴妃之姪，皆出於蕭氏也。」[114]換言之，匡美二繼
室，一爲鄴妃，即太祖幼子李胡之前妻，亦即淳欽皇后述律平之姪女；另一

---

110 余靖，《武溪集》（四庫全書本），第18卷，頁8上-8下。
111 《遼史·太宗紀》，第4卷，頁49。
112 《遼史·公主表》，第65卷，頁1006；參看閻萬章，〈遼史公主表補證〉，載陳
　　述編，《遼金史論集》（上海：上海古籍出版社，1987），頁30-31。
113 〈秦晉國妃墓志銘〉，《全遼文》，第8卷，頁193-194。
114 〈韓橁墓誌〉，見《滿洲金石志》，第2卷，頁1下-12上；《全遼文》，第6卷，頁
　　120-123及註25引畢任庸文。

則爲鄴妃之姪女，自亦出於述律家族[115]。

（2）韓匡嗣之女嫁於蕭隗因（思猥）[116]，隗因爲景宗朝北院樞密使兼北府宰相蕭思溫（？-970）之子，亦即景宗睿智皇后蕭燕燕（954-1009）之弟。思溫與匡嗣並爲景宗朝之權臣，此一婚姻締結之本身便具重大政治意義，而睿智皇后在景宗、聖宗二朝當權甚久[117]。蕭隗因與匡嗣女所生諸女中，一即聖宗齊天仁德皇后菩薩哥，另一則嫁於匡嗣之子韓瑜[118]。因而，韓氏與外戚及皇室間數代之間皆有密切之裙帶關係。

盧龍趙氏早期亦有與蕭氏聯姻之記載。趙匡禹（951-1019）二娶，次妻蕭氏，「故護衛相公之女」[119]。但不知此一蕭氏是否出於述律家族。

除去與皇室及外戚聯姻外，五大家族又相互結聯姻婭並亦與其他漢人官宦高門及新興科第之家締結姻緣。

五大家族之間相互聯姻者現知二例。趙思溫有女十四人，其中二女分別嫁於安次韓德樞、玉田韓匡美[120]。以上係可確考者。此外，玉田韓氏第四代之韓相（972-1013）[121]及盧龍趙氏第三代之趙爲幹（?-1038）所娶皆劉氏女，而韓匡美女則嫁於「劉宋州侍中男」[122]。此三婚例中之劉姓子女是否出於昌平

---

115 關於玉田韓氏之歷史，過去研究者有：王民信，〈遼史韓知古傳及其世系證補〉，載王氏，《契丹史論叢》，台北：學海出版社，1973，頁118-135；李錫厚，〈試論遼代玉田韓氏家族的歷史地位〉，《宋遼金史論叢》，1985，第一輯，頁251-266；松田光次，〈遼朝漢人官僚小考——韓知古一族の系譜とその事跡〉，載《小野勝年博士頌壽紀念東方學論叢》，京都，1982，頁301-315。其中李錫厚文甚爲精闢，以下討論玉田韓氏時，採用其意見不少，頁261。

116 〈耶律延毅墓誌〉，見《全遼文》，第6卷，頁118-120。

117 關於睿智皇后族屬問題，參看馮永謙，〈遼史外戚表補證〉，《社會科學輯刊》，1979，第3期，頁134-144；第4期，頁96-102。

118 《乘軺錄》，頁166及〈韓瑜墓誌〉。

119 〈趙匡禹墓誌〉，《全遼文》，第13卷，頁373-375；鄧寶學等，〈遼寧朝陽遼趙氏族墓〉，《文物》，1983，第9期，頁30-38。

120 《秋澗集》，第84卷，頁4下-11上。

121 見〈韓相墓誌〉，《全遼文》，第6卷，頁116；河北省博物館等，〈河北遷安上盧村遼韓相墓〉，《考古》，1973，第5期，頁276-278。

122 〈趙匡禹墓誌〉，《全遼文》，第13卷，頁373-375；鄧寶學等，〈遼寧朝陽遼趙氏族墓〉，《文物》，1983，第9期，頁30-38；及〈韓橁墓誌〉，見《滿洲金石志》，第2卷，頁1下-12上；《全遼文》，第6卷，頁120-123及註25引畢任庸文。

劉氏已不可考。但至金朝，昌平劉氏仍有與安次韓氏聯姻紀錄，即韓氏第七代韓有之女嫁於劉氏第八代之劉仲詳。韓有官不過五品，其女卻能匹配當朝右丞相劉筈之子仲詳[123]。兩家聯姻當是遼代婚緣之延續，或可反映出五大家族間聯姻相當普遍。

　　五大家族與其他漢族官宦人士聯姻者共有十五例，即(1)玉田韓氏：韓匡嗣女嫁涿州刺史耿紹紀、匡嗣子德崇(沖)女嫁紹紀子持節朗州諸軍事耿廷毅(968-1019)、德崇子制心之女又嫁於耿延毅[124]、韓匡美女嫁於知檀州事張崇一，而匡美之孫韓橁則娶張崇一之女[125]、韓橁四女中之一嫁左班殿直張玫、另一嫁通事班祗侯康德潤[126]。(2)安次韓氏：韓侁娶遼興軍節度使副使王珮之女[127]、韓紹雍孫女適潞縣商曲鐵都監丁文道(1063-1112)[128]。(3)昌平劉氏：劉六符女五拂嫁於司勳郎中高□齊[129]。(4)盧龍趙氏：趙思溫女配泰安州刺史傅知寶、榆州刺史張彥英、左林大將軍張美、宣徽南院使韓勣等[130]。而趙匡禹首娶爲仁博州刺史女張氏[131]。

　　以上十五婚例中家世可考者有耿紹紀、耿延毅、張崇一、張玫、丁文道、張彥英等，都可說是出於仕宦高門。耿紹紀父子與玉田韓氏三次聯姻，關係密切。紹紀之父耿崇美出身通事，於遼太宗時官居昭義軍節度使，子孫

123　見〈韓有墓誌〉。齊心，〈金代韓有墓誌考〉，《考古》，1984，第8期，頁752-758。

124　〈耿延毅妻耶律氏墓誌銘〉，《全遼文》，第5卷，頁113及〈耶律延毅墓誌〉，見《全遼文》，第6卷，頁118-120。

125　〈韓橁墓誌〉，見《滿洲金石志》，第2卷，頁1下-12上；《全遼文》，第6卷，頁120-123及註25引畢任庸文。

126　同上。

127　〈韓侁妻王氏墓誌〉，影本見註47引〈遼韓侁墓發掘報告〉，頁372。

128　見〈丁洪墓誌〉、〈丁文逌墓誌〉，《全遼文》，第11卷，頁313、317-318；並參看《契丹國志·番將除授職名》，第19卷，頁186；齊心，〈遼丁氏兩方墓誌考〉，《考古》，1988，第7期，頁650-654。

129　〈悟空大德髮塔銘〉，《全遼文》，第10卷，頁270。

130　《秋澗集》，第84卷，頁4下-11上。

131　〈趙匡禹墓誌〉，《全遼文》，第13卷，頁373-375；鄧寶學等：〈遼寧朝陽遼趙氏族墓〉，《文物》，1983，第9期，頁30-38。

中顯宦頗多[132]。張崇一家亦與玉田韓氏二度聯姻，崇一之父官侍中，而崇一之女嫁於韓橁則係「承皇后賜也」，可見其家與宮廷亦有密切關聯。張玫則為大同軍節度使、特進檢校太師張筠之孫[133]。丁文道為相國兼侍中丁揆之曾孫、三司使丁元恪之孫[134]。而張彥英為盧龍人，其祖父某為滄州馬步軍都指揮使，父建立為行榆州諸軍事、榆州刺史。張氏與趙氏同里，降遼後長期鎮守榆州，可能原為趙氏部屬，因而聯姻[135]。

　　五大家族與新興科第之家聯姻者現有二例，皆出於安次韓氏。韓氏第三代之韓造娶張克恭女，而韓造之女嫁於王師儒（1039-1101）[136]。克恭為1018年進士，官至守司徒兼中書令[137]。而師儒為1066年進士，官至諸行宮都部署、同中書門下平章事，為道宗朝的重臣。其父王祁則為1038年狀元，可說出於科第世家[138]。

　　總之，從婚姻關係看，玉田韓氏、昌平劉氏乃至盧龍趙氏均已打入契丹統治階層之核心，與皇室及外戚構成密切婚姻關係。五大家族又相互通婚並

132 關於耿氏之歷史及其與玉田韓氏之關係，參看朱子方，〈遼代耿氏三墓誌考釋〉，《遼寧第一師範學院學報》，1978，第3期，頁42-63；羅繼祖，〈讀〈遼代耿氏三墓誌考釋〉〉，《瀋陽師範學院學報》1979，第1、2期，頁91-92；朱子方，〈對〈遼代耿氏三墓誌考釋〉的一點補充意見〉，《瀋陽師範學院學報》，1979，第1、2期，頁93-95；朱子方、徐基，〈遼耿氏墓誌考略〉，《考古學集刊》，1983，第3期，頁196-204；及朝陽地區博物館，〈遼寧朝陽姑營子耿氏墓發掘報告〉，《考古學集刊》，1983，第3期，頁168-195。
133 〈韓橁墓誌〉，見《滿洲金石志》，第2卷，頁1下-12上；《全遼文》，第6卷，頁120-123及註25引畢任庸文。
134 見〈丁洪墓誌〉、〈丁文道墓誌〉，《全遼文》，第11卷，頁313及頁317-318；并參看《契丹國志‧番將除授職名》，第19卷，頁186；齊心，〈遼丁氏兩方墓誌考〉，《考古》，1988，第7期，頁650-654。
135 田立坤、馮文學，〈張公墓誌跋〉，中國遼金史學會編，《遼金史論集》，第4輯（北京：書目文獻出版社，1989），頁176-179。
136 〈韓資道墓誌〉，見於《全遼文》，頁190；魯琪：〈北京出土遼韓資道墓誌〉，載文物編輯委員會編，《文物資料叢刊》，第2輯，頁176-179；〈王師儒墓誌〉，《全遼文》，第10卷，頁290-293。
137 《遼史‧聖宗紀》，第16卷，頁185，及上註引〈韓資道墓誌〉。
138 〈韓資道墓誌〉，見於《全遼文》，頁190；魯琪，〈北京出土遼韓資道墓誌〉，載《文物資料叢刊》，第2輯，頁176-179。〈王師儒墓誌〉，《全遼文》，第10卷，頁290-293。

與其他漢人仕宦高門聯姻，形成一婚宦集團。中期以後，亦偶與新興科第之家通婚，吸收新血。

　　諸大家族婚姻關係在政治上產生極大之利便，玉田韓氏尤爲顯然。由於韓氏與景宗及聖宗二朝皇后皆有直接或間接的婚姻關係，其家子弟與宮掖關係密切，得以連膺高官。如韓制心「以皇后外弟，恩遇日隆」[139]。制心之姪滌魯更是「幼養宮中」，「聖宗子視之，興宗待以兄禮」[140]。昌平劉氏在遼代中期的鼎盛與其婚姻關係可說是互爲因果。由於劉三嘏、四端皆爲聖宗之婿，亦即興宗之姻兄弟，興宗常與相聚戲嬉。《契丹國志‧興宗紀》說：「帝常夜宴，與劉四端兄弟、王綱入伶人樂隊，命后妃易服爲女道士。」[141]劉氏兄弟與興宗之間顯然已非一般君臣關係所能規範。三嘏兄弟既貴爲聖宗駙馬，其父劉愼行之政治前途亦得保障。愼行曾被訟與媳婦姚氏有私，廣德軍節度使武白受命調查，正其罪，但因「愼行諸子皆處權要」，武白反遭降職處分[142]。愼行於1015年受命爲都統，領軍伐高麗，因其「攜家置邊郡」，致失行期，而以失軍期議罪，結果「議貴乃免」，所受處分不過「出爲彰武軍節度使」而已[143]。也反映出婚姻對政治的影響。

　　世家子弟既因婚姻而深入契丹統治核心，自不免因朝廷政治動盪而受到負面影響。玉田韓氏與契丹統治階層核心家族聯姻固然得利最多，卻也因此受到打擊。遼代朝廷的主要政治衝突不僅由於太祖後裔之爭奪皇位，而且由於蕭氏述律家族各宗支之間的爭奪后位[144]。太祖淳欽皇后母前夫之族與父族形成兩大集團，不斷鬥爭。景宗睿智皇后與聖宗齊天皇后皆出於淳欽皇后母前夫之族，玉田韓氏與此族姻婭相聯，政治上得其提攜甚多[145]。但是齊天皇后無子，聖宗卒後，興宗繼位，而由其母法天皇后攝政，法天皇后則係出淳

139 《遼史‧耶律隆運傳》，第82卷，頁1289-1291，頁1292。
140 同上，頁1291上-1292。
141 《契丹國志‧興宗紀》，第8卷，頁83。
142 《遼史‧武白傳》，第82卷，頁1294。
143 《遼史‧聖宗紀》，第15卷，頁177；《遼史‧耶律世良傳》，第94卷，頁1386。
144 參看向南、楊若薇前揭文，頁153-154。
145 Holmgren, J., op. cit., pp. 70-72.

欽皇后父族，其後興宗、道宗主要后妃亦多出身此族。法天皇后取得政權後，齊天皇后遇害，「一皆功臣，駢首諸夷」[146]。韓氏自然亦受株連，受到甚大打擊。雖然史籍中於此並無明確記載，但《遼史·耶律滌魯傳》說：其叔「身歿之後，不肖子坐罪籍沒」[147]。滌魯之叔當為韓制心，制心於聖宗朝位高權大，死後其家遭籍沒，與當時朝廷政治變化應有甚大關係。道宗以後韓氏子孫之寂然無聞，當亦因此。

昌平劉氏因與皇室聯姻，得以煊赫一時，但是此等婚姻也未必盡如人意。劉三嘏與公主八哥之婚姻即是以悲劇終場。由於三嘏蓄妾生子，於1045年攜妾及子南投宋境；遼廷「索求峻切」，而宋廷不願因此引起邊釁，乃予遣返，結果其妾與子被殺[148]。閨房風波卻演變成嚴重外交交涉，可說是遼宋關係中的一段趣話，也是漢人世家與契丹統治階層聯姻的一幕悲劇。但此一悲劇對劉氏政治前途有何負面影響卻不易評估。

六

金代遼興，兼統塞外與中原，對燕雲漢人而言，此一變革不過為一邊族政權取代另一邊族政權，分別不大。而金朝政策對幽燕世家子弟的歸順入仕，甚為有利。金太祖(r. 1115-1123)初興，對新占領地區原以女真制度加以統治。及至金軍進入燕雲，金廷便體認到統治漢地必須採行漢制，任用漢人。故一方面改採遼朝二元制度，以漢制統治漢地；另一方面，任用漢人，主理漢地政治，而在當地具有聲望並富有政治經驗的幽燕世家子弟，尤其獲得重用[149]。即在取得中原後，金廷仍然信用燕人而壓抑南人(即北宋系的漢

---

146 《契丹國志·后妃傳》，第13卷，頁144。

147 《遼史·耶律隆運傳》，第82卷，頁1292。

148 《遼史·劉六符傳》，第86卷，頁1323；田況，《儒林公議》(叢書集成本)，卷下，頁18-19；《續資治通鑑長編》，第152卷，頁10-11。

149 三上次男，〈金朝前期に於ける漢人統治政策〉，《東亞研究所報》，1943，第21期，頁223-294；外山軍治，《金朝史研究》(京都：東洋史研究會，1964)，頁160；陶晉生，《女真史論》(台北：食貨出版社，1981)，頁23-34；李涵，〈金

人)。獲得重用的大多仍爲燕京地區遼朝名門望族的子弟。這種燕人獨受金廷信任的情形在1147年「田穀黨禍」發生後始有改變[150]。

遼朝燕京五大家族中,二韓及劉、趙等四家對遼金鼎革都能順利調適,延續其官宦世家的地位。僅有馬氏因缺乏史料,不可究尋。四家之中,玉田韓氏及昌平劉氏表現尤爲突出,於金初創造了政治上的第二春,亦爲金朝創建制度,撫治幽燕、中原,貢獻頗鉅。

昌平劉氏在金朝之基業是由劉彥宗所奠定。彥宗爲六符之孫,劉霄之子,遼末任南京「北遼」政權之簽書樞密院事。1122年金人下南京,彥宗歸降,成爲金軍東路大將宗望(?-1127)之主要顧問,主持樞密院負責撫治漢地,深得金廷及宗望之信任,「凡州縣之事,委彥宗裁決之」[151]。彥宗之裔,顯宦甚多:其子筈官至尚書右丞相兼中書令,其孫仲誨(?-1179)仕至太子少師兼御史中丞。仲誨之子頍(?-1214)累官太子少師[152]。金元之際名書法家劉伯熙(1182-1256,號房山)亦出於此家,但其代次不詳,可能爲彥宗之後[153]。總之,昌平劉氏在金朝仍爲最爲煊赫的漢人家族,聲華不遜於遼代先輩。

玉田韓氏的政治地位則因韓企先之貢獻而得以延續於金朝。企先爲知古九世孫,仕遼卻「回翔不振」。1116年金軍下遼中京大定府,企先歸降,擢樞密副都承旨,成爲左副元帥宗翰(1080-1137)的重要幹部。及劉彥宗卒,企先繼爲知樞密院事,權力與劉彥宗相近,「凡漢地選授,調發租賦,皆承制行之」。金熙宗(r. 1135-1150)即位後,採行中央集權及漢地直接統治政策,企先內調爲尚書右丞相,實是宰相之職。當時熙宗改革制度,企先由於

(續)───────────

　　初漢地樞密院試析〉,《遼金史論集》第4輯,頁180-195;宋德金,〈金代女眞漢化、封建化與漢族士人的歷史作用〉,《宋遼金史論叢》,第2輯,1991,頁315-325。

150 陶晉生,〈金代的政治衝突〉,《中央研究院歷史語言研究所集刊》,第43本第1分(1971),頁135-161。

151 《金史‧劉彥宗傳》,第78卷,頁1770。

152 同上。

153 郝經,《郝文忠公集》,第22卷,頁3上-4下。

「博通經史，知前代故事，或因或革，咸取折衷」，貢獻甚大。而且企先善於甄別人材，培植後進。後來金世宗(r. 1161-89)對其功績極為推崇，說「前後漢人宰相無能及者」[154]。企先之子韓鐸於世宗朝官至順天軍節度使。其家在金初之顯赫足與昌平劉氏比美。

盧龍趙氏在金朝仍保持官宦之家身分，但地位不及玉田韓氏及昌平劉氏重要。趙氏後裔中仕金最早亦最貴顯者為興祥。興祥為思溫六世孫，於1125年遼亡後降金，官至左宣徽使，封鉅鹿郡王[155]。興祥之後，趙氏仕金諸人中僅有趙璧(1134-1198)保持武將資格，璧以武舉進身，官廣威將軍；此外諸人皆已文官化，或以星曆進身(如趙梴金初任靈台司正郎)，或以醫藥得官(如趙機任尚醫)，或以音律獲用(如趙侃〔1179-1259〕章宗時中太常禮樂科，金末官至權太廟署事。大蒙古國時代攝太樂丞)，而趙守忠則登進士第，官至管勾尚書省承發司[156]。顯然趙氏已非世封之家，子孫多以實學進。但此家學術、仕宦傳統之持續性甚強，蒙元時代任官者不少。其中思溫之十二世孫趙穆，以善篆隸聞名，元朝中期延祐三年(1316)時任翰林侍制[157]，上溯趙氏崛興於五代，已歷四百年。

安次韓氏情形與趙氏相似，出仕金朝者不少，卻無高官顯宦。韓氏首先歸順於金可能為韓延徽六世孫韓侑。韓侑初以「祖蔭，授閣門舍人」，當在遼時。入金以後，官至威州同知事。其弟韓該、韓諒分別任寧邊州同知，閣門舍人。而韓譜四子中，景彰任供奉，景莊任相州都軍，而景修則任秦州膔家城主簿[158]。都是中品以下官職。

總之，五大家族中，除馬氏事跡不可考外，昌平劉氏、玉田韓氏在金朝仍甚貴盛，在漢人中為最顯赫。盧龍趙氏、安次韓氏聲勢較遜，卻亦屬官宦

---

154 《金史‧韓企先傳》，第78卷，頁1778。

155 《金史‧趙興祥傳》，第91卷，頁2026。

156 《秋澗集》，第84卷，頁4下-11上。

157 程鉅夫，〈題涼國惠敏公畫像〉，《程雪樓集》(陶氏涉園刊本)，第25卷，頁12上。

158 見〈韓譜墓誌〉。齊心，〈金代韓譜墓誌考〉，《考古》，1984，第8期，頁752-758。

階層。可見雖因金朝占有中原，幽燕地區在金帝國之重要性不及遼代，但金朝對幽燕漢人世家仍甚倚重，而漢人世家乃得以保持其在政治上之重要性。

七

自以上之考述，可得如下結論：

一、自唐季、五代下迄金朝，燕京地區統治民族變化甚大。但漢人菁英階層持續性甚強。唐季、五代該地區的漢人官宦世家於契丹人建立遼朝之後多能繼續享有甚高政治與社會地位。金朝滅遼以後，情形相似。

二、邊族政權與漢人世家維持緊密之共生關係。契丹自一遊牧部族聯盟轉化為一兼跨遊牧與農業地區的君主專制帝國，漢人出力甚大。其後遼朝對農業地區之統治亦端賴漢人世家之協助，而漢人世家亦倚仗遊牧征服者之厚遇始能維持其累代仕宦之地位於不墜。

三、遼朝漢人世家子弟擔任之職務既高且廣，兼及南、北二面。可見遼朝雖重契丹、輕外族，但南北二面高官之任用並不純粹基於種族，漢人世家子弟實已打入遼朝統治階層之核心，而且漢人世家之貴盛，持續性甚強，不因科舉之推廣而有所改變。

四、漢人世家與契丹統治家族密切通婚，相互之間亦結聯姻婭，形成一個兼擁番漢的婚宦集團。過去論者多認為：五代以後中國已成為「取士不問家世，婚姻不問閥閱」，而流動性較大之社會。但在邊疆民族所建立王朝之下，情形並非如此。

——原刊於《國家科學委員會研究彙刊：人文及社會科學》3:1(1993)，36-58；轉載於《宋史研究集》第27輯(台北：國立編譯館，1996)，頁481-541。

附錄二
推陳出新的史學家陳垣*

一、引言

> 稽古到高年，終隨革命崇今用；
> 校讎捐故技，不爲乾嘉作殿軍。[1]

三十四年前，史學家陳垣(1880-1971)逝世時，北大教授邵循正(1903-1973)爲他作了這幅輓聯，大陸學界多視爲陳氏學術的定評。但是衡諸陳氏一生，雖然不止是乾嘉殿軍，卻始終都是一位身懷「校讎故技」的史料學派(亦即考證學派)大師，對於「終隨革命崇今用」則是有心而無力。

自從梁啓超(1873-1929)提倡「新史學」以來，現代中國史學已有百年歷史。在二十世紀上半葉，史學界主要流派有二：一爲史料學派，另一爲史觀學派[2]。史料學派著重史料的搜求與批判，希望寫出客觀的歷史。史觀學派則旨在尋求歷史發展的規律，對歷史的演變作一整體解釋。兩派的目標都

---

* 本文初稿曾宣讀於東吳大學主辦之「二十世紀上半葉人文社會學術討論會」(2000年11月29日)，講評人杜維運教授指正甚多，敬誌謝忱。

1 白壽彝，〈要繼承這份遺產〉，收入白氏等編，《勵耘書屋問學記》(北京：三聯書店，1982)，頁6。

2 周予同，〈五十年來中國之新史學〉，收入周氏，《周予同經學史論著選集》(上海：上海人民出版社，1983)，頁513-573；余英時，〈中國史學的現階段：反省與展望〉，收入余氏，《史學與傳統》(台北：時報文化公司，1982)，頁1-29；王晴佳，〈論二十世紀中國史學的的方向性轉折〉，《中華文史論叢》，62輯(2000.5)，頁1-83。

在追求史學的科學化，但對「科學」作了截然不同的認知，學風自然相去甚大。百年以來，兩派勢力，互有消長。民國前期，史料學派是歷史學界的主流，而在1949年以後，史觀學派則在大陸贏得官方正統學術的地位。而陳垣原來屬於史料學派，後來雖欲轉向史觀學派，並未成功。

現代中國史學的產生與發展雖然受到西方史學很大的影響，但對傳統史學有揚棄、有批判，亦有繼承。其理論與方法並不盡是舶來品，而有不少部分是由傳統史學演變而來，史學的發展由傳統到近代的軌　清晰可尋[3]。史觀方面，在唯物史觀流傳以前，進化史觀影響最大。進化史觀的流行，固然是受西方進化論的直接影響，卻也因爲這種史觀能與今文學家「公羊三世說」相銜接。而史料學派的學者則主要受到乾嘉考證方法的影響，乾嘉考證方法強調「實事求是，無徵不信」，具有科學因素。史料學派大師王國維（1877-1927）、陳垣、陳寅恪（1890-1969）、胡適（1891-1962）、顧頡剛（1893-1980）、傅斯年（1896-1950）等人都在乾嘉史學的基礎上，兼採新方法、新觀念、新史料，而爲現代中國史學樹立起座座豐碑。

20世紀上半葉的中國人文及社會科學學人中，無論就政治社會經歷，或是學術成就而言，陳垣頗爲值得矚目。陳垣一生九十年，經歷清季、北洋、國府、日本占領及人民政府等五個時期，屢經世變，其事業卻始終都很成功。陳氏早年出身科舉，卻是青年革命黨人，民國初年便做過國會議員、教育次長。又以教外人士的身分參與天主教輔仁大學的創校並擔任校長逾二十年。抗戰時期，陳氏身陷敵後，卻是北平學界抗日的精神領袖。1949年以後，除繼續擔任大學校長外，亦歷膺政學兩界重要職務。閱歷之豐富，地位之崇高，在現代學人中，名列前茅。

陳垣的史學成就尤爲世人所推崇。陳氏自學成名，對現代西方學術所知無多，卻能從乾嘉考證史學中汲取固有的現代因素，加以改造，寫出甚多具有現代意義的史學著作，贏得中外學界的讚賞，陳寅恪認爲其「精思博識，

3　陳其泰，〈傳統史學向近代史學的轉變〉，收入陳氏，《史學與中國文化傳統》（北京：書目文獻出版社，1992），頁177-190。

吾國學者自錢曉徵(大昕)以來，未之有也」[4]。法國東方學大師伯希和(Paul
Pelliot, 1878-1945)稱頌他與王國維爲中國僅有的二位世界性學者。評價極
高。陳垣因而與陳寅恪齊名，有「南北二陳」之稱。在民國史料學派諸大師
中，陳垣以使用「土法土料」著稱[5]，洋味最少，故其史學可謂爲「推陳出
新」。

　　史學發展與時代變革之間的關係密不可分。陳垣的史學並非一成不變，
而是與時俱進，與政治變化之間的關聯尤爲密切。與陳寅恪相似，陳垣史學
前後歷經三變。陳寅恪的史學是由「殊族之文、塞外之史」轉爲「中古以降
民族文化之史」，再變爲探討古人內心世界的「心史」[6]，主要是研究範疇
的變化。而陳垣的史學則是由考證轉爲經世，再變爲馬克思主義的史學，牽
涉到方法與史觀的改變；變化不可謂不大，這種變化亦可稱爲「推陳出
新」。

　　本文主旨即在探討陳垣史學在上述兩個層次的「推陳出新」，以求了解
其史學的前後變化及其在現代中國史學發展中的地位。

二、學術淵源與方法

　　在現代中國史學家中，陳垣爲少數既無學術師承，亦欠缺現代人文教育
者。陳氏出生於廣州的一個藥商家庭[7]，最初走的卻是科舉入仕的老路，考

4　陳寅恪，〈重刻《元西域人華化考》序〉，收入劉乃和編校，《中國學術經典：
　　陳垣卷》(石家莊：河北教育出版社，1996)，頁50-51。
5　許冠三，《新史學九十年》(香港：中文大學出版社，1986)，上冊，頁108。
6　余英時，〈試述陳寅恪的史學三變〉，收入余氏，《陳寅恪晚年詩文釋證》(台
　　北：東大圖書公司，1998)，頁331-377。
7　陳垣生平事蹟，參見王明澤編，〈陳垣事蹟著作編年〉，載於《紀念陳垣校長誕
　　生110周年學術論文集》(北京：北京師範大學，1990)，頁454-528；劉乃和、周
　　少川等編著，《陳垣年譜配圖長編》(瀋陽：遼海出版社，2000)。有關陳垣之學
　　術，參見牛潤珍，《陳垣學術思想評傳》(北京：北京圖書館出版社，1999)。有
　　關陳垣之回憶文字甚多，見於《勵耘書屋問學記》；北京師範大學編，《紀念陳
　　垣校長誕生110周年紀念學術論文集》；劉乃和，《勵耘承學錄》(北京：北京師
　　範大學，1992)；暨南大學編，《陳垣教授誕生百一十周年紀念文集》(廣州：暨

中秀才，清廷廢科舉，陳氏遂棄舊學而就新學。因受「科學救國」理念之影響，於1907年考入美國教會所辦博濟醫學院；旋與友人另創光華醫學校，身兼理事與學生。1910年畢業，留校任助教。兩年之學醫經歷開啟其對科學方法與精神之了解，對其治史頗多助益。陳氏於1930年代一封家書中敘述其治學方法：「近20年學問，皆用醫學方法也。有人謂我懂科學方法，其實我何嘗懂科學方法，不過用這些醫學方法參用乾嘉諸儒考證方法而已。」[8]

「乾嘉諸儒考證方法」為陳垣治學的主要方法，亦為其中年以前治史之努力方向[9]。陳氏早年自我訓練是從目錄學下手，而以張之洞《書目答問》及《四庫總目提要》指引，廣泛涉獵。入北京後，鑽研《四庫全書》達十年之久，因而能全面掌握傳統知識體系，奠立其對歷史文獻學及其它各方面研究之堅實基礎。

乾嘉歷史考證學具有徵實之精神與客觀之研究方法，因而超越前代[10]。乾嘉史家中成就最大者為錢大昕(1728-1804)，而錢大昕正為影響陳氏最深之一人。錢氏以治經方法治史，突破「經尊史卑」的傳統，提升近世史學地位，並將考證史學提升到一個高峰。錢氏的考證方法包括以下五項：一、實事求是，無徵不信。二、廣參互證，追根求源。三、推求義例，以決疑難。四、以多種輔助學科(文字、語言、目錄、版本、輿地、制度、金石、天文)作為治史基礎。五、注重發掘新史料，尤其是以金石文字與史籍相印證。錢氏考證史學之成就極大，杜維運認為：「十八世紀之中國史學，雖謂之錢大

(續)——————————
　　南大學，1994)。
8　中央研究院中國文哲研究所籌備處編，《陳垣先生往來書札》(台北：中央研究院中國文哲研究所籌備處，1992)，下冊，頁429，〈致約之〉。
9　陳垣之學術著作皆已收入《陳援庵先生全集》(台北：新文豐出版公司，1992)。另有部分著作選入劉乃和編校，《中國學術經典：陳垣卷》；陳樂素、陳智超編，《陳垣史學論著選》(上海：上海人民出版社，1981)；陳智超編，《陳垣學術論文集》(北京：中華書局，1982)。早年文字，收入陳垣，《陳垣早年文集》(台北：中央研究院中國文哲研究所，1992)。
10　杜維運，〈清代乾嘉時代之歷史考據學〉，收入杜氏，《清代史家與史學》(台北：東大圖書公司，1984)，頁291-315。

昕時代，亦無不可。」[11]錢氏治史的嚴謹態度與審慎方法，頗符合近代科學方法與理性精神，爲二十世紀考證史學奠定基礎[12]。陳氏對錢氏治學方法極爲服膺，曾說：「《日知錄》在清代是第一流，但還不是第一，第一應推錢大昕的《十駕齋養新錄》。」[13]推崇可謂備至。錢氏影響陳氏主要表現在兩方面，一爲精密的考證方法，另一爲對元史的探討。

　　乾嘉時代的另一位史學大師趙翼(1727-1814)對陳氏亦頗有影響。陳氏有聯句云：「百年史學推甌北，萬首詩篇愛劍南。」反映陳氏對趙翼之贊佩。趙翼早歲師法錢大昕，中年以後卻發展不同的學風。其名著《二十二史劄記》「運用考據學家所慣用之歸納方法與比較方法，以觀察盛衰治亂之源，超越於孤立之繁瑣事實之上以觀察，自其中歸納出社會史與制度史發展之通則」，其方法近於西方近代之解釋史學，亦反映顧炎武經世思想之影響[14]。陳氏早年即熟讀《二十二史劄記》，《劄記》可說其史學入門書。趙翼對陳氏的影響有二方面：一爲史學義例，陳氏所著《通鑑胡注表微》，以「前十篇言史法，後十篇言史事」，即是仿照趙氏史學義例。其弟子牟潤孫說：「先師不主張發表孤立繁瑣的考證筆記，認爲必須將它們合在一起歸納出條例來，找出系統來，才堪稱爲著作。」[15]陳氏在表達方式上顯然的受到趙翼影響。另一爲經世思想：陳氏中年提倡「有意義的史學」，不僅是受全祖望(1705-1755)的影響，亦受趙翼影響。

　　陳氏的治學方法受到乾嘉諸儒很大影響，其方法可分以下幾點言之[16]：
　　第一、「竭澤而漁」的史料搜求：陳氏認爲歷史研究應有廣闊史料基

11　杜維運，〈清代乾嘉時代之歷史考據學〉，頁290。

12　陳其泰，〈錢大昕：歷史考證學的精良方法及其影響〉，收入陳氏，《史學與民族精神》(北京：學苑出版社，1999)，頁352-383。

13　趙光賢，〈回憶我的老師援庵先生〉，收入《勵耘書屋問學記》，頁155-162。

14　杜維運，〈趙翼之史學〉，收入杜氏，《清代史家與史學》，頁369-390。杜氏，《趙翼傳》(台北：時報文化公司，1985)，頁216-229。

15　牟潤孫，〈勵耘書屋問學回憶〉，《勵耘書屋問學記》，頁87-88。

16　徐梓，〈陳垣先生史學的總結性特徵〉，刊於《紀念陳垣校長誕生110周年學術論文集》，頁86-109。李瑚，〈中國歷史考證學與陳垣先生對他的貢獻〉，刊於《陳垣教授誕生百一十周年紀念文集》，頁10-49。

礎，搜求史料要做到「竭澤而漁」，無所遺漏。陳氏搜求史料的範圍廣大，不止正史、雜史，廣及碑刻、文集、方志和各種語錄，而且儘量運用新史料(如敦煌史料)。對於史料，必須尋求史源，加以別擇，有第一手史料決不用第二手史料。

第二、「打破沙鍋問到底」的考證方法：陳氏認爲考證方法，就是專題深入研究問題的方法。研究問題必須「沿流溯源，究其首尾」。考證的問題要專、窄、小，解決問題卻要求知識的博、廣、大，只有這樣才能使論斷堅實有力。考證方法包括書證(本證、他證)、物證(實物證據，如金石文字、出土文物)及理證(即以人所共識之理證之)，兼采並用，力求嚴密。

第三、著述義例與文體的講究：陳氏著作對體例與文體甚爲注重。其著作多是綱舉目張，條理井然。而其文字則仿效《日知錄》的簡潔，「只求通達，不求文彩，要少而精，不要多而美」，「一字一句能表達就不要再寫出第二個字第二句話」。

陳氏史學雖以乾嘉史學爲基礎，但又不以乾嘉自限。第一，不爲考證而考證：陳氏不以解決孤立之歷史問題爲滿足，而係通過一連串疑難問題之考證，求得系統。在此方面，陳氏可說是結合錢、趙二氏之優點。第二，開拓文化史研究新領域：過去國人治史偏重政治，而陳氏在中國文化風雨飄搖之際，肯定文化認同爲民族識別之標誌，因而特重文化史之研究。《元西域人華化考》及各種宗教史之著作皆爲此方面之表現。第三，經世致用史學之倡導：記注、撰述、考據、衡評原爲中國傳統史學之四端，乾嘉史學專重考據而忽略衡評[17]。陳氏中年以後提倡「有意義的史學」，以史著爲「正人心、端士習」之工具乃屬於衡評範圍。第四，國外漢學影響：許冠三認爲「陳垣史學雖以土法起家，但並未與洋法絕緣」[18]。陳氏經由日文著作及馮承鈞(1887-1946)等人翻譯法國東方學論著而熟諳國外東方學發展現況，並與國外學界相匯流，不致抱殘守闕。總之，陳垣史學雖係總結乾嘉考證史學，卻

17　杜維運，〈清代史學之地位〉，收入杜氏，《清代史家與史學》，頁2。
18　許冠三，《新史學九十年》，上冊，頁109。

有適應時代之新發展，而能推陳出新，爲中國現代史學作出重要貢獻。

陳垣的學風是當時史料學派主流的一部分。史料學派的宗師是胡適，而其重鎮則是傅斯年及傅氏領導的中央研究院歷史語言研究所，陳垣的學風與胡適、傅斯年頗多相似之處。胡適提倡「科學方法」不過是實驗主義與乾嘉考證的結合，而其科學方法的精髓：「尊重事實，尊重證據」與「大膽的假設，小心的求證」與陳垣的治學方法差異不大。而陳垣所做工作大體可說是胡適所倡導的以科學方法整理「國故」的實踐。

史語所的學風一方面受到歐洲蘭克史學的影響，一方面繼承乾嘉考證史學的方法。蘭克(Leopold von Ranke, 1795-1886)史學著重歷史的語言學基礎，主要藉語言學的方法，考定史料的價值，根據可靠史料，寫出客觀歷史。蘭克史學在中國影響廣大正因與乾嘉考證傳統可以銜接[19]。史語所受到乾嘉考證的影響，甚是明顯，傅斯年所撰〈歷史語言研究所工作之旨趣〉指出該所宗旨「第一條是保持亭林(顧炎武)、百詩(閻若璩)的遺訓」[20]，而且認爲清儒的治學方法是科學的[21]。傅斯年所主張的「史學不是著史，史學只是史料學；史學的工作是整理史料，比較史料，就史料以探史實，不作藝術的建設，不做疏通的事業；史料以直接史料爲貴，上窮碧落，下及黃泉，皆爲尋找史料；史料的研究，需具備工具學問」等[22]，顯然受到乾嘉學風甚大影響，與陳垣所主張的「竭澤而漁」的搜求史料與「打破沙鍋問到底」的嚴密考證亦多吻合。當然，陳垣未受西學陶冶，並無傅氏要將歷史學「變做生

19　杜維運，〈民國史學與西方史學〉，收入杜氏，《憂患與史學》(台北：東大圖書公司，1992)，頁149-165。但是近來史語所同仁杜正勝、王汎森卻懷疑傅斯年所受蘭克之影響，「他一生只提到蘭克二、三次，藏書中沒有任何蘭克的著作」。見杜正勝，〈無中生有的志業：傅斯年的史學革命與史語所的創立〉，收入中央研究院歷史語言研究所編，《新學術之路：中央研究院歷史語言研究所七十週年紀念文集》(台北：中央研究院歷史語言研究所，1998)，上冊，頁1-42。

20　〈歷史語言研究所工作之旨趣〉，收入《傅斯年全集》(台北：聯經出版公司，1980)，第4冊，頁1308。

21　傅斯年，〈清代學問的門徑書幾種〉，收入《傅斯年全集》，第4冊，頁1454-1463。

22　此處用杜維運的概括，見〈傅孟眞與中國新史學〉，《當代》，第116期(1995.12)，頁54-63。

物學、地質學等一般事業」的野心。而且陳垣使用的工具與傅氏亦有廣狹及新舊的差別。陳氏著重總結舊工具，傅氏則強調開拓新工具。陳氏所著重的則是傳統考證史學所使用的工具，如目錄版本、年代、史諱、辨偽、輯軼、訓詁等學；而傅氏主張「利用自然科學供給我們的一切工具，整理一切史料」[23]，地質、地理、考古、生物、氣象、天文等自然科學，都是相關的工具[24]。但是整體而言，陳、傅二氏的治學方法可說是大同而小異。

　　除去治學方法相近外，陳垣與傅斯年亦具有共同的民族情懷。陳、傅二人學術起步之際，正是中國國勢最為陵夷之時，不僅政治、經濟衰落，學術亦極萎靡，即是漢學研究亦落後於西方及日本。杜正勝認為當時不少學者都懷有「難以宣言的民族鬱悶」，而想振興學術，趕上外國[25]，傅斯年創建史語所之目的即在於「要科學的東方學之正統在中國」[26]。而陳垣一生治史的動機更是出於民族主義，亦汲汲於奪回漢學研究中心。陳氏於1921年的一次演講中感慨地說：「現在中外學者談漢學，不是說巴黎如何，就是說西京（日本京都）如何，沒有提中國的，我們應把漢學中心奪回中國，奪回北京。」[27]又曾說：「每當我接到日本寄來的研究中國史的論文時，我就感到像一顆炸彈扔到我的書桌上，激勵我一定要在歷史研究上趕過他們。」[28]可見傅斯年與陳垣皆以「奪回漢學中心」為歷史研究的出發點。即是胡適雖然以「世界公民」自居，卻也有深刻的民族情懷；他提倡「用科學的方法」來「整理國故」是「想為神州造一新舊混一的新文明」[29]。基於彼此的研究動

23　〈歷史語言研究所工作之旨趣〉。

24　〈《史料與史學》發刊詞〉，《傅斯年全集》，第4冊，頁1402-1404。

25　杜正勝，〈無中生有的志業〉，頁34-35。

26　〈歷史語言研究所工作之旨趣〉。關於傅斯年的民族情緒，參看王汎森，〈思想史與生活史有交集嗎？讀傅斯年檔案〉，收入王氏，《中國近代思想與學術的系譜》（台北：聯經出版公司，2003），頁30-53。

27　鄭天挺，〈自傳〉，收入《鄭天挺紀念文集》（北京：中華書局，1990），頁12。

28　劉乃和，〈書屋而今號勵耘〉，收入《勵耘書屋問學記》，頁152-153。

29　羅志田，〈胡適世界主義思想中的民族主義關懷〉及〈新舊文明過渡之使命：胡適反傳統思想的民族主義關懷〉，收入羅氏，《民族主義與近代中國思想》（台北：東大圖書公司，1998），頁192-221、222-237。

機與方法相近，陳垣與胡適、傅斯年乃至陳寅恪等都是同氣相求，交往頗
密，而傅斯年對陳垣尤其敬重，1928年傅氏爲延攬陳氏研究敦煌文獻，致書
陳氏云：

> 斯年留旅歐洲之時，睹異國之典型，慚中土之遙落，並漢地之歷史
> 語言材料亦爲西方旅行者竊之奪之，而漢學正統有在巴黎之勢，是
> 若可忍，孰不可忍？幸中國遺訓不絕，典型猶在。靜庵先生(指王
> 國維)馳譽海東於前，先生(指陳垣)鷹揚河朔於後。二十年來承先
> 啓後，負荷世業，俾異國學者莫我敢輕，後生之世得其承受，爲幸
> 何極！[30]

信中將陳氏與王國維並尊爲名馳國際、承先啓後的前輩以及奪回漢學正統希
望所寄的大師。陳垣歷任史語所特約研究員，中研院評議員與院士，並有兩
部著作是由史語所出版，可見他與史語所關係密切，也是史料學派的大老。

三、考證史學之大師

　　陳垣史學之發展前後經歷三階段，而其發展與國內政治情勢之變革息息
相關，政治情勢之變革影響陳氏之思想以及學風甚爲明顯。在1943年致其處
於抗敵後方的私淑弟子方豪(1910-1980)書中說及前二階段的變化：

> 至於史學，此間風氣亦變。從前專重考證之學，服膺嘉定錢氏。事
> 變後頗趨重實用，推尊崑山顧氏。近又進一步，頗提倡有意義之史
> 學，故前兩年講《日知錄》，今年講《鮚埼亭集》，正欲以正人
> 心，端士習，不徒爲精密之考證而已。[31]

30　〈史語所檔案〉元字109號之1。引見杜正勝，〈無中生有的志業〉，頁34-35。陳
　　智超，〈陳垣與中研院史語所〉，《新學術之路》，上冊，頁233-238。
31　陳智超編，《陳垣來往書信集》(上海：上海古籍出版社，1990)，頁302。

在其1950年致老友武漢大學教授席爲駧書中，陳氏又加上第三階段：

> (1)九一八以前，爲同學講嘉定錢氏之學。(2)九一八以後，世變日
> 亟，乃改講顧氏《日知錄》，注意事功，以爲經世之學在是矣！北
> 京淪陷後，北方士氣萎靡，乃講全謝山之學以振之，謝山排斥降
> 人，激發故國思想。所有《輯覆》、《佛考》、《諍記》、《道
> 考》、《表微》皆此時作品，以爲報國之道止此矣！…(3)解放以
> 後，得學毛澤東思想，始幡然悟前者之非，一切須從頭學起。[32]

　　可見陳氏早年學宗錢大昕，「專重考證之學」；日本侵華以後，則講究
顧炎武、全祖望的著作，「提倡有意義之史學」；晚年則奉毛爲師。因而他
一生治學經歷「錢、顧、全、毛」之變化過程。現依此三階段，分述其學如
次。

　　自1917年出版《元也里可溫教考》，至抗戰爆發，前後二十年，陳垣所
治爲考證之學。

　　陳氏早年受民族主義感染，在1905年即積極參與抗議美國排除華工的工
約風潮，旋即成爲同盟會員，參加革命[33]。民國初年置身北洋政壇長達十
年，任爲議院議員，參加交通系，曾署理教育次長。1923年參與曹錕賄選總
統，招致全國指責，引爲終身大恥。此後，陳氏擺脫政治，專心治史辦學，
長期擔任輔仁大學校長，又執教於北京大學研究所國學門，並與故宮博物
院、北京圖書館、中央研究院歷史語言研究所保持密切關係，爲北平學術界
重要領導人，亦享有全國性聲譽。因而此一階段之著作政治色彩最淡。其學
術著作包括下列三方面：

1. 中外宗教關係史

　　陳垣是中國宗教史乃至中外關係史研究的開拓者。宋代以後傳統學術排

32　陳智超編，《陳垣來往書信集》，頁216。

33　《中國同盟會雜誌》，第3期(廣州，1912.8)；引見陳智超，〈胡適與陳垣〉，收
　　入李又寧主編，《胡適與他的朋友》(紐約：天外出版社，1997)，頁85-152。

斥宗教研究，20世紀以前中國的宗教史研究因而未受重視。正如陳寅恪為陳垣《明季滇黔佛教考》所作序言說：「嚴格言之，中國乙部之中，幾無完善之宗教史。然其有之，實自近歲新會陳援庵先生之著述始。」[34]

陳垣因其基督教信仰而從事基督教之研究，並由此而擴展至其他外來宗教之考述。有關基督教之著述最多，有《元也里可溫教考》、〈基督教入華史略〉、〈乾隆間奉天主教之宗室〉及〈吳漁山先生年譜〉等。探討其他各教歷史者則有所謂「古教四考」，包括〈開封一賜樂業教考〉、〈火祆教入中國考〉、〈摩尼教入中國考〉及〈回回教入中國史略〉。

陳垣早年對外來宗教之研究，有以下幾點特色：第一，尊崇中國歷史上宗教多元的現象：陳氏雖為一基督教徒，但主張信仰自由，不排斥任何宗教。他的宗教史研究，先由邊緣性外來宗教著手(回教、猶太教、火祆教、摩尼教)，然後才擴及核心的佛、道二教。對中國宗教史有全盤的研究，亦充分呈現中國文化的多元特色[35]。第二，史學之觀點：陳氏研究宗教不自宗教學的角度探討教義與思想源流，而是以史學之觀點考察宗教的活動，往往從歷史全局著眼，聯繫一代史事而考察宗教之軌跡，乃至宗教與政治及文化間之關聯[36]。第三，對於外來宗教，從「入華」、「入中國」切入而研究其傳播過程及發展歷史，故其對外來宗教之研究亦構成中外文化交通史之一部分。第四，專以漢文史料探討外來宗教在華事跡，與外國學者之探討以外文史料為主者具有互補之作用。

2.元史

陳垣治元史[37]，顯然是受錢大昕及道咸以來西北史地學與諸家重編元史

34　陳寅恪，〈《明季滇黔佛教考》序〉，收入《陳寅恪先生全集》(台北：九思出版社，1988)，上冊，頁685-686。

35　盧仁龍，〈陳垣的宗教史學特徵及方法－兼與陳寅恪之比較〉，收入陳明、朱漢民主編，《原道》，第5輯(貴陽：貴州人民出版社，1999)。

36　蔡美彪，〈讀陳垣編《道家金石略》書後〉，載於《陳垣教授誕生百一十周年紀念文集》，頁9-18。

37　關於陳垣的元史研究，參看楊志玖，〈陳垣先生對元史研究的貢獻〉，收入北京師範大學編，《紀念陳垣校長誕生110周年紀念學術論文集》，頁110-120。劉乃和，〈陳垣對元史研究的重要貢獻〉，《中國的典籍與文化》，第2期(1996)，頁

之影響[38]。陳垣揚棄前人編纂全史之舊途，而採取專題研究及史籍整理之方式，另闢蹊徑，深入研究。

陳垣有關元史的主要著作，除《元也里可溫教考》外，尚有《沈刻元典章校補》、《元秘史譯音用字考》及《元西域人華化考》等專著及有關耶律楚材(1190-1244)、李志常(1193-1256)、薩都剌(1282?-1348?)等人的生卒年及耶律楚材父子宗教信仰異趣的考證文字。在其元史專著中，《校補》及《用字考》皆係整理元朝最重要之兩部典籍。《校補》是根據故宮所藏元刻本及四種抄本的精心校勘當時流行之沈家本刻《元典章》(實為董康刻，沈家本跋)發現訛誤、脫衍、顛倒一萬二千餘條，撰成箚記六卷、闕文三卷、表格一卷。在元史研究與校勘學上皆具重要意義，唯其在元史研究中的價值已因故宮所藏元刻本在台出版而大減。《用字考》則在探索明初譯寫蒙文《元朝秘史》時所用漢字的規律，指出用以轉寫蒙古語的漢字不僅是標音，而且是盡量用意義相近之字，所謂「音譯之中，含有意義者也」；對學者重構《秘史》之蒙文本頗有裨益。

《元西域人華化考》撰成於1923年，為陳氏研究元史最重要的成果，亦為其早年最為得意之傑作，更是中國近代史學史上第一部專題性質和實證研究的文化史著作。元代為一多元族群、多元文化社會，族群文化關係因而在元史研究中居於核心地位，而西域人(即色目)為元代重要族群，陳氏選擇漢文化對西域人的影響作為研究主題，頗有卓見。此書自儒學、宗教、文學、藝術、禮俗、女學等方面考察西域人接受漢文化(主要為士大夫文化)的程度，指出各族人士因欽慕而學習漢文化，「盡棄其學而學焉」，甚至放棄其世襲信仰而趨於華化者[39]。陳氏在此書中強調中原文化之巨大感召力：「特患其不通中國之文，不讀中國之書耳，苟習其文，讀其書，鮮有不被其陶化者。」充分反映陳氏對中原文化的自信與自豪。此書同時亦指出元代文化不

(續)──────

54-64。

38 關於錢大昕等之元史研究，參看黃兆強，《清人元史學探討─清初至清中葉》(台北：稻鄉出版社，2000)。

39 陳垣，《元西域人華化考》(中國學術經典‧陳垣卷)，頁53，〈序論〉。

似前人所說之低落；並進一步說明文化與政治不必同調，即在亂世亦可有昌明之文化。旨在鼓勵國人在政治紛亂的當時亦應弘揚民族文化。此書在當時備受重視，乃因「新舊兩派可以各取所需。在守舊派看來，它顯露中華文化之偉大，用夏變夷，又有新證。在革新派看來，它可以擴大國人的胸懷，有助中外文化交流」[40]。

《華化考》全書七萬餘字，運用史料二百餘種，包括正史、詩文集、詩話詞話、筆記、石刻、書志、方志、書畫及劇曲史料，網羅極富，而全書論證謹嚴，創獲極多，可說是考證史學的典範。但在考證之外，此書亦含義理。陳氏後來追述撰著此書之動機爲「此書著於中國人被人最看不起之時，又值有人主張全盤西化之日，故其言如此」[41]。故其著書之動機在藉元代西域人的華化振奮國人對中華文化的信心。

陳寅恪於1935年爲此書刻本作序，盛稱陳氏之貢獻：「新會陳先生之書尤爲中外學人所推服。蓋先生精思博識，吾國之學者自錢曉徵以來，未之有也。」「先生是書之材料豐富，條理明辨，分析與綜合二者，極具功力。」[42]日本東西交通史開山祖桑原騭藏(1870-1931)評此書亦說：「非獨爲研究元代歷史，即研究支那文化史者亦有參考此論著之必要。」「具有科學的方法」，並稱讚陳氏爲「有價值之學者」[43]。即在出版四十餘年後，美國漢學家富路德(L. C. Goodrich, 1894-1968)仍譯注此書出版，可見其學術價值[44]。

今日看來，此書之主旨如華化的定義以及稱色目人爲「西域人」，皆有商榷餘地（「西域人」一辭在元代不常用，遠不及「色目」普遍，而汪古、

40　許冠三，《新史學九十年》，上冊，頁1-5。
41　《陳垣來往書信集》，頁818，1964年致歐陽祖經書。
42　陳寅恪，〈重刻《元西域人華化考》序〉，收入《陳寅恪先生全集》，上冊，頁683-684。
43　〈陳垣氏の《元西域人華化考》お讀む〉，收入《桑原騭藏全集》（東京：岩波書店，1963），第2卷，頁361-369。參看竺松雅章，〈陳垣與桑原騭藏〉，載於《陳垣教授誕生百一十週年紀念論文集》，頁215-229。
44　Ch'en Yuan, "Trans and Anno. by Ch'ien Hsing-Hai and L. C. Goodrich," *Western and Central Asians in China under the Mongols*（Los Angeles: *Monumenta Serica*, 1966）.

唐兀等族皆不應稱西域人），對個別人物的族屬認定亦有錯誤，而全書更不免有漢族中心之傾向。近年來西方學者偶有不利之批評[45]，但在民初過渡時期之史壇，本書確如蔡元培所說是「石破天驚」的空前傑作。

陳垣為近代元史學及中外文化關係史之開創者，但後來未能更上層樓，作出更大貢獻，一方面可能由於政治局勢之劇變引起研究興趣之轉向，一方面則可能如牟潤孫所言，陳氏「受了語言知識的局限」，而他又「不願意與洪文卿（鈞，1839-1893）、屠敬山（寄，1856-1921）、柯蓼園（紹忞，1850-1933）先師等人一樣，依賴別人的翻譯去作研究」[46]。陳氏僅在學醫時學過拉丁文，懂得一些日文，治學主要是利用漢文史料[47]，無法像陳寅恪那樣研究「殊族之文，塞外之史」。對研究蒙元史及中外文化關係史而言，其語文條件確有嚴重的不足。

陳垣元史著作之數量雖然不大，他卻是我國現代元史學的開山者，影響甚大，有如劉乃和所說：

> 他的工作是開創性的、奠基性的工作，承上啓下，開一代風氣。他不僅繼承了清代史學家錢大昕的元史研究，而且在他以後繼起的本世紀三十年代元史專家韓儒林、邵循正、翁獨健、姚從吾等都是他在北大、燕大等高校培養的學生，這幾位專家又都已有了新的成

---

45 美國學者牟復禮(F. W. Mote)為《華化考》英譯本所作書評曾批評：此書「幾乎不能視為合格的現代學術著作，在概念與歷史判斷上皆有缺失，並未達致陳寅恪所讚譽的：『條理明辨，分析與綜合二者，極具功力』」(*Journal of Asian Studies* 26:4〔Aug. 1966〕，690-692)。而司義律神甫(Rev. Henry Serruys)亦認為：此書不能證明元代非漢族多數業已華化，只能顯示華化者較未華化者受到更多注意。見 Henry Serruys, "Remains of Mongol Customs in China during the Early Ming Period," *Monumenta Serica* 16:1 and 2(1957), pp. 137-190.

46 牟潤孫，〈發展學術與延攬人才〉，收入牟氏，《海遺雜著》（香港：中文大學出版社，1990），頁89-90。

47 陳智超，〈史學二陳的友誼與學術〉，收入《紀念陳寅恪教授國際學術討論會文集》（廣州：中山大學出版社，1989），頁245-263。

就，又已培養出更多骨幹，這樣代代相傳，終將在元史研究上開出
更燦爛奪目之花，結出豐碩累累的成果。[48]

劉氏對陳垣在我國現代元史學發展中的地位所作描述十分確當。

3. 歷史文獻學

　　歷史文獻學的各種專門領域，如目錄學、年代學、史諱學、校勘學皆爲
歷史研究之必備基礎，乾嘉學者已有甚多貢獻，陳垣將前人成績系統化。在
目錄學方面，著有《敦煌劫餘錄》、《道家金石略》、《中國佛教史籍概
論》；在校勘學方面，有《校勘學釋例》、《舊五代史輯本發覆》。年代學
之著作有《二十史朔閏表》及《中西回史日曆》，而史諱學則有《史諱舉
例》。陳氏在歷史文獻學方面之種種貢獻雖然爲總結清朝樸學家成績之結
果，整舊之功大於創新；但陳氏將古人成績向前推進，更便於現代研究者之
使用。胡適序《校勘學釋例》說：《釋例》「是土法校書的最大成功，也就
是新的中國校勘學的最大成功」[49]。胡氏評論陳氏年代學方面著作亦說：
「這種勤苦的工作，不但給杜預、劉義叟、錢侗、汪曰楨諸人的『長術』作
一結束，並且給世界治史學的人作一種極有用的工具。」[50]皆可顯示陳氏在
歷史文獻學方面的巨大貢獻。

　　關於陳垣考證史學之成就，可由陳寅恪爲《元西域人華化考》所作序言
看出：

　　　　今日吾國治學之士，競言古史，察其持論，間有類於清季誇誕經學
　　　　家之所爲者。先生是書之所發明，必可示以準繩，匡其趨向。然則

48　劉乃和，〈陳垣對元史研究的重要貢獻〉，頁64。
49　胡適，〈校勘學方法論〉，《胡適文存》（台北：遠東圖書公司，1953），第4集，
　　頁135-148。
50　胡適，〈介紹幾部新出的史學書〉，收入《古史辨》（上海：上海古籍出版社，
　　1982），第2冊，頁333。

是書之重刊流布，關繫吾國學術風氣之轉移者至大，豈僅局於元代
西域人華化一事而已哉！

陳寅恪所謂「清季誇誕經學家」顯然是指公羊學派的康有爲(1858-1927)，
「競言古史」者則指疑古派，他認爲《華化考》所代表的篤實考證學風足以
改變我國學術風氣。

四、「抗戰史學」之倡導

　　抗戰期間，陳氏學風的巨大轉變與其所處環境具有密切關聯。當時輔仁
大學不僅是敵僞統治下北平之自由教育孤島，亦是地下抗日活動之堡壘，而
陳氏則滯留北平，儼然成爲當地教育界抵制日本統治之精神領袖。北平淪陷
後，國立大學皆已西遷，唯有教會所辦之輔仁、燕京及私立中國大學維持弦
歌於不輟。太平洋戰爭爆發後，燕京停辦；而輔仁因有德國人與日、僞周
旋，得以繼續存在。日、僞屢次對陳垣威脅利誘，陳氏不爲所動；又曾多方
設法營救被捕輔仁師生愛國組織華北文教協會的會員[51]。在此期間，陳氏一
方面在課室宣揚愛國思想，一方面杜門謝客，專心著作。
　　從學宗錢大昕之歷史考據學到倡導顧炎武之經世致用及全祖望的故國文
獻之學，在陳氏的學風上自屬一大轉變。「通史以經世致用」原爲中國傳統
史學之重要一環，而顧炎武爲反王學之「置四海之窮困而不言」而提倡經世
致用，其著作《日知錄》等書尤重夷夏之辨。陳垣之提倡顧氏經世史學，其
意在此。抗戰時輔仁同仁組織「炎社」，即以弘揚亭林之學爲號召。而全祖
望生於雍乾之世，上距明亡將及百年，卻繼承顧炎武、黃宗羲的精神與學
術，表彰民族氣節不遺餘力。在其《鮚埼亭集》及《外編》中，全氏著墨最
多的是明清之際死於抗清鬥爭志士的傳記，同時也表彰了一批不忘故國，心
存匡復的遺民，對變節人物則嚴屬指責。可見陳垣所倡導的顧、全二氏之學

51　英千里，〈鐵窗回憶〉，《傳記文學》，第2卷第4期(台北，1973.4)，頁13-16。

實是一脈相傳[52]。抗戰時期陳垣雖未有亡國之痛，卻有陷敵之苦，遂不再以考證史學爲滿足，而提倡「有意義之史學」，「欲以正人心，端士習，不徒爲精密之考證而已」[53]。

抗戰時期，陳氏完成《釋氏疑年錄》、《明季滇黔佛教考》、《清初僧諍記》、《南宋初河北新道教考》、《中國佛教史籍概論》及《通鑑胡注表微》等六部著作。除《疑年錄》及《史籍概論》分屬年代學與目錄學範疇外，其他著作則構成陳氏「抗戰史學」之四環[54]，亦可說是民族主義史學著作。陳氏自稱《佛教考》、《僧諍記》及《新道教考》爲「宗教三書」，其實三書之政治意義遠大於宗教意義，而與《表微》旨意相貫通。

《明季滇黔佛教考》之主旨在於指陳清初滇黔僧人多爲遁逃於禪以求保全志節之明朝遺民士大夫。《清初僧諍記》乃是考述清初東南佛教法門中「故國派」與「新朝派」之鬥爭，借抨擊明亡後變節仕清之僧人以影射淪陷區媚事日寇之漢奸。《南宋初河北新道教考》則是研析河北道教三派：全眞、大道與太一在金元二朝之歷史。陳氏認爲三派皆爲北宋滅亡後抗節不仕金朝之遺民所創建，值得表揚。書名題爲「南宋初」而不作「金元時代」，乃因「三祖皆生於北宋，而創教於宋南渡後，義不仕金，繫之以宋，從其志也」，意在區別本國與敵國，明辨夷夏。

《通鑑胡注表微》一書旨在揭示宋遺民胡三省(1230-1302)《資治通鑑注》所蘊含之微言大義。陳氏認爲胡氏借注史以表達其在蒙元統治下之政治思想。陳氏自身在日寇統治之下的處境與胡氏相似，故自信對胡注中之微言體會特深。陳氏所表出之思想實爲其自身之思想，主旨爲：愛國家、愛民族、斥日寇、斥漢奸、責當政等[55]。陳氏自認此書爲其「學識記里碑」[56]，

52　陳其泰，〈全祖望對清代學術的貢獻〉，收入陳氏，《史學與中國文化傳統》，頁191-204。

53　方豪，〈與勵耘老人往返書札殘騰稿〉，《傳記文學》第20卷第4期（台北，1971.10），頁54。

54　「抗戰史學」一辭，爲陳其泰所首創，見陳其泰，〈陳垣學術思想的昇華〉，收入陳氏，《中國近代史學的歷程》（開封：河南人民出版社，1994），頁361。

55　劉乃和，〈重讀《通鑑胡注表微》札記〉，收入劉氏及宋衍申主編，《《資治通

而大陸學者吳懷祺更認爲陳氏此書「在論史中把前人『通經致用』的傳統提升到一個新的高度，把研究歷史和中國近代社會現實結合起來，表現出對歷史前途和民族命運的思考」，又說此書「不是援庵先生已有的治史成就的簡單總匯，而是先生治史在原有基礎上的進一步昇華，進入一個新的境界」，評價極高[57]。

　　陳氏上述四部著作具有明顯之共同特色，即是發揚愛國精神，伸張民族氣節，確實是傳統史學「通史致用」的現代表現。雖然陳氏在各著作中仍堅持考證之重要，而其「古爲今用」亦不致淪於二十多年前大陸上流行之「影射史學」的境界，但過分強調民族大義是否導致擇題與論斷之偏倚，似不無可疑。陳氏以現代民族主義爲準繩而衡量先民族主義時代人物所言所行，難免不引喻失義。而且陳氏著述之動機原在於借古人之酒杯澆自己之塊壘，而不在發掘歷史眞面目。據其自述：「言道、言僧、言史、言考證，皆托詞，其實斥漢奸、斥日寇、責當局耳。」即就《表微》一書而言，該書爲表達陳氏之民族主義理念，不免曲解胡三省之原意。陳氏之子陳樂素（1902－1990）曾說：「《表微》中所表現的『微』，未必符合胡注的本意，但總不背原意的精神。」[58]本意既失，精神如何捉摸？史學史學者張元便認爲：陳氏將三省視爲「愛國史學家」並特別強調《通鑑胡注表微》裏表現的民族氣節與愛國熱情，主要反映陳氏自身的時代感受，衡諸三省，並不妥切[59]。而《南宋初河北新道教考》所說三教皆由不仕金朝之北宋遺民所創建亦不過爲一假像。三教之一的全眞教實際上是由歸順金朝而又不得意之士人所創建，金元之際則又投效蒙古，與民族大義不大關聯[60]。總之，陳氏「抗戰史學」所顯

（續）

　　　　鑑》叢論》（鄭州：河南人民出版社，1985），頁352-374。

56　陳垣，《通鑑胡注表微》（中國現代學術經典・陳垣卷），頁776，〈重印後記〉。

57　吳懷祺，〈《通鑑胡注表微》在中國近代史學史上的價值〉，載於《紀念陳垣校長誕生110周年學術論文集》，頁121-135。

58　陳樂素，《陳垣》，收入陳清泉等編，《中國史學家評傳》（開封：中州古籍出版社，1985），下冊，頁1244-1269。

59　張元，〈胡三省史學新探：簡論《通鑑胡注》與《胡注表微》〉，《中國學報》，第35輯（漢城：韓國中國學會，1995），頁61-69。

60　郭旃，〈全眞道的興起及其與金王朝的關係〉，《世界宗教研究》，第3期

示者不僅爲「通史致用」之優點，亦其缺失。

　　陳垣在抗戰爆發前後的治學重心，由考證史學轉變到經世史學，原是時代環境使然。但是這一轉變並未偏離中國史學傳統。有如彭明輝所說：

> 經世與考據的雙主題，在中國史學的發展過程中，曾經反復交錯地
> 出現，以學術與世變的角度加以分析，盛世史學大抵以考據爲中
> 心，亂世則傾向於經世致用。[61]

這種轉換便見之於陳垣個人的史學發展中。陳垣未經歷過什麼盛世，但在抗戰前的那段小康時日中，陳氏史學是以考據爲主，及至國難加深，則以經世爲其史學的方向。抗戰前後，柳詒徵(1880-1956)、傅斯年、雷海宗(1902-1962)、錢穆(1895-1990)、陳寅恪等人的著作中都顯露出類似的民族主義傾向。但在這一方向，陳垣顯然用力較多，走的甚遠。

五、「馬克思主義史學的小學生」

　　1949年以前，陳垣從未顯示思想左傾的現象，但在北平易手前後，其政治態度卻發生很大的變化。1949年1月，國民政府多次派遣專機至北平營救知名學者，而陳垣拒絕南下，事後所述理由爲：「我知道新生力量已經成長，正在摧毀著舊的社會制度。我沒有理由離開北平，我要留下來和青年們一起看看這新的社會究竟是怎樣的。」[62]

　　共軍於2月1日進入北平後，陳氏力求適應其所期盼之「新社會」，努力學習馬列及毛澤東思想，「鑽研三月，不知肉味」。其思想至少在表面上發

（續）————————————
　　　　(1983)，頁99-107；郭旃，〈金元之際的全眞道教〉，《元史論叢》，第3輯
　　　　(1986)，頁205-218。
61　彭明輝，〈民族主義史學的興起：以考據與經世爲主軸的討論(1919-1949)〉，收
　　　　入魏格林(S. Weigelin-Schwiederzik)、施耐德(Axel Schneider)編，《中國史學史
　　　　研討會：從比較觀點出發論文集》(台北：稻鄉出版社，1999)，頁249-295。
62　〈給胡適的一封公開信〉，收入《陳垣來往書信集》，頁191-195。

生根本之變化。17天之後，他對輔仁同仁說：「這個時代是個偉大的時代，和以前大大的不同了，我們應該毫不猶疑地努力，研究向新的方向走。我今年已七十，可惜聞道晚矣，但本人一定努力跟上去。」[63]3月14日家書中又透露：「余近日思想劇變，頗覺從前枉用心力。……世界已前進，我猶故步自封……遂爾落後。」[64]陳氏顯然認為共產化為中國乃至全世界大勢所趨，自己必須跟上潮流。「聞道晚矣」一語從此成為老人的口頭禪。

1949年5月11日，陳垣對正在美國為國府尋求援助而奔走的老友胡適公開喊話，在《人民日報》發表了〈給胡適的一封公開信〉。信中首先頌贊中共新政權，表露其個人思想之轉變，其次則談到他對治學方法認知的改變：

> 我也初步研究了辯證法唯物論和歷史唯物論，使我對歷史有了新的見解，確定了今後治學方法。[65]

又說：

> 說到治學方法，我們的治學方法，本來很相近，研究的材料也很多有關係，所以我們時常一起研討，你並且肯定了我們的舊治學方向和方法。但因為不與外面新社會接觸，就很容易脫不開那反人民的立場。如今我不能再讓這樣一個違反時代的思想所限制。這些舊的「科學的」治學的方法，在立場上是有著他基本錯誤的，所以我們的方法，只是「實證主義的」。研究歷史和其他一切社會科學相同，應該有「認識社會，改造社會」兩重任務。我們的研究，只是完成了任務的一部份，既有覺悟後，應即扭轉方向，努力為人民大眾服務，不為反人民的統治階級幫閒。

63　《新民報》（北平），1949年2日19日，引見劉乃和、周少川等編著，《陳垣年譜配圖長編》，下冊，頁536。

64　《陳垣來往書信集》，頁709-710。

65　〈給胡適的一封公開信〉，收入《陳垣來往書信集》，頁191-195。

陳垣與胡適相交三十年，過從甚密，其友誼的主要基礎即在於他們對實證主義考據學的共同喜愛。在此信中陳垣卻自認已接受辯證唯物論和歷史唯物論，因而揚棄實證主義的治學方法[66]，並且否定學術研究的客觀性與自主性，認為學術研究應該是「改造社會」、服務人民的工具。最後他更敦勸胡適：「轉向人民，翻然覺悟，真心真意的向青年們學習，重新用真正的科學的方法來分析、批判你過去所有的學識，拿來為廣大的人民服務。」[67]

　　此信發表後，喧騰一時。大陸內外，很多人都懷疑此信的真實性[68]。胡適閱讀此信後，十分憤慨[69]，發表了〈共產黨統治下決沒有自由：跋所謂陳垣給胡適的一封公開信〉一文。在此文中，胡適從文字與內容兩方面分析而得出作偽的結論。他認為陳垣受到中共命令撰寫了一封文言信，共產黨的文人將此信改為白話，又加入了許多可資宣傳的材料。胡氏的結論是這封公開信可以證明「共產黨統治之下決沒有學術思想的自由」[70]。現有資料顯示陳垣曾參與此信的撰寫[71]，至於是否有中共的策動，仍難以知曉。但是此信仍

66　陸發春，〈陳垣與胡適國學研究之比較〉，《安徽大學學報》，第1期(1998)，頁5-9。

67　5月17日，北京《進步日報》轉載此信並配以社論，指出：「陳垣先生以古稀之年，以他和胡適的友誼，及其一貫的治學成就，今天能夠讀新書，接受新知識，採取新態度，而有新見解，新認識，這真是難能可貴，值得我們欽敬。」並且強調知識分子要作出「走陳垣之路，還是胡適之路」的嚴肅選擇。此一社論將陳垣視為舊知識分子追求進步的樣板，而置胡適於其對立面。

68　據一位在北平易手一年後才離開的年輕學人之報導，對於這封信，「不僅胡先生不相信是陳垣先生自己寫的，在北平的人們也不相信」。他從輔仁大學一位接近陳垣的教授得知：陳垣確實寫了一封古文信，交給共產黨的某先生，某先生與陳垣前後經過三次修改而發表。見烏逸人，〈陷後北平教授群〉，《自由中國》，第2卷第5期(1950.3)，頁160-161。信中所說「共產黨的某先生」顯然是指范文瀾。

69　胡適於1949年6月19日初讀此信英譯本，數度在其日記中探討其真偽。最初他認為「此信絕非偽作的」，最後他與蔣廷黻討論後作出部分偽作的結論。胡氏在記述中用了一些情緒語言，譬如「全函下流的幼稚話，讀了使我不快」、「可憐」，可見胡氏的憤慨。見《胡適的日記手稿本》(台北：遠流出版公司，1990)，第16冊，1949年6月19日、20日、24日、25日(無頁數)。

70　《自由中國》，第2卷第3期(1950.2)，頁314。

71　此信的寫作是陳垣助理劉乃和之弟劉乃崇出的主意，內容係與陳氏的老學生柴德賡、劉乃和及乃崇商定，而由劉乃和執筆，陳氏親筆改定，再交輔仁老同事范文

足以反映當時陳氏思想改變之巨大。

陳垣史學思想之變化由其當時甚多信札中亦可得到旁證。如1950年夏致友人信函中奉馬列為「今聖」，謂：「孔孟，古聖；馬列，今聖也。生之今世，宜先讀馬列主義之書，然後以馬列主義衡量古籍，庶幾不迷於方向。」[72] 又如其在1952年致老友楊樹達(1885-1956)書中亦說：「來示謙欲法高郵，高郵豈足為君學？況我公居近韶山，法高郵何如法韶山？」[73] 楊氏為著名的語言文字學者，以訓詁音韻學大師高郵王念孫(1744-1832)、引之(1766-1834)父子為楷模，甚為自然。陳氏卻勸其改奉韶山毛澤東為師，以致楊氏難以回答。

此後陳垣政治態度甚為積極。在輔仁大學國家化及「抗美援朝」、土地改革及教師思想改造等運動中皆有積極表現。陳氏又曾擔任多項學術及政治職務。學術方面，曾任北京師範大學校長、中國社會科學院歷史所第二所所長、《歷史研究》編輯委員、中國史學會理事、科學院哲學社會科學部學部委員。政治方面，先後曆任北京市人民代表會代表，全國政協委員、人大代表及常務委員等。可說是學術界與「民主人士」的樣板。

由於陳氏在政治上的積極表現，毛澤東曾加讚賞：「這是陳垣先生，讀書很多，是我們國家的國寶。」毛主席的加持自然鞏固了他的政治地位。1959年1月，在成千上萬的知識分子被打成右派之後，陳垣獲准成為中共黨員。據說高齡七十有九之陳氏因而熱淚盈眶說：「我年近八十歲才找到政治上的歸宿，遽伯玉知非之年是五十，我卻是八十而知七十九年之非。」陳氏又在《人民日報》上發表〈黨使我獲得新的生命〉一文，該文中說：「像這樣的新政府，真像古書上所說的『羲皇上人』，不僅我沒有見過，就是歷史

(續)

　　瀾修改後轉由《人民日報》發表(陳智超，〈胡適與陳垣〉，頁132-135；牛潤珍，《陳垣學術思想評傳》，頁94-95)。劉乃崇是由解放區回到北京的輔仁學生，他是否受到中共當局之指使而勸說陳垣寫作此信，現仍無法證明。

72　何廣棪，〈從陳垣先生之一通函牘談起〉，《傳記文學》，第48卷第3期(1986.3)，頁31-35。

73　《陳垣來往書信集》，頁365-366。

上也從來沒有過。」[74]

　　大陸內外之學界對陳氏在大陸易手前後政治上之轉變，看法出入甚大。大陸學者一致讚揚陳氏爲愛國學者並肯定其對今是昨非的醒悟，認爲陳氏暮年入黨是「終於找到了政治上光榮歸宿」。臺灣學者嚴耕望(1916-1996)、逯耀東之看法則完全不同。嚴氏論陳氏立身處世云：「自青年時代即熱心世務，前後歷任文化教育機關首長，老年乃以毛爲師，並且常說自己『聞道太晚』。……亦唯其與世浮沈的性格，所以晚年不免爲政治洪流所覆沒，在學術上不能再有所作爲。」[75]而逯氏則指出陳氏早年定居北京後，「經歷了五個不同的歷史時期，但每一個時期的變動，並沒有對他構成影響，而且都能安然無恙的適存，的確是不容易的事。……也許他早已從北洋官僚體系中，吸取了應變與處世之道，他將自己置於潮流的邊緣，觀察在何時順流而下，卻又能不暴露自己」[76]。嚴、逯二氏之外，尚有不少臺、港學人對1949年以後陳氏的出處之道提出非議[77]。

　　平心而論，陳氏在政治方面無疑極爲機敏，憑此機敏而在改朝換代之際皆能順勢而行，不致覆頂。但陳氏自青年時期起即顯然成爲一民族主義者，民族主義爲其畢生行事著書之主要動力。早年鼓吹抗美排滿、中年在淪陷區抵制日寇統治，皆爲民族主義最佳表徵，而其參與輔仁創校，亦爲當時國人

74　《人民日報》(北京)，1959年3月12日。

75　嚴耕望，〈史學二陳〉，《大陸雜誌》，第68卷第1期(1984.1)，頁1-3。

76　逯耀東，〈把胡適當成個箭垛〉，收入逯氏，《史學危機的呼聲》(台北：聯經出版公司，1987)，頁115-149。

77　1986年台灣出版的《傳記文學》上曾有關於陳垣在1949年後表現的一場小論爭。何廣棪、陳煒、蘇東國及主編劉紹唐都對陳垣政治及學術態度的變化提出負面的評價，其中有人甚至認爲陳垣「認賊作父」。只有陳垣的學生，旅美任教的朱文長撰文爲老師喊冤，認爲陷共與投共不同，評論者應該對陳垣之處境「感同身受(empathy)」。這些爭議可看出在兩岸對立時代，大陸、臺灣、海外學人由於所處政治環境不同，對人物出處之評價，產生甚大差異。以上見何廣棪，〈從陳垣先生之一通函牘談起〉；編者，〈寫在有關陳垣三文之後〉，《傳記文學》，第48卷第3期(1986.3)，頁41；陳煒，〈陳垣先生「陷共」前後之眞實情況〉；蘇東國，〈我也一談陳垣其人〉及朱文長，〈筆下的厚道〉，各文見於《傳記文學》，第49卷第3期(1986.9)，頁95、96、98。

倡導教會教育本土化之一部分。至於其晚年奉毛爲師，一方面固然迫於中共建國之初的威勢，一方面亦可能受到毛澤東「中國人民站起來了」宣傳之感染。此種感染在當時知識分子之間甚爲普遍，不能獨責陳氏[78]。不過陳氏對毛澤東之頌贊最爲露骨，此種露骨之頌贊則顯然又爲其政治機敏之表現。

陳垣史學之馬列化顯然僅止於公開表態之層次，並未付諸實踐。在陳氏一生著作中，晚年作品之量既不大，質也不高。據統計，陳氏一生共有專著15種，論文175篇，共約三百萬字。其中大部分寫成於1949年以前。1949年以後16年間所寫僅二十篇，六萬多字；1949年以前每年平均寫約八萬字，1949年以後每年所寫僅四千字，前後頗爲懸殊[79]。而陳氏早年與晚年發表文章的質量亦頗有軒輊。晚年發表文字，多爲政治應景文章，與學術無關。少數則爲短篇之序論或題跋，亦無馬列氣息[80]。對一位終身勤奮而又重視效率之大史家而言，其學術生命可說是虎頭而蛇尾。

陳垣晚年之缺少重要論著及不能落實馬列思想可能由於下列幾點原因：第一，歲月不饒人：大陸變色之時，陳氏年齡已近古稀，衰病相尋，創作旺盛期已過，雖然仍是老驥伏櫪，壯心未已，但是有如其子陳樂素所說：「他在史學研究上，雖然還很努力，但爲身體健康狀況所限制，只能作些散篇的考證文字，不能創新巨著了。」[81]第二，政治運動的干擾：當時政治運動滾滾而來，陳氏必須奮身參與及撰寫應景文章，遂無力從事專門著作。第三，從考證史學到馬列史學過渡之困難：陳氏基本上爲一考證史家，而且心愛考證之學；即在政治運動翻天覆地之歲月，仍忍不住爲考證史學說幾句公道

78　王汎森認爲中共建政後，撒下意識型態的「彌天之網」，學者都力求使自己著作符合新主義的尺度，他並舉出陳垣、吳唅、周予同、金毓黻爲例，見王氏，〈「主義崇拜」與近代中國學術社會的命運：以陳寅恪爲中心的考察〉，收入王氏，《中國近代思想與學術的系譜》，頁463-488。

79　陳珍幹，〈陳垣先生晚年的政治思想及其遺著〉，暨南大學編，《陳垣教授誕生百一十週年紀念論文集》，頁206-214。

80　見劉乃和，〈陳垣同志已刊論著目錄繫年〉，載於《勵耘書屋問學記》，頁177-222。

81　陳樂素，〈陳垣同志的史學研究〉，收入陳氏，《求是集》(廣州：廣東人民出版社，1984)，第2集，頁199-227。

話：「如舊考據學有不科學的，但也有科學的，不能一筆抹煞。」[82]雖因迫於形勢，陳氏之史學不得不由考證轉向經世，再由經世轉向馬列，前後兩次轉變卻有難易之不同。考證與經世原爲中國傳統史學中相輔相成的部分，兩者相通之處甚多。顧炎武經世史學之大師，卻是清代考證史學之奠基人[83]。而錢大昕·身爲乾嘉考證之巨擘，但其考證中頗多論政之微言[84]。而全祖望之史學雖與考據學派迥然殊途，然亦不疏於考據。陳氏由考證轉治經世，並無特殊困難。而馬列史學則純舶來品，這種舶來的赤色經世史學與中國傳統史學全無淵源，亦不相似。欲將其考證學之老骨架套入馬列主義之新衣裳，對此臨暮老史家而言，已是心餘力絀。

　　陳垣晚年的內心世界現已無法探索，但從現有史料看來，他在政治上表現甚爲積極，而在學術上亦甚想迎合官方路線，與陳寅恪形成強烈的對照。陳寅恪一生帶著幾許遺少味，與政治非常疏離，晚年尤其如此。他不願爲「俗諦」（官方意識型態）所桎梏，始終追求「自由之思想」與「獨立之精神」。1953年他被任命爲中國科學院新成立的歷史第二所所長，主持中古史研究，他卻提出兩個條件：一、允許研究所不宗奉馬列主義，並不學習政治。二、請毛澤東或劉少奇出一允許證明書。這些被當時人視爲幼稚天眞，甚至大逆不道的條件自然不會被接受[85]。結果由學術地位崇高而又願意迎合「俗諦」的陳垣所取代。但是，陳寅恪有如其〈答北客〉詩末句所云「不採蘋花即自由」[86]，因其未曾北上就任行政職務，故能以高年盲翁的狀態，寫出《論再生緣》與《柳如是別傳》兩部大著，與陳垣晚年的學術成就相較頗有軒輊。其差異之由來即在於二人對政治與學術態度的不同。

82　陳垣，〈〈論科學的考據與舊考據的不同〉一文審查意見〉，《陳垣學術論文集》，第2輯，頁471-472。

83　杜維運，〈顧炎武與清代歷史考據學派之形成〉，收入杜氏，《清代史學與史家》，頁95-156。

84　牟潤孫，〈錢大昕著述中論政微言〉，收入牟氏，《注史齋叢稿》（台北：臺灣商務印書館，1990），頁486-509。

85　陸健東，《陳寅恪的最後20年》（北京：三聯書店，1995），頁96-109；汪榮祖，《史家陳寅恪傳》（台北：聯經出版公司，1997），頁5-8。

86　陳美延、陳流求編，《陳寅恪詩集》（北京：清華大學出版社，1993），頁82。

六、結論

在20世紀上半葉的中國史學界，史料學派是主流。而在史料學派諸大師中，陳垣以「土法土料」著稱，承繼傳統最多。雖然他亦受到西方史學方法及外國漢學家的影響，卻是「師洋而不崇洋，雖用洋而不迷洋」[87]。在方法上，他承襲乾嘉考證「無徵不信，實事求是」的精神，在材料上「專以漢文史料」治史，卻產生極為豐碩的成果。一方面，他總結了乾嘉史學方法並將史學的傳統輔助學科予以系統化，為現代史學研究提供堅實基礎。另一方面，他以考證方法為手段，以現代眼光選擇有意義的題目，從事專題研究，開闢了宗教史、中外交通史及元史等研究範疇，成就甚高，貢獻極大。

陳垣基本上是一位考證史學的大師，但他的成就超出純粹考證。即在他學宗錢大昕，專重考證之學的時代，亦不為考證而考證，不以解決孤立的歷史問題為滿足，而是通過一連串疑難之考證，求得系統，以探尋歷史之全貌。而且在考證之中，寓有義理。陳垣不喜高談文化，但其著作中反覆考述的是危機時代中國文化的命運及其所能發揮的作用，乃至統治民族更易及朝代鼎革之際知識分子的出處進退之道，時時透露出他對民族文化前途的深刻關懷。《華化考》和宗教史的研究皆是如此[88]，而在其治學重心由考證轉向經世之後更是如此。

陳垣史學發展的最大特徵在其與時代脈動之間具有密切關係，前後歷經三變：由考證史學轉為經世史學，再變為馬克思主義的史學。考證與經世皆為傳統史學的一部分，其消長往往決定於時代環境。陳氏早年史學以考據為主，目的在於「求真」；抗戰時期，國難加深，陳氏改治經世，提倡「有意義的史學」，宗旨在於「致用」。當時不少史家都顯露同樣的傾向，但陳垣在這一方向用力最多，走的最遠。陳氏晚年欲改治馬列史學，則已逸出傳統

87　許冠三，《新史學九十年》，上冊，頁130。

88　徐梓，〈陳垣先生史學的總結性特徵〉，頁108-109。

史學的範圍，牽涉到新史觀的採用，看不出學術變化的內在理路，而是由於外在政治環境的巨大變革。

陳垣一生治學及其學風「推陳出新」的主要動力顯然來自民族主義。民族主義原是20世紀中國許多知識分子的共同情懷，而陳氏早年即受民族主義的感染而參加革命與從政，一生入世極深，對政治懷有高度興趣，民族主義的情懷呈現得特別強烈。他早期埋身考證之學，動機在於想「把漢學中心奪回中國，奪回北京」，這是他和傅斯年、陳寅恪等人共同努力的目標。在這階段，民族主義是他研究的主要動力，卻未影響其研究實質，因而產生甚多驕人的成果。中年轉向經世，提倡「有意義的史學」，旨在伸張民族氣節，發揚愛國精神，史學已成為他發抒民族情懷的工具。他的史學雖仍以堅實的考證為基礎，但過分強調民族大義，不免在擇題與論斷上有所偏失。晚年更欲轉向馬列主義，何嘗不是由於認為馬列可以救中國而自願「終隨革命崇今用」？馬列是否能夠救中國可以置於不論。但是在此階段，陳氏的史學及其民族主義情懷皆須從屬於馬列的意識型態，史觀的改變遂使這位考證史學大師不能在學術上再有所作為。這不僅是陳垣個人的不幸，在唯物史觀定為正統意識型態及史觀學派取代史料學派成為學界的主流後，許多史家都面臨此一共同困境。

陳垣晚年在史學上雖然少有作為，但他和其他史料學派大師卻對1949年以後的史學發展留下健康的影響。十餘年前，我曾以元史研究為例說明這種影響：

> 王國維、陳垣、陳寅恪等先生都是民國元史學的先驅人物，也都是一流史家，但在元史研究的範疇中，他們所做的多是結合乾嘉學風與日本東洋史學及法國東方學方法而成的考釋工作。而且三位先生都是兼治元史，僅有陳垣著作較多，影響較大。……民國時代的史學界有「史料學派」、「史觀學派」之分，元史研究可說是史料學派的重鎮。……四九年以後，……元史研究可說是大陸史學界中比較健康地結合史觀學派與史料學派的一環。……乾嘉以來蒙元史學

的考證傳統給予教條式的研究一定程度的制約。換言之,研究者雖
必須以馬列主義及毛澤東思想爲主導,但仍然不完全背離史料與史
實而立言。[89]

　　史料學派大師不僅在史觀學派當家的二十餘年中對形而上的唯物史觀史
學起了制約作用,在改革開放以來的大陸史學界也已發揮更大的影響。

　　過去二十多年中,由於意識型態的日漸淡化,大陸歷史學界中史觀與史
料兩個學派影響此消彼長的態勢甚爲明顯。有的學者甚至認爲:「到九十年
代,乾嘉傳統已經無可爭議地成爲當代中國史學的主流。…對歷史的主觀解
釋被擠壓到最低限度。追求客觀化、實證化和眞實性,成爲史學的最高境
界。」[90]對於這一觀察,學界仍然不乏質疑,而且新考據史學中亦已增添了
不少前所未見的內涵[91],但史料學派影響的復興應無疑義。在這波學風翻轉
的浪潮中,不少學者雖然遠祧錢大昕、趙翼的乾嘉考據,但直接宗奉的則是
陳垣、陳寅恪等人的現代化考據史學。陳垣、陳寅恪當初對中國史學的馬列
化曾有全然不同的反應,他們若能多活三十幾歲,拒絕接受「俗諦」的陳寅
恪對近年來的種種變化固然會雙目一亮,感到非常高興,而永遠與時俱進,
推陳出新的陳垣也應欣欣然。

　　——原載於《新史學》第16卷第3期(2005年),頁101-136。

89　蕭啓慶,〈近四十年來大陸元史研究的回顧〉,收入蕭氏,《蒙元史新研》(台
　　北:允晨文化公司,1994),頁446-448。

90　許紀霖,〈沒有過去的史學危機〉,《讀書》,第5期(1999),頁64-70;鄒兆澄
　　等,《新時期中國史學思潮》(北京:當代中國出版社,2001),頁136-157。

91　羅志田,〈乾嘉傳統與九十年代中國史學的主流〉,收入羅氏,《二十世紀中國
　　的思想與學術掠影》(廣州:廣東教育出版社,2001),頁227。

索引

中文索引

七劃

英文索引

元代的族群文化與科舉

2008年1月初版　　　　　　　　　　　定價：新臺幣550元
2020年10月初版第二刷
有著作權・翻印必究
Printed in Taiwan.

著　　　者	蕭　啟　慶
叢書主編	沙　淑　芬
校　　　對	陳　龍　貴
封面設計	蔡　婕　岑

出　版　者	聯經出版事業股份有限公司
地　　　址	新北市汐止區大同路一段369號1樓
叢書主編電話	(02)86925588轉5310
台北聯經書房	台北市新生南路三段94號
電　　　話	(02)23620308
台中分公司	台中市北區崇德路一段198號
暨門市電話	(04)22312023
台中電子信箱	e-mail：linking2@ms42.hinet.net
郵政劃撥帳戶第0100559-3號	
郵撥電話	(02)23620308
印　刷　者	世和印製企業有限公司
總　經　銷	聯合發行股份有限公司
發　行　所	新北市新店區寶橋路235巷6弄6號2F
電　　　話	(02)29178022

副總編輯	陳　逸　華
總　編　輯	涂　豐　恩
總　經　理	陳　芝　宇
社　　　長	羅　國　俊
發　行　人	林　載　爵

行政院新聞局出版事業登記證局版臺業字第0130號

本書如有缺頁，破損，倒裝請寄回台北聯經書房更換。　ISBN　978-957-08-3228-0 (精裝)
聯經網址 http://www.linkingbooks.com.tw
電子信箱 e-mail:linking@udngroup.com

國家圖書館出版品預行編目資料

元代的族群文化與科舉 / 蕭啟慶著 .
初版 . 新北市 . 聯經 . 2008年1月
464面；17×23公分 . 含索引38面 .
ISBN   978-957-08-3228-0 （精裝）
[2020年10初版第二刷]

1.文化史 2.科舉 3.元代 4.文集

625.707   96023833